GULIN YEARBOOK 2017

# 古蔺年鉴

## （2017）

古蔺县地方志办公室　编

方志出版社
Publishing House of Local Records

**图书在版编目（CIP）数据**

古蔺年鉴. 2017 / 古蔺县地方志办公室编 . -- 北京：
方志出版社，2018.12

ISBN 978-7-5144-3359-3

Ⅰ. ①古… Ⅱ. ①古… Ⅲ. ①古蔺县—2017—
年鉴 Ⅳ. ① Z527.14

中国版本图书馆 CIP 数据核字（2018）第 237778 号

**古蔺年鉴（2017）**

**编　　者：** 古蔺县地方志办公室
**责任编辑：** 刘　珊

**出 版 人：** 冀祥德
**出 版 者：** 方志出版社
地址　北京市朝阳区潘家园东里 9 号（国家方志馆 4 层）
邮编　100021
网址　http://www.fzph.org
**发　　行：** 方志出版社图书经销中心
电话　（010）67110500
**经　　销：** 各地新华书店
**排　　版：** 北京中文天地文化艺术有限公司
**印　　刷：** 北京中科印刷有限公司

**开　　本：** 889 × 1194　1/16
**印　　张：** 20.25
**字　　数：** 533 千字
**版　　次：** 2018 年 12 月第 1 版　2018 年 12 月第 1 次印刷

ISBN 978-7-5144-3359-3　　**定价：** 225.00 元

# 序

贫困问题一直是困扰人类社会发展的重大问题。中国作为世界上最大的发展中国家，为解决贫困问题进行了长期不懈的努力。改革开放以来，特别是党的十八大以来，以习近平同志为核心的党中央把脱贫攻坚作为全面建成小康社会的底线任务和标志性指标，纳入“五位一体”总体布局和“四个全面”战略布局，以前所未有的力度推进精准扶贫、精准脱贫，扶贫开发成就举世瞩目，显著改善了贫困地区和贫困群众生产生活条件，具有重大的现实意义和深远的历史意义。身处中华民族几千年发展历史上将首次整体消除绝对贫困现象的伟大时代，如何更好地发挥地方志的存史、育人、资政的作用，是新时代全国地方志系统必须深入研究和着力解决的重大课题。

党的十八大以来，在党中央国务院的正确领导下，全国地方志系统深入学习贯彻习近平新时代中国特色社会主义思想和党的十九大精神，紧紧围绕党和国家事业发展需要，深入推进地方志改革创新发展，凝心聚力，稳扎稳打，勇于担当，主动作为，全国地方志形势和地方志工作者的精神面貌发生了深刻变化，取得了优异成绩。其中，为贯彻落实《全国地方志事业发展规划纲要（2015—2020 年）》，经中国地方志指导小组领导批准，中国地方志指导小组办公室于 2015 年、2017 年先后启动民族地区与贫困地区志书、年鉴出版资助工程（以下简称“志鉴出版资助工程”），对国家级贫困县（区、旗、县级市），中西部地区、少数民族边疆地区面临出版经费困难的志书和综合年鉴给予出版资助。实施志鉴出版资助工程是紧扣时代脉搏、坚持创新发展、传承弘扬中华优秀传统文化的一项创举，不仅有力推动了“两全目标”的实现，而且数十部资助出版的志书、年鉴及时记述了民族地区与贫困地区在全面建成小康社会伟大征程中取得的新成绩和新经验、出现的新情况和新问题、涌现的优秀人物和典型事迹，留住地方文化的“根”和“魂”，为这些地区的经济社会发展、地域文化传播、爱国主义教育、精神文明建设等提供了历史借鉴和智力支持，对全面提升民族地区与贫困地区文化建设水平、确保民族地区与贫困地区和全国其他地区同步全面建成小康社会具有重要意义。

尤为可喜的是，志鉴出版资助工程促成了一批扶贫志书的编纂出版，在文化脱贫攻坚中发挥了独特的作用。例如，《贵州省减贫志》全面系统客观记述了从 1978

年至2015年贵州省扶贫、减贫工作的历程及取得的经验，为贵州省实施大扶贫战略提供了有力的资政辅治参考，集中体现了地方志工作因时而动、顺势而为的新作为。前不久，由福建省地方志编委会和人民网共同编纂的《闽宁扶贫协作图志》，是全国首部扶贫协作图志，图文并茂、直观立体、全方位地展现闽宁扶贫协作波澜壮阔的历程，弘扬“闽宁一家亲”“携手奔小康”的深厚情谊和滴水穿石、久久为功的精神，是贯彻落实习近平总书记扶贫工作重要论述精神，服务国家精准扶贫、精准脱贫战略的有力举措。希望各地以此为鉴，编纂出版更多、更好的扶贫志书、年鉴，助力国家精准扶贫、精准脱贫战略的实施，充分展现地方志的独特价值和作用。

当前，我国脱贫攻坚已进入全面决战决胜的关键时期，尚未脱贫的贫困地区集中分布在中西部深山区、极端干旱山区、高寒阴湿地区等，文化建设还比较薄弱，文化产品还不够丰富，文化精品更是少之甚少。同时，这些地区往往是民族文化、历史文化、红色文化、生态文化富集区，具有发展文化旅游、推进文化扶贫的巨大潜在优势，也是繁荣发展地方志事业的巨大文化宝库。要发挥好文化扶贫凝聚人心的优势，善于利用方志文化优势为贫困地区“赋能”，在脱贫攻坚中做出方志人应有的贡献。要发挥好中国名镇志文化工程、中国名村志文化工程的引领作用，大力加强乡镇村志编纂，让百姓记得起乡情、记得住乡愁，凝聚贫困乡镇村庄的强大民心，补齐贫困乡镇村庄的文化短板，以“扶智”的方式“扶志”，践行习近平总书记强调的“扶贫先扶智，扶贫必扶志”的重要理念。

求木之长者，必固其根本；欲流之远者，必浚其泉源。扶贫扶起的是志气骨气，传承的是家国情怀，守护的是绿水青山。扶贫既要富口袋，也要富脑袋。必须坚持文化脱贫和物质脱贫两手抓，筑牢贫困地区文化之基，补足信仰精神之钙，引领脱贫发展之舵。全国地方志系统要围绕中心、服务大局，坚决投入脱贫攻坚这场必须打赢的硬仗，积极参与脱贫攻坚战，发挥优势和特长，深入挖掘文化资源，着力补齐文化短板，努力帮助民族地区与贫困地区的文化建设实现较大的发展提升，在全面建成小康社会、实现中华民族伟大复兴中国梦的征程中贡献方志人的力量。

是为序。

中国社会科学院院长
中国地方志指导小组组长 谢伏瞻

# 民族地区与贫困地区年鉴出版资助工程领导小组

组　　　长：高　翔　中国社会科学院副院长

常务副组长：冀祥德　中国地方志指导小组秘书长

　　　　　　　　　　中国地方志指导小组办公室主任

副　组　长：高京斋　中国地方志指导小组办公室党组书记

　　　　　　邱新立　中国地方志指导小组办公室副主任

# 民族地区与贫困地区年鉴出版资助工程领导小组办公室

主　　　任：冀祥德　中国地方志指导小组秘书长

　　　　　　　　　　中国地方志指导小组办公室主任

副　主　任：邱新立　中国地方志指导小组办公室副主任

成　　　员：于伟平　方志出版社总编辑

　　　　　　刘永强　中国地方志指导小组办公室年鉴处处长

　　　　　　冷晓玲　中国地方志指导小组办公室年鉴处副调研员

　　　　　　李　静　方志出版社地情与专业年鉴编辑部副主任

# 《古蔺年鉴》编纂委员会

顾　　问：李万忠　陈廷俊　孙克刚　孙应举

主　　任：宋　庆

副 主 任：祝光辉　唐　益　刘义勇

委　　员：罗其隆　李祥林　张　磊　张　黎
李世洪　谢　刚　李吉春　刘　东

# 《古蔺年鉴》编辑部

主　　编：刘义勇

副 主 编：徐邦芬

编　　辑：唐云德　曾凡艳

书名题签：许文榜

摄 影 者：苏海鹏　康　宁　丁政鑫　朱　茂　张　涛

# 编辑说明

一、《古蔺年鉴》以马克思列宁主义、毛泽东思想、邓小平理论、“三个代表”重要思想、科学发展观、习近平新时代中国特色社会主义思想为指导，坚持辩证唯物主义和历史唯物主义的立场、观点和方法及实事求是的原则，准确、翔实地记述古蔺县的基本情况。

二、《古蔺年鉴（2017）》记述时限为2016年1月1日至12月31日。为确保重要事项相对完整，时限依实际作相应的上溯或下延。

三、本年鉴由类目、分目、条目组成，个别内容较为复杂的在分目下增设子分目。本卷卷首彩页部分分政务活动、重要会议、蔺州新貌3个部分。全书设特载、专文、大事记、概况、党政群团、军事、法治、综合经济管理、工业、农业、交通 邮政、信息产业、城乡建设 环境保护、商业 贸易、财税 金融 保险、教育 科技、文化 体育 旅游、卫生、社会生活、乡 镇和附录共21个类日。

四、本年鉴基础资料由各相关单位按《〈古蔺年鉴（2017）〉编纂方案》提供初稿，《古蔺年鉴》编辑部初审，县政府审定。

五、本年鉴涉及的主要数据，以各承编单位提供的基础资料和《古蔺统计年鉴（2016）》为据。由于统计数据的来源、口径、方式、时间的不同，可能有差异，请以统计局提供的统计资料为准。

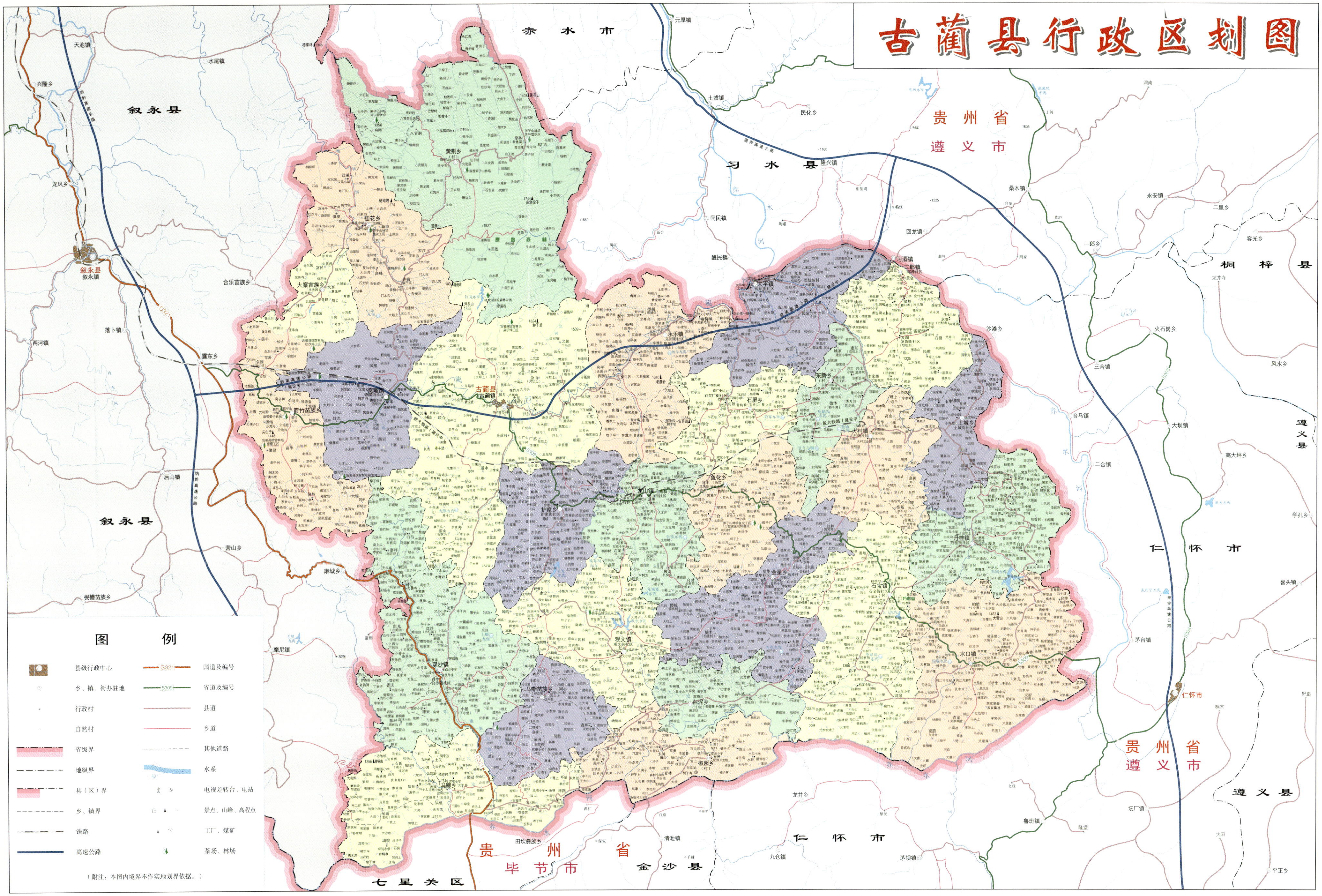


审图号：川S（2010）5号

副省长王铭晖（左三）调研古蔺县脱贫攻坚工作

省政协副主席陈放（中）在大寨农业科技发展有限公司富硒养殖基地调研

省检察院党组书记、检察长邓川（左二）专项督导古蔺县扶贫开发和脱贫攻坚工作推进落实情况

省国土资源厅厅长杨东生（前排右二）调研古蔺县大寨苗族乡土地整理项目、地质灾害治理、易地扶贫“双挂钩”项目等工作

省检察院党组成员、副检察长张树壮（右一）调研大寨苗族乡富硒养殖基地、富民村食用菌种植基地、易地扶贫搬迁聚居点

省工商联“万企帮万村”精准扶贫调研座谈会

市委书记蒋辅义（中）在古蔺调研产业发展和扶贫工作

市委书记蒋辅义（右三）在叙古高速通车现场

市委副书记、市长刘强（右四）在古蔺县开展送温暖活动

市委副书记曹建国（右三）调研古蔺扶贫工作

市委常委、组织部部长徐斌（左二）调研大寨苗族乡易地扶贫搬迁工作

市委常委、宣传部部长鞠丽（右二）和县委书记李万忠（右一）在四川省文联组织艺术家“重走长征路文艺扶贫书画创作笔会”现场

市委常委、市委农工委主任李晓宇（右三）督查乡镇扶贫项目建设

县委书记李万忠（左二）调研叙大铁路乐园隧道工作

县委书记李万忠（左二）检查乡镇安全工作

县委副书记、县长陈廷俊（右三）检查乡镇安全生产工作

县委副书记、县长陈廷俊（中）检查护家、观文、双沙等乡镇的煤矿和非煤矿山安全生产工作

县人大常委会主任孙克刚（右二）调研乡镇异地扶贫搬迁建设工作

县政协主席孙应举（右二）带由四川省地质矿产勘查开发局第三地质队党委书记谢黎明带队的扶贫调研组赴双沙镇开展科技扶贫

县委副书记唐一（左三）调研护家镇生态肉牛养殖科技园建设工作

县委副书记金雪（中）调研太平镇脱贫攻坚工作

县委副书记曾永刚（中）督导皇华镇易地扶贫搬迁

县委常委、副县长宋庆（中）检查农业普查工作

县委常委、副县长游进（右三）到大村镇督查党风廉政建设工作

县委常委、县纪委书记章磊（中）督查龙山镇易地扶贫搬迁工程建设情况

县委常委杨帆（中）调研石宝镇养殖基地

县委常委、组织部部长刘松梅（左二）到永兴村走访精准扶贫户

县委常委、宣传部部长贾如彬（左三）调研指导黄荆乡原林村金鱼溪聚居点项目建设

县委常委、政法委书记郑传辉（右三）督导观文镇异地扶贫搬迁聚居点选址工作

县委常委、统战部部长、县总工会主席刘泽军（左三）调研龙山镇农村扶贫公路建设

县委常委、县人武部部长刘刚（左一）到鱼化镇调研脱贫攻坚工作

县委常委、县人武部政委罗宗肆（右二）慰问鱼化镇望龙村困难党员

县委常委、县委办公室主任曾焱（中）调研马蹄镇农村扶贫公路建设

县委常委、副县长冯利琼（中）调研水口镇杨梅产业发展

县委常委、副县长李笑寒（左二）调研水口镇扶贫工作

副县长、公安局局长罗庆华（右一）在石宝镇调研脱贫攻坚工作

副县长吴文湘（中）调研椒园镇关门石电站建设工作

副县长林燕（右二）调研太平镇卫生院全民预防保健工作

副县长贺亮（右一）到德耀镇燕岩村调研脱贫攻坚工作

副县长赵秋颖（右四）调研皇华镇棚户区改造工作

副县长杨玉峰（左一）调研椒园镇巨能草基地

副县长王明（右一）调研永乐镇麻柳滩村农网改造工程

古蔺县脱贫攻坚重点项目专题警示教育

# 重要会议

中国共产党古蔺县第十二次代表大会

古蔺县第十五届人民代表大会第六次会议

古蔺县第十六届人民代表大会第一次会议

中国人民政治协商会议四川省古蔺县第九届委员会第五次会议

中国人民政治协商会议四川省古蔺县第十届委员会第一次会议

县委党建工作会议

中共古蔺县第十一届纪律检查委员会第六次全体会议

古蔺县 2016 年征兵工作会

古蔺县政法工作会

古蔺县"投身十三五 建设新古蔺"2016 年青年人才发展论坛

古蔺县旅游产业发展大会

泸州市脱贫攻坚工作汇报会在古蔺县召开

泸州市加快推进易地扶贫搬迁现场会在古蔺县召开

金美酒业

建设中的花果园隧道

叙古高速通车

# 目 录

## 特 载



## 专 文



## 大事记



## 概 况



## 党政群团

## 中国共产党古蔺县纪律检查委员会古蔺县监察局



## 古蔺县人民代表大会



## 古蔺县人民政府

## 军 事



## 法 治

## 综合经济管理

## 工　业

## 农 业



## 交通 邮政

## 信息产业



## 城乡建设 环境保护



## 商业 贸易

## 财税　金融　保险

## 教育　科技

## 文化　体育　旅游



## 卫　生

## 社会生活

## 乡 镇

## 附　录

# 特　载

## 决胜脱贫攻坚　实现撤县设市　为古蔺全面建成小康社会而努力奋斗

——在中国共产党古蔺县第十二次代表大会上的报告

（2016 年 9 月 20 日）

中共古蔺县委书记　李万忠

中国共产党古蔺县第十二次代表大会，是在脱贫攻坚进入决战决胜阶段、奋力推动古蔺转折制胜再创辉煌的关键时刻召开的一次十分重要的会议。大会的主题是：决胜脱贫攻坚，实现撤县设市，为古蔺全面建成小康社会而努力奋斗。

决胜脱贫攻坚，是中央、省委、市委的明确要求，是我们肩负的历史使命，也是全县各级党组织和广大党员干部必须如期完成的政治任务。实现撤县设市，是古蔺贯彻执行市委建成区域中心的决策部署、积极融入泸州大城市发展战略、显著提升古蔺区域竞争力和影响力的重要举措。全面建成小康社会，是贯彻落实党的十八大精神、达成第一个“两个一百年”目标、谱写“中国梦”古蔺篇章的重要里程碑。确定这一主题，体现了上级党委的重托、人民的期盼、时代的要求，体现了既定目标的坚持和深化。

**一、过去五年的主要工作**

中共古蔺县第十一次代表大会以来的五年，是古蔺不断化危为机、不断加力加劲、不断自我超越的五年。五年来，县委认真贯彻落实中央、省委、市委的决策部署，团结带领全县广大党员和干部群众，变压力为动力，承关怀而奋起，较好地完成了县第十一次党代会确定的目标任务。

**——过去五年，我们攻坚克难、保持定力，县域经济发展站上新台阶。**预计 2016 年，全县实现地区生产总值 139.6 亿元，五年年均增长 10.5%；城镇居民、农村居民人均可支配收入分别达到 24089 元、10612 元，年均分别增长 10.7%、12.1%；全社会固定资产投资 201.4 亿元，年均增长 30.1%；社会消费品零售总额 62.3 亿元，年均增长 16%；地方一般公共预算收入 16 亿元，年均增长 9.9%；规模以上工业增加值 50.3 亿元，年均增长 11.3%，新增规模以上工业企业 26 家；三次产业结构调整为 15 : 59 : 26。郎酒实现恢复性增长，再向百亿加速迈进；仙潭实现战略重组，中小酒企协同整合；煤炭企业有序兼并重组，石屏一矿、观文煤矿等骨干矿井建成投产；大理石、古蔺面加工园区强力推进，赶黄草新食品原料等工作取得实质进展。现代农业品牌效益不断提升，“生态畜牧、山地烤烟、优质果蔬茶、道地中药材”优势特色农业不断壮大，荣获全省“三农”工作先进县。旅游业加快发展，“全域旅游”战略逐步成型，创建国家AAAA级景区2个、省级旅游度假区1个，成功列入省级旅游标准化示范县。

**——过去五年，我们聚焦贫困、精准发力，脱贫攻坚工作取得新成效。**坚持以脱贫攻坚统揽全县经济社会发展全局，县级领导、县级部门和企事业单位、乡镇、村级组织、社会组织各司其职，形成了脱贫攻坚的坚强合力。扎实开展建档立卡“回头看”，精准锁定扶贫对象；认真完成“四个一批”措施分类，严格执行“六个一”驻村帮扶全覆盖，统筹实施“2+18+3”脱贫攻坚政策组合拳。深入推进“七大扶贫攻坚行动”，整合投入资金85亿元，分类实施整村推进、特色产业发展、基础设施建设、易地扶贫搬迁、医疗救助、社会保障等，农村贫困人口五年累计减少8.71万人，全县贫困发生率从20.8%下降到9.6%。

**——过去五年，我们直面短板、借势借力，基础设施建设实现新突破。**累计投入资金220亿元，建成一批重点基础设施，群众生产生活条件不断改善。全县新（改）建国省干道181公里、县乡道190公里，建成通村水泥路780公里，叙古高速公路通达县城，叙大铁路加快建设，赤水河农村扶贫公路启动实施，城乡客运公交线路、站点和机制建设取得显著实效。龙爪河水库建成投运，观文水库、朝门水库、石梁子水库等骨干水利项目顺利推进，解决33.4万农村人口饮水不安全问题；农电体制改革全面完成，农网改造和骨干电网建设加速推进，农村无电户全面消除；全县通信传输网络基本建成。加快实施县城旧城改造，强力推进县城向西拓展，建成叙古高速公路西区连接线，狠抓兰西大道一期等县城基础设施建设；统筹开发二郎、太平、双沙、水口、石宝等重点集镇；建成马蹄王家寨、龙山顺家山等乌蒙新村54个，箭竹团结等4个村列入国家级传统村落名单。

**——过去五年，我们心怀群众、用情用力，民生事业发展有了新改善。**累计投入159.9亿元用于民生改善，占公共财政支出的76.3%。新（改）建幼儿园、中小学寄宿制学校32所，实施学前教育保教费减免、义务教育“三免一补”，率先在全省实现义务教育阶段学生免费营养午餐。全面启动全民预防保健，分类建立居民健康档案；县乡村三级医疗服务体系进一步健全，县人民医院、县中医医院成功创建“二甲”医院。全县累计实现劳务输出123.3万人次，城乡居民养老保险、医疗保险覆盖面和参与度逐年扩大，城镇登记失业率控制在4%以内。城乡环境综合治理深入推进，节能降耗减排目标任务超额完成，成功创建全国生态文明示范工程试点县、四川省环境优美示范县城。

**——过去五年，我们狠抓关键、展现魄力，改革开放进程实现新加快。**成功列入国家深化县城基础设施投融资体制改革试点县、全省统筹整合使用财政涉农资金试点县、全省电子商务进农村综合示范县，4个乡撤乡建镇，政府机构改革、行政体制改革、农村土地承包经营权确权登记、集体林权制度改革等稳步推进，各乡镇各部门改革示范项目有序展开。牢牢把握政策机遇和发展机遇，切实打好古蔺“四张牌”，主动向上使力，累计争取到位中央和省市各类资金135.8亿元，年均增长17.1%；主动向外借力，累计签约招商引资重大项目89个，其中亿元以上项目63个。

**——过去五年，我们凝聚共识、汇聚合力，民主政治建设呈现新气象。**积极支持人大、政协履行职能，积极支持工商联和无党派人士参政议政，共识和力量不断凝聚，有力推动了全县各项工作的开展。扎实推进依法治县，社会治安综合治理、安全生产和食品药品监管、信访稳定、建设秩序整治等法治化水平不断提高，干部群众学法守法用法的法治良序进一步形成。强化党管武装工作，国防动员、民兵预备役建设、双拥、人防等工作成效明显，连续荣获四川省双拥模范县。统一战线、老干部、党校和关心下一代工作扎实开展，工会、共青团、妇联、科协、残联等群团组织作用充分发挥，民族、宗教、外侨、对台等工作不断加强。

**——过去五年，我们锻造队伍、聚智汇力，从严管党治党迈入新阶段。**扎实开展党的群众路线教育实践活动、“三严三实”专题教育和“两学一做”学习教育，各级党员干部思想政治素质、能力水平、工作作风进一步提高。社会主义核心价值体系建设得到加强，宣传舆论工作不断强化，精神文明创建活动蓬勃开展。干部人事制度改革全面深化，干部选拔任用和监督管理机制逐步完善，干部教育培训和人才工作取得实效。基层党组织建设深入推进，乡镇、村（社区）阵地建设、待遇保障、制度创新成效显著。圆满完成乡镇党委换届，班子功能结构明显优化、能力水平不断提高。从严从实抓好党风廉政建设，全面落实“两个责任”，驰而不息正风肃纪，一批违法违纪案件得到严肃查处，一些损害群众切身利益的突出问题得到有效解决，风清气正的氛围更加浓厚。

同志们，五年的奋斗历程，让古蔺站在了砥砺前行、跨越赶超的新起点，踏上了实现全面建成小康社会的伟大征程！五年的努力和变化证明，盆地边缘、贫困落后不是古蔺的永久标签，“不怕困难、敢于胜利”“乐观自强、神采飞扬”才是古蔺人的本质常态。古蔺是一片充满希望、前景广阔的热土，古蔺人将在不甘落后、奋起直追中实现超越。

五年的探索实践，深化了我们对做好新时期古蔺工作的认识，积累了宝贵的经验。第一，必须坚持立足县情不动摇。县情决定思路，思路决定出路。这几年，我们面对经济新常态和县情新变化，审时度势、与时俱进地明晰奋斗目标、突出发展重点、完善工作举措，踩准了时代步点，凝聚了广泛共识，充分激发了全县上下的积极性、主动性和创造性。第二，必须坚持专注发展不动摇。发展仍是解决所有问题的基础和关键。这几年，我们始终保持专注发展的定力，一切围绕加快发展来谋划，一切围绕加快发展来布局，一切围绕加快发展来推进，不分心、不走神，苦干实干拼命干，走出了一条“止滑提速、巩固回升、加速奋进”的坚强曲线。第三，必须坚持消除贫困不动摇。消除贫困自古以来就是人类的理想，也是古蔺老区群众多年的愿望，更是我们这一代共产党人的使命担当。这几年，我们在脱贫攻坚进程中勇挑千钧重担，勇破艰难险阻，赢得了全县广大群众最广泛的拥护和支持。第四，必须坚持开明开放不动摇。开明开放是时代的呼唤和发展的需要，古蔺地处内陆和山区，更需要开明开放的精神和胸怀。这几年，我们努力“摆脱”头脑中的“贫困”，跳出古蔺看古蔺，跳出大山发展大山，以思想解放破解发展困局、以开明开放汇聚各方合力，推动古蔺在一轮又一轮竞争与合作中抢占了先机、赢得了主动。第五，必须坚持民生为本不动摇。为政之道，民生为本。这几年，我们的各项工作部署、工作举措，出发点和落脚点都是为了人民群众；我们的工作重心、工作方法，都紧紧围绕着全县87万人民群众展开，形成了干群同心、众志成城、脱贫奔康的生动局面。第六，必须坚持敢于担当不动摇。有多大担当，才能干多大事业；尽多大责任，才能有多大成就。这几年，面对各种压力考验和困难挑战，只要是我们该做的事，再大压力也努力去做；只要是我们该担的责，再大困难也敢于担当，以实际行动诠释了共产党人的政治本色。

五年的成就来之不易，五年的经验十分宝贵。这些成绩的取得，是中央、省委、市委正确领导的结果，是历届县委接力奋斗的结果，是各位老领导、老干部、老同志关心支持的结果，是全县广大党员干部和人民群众真抓实干的结果。在此，我代表中共古蔺县第十一届委员会，向所有为古蔺改革发展做出贡献的领导们、同志们，向所有关心、支持和参与古蔺建设的朋友们，表示衷心的感谢并致以崇高的敬意！

同志们，成绩属于过去，未来重任在肩。我们要清醒看到："总量小、人均低、不平衡、欠发达"仍然是古蔺最大的县情，脱贫攻坚任务重、基础设施欠账多、支柱产业单一、城乡发展差距大仍然是古蔺最大的实际，应对宏观经济下行压力、优化调整经济结构、全方位提升干部队伍素质仍然是古蔺最大的挑战，一些地方和同志思想解放不够、创新劲头不足、工作作风不实仍然是古蔺最大的问题。问题是时代的声音，是我们改进自身工作、推动古蔺取得更大突破的着力点，全县各级党组织和党员干部要坚持问题导向，正视问题、分析问题、解决问题，在新的征程上取得新的更大成就。

**二、今后五年面临的形势和奋斗目标**

谋划和推动古蔺一个时期的工作，必须把握发展大势，贯彻上级精神，立足自身实际，抓住主要矛盾，科学确定今后一个阶段的执政使命和奋斗目标。

**今后五年，是古蔺加快脱贫奔康的攻坚期。**到2020年实现全国贫困人口脱贫、全面建成小康社会，是我们党向人民、向历史作出的庄严承诺。习近平总书记指出："脱贫攻坚已经到了啃硬骨头、攻坚拔寨的冲刺阶段""全面建成小康社会最重要也是更难做到的是'全面'"。我们要牢牢把握"全面"这个核心要求，确保不让任何一个领域滞后，不让任何一个人掉队，不让任何一个区域落下。当前，古蔺贫困覆盖面全市最广，共有117个贫困村；贫困人口全市最多，占全市的32%；贫困程度全市最深，基础设施、支撑产业、居住条件仍然落后；易地扶贫搬迁任务全市最重，占全市的49%。要实现脱贫攻坚"五年任务、三年完成"的目标，实现到2020年同步全面建成小康社会，任务十分艰巨、压力十分巨大。对照目标任务和现实需求，我们唯有以更坚定的决心、更明确的思路、更精准的举措、更超常的力度，锁定目标不动摇，万众一心攻难关，着力解决各种短板和问题，才能推动古蔺在周边县市区中走在脱贫奔康前列；唯有发展得更好更快，奋力实现脱贫奔康领域全覆盖、人口全覆盖、区域全覆盖，才能真正建成上级认可、群众认同的全面小康社会。

**今后五年，是古蔺加速跨越赶超的机遇期。**近年来，古蔺经历了经济高速增长的黄金期和断崖式下滑的阵痛期，经受了直面压力、破解难题的巨大考验，更在探索实践中找到了符合上级精神、切合古蔺阶段特征的发展路子，形成了全县上下担当奋进、昂扬奋发的干事创业氛围，经济形态呈现触底回升、加速上扬的良好态势。随着国家实施"一带一路"、长江经济带、新一轮西部大开发等重大战略，推进精准扶贫、精准脱贫等重大机遇，必将释放更多政策红利、发展红利。古蔺作为国家扶贫开发工作重点县、乌蒙山片区区域发展与扶贫攻坚重点县、四川省革命老区县和少数民族地区待遇县，有中央、省、市及其相关部门和单位的大力支持，正处于千载难逢的政策集中叠加期和效应释放期；市委、市政府为古蔺发展量身定做了一系列扶持措施，尤其是把古蔺撤县设市提上日程，明确支持和推动古蔺打造百亿郎酒旗舰、百亿水口酱酒园、百亿生态肉牛产业、百亿中药材产业、百亿黄荆旅游扶贫示范项目等，为我们谋求加快发展注入了更加强劲的动力。我们必须应势而动、顺势而为、乘势而上，紧紧抓住机遇，充分利用机遇，奋力追、全力赶、努力超，让今后五年真正成为古蔺加速跨越赶超的机遇期。

今后五年，全县工作的总体要求和奋斗目标是：高举中国特色社会主义伟大旗帜，以邓小平理论、"三个代表"重要思想、科学发展观为指导，深入贯彻习近平总书记系列重要讲话精神，坚持"五位一体"总体布局和"四个全面"战略布局，树立创新、协调、绿色、开放、共享“五大发展理念”，坚定“决胜脱贫攻坚、实现撤县设市”的奋斗目标，持续深入推进“着力六个加快、推动六个转变”的战略任务，确保与全国、全省、全市同步全面建成小康社会。

今后五年，全县工作的具体目标是：

**——坚决如期打赢脱贫攻坚战**。到2018年年底，全面完成7.43万贫困人口的减贫任务和117个贫困村的退出任务，2019年成功实现贫困县“摘帽”。

**——显著增强县域经济综合实力**。到2021年，地区生产总值突破240亿元，年均增长12%以上；城乡常住居民人均可支配收入实现翻番；规模以上工业增加值年均增长14.5%以上，三次产业结构调整为10 : 55 : 35；地方一般公共预算收入年均增长10%以上；全社会固定资产投资年均增长20%以上；社会消费品零售总额年均增长14.5%以上。

**——建成中国酱香酒谷核心区**。依托四川长江上游白酒经济带建设和中国白酒“金三角”发展机遇，充分发挥赤水河谷优质酱酒原产地优势，全力打造以郎酒为龙头，水口酱酒园、仙潭、中小酒企为支撑，二郎—太平—水口—永乐—土城为产业带，优势优先、集群集聚的酒业发展新格局。

**——建成西部旅游休闲度假目的地**。立足“生态田园、红色古蔺”的总体定位，依托川黔渝大旅游区态势的形成，深入实施“全域旅游”战略，着力打造以黄荆老林为核心，以黄荆—县城—永乐—太平—二郎为精品线路，以大寨、箭竹、双沙、水口、马蹄、马嘶等为示范片，以其他乡镇特色旅游景点为补充的“一核一线一片多点”的旅游发展格局。

**——建成乌蒙山现代生态农业示范区**。坚持绿色、有机、纯天然、原生态，以抓工业、抓园区、抓整合的理念加快发展现代农业，做大做强古蔺麻辣鸡、手工面、赶黄草、牛皮茶、丫杈猪等特色优势产品和旅游商品，因地制宜发展优质肉牛产业、建设乌蒙山生态牧场，着力打造系统化布局、产业链整合、品牌化营销的现代生态农业示范区。

**——建成川南黔北交通节点城市**。贯彻市委建成区域中心的决策部署，按照“化盆地边缘为川南黔北区域次中心”的思路，跳出古蔺谋划古蔺，确保县域内骨干交通网络加快优化提升，内外畅通的综合交通体系进一步完善，城镇建成区面积进一步扩大，泸州南向开放桥头堡作用进一步彰显。通过3—5年努力，实现撤县设市目标。

**三、深入推进着力六个加快、推动六个转变的战略任务**

着力六个加快、推动六个转变，是立足古蔺县情实际提出的发展方略，是加快古蔺跨越赶超的必然要求，必须坚定不移、持之以恒、一以贯之地深入推进。

**（一）加快脱贫攻坚，完成古蔺脱贫摘帽的政治任务**。脱贫攻坚是古蔺当前工作的头等大事，必须以等不得的使命感、拖不得的责任感、慢不得的紧迫感，集中力量打好打赢这场攻坚战，如期摘掉贫困县“帽子”。

坚持党委领导、政府主导与群众主体并举。强化党委领导作用，切实增强对脱贫攻坚工作的决策能力、统筹能力、协调能力、执行能力，确保各级各方面政令畅通、步调一致。强化各级政府主导作用，积极争取更多政策、项目、资金、人才，用好用活全省统筹整合使用财政涉农资金试点县政策，集中70%以上的项目资金优先投向于贫困地区、扶持到贫困户。广泛动员市场主体和社会力量参与脱贫攻坚，形成政府、市场、社会互为支撑的大扶贫格局。强化群众主体作用，尊重群众意愿需求，落实一事一议、村民自建、以工代赈、以奖代补等政策，引导贫困群众克服“等靠要”思想，增强群众脱贫信心，提升自我发展能力，让贫困群众通过辛勤劳动，住上好房子、过上好日子、养成好习惯、形成好风气。

坚持整体推进与精准到户并举。统筹把握区域贫困与人口贫困的关系，综合运用整村推进、连片开发、精准滴灌等方式，聚焦重点贫困村和建档立卡贫困人口，对照贫困村“一低五有”、贫困人口“两不愁、三保障”“三有”和“四个好”脱贫退出标准，打好“2+18+3”政策组合拳，逐村逐户对标补齐脱贫短板。强力推进易地扶贫搬迁，2017 年全面完成集中安置和分散安置；加快实施危房改造和安全饮水工程，从根本上解决贫困群众住房、饮水不安全的问题。整合专项扶贫资金、涉农资金、帮扶资金、社会资金和金融资金，加快推进基础设施建设和公共服务配套，2017 年全面完成贫困村农村电网改造，2018 年实现所有贫困村通硬化路、互联网，有活动室、文化室和卫生室。全面落实教育、医疗、就业和社会保障等政策举措，增强贫困群众获得感。更加重视贫困村贫困户的产业发展，坚持“种养相加、以短养长、长短结合”的方式，大力推行“新型经营主体 + 村集体 + 贫困户”的捆绑发展模式，健全利益联结和风险防控机制，确保贫困群众持续稳定增收。大力支持贫困村通过产业带动、资产经营、服务创收、兴办实体等，加快发展壮大集体经济。

坚持压实责任与从严考核并举。严格执行各级党政“一把手”双组长制，落实脱贫攻坚工作分级包保责任制，细化目标任务，量化时间进度，强化责任落实，以目标倒逼任务、以时间倒逼进度、以责任倒逼落实，层层签订责任书、层层立下军令状、层层压实脱贫责任。健全脱贫攻坚工作联系帮扶、督导考核和奖惩激励机制，不摘“穷帽”就摘“官帽”，切实引导全县广大党员干部用心用情用力打赢脱贫攻坚战。

**（二）加快产业转型，筑牢古蔺县域经济的根本支撑。**产业实力决定经济实力，产业水平决定发展水平。要把产业转型摆在县域经济发展的重中之重，着力做大工业、做强农业、做活服务业，以大产业支撑大发展。

着力做大工业。要坚持优势优先，支持酒业做大做强。强力推动郎酒集团加快发展，全力支持郎酒上市；推进中国白酒金三角酒业园区水口酱酒园建设，打造百亿酱酒产业集群；通过兼并重组、合资合作等方式，推动川发展酒投公司投资控股仙潭集团，盘活中小酒类企业；加快构建以郎酒为龙头，水口酱酒园、仙潭、中小酒企为支撑，原料、包材、酒糟综合利用等配套关联产业为一体的酱酒产业链条。要坚持多措并举，优化完善工业体系。整合煤炭产业，稳定现有产能；统筹风电、煤层气、页岩气等新能源综合开发利用；大力推进大理石开采和精深加工，开发节能环保新型建筑材料；依托生态优势和特色农业资源，发展农产品精深加工，提升农产品加工业产值比重，构建以酒业为引领，新能源、新材料、新食品开发加工为支撑的工业发展体系。要坚持集聚发展，做实做优产业园区。理顺经济开发区管理机制，推进经济开发区实体化运作；加快园区骨干路网及配套基础设施建设，强力推动农特产品、中药材精深加工等项目投产见效，打造生物医药、农产品加工、仓储物流、电子商务为主的特色产业园区，建成省级经济开发区。

着力做强农业。要积极壮大产业基地。稳步推进现代烟草农业基地建设，稳定规模提升质量；坚持以抓工业的理念抓生态肉牛产业，采取政府搭建平台、企业化经营、市场化运作、群众广泛参与的模式，配套建设生态牧场、屠宰加工、分割包装、冷链配运等项目，打造全产业链百亿产业，建成乌蒙山区优质肉牛基地，形成高山特色生态牧场景区；规模化发展古蔺土鸡、丫杈猪、马头羊等特色禽畜产品；因地制宜发展甜橙、脆红李等优质水果，打造赤水河河谷优质水果基地；高标准推进高山蔬菜示范园、牛皮茶标准化示范基地、优质绿茶基地建设；扩大赶黄草、木瓜等中药材种植规模，强化中药材产业延伸开发，加快建成“乌蒙药库”。要积极培育经营主体。着力培育懂技术、善经营的专业大户，积极引进和培育龙头企业，持续壮大家庭农场、专业合作社等新型经营主体；有序推广资产变成资本、资金变成股金、农民变成股民等模式，构建“企业+基地+合作社+支部+农户”利益联结机制，提高农业生产经营组织化程度；建立常态化培训制度，实施分层次、分类别培训，培养新型职业农民。要积极打造产业品牌。开展“三品一标”认证，建立产品质量可追溯体系，推行农特产品“身份证”制度；大力实施品牌战略，积极开展农特产品地理标志商标认证。

着力做活服务业。按照发展提速、比重提高、主体做强、布局集中的思路，有计划、有步骤地推进商贸服务业发展，合理布局一批小商品、中药材、农产品等专业交易市场。大力发展现代物流业，加快建设白酒、煤炭、农产品等专业物流网点，培育一批辐射带动能力强的物流企业，构建上联生产基地、下联零售终端的农产品产销一体化链条。积极发展特色电子商务，鼓励和支持电子商务与实体销售相结合的营销模式。大力提升餐饮、住宿、商贸、娱乐等传统服务业层次，发展壮大运动休闲、教育培训、养老养生等新兴服务业，加快发展中介服务业，促进第三产业发展。

**（三）加快城乡提升，补齐古蔺撤县设市的最大短板。**加快城镇化进程，加快提高城镇化率，既是撤县设市的刚性指标，也是发展县域经济、提高群众生活质量的动力所在。

整体优化空间布局。坚持城市发展与资源环境、公共服务、旅游功能完善、区域经济合作相适应的原则，合理优化空间布局，统筹推进城乡一体化进程。以城镇发展带战略规划为引领，修编完善县域发展战略规划、乡镇总体规划和控制性详细规划，有序拓展城乡规划范围，扩大城镇建成区面积，增强城镇人口集聚能力。突出生态优势，构建以城市周边森林屏障、城区绿地和森林公园为主，融入城市水体景观的城市生态体系。按照两端延展、集约用地的原则，建设县城辅助通道和城市干道，提高路网密度和道路面积率，拉伸城市骨架。综合考虑区位优势，以旧城更新改造为契机，主动承接区域协同发展，完善商贸物流业态布局，增强城市综合旅游服务功能，形成省际边贸中心和跨区域旅游服务中心。到2021年，县城规划区建成面积达到20平方公里、常住人口达到20万人；全县城镇建成区面积达到35平方公里、常住人口突破40万人，常住人口城镇化率达到48%以上。

整体打造精致县城。坚持集约开发理念，推进旧城改造和新区拓展，着力打造“宜居宜业宜游宜养”的山水田园城市。推进县城东西向延伸及县城二通道建设，打造德耀、永乐城市节点，从优化发展空间上挖掘用地潜力，加快提升城市容量。分片梯次实施县城墨宝寺、商业街、滨河路等棚户区改造，合理布局公园绿地、城市景观和精品街区，融入主题文化元素，完善旅游服务功能，塑造特色鲜明的旅游城市品牌。加快建设兰西大道等一批主次干道和市政路网，完善西区110kV输变电工程、城市天然气管道、污水管网，建成垃圾焚烧发电项目。加强古蔺河流域治理，加快构建城市可调节水体景观体系。合理增设教育文化、医疗卫生、养老健身等公共服务设施，增强城市吸附力和群众归属感。

整体建设重点集镇。综合考虑区位条件、资源禀赋、发展基础和文化特色，以产业布局为引导，加快二郎、太平、双沙、水口、龙山等重点集镇建设，配套完善道路、水利、电力、通信等基础设施，积极推进人口向园区、向场镇集中。坚持把乌蒙新村建设与易地扶贫搬迁、场镇开发相结合，建成一批依山就势、错落有致的示范中心村，打造一批休闲宜游、生态宜居的特色村庄。深入推进城乡环境综合治理，完善乡镇污水处理、垃圾处理设施，巩固提升城乡治理成果。

**（四）加快项目建设，夯实古蔺全面小康的重要基础。**项目是发展之基、强县之本，大项目大发展，小项目小发展。要高度重视谋划、生成和实施重大项目，用雄厚的项目基础支撑全面建成小康社会的坚实步伐。

构建更加便捷的骨干交通体系。加快赤水河农村扶贫公路、321 国道、352 国道、442 省道等骨干公路建设，建成县城至黄荆旅游快速通道、古习高速公路、叙大铁路，力争开工古金、古仁高速（或高等级）公路、古赤高速公路，加快开工建成渡改桥 7 座以上，积极做好高速铁路、民用机场前期工作。加大通乡、通村公路、旅游景区公路建设力度，提高乡村道路通达率和通达深度。加快乡村公交和客运站建设，增设客运路线和公交专线，积极推进城乡公交运行一体化、管理规范化。

构建更加稳定的供水保障体系。实施重点水源工程，加快观文水库、朝门水库等骨干水利工程建设，开工关口水库、龙洞沟水库、红响水库等中小水利工程，同步改造渠系配套设施，提高水资源利用率和调配能力。加大病险水库整治力度，实施古蔺河、赤水河、白沙河等重点河段堤防工程，加快刘家水库、草莲溪提水工程建设，争取开工建设香樟水库等抗旱水源工程，增强防汛抗旱应急能力。加快城乡供水体系和“五小”水利工程建设，强力实施农村安全饮水和集中供水工程，全面解决农村人口饮水不安全问题。

构建更加安全的现代管线体系。加快建成二郎 110kV、石宝 35kV 等一批输变电工程，增强城镇和农村电网保障能力，实现城乡用电同网同质同价。实施“智慧城市”“互联网 +”工程，加快智慧城市管理运营系统、农特产品信息平台建设，打造智慧古蔺。实施“中西部地区中小城市基础网络完善”和“宽带乡村”工程，加快广播电视数字化、网络化改造，推动“三网融合”。实施“气化古蔺”工程，加快天然气长输管道建设，逐步扩大城乡天然气使用规模。

**（五）加快旅游突破，彰显古蔺绿色发展的特色优势。**旅游是古蔺加快发展的最大潜力。要积极作为、持续推进，努力把旅游资源优势加快转化为产业优势、经济优势。

持续推进景区景点打造。围绕“一核一线一片多点”的全域旅游发展格局，充分发挥旅游资源多样性优势，全力推动核心景区建设和新景点开发。用好用活用足市级支持黄荆旅游扶贫开发政策，全力打造百亿黄荆旅游扶贫示范项目，带动黄荆老林旅游资源综合开发，将黄荆老林打造为国家级旅游度假区。推进太平古镇风貌保护和综合开发，完善商业业态、拓展旅游产品，推动古镇旅游与红色旅游有机结合，力争创建国家 AAAAA 级旅游景区。积极推进“二郎 · 名酒名镇”建设，努力打造世界级白酒小镇。加快旅游配套设施建设，完善“吃住行游购娱”旅游消费服务体系，提高景区综合服务能力。

持续推进旅游品牌提升。积极塑造“生态田园、红色古蔺”核心品牌形象，全面促进古蔺旅游上档升级，加快建成西部旅游休闲度假目的地。全方位开展品牌宣传和市场营销，精心办好丰富多彩的旅游节庆活动；积极借助各类媒体平台进行宣传，全力提升古蔺旅游的知名度和影响力。

持续推进工作机制创新。围绕群众增收、游客满意、客商盈利、政府受益的目标，建立多方共赢的旅游开发建设机制，招引有品牌、有实力、有渠道的企业和资本投资古蔺旅游、建设古蔺景区。坚持“抓大放小”原则，鼓励和扶持乡镇自主招商开发景点。创新旅游产品开发导向机制，支持推动差异化旅游产品建设，满足市场对旅游产品的个性化需求。

持续推进生态古蔺建设。坚持绿色发展、农旅结合理念，巩固古蔺生态优势，积极创建生态文明示范区，以大生态推动大旅游。全面落实主体功能区规划，建立全县主要生态功能区。坚持土地节约集约利用理念，提高土地利用效率。强化煤矿采空区地质灾害综合整治，抓好大气、土壤和水污染防治。扎实推进新一轮退耕还林、天保工程和石漠化治理行动，构筑绿色发展屏障，提高全县森林覆盖率。完善生态文明建设规划和实施方案，强化生态文明建设的制度保障。

**（六）加快改革开放，营造古蔺追赶跨越的浓厚氛围。**改革开放是加快古蔺发展的必由之路。要坚持深化改革、扩大开放，为古蔺发展增添新动力、注入新活力、拓展新空间。

坚持向改革要动力。更加注重改革的自觉性、坚定性、全面性，统筹承接中央、省委、市委改革任务，持续加大重点领域改革力度。加快推进县城基础设施建设投融资体制改革，做大投融资平台和政策性融资担保公司，推广 PPP 融资建设模式，撬动社会资本助力古蔺项目建设。积极支持有条件的乡镇建立平台公司，形成独立灵活的建设主体和资金争取主体，破解场镇开发体制及资金短缺难题。统筹实施行政区划调整，积极支持镇改街道、撤乡建镇、增设社区，支持有条件的镇设立镇级市。抓好全省电子商务进农村、全省林权抵押贷款改革等试点，加快农村产权制度改革，推动土地规范有序流转。创新政府各类财政资金投放模式，放大财政支持乘数效应。加大简政放权力度，加快政府职能转变，强化行政机关效能建设。深化国资体制改革，加快政府性债务置换化解，盘活国有资产，提高国资经营效益。统筹抓好财税、教育、卫生等领域改革。

坚持向开放要活力。一个地方开放程度越高，发展空间就越大，资源配置能力就越强。要积极依托泸州、借势贵州，加大与周边县市（区）的交流力度，加强交通对接、产业协作、旅游联动、商贸流通和文化交流，支持县内外有条件的企业通过兼并重组、市场联盟等多种方式开展战略合作，努力形成优势互补、市场共赢、抱团发展的良好局面。要积极向上使力、争取支持，打好“四张牌”，争取政策、争取项目、争取资金，保持上争资金年增长 15% 以上。要积极向外借力、招大引强，精心组织参加酒博会、西博会等各类展会活动招商，发挥蔺籍成功人士作用，扩大招商效应，有针对性地引进一批龙头企业，带动配套企业同步跟进，促进古蔺相关产业发展壮大。要积极向下发力、服务企业，坚持非禁即入原则，完善招商引资政策体系，拓宽创业融资平台渠道，构建“亲”和“清”新型政商关系，营造“爱商、护商、便商、富商、安商”的良好环境。

**四、努力形成全面依法治县、社会和谐共进的良好局面**

推动古蔺事业发展，必须集众人之智、聚众人之力。要坚持法治为基、民生为本、民主为要，把具体工作抓紧抓实。

**（一）抓紧抓实全面依法治县，建设法治古蔺。**牢固树立宪法和法律意识，狠抓关键少数，全面落实职责法定要求，依法管权管人管事，坚守依法行政、公正司法底线，让全县人民群众感受到公平正义。全面开展“七五”普法，扎实推动“法律七进”，切实增强干部群众学法用法意识和能力，努力推动形成办事依法、遇事找法、解决问题用法、化解矛盾靠法的法治良序。健全矛盾纠纷排查化解机制，构建覆盖城乡、不留死角的治安防控体系，坚决打击各类违法犯罪行为。加强安全生产、食品药品安全等监管，常态化排查整治各类隐患，坚决遏制较大以上安全事故发生，最大限度地保障人民安居乐业、社会安定有序。

**（二）抓紧抓实民生事业发展，建设幸福古蔺。**越是发展滞后，越要把更多精力向民生倾注，越要把更多财力向民生倾斜，不断提高人民群众满意度和幸福感。加快发展教育事业，积极推动古蔺职高升格高职院校，实施学前教育“三年行动计划”，落实十五年免费教育、营养改善计划和各阶段就学资助政策；实施名师、名校工程，让古蔺孩子在家门口接受更优质的教育，推动义务教育均衡发展通过省级验收。加快发展医疗卫生事业，推动县人民医院达到三甲标准、中医院达到三乙标准；深入推进医疗卫生信息化和乡镇卫生院、村卫生室标准化建设，支持发展民营综合、专科医院，形成多元化办医格局。加快提升社会保障能力和水平，稳定和扩大覆盖面；实施贫困户基本医疗保险参保率、商业附加险参保率、应救必救救助面、全民预防保健覆盖面“四个百分百工程”，保障贫困群众县内住院“零支付”；统筹发展养老服务业，支持发展社会福利业，关注关爱弱势群体。加快发展文化体育事业，加强古蔺文化资源传承保护和开发利用，培育一批文艺团体和优秀群众团队，打造一批体现时代要求、彰显古蔺精神、具有古蔺特色的文艺精品，创建一批传统村落和名镇名村。开展“蔺州好人”和“新乡贤”评选，激发全社会崇德向善的正能量。

**（三）抓紧抓实民主政治建设，建设和谐古蔺。**不断健全民主制度、丰富民主形式，保证人民依法民主选举、民主决策、民主管理、民主监督。坚持和完善人民代表大会制度，支持人大及其常委会、“一府两院”依法行使职权，扎实推进县乡人大工作和建设，使决策、执法、监督等工作更好地体现人民意志。坚持和完善政治协商制度，支持政协认真履行政治协商、民主监督和参政议政职能，充分发挥政协委员的作用。强化党管武装，提升国防动员和后备力量建设水平，推动军民融合深度发展。巩固和发展最广泛的爱国统一战线，全面落实党的知识分子、民族、宗教、外侨、对台等政策，充分发挥工商联、无党派人士和新的社会阶层人士作用，进一步做好工青妇、双拥、老干部、关心下一代等工作。

**五、巩固聚精会神抓党建、风清气正抓发展的政治生态**

实现奋斗目标，关键在党，关键在人。全县各级党组织要从严从实管党治党，为实现奋斗目标提供坚强保证。

**（一）坚持以理想信念教育为重点加强思想政治建设，凝聚干事创业的强大合力。**坚持把理想信念教育摆在首要位置，认真学习贯彻习近平总书记系列重要讲话精神，坚定四个自信，增强四个意识，切实筑牢信仰之基、补足精神之钙、把稳思想之舵。积极引导各级党员干部树立终身学习理念，不断提升思想境界、提高能力水平。坚持把严肃党内政治生活作为锤炼党性的主要平台，严格遵守党内政治生活基本规范，严格执行党内政治生活各项制度，严肃党的政治纪律和政治规矩。深入践行社会主义核心价值观，用好古蔺党史资源，弘扬长征精神，传承红色基因。加强主流媒体、网络媒体等舆论阵地建设和管理，围绕全县工作大局，牢牢把握宣传舆论工作领导权、管理权和话语权。

**（二）坚持以鲜明用人导向为重点加强干部队伍建设，锻造跨越发展的中坚力量。**事业兴衰，唯在用人；用人之要，重在导向。坚持好干部标准，注重在脱贫攻坚、项目建设中培养、选拔政治上靠得住、发展上有本事、干事上有担当、本领上过得硬、群众中有威信的优秀干部到领导岗位。强化党委（党组）在选人用人上的领导和把关作用，落实干部选拔任用工作责任追究办法。加强对干部的经常性监督管理，用好提醒、函询、诫勉等措施，让干部干成事、不出事。强力推动干部能上能下，及时调整不称职、不胜任、不适宜的干部。积极引导优秀年轻干部到基层一线锻炼，系统培养和择优使用女干部、党外干部和少数民族干部。持续实施“才聚蔺州创业行动”，加强优秀干部人才库建设，深入推进梯次递进培养、非定向推荐、公开遴选，挖掘发现各类优秀人才。探索构建容错纠错机制，为担当者担当、为干事者鼓劲、为改革者撑腰，激励干部敢想敢为、善作善为，进一步释放干部工作活力、激发干部工作热情。

**（三）坚持以系统分类指导为重点加强基层组织建设，构筑坚强有力的战斗堡垒。**围绕增强基层党组织政治功能和服务功能，加强乡镇党委建设，实施“好书记选育计划”，选优配强乡镇领导班子和村“两委”班子。构建“一核多元、合作共治”村级治理体系，推行以群众例会、报告质询会为载体的村民议事决策机制，建立村干部“小微权力清单”，完善村监委工作规则。深入推进“党建扶贫”，持续开展“百千万”帮扶行动，打造一批党建扶贫示范村、党员精准扶贫示范工程。完善“两新”组织党建领导体系和工作机制，统筹推进学校、医院等领域党建工作，深化党群一体化建设。强力整顿软弱涣散基层党组织，深化“蔺州先锋村”评比、“星级服务型党组织”创建活动。实施优秀农民和党员“双向培养”计划，规范党员日常教育管理。建立完善村（社区）经费保障制度和干部报酬正常增长机制，加大从优秀村干部中定向招录乡镇公务员、招聘事业人员和选拔领导干部的力度。

**（四）坚持以从严从实管理为重点加强党风廉政建设，营造风清气正的良好环境。**压紧压实“两个责任”，明晰党委（党组）及其班子成员抓党风廉政的具体权责，落实责任清单、述责述廉等制度，完善党风廉政建设考核办法和责任追究制度。依托法纪教育基地和本土红色文化，将典型示范和反面警示相结合，有针对性地开展党章党纪党规教育，让广大党员学有标杆、行有底线。深入推进“积极预防、系统治理”，构建具有古蔺特色的惩防体系，真正用制度管权管事管人。把纪律和规矩挺在前面，综合运用监督执纪“四种形态”，坚持纪律执行抓早抓小、纪律监督从严从实、违纪查处严查快办，用纪律管住大多数。持之以恒落实中央八项规定等制度规定，严防“四风”反弹。深入推进机关效能建设，坚决整治敷衍了事、推诿扯皮、为官不为等突出问题。建立县委巡察工作制度，推动全面从严治党向基层延伸。保持惩贪治腐高压态势，紧盯扶贫资金、涉农资金管理使用、工程项目建设等领域，以及侵害群众利益的不正之风和腐败问题，深入开展反腐败斗争，推动党风政风行风持续好转。

同志们，决胜脱贫攻坚，靠凝心聚力而成；实现撤县设市，靠实干担当铸就。让我们紧密团结在以习近平同志为总书记的党中央周围，在省委、市委的坚强领导下，团结带领全县党员干部和87万人民群众，攻坚克难，奋发进取，为全面建成小康社会而努力奋斗！

**名词解释**

**1.“五位一体”：**中共十八大报告对推进中国特色社会主义事业作出的总体布局，即经济建设、政治建设、文化建设、社会建设、生态文明建设“五位一体”。

**2.“四个全面”：**是以习近平为总书记的党中央从坚持和发展中国特色社会主义全局出发提出的战略布局，即全面建成小康社会、全面深化改革、全面依法治国、全面从严治党。

**3.着力六个加快、推动六个转变：**是县委十一届十一次全会提出的战略任务。“六个加快”，即加快脱贫攻坚、加快产业转型、加快城乡提升、加快项目建设、加快旅游突破、加快改革开放；“六个转变”，即主导产业由酒业、能源“双轮驱动”向酒业、文化旅游、新食品新能源新材料“三足鼎立”转变，地理区位由“盆地边缘”向“休闲度假目的地”转变，形象定位由“老少边穷地区”向“生态田园、红色古蔺”转变，城乡建设由县城“一枝独秀”向全域“多点突破”转变，开放格局由“局部开放”向“全面开放”转变，发展方式由“粗放、失衡、不协调”向“集约、均衡、可持续”转变。

**4.“2+18+3”脱贫攻坚政策组合拳：**是古蔺县贯彻落实省、市脱贫攻坚政策，结合自身实际制定的脱贫攻坚政策。“2”指《古蔺县农村扶贫开发规划（2011—2020年）》《中共古蔺县委关于全力推进扶贫攻坚确保全面建成小康社会的实施意见》；“18”指交通、水利、电力、教育等18个专项扶贫方案；“3”指财政资金整合扶贫工作方案、扶贫项目四到乡镇实施方案、扶贫项目管理办法。

**5. PPP融资建设模式：**政府与社会资本为提供公共产品或服务而建立的全过程合作关系，其核心作用是发挥市场主体作用，提高项目运行效率，减少公共财政投入。

**6.“三品一标”：**“三品”，即无公害农产品、绿色食品、有机食品；“一标”，即农产品地理标志。

**7. 好书记选育计划：**注重选拔政治品行过硬、党员群众公认、能够驾驭复杂局面、敢于担当、清正廉洁的优秀干部担任乡镇党委书记；注重从致富带头人、大学生村干部、务工经商人员、复员退伍军人、在外工作退休干部和村教村医中择优选拔村党组织书记。

**8.“一核多元、合作共治”村级治理体系：**指以村级党组织为领导核心，村（居）民会议或村（居）民代表会议决策，村（居）民委员会执行，村（居）务监督委员会监督，群团组织、集体经济组织、农民合作组织、社会组织为补充的村级治理体系。

**9. 监督执纪“四种形态”：**中共中央政治局常委、中央纪委书记王岐山在福建调研并主持召开座谈会时提出：党内关系要正常化，批评和自我批评要经常开展，让咬耳扯袖、红脸出汗成为常态；党纪轻处分和组织处理要成为大多数；对严重违纪的重处分、作出重大职务调整应当是少数；严重违纪涉嫌违法立案审查的只能是极少数。

## 政府工作报告

——在古蔺县第十六届人民代表大会第一次会议上

（2016年12月19日）

古蔺县人民政府县长　陈廷俊

### 第十五届政府工作回顾

过去五年，面对复杂多变的国内外宏观经济形势，县政府在市委、市政府和县委的坚强领导下，在县人大、县政协的监督支持下，主动适应经济发展新常态，抢抓机遇、砥砺奋进，谱写了古蔺发展新篇章。

**——过去五年，全县上下攻坚克难抓发展，迎战考验促回升，实现了综合实力的跨越提升。**2016年，预计全县地区生产总值完成139.6亿元，是2011年的1.5倍，年均增长10.5%；地方公共财政收入完成16.1亿元，是2011年的1.61倍，年均增长10.8%；规模以上工业增加值年均增长11.3%；城镇居民可支配收入达到24068元，是2011年的1.5倍，年均增长10.7%；农村居民人均可支配收入达到10612元，是2011年的2.2倍，年均增长12.1%；社会消费品零售总额完成62.3亿元，是2011年的2.1倍，年均增长16%；全社会固定资产投资201.4亿元，是2011年的3.7倍，年均增长30.1%；三次产业结构调整为15∶59∶26。白酒产业触底回升，煤炭行业平稳整合，特色农业不断壮大，新兴产业加快发展。

**——过去五年，全县上下全力以赴抓脱贫，咬定目标不放松，取得了脱贫决战的阶段性胜**

利。坚持将脱贫攻坚作为最大政治任务，精准识别、精准帮扶，打好“2+18+3”政策组合拳，推进“七大扶贫攻坚行动”，整合投入资金85亿元，实施易地扶贫搬迁、连片扶贫开发等各类扶贫项目610个，精准落实兜底保障，贫困人口累计减少14.8万人，贫困发生率从26.3%下降至7.1%。

**——过去五年，全县上下凝心聚力抓项目，直面问题补短板，奠定了加快发展的坚实基础。**坚持将项目建设作为最大发展抓手，累计投入307亿元，建成了一批大项目、好项目。叙古高速正式通车，蔺郎路、古赤路改造完成，建成县乡道297公里、通村水泥路792公里。龙爪河引水工程竣工投运，观文水库、朝门水库、石梁子水库推进有力，治理水土流失106平方公里，解决34万农村人口饮水不安全问题。农电体改全面完成，改造城乡电网9285公里，农村无电户全面消除。光纤宽带实现行政村全覆盖。成功创建国家AAAA级旅游景区2个，省级旅游度假区1个，列入省级旅游标准化示范县。县城建城区面积达8.9平方公里，常住人口达到11.6万人，重点集镇开发加速，新村建设步伐加快，城乡面貌日新月异。

**——过去五年，全县上下用心用情抓民生，持续加力惠百姓，办成了群众关切的好事实事。**坚持将民生事业作为最大德政工程，累计投入170.7亿元改善民生，占财政总支出的76.25%。教育质量持续提高，办学条件显著改善，率先在全省实施义务教育阶段营养午餐计划，高考本科上线率实现五连增。医疗卫生服务持续改善，公共卫生应急处置能力显著增强。社会保障水平持续提高，医保、社保覆盖面不断扩大，低保标准逐步提高。文体事业持续繁荣，全面实现乡有文化站、村有文化室。社会治理水平持续提升，社会治安平稳有序，安全生产形势稳定。

**——过去五年，全县上下锐意改革抓服务，矢志不渝强作风，推动了政府职能的转变创新。**坚持将政府改革作为最大内生动力，机构改革有序实施，乡镇财政体改成功推行，4个乡撤乡建镇，简政放权持续推进，农村“六权”颁证有效开展。依法行政、依法治县、“六五”普法深入推进，荣获“全国法治县创建活动先进单位”。深入开展党的群众路线教育实践活动、“三严三实”专题教育、“两学一做”学习教育，干部作风切实转变。

五年来，我们广泛开展国防教育和“双拥”共建，军民关系和谐融洽，国防动员和后备力量建设不断加强。民族宗教、人事、外侨、对台、地方志、档案、供销、残联、老龄、气象、消防、保密等各项工作扎实推进，工会、共青团、妇女儿童、工商联等各项事业全面发展。

各位代表，2016年是本届政府任期最后一年。这一年，我们攻克了一道道难关，干成了一件件实事：87万古蔺人民期盼已久的叙古高速正式通车！63公里的叙大铁路即将全线铺通！惠及贫困户3527户13762人的易地扶贫搬迁首战告捷！涉及40余万在家常住人口的全民预防保健免费体检建档工作全面完成！179公里的赤水河环线扶贫公路全线动工！全国首创的中职助学贷款工程成功试点！农网改造、交通建设、教育卫生、就业创业等民生实事顺利完成！

**一年来，我们聚焦脱贫不松劲，脱贫攻坚强力推进。**作战体系精准运行。县乡村三级挂图作战，任务层层分解、责任层层落实、工期步步倒排，“五个一”帮扶机制高效运行，广大社会组织、企事业单位积极参与，攻坚合力全面形成。政策措施精准落地。统筹实施“六个一批”帮扶行动，严格按照“一超六有”落实产业扶贫、基础改善、住房安全、教育医疗、社会救助等各类扶贫政策，脱贫支撑有力夯实。脱贫任务精准完成。新建通村水泥路210公里，实施安全饮水工程1400处，改造城乡电网3680公里。22个贫困村有标准化卫生室、文化室，通宽带网络。发放产业周转金2230万元、小额扶贫贷款2.5亿元，实施产业扶贫到户项目26个，惠及贫困人口

20457人。完成贫困村退出22个、贫困人口脱贫19539人。

**一年来，我们专注发展不动摇，产业转型步伐加快。**工业经济稳健回升。郎酒恢复性增长，加速迈进百亿目标。仙潭战略重组进展有序，水口酱酒产区启动建设。实现白酒主营业务收入140亿元，同比增长8%。观文煤矿正式投产、石屏一矿有序运营，实现原煤产量104.5万吨、产值5.2亿元。大村煤层气利用正式点火，鱼化大理石园区平稳推进，大寨页岩气顺利试采，古蔺面集中加工区建成投产。农特产业成效初显。完成"赶黄草新食品原料"科研申报，培育省市龙头企业4个、示范专合社13个，甜橙、脆红李、赶黄草、古蔺马羊、川南黄牛等优势农特产业初具规模。实现农业总产值34.5亿元，同比增长3.8%。文旅产业日益繁荣。《古蔺县"十三五"旅游发展专项规划》编制完成，百亿黄荆旅游扶贫示范项目启动建设，箭竹大黑洞景区建成投运，东新青龙洞加快开发，双沙菜花节、大寨踩山节等节事影响力持续扩大，实现旅游综合收入52亿元，同比增长27%。

**一年来，我们推进项目不减速，城乡面貌焕然一新。**县城开发进展迅速。棚户区改造步伐加快，墨宝寺、商业街棚改进展顺利。市政工程稳步推进，东城大道、兰西大道一期即将通车，西区农贸市场、西区变电站加快建设。撤县设市正式启动，农业人口有序转移，城镇化率提高2.6个百分点。镇村建设有力推进。永乐、皇华、水口等集镇开发加速推进，双沙、太平、石屏场镇基础设施项目申报成功，护家、鱼化、石宝绕场公路建成投用，乡镇职工周转房有序实施。二郎红军街、箭竹团结等4个传统村落建设加快，建成幸福美丽新村11个，改造农村危房970户。城乡治理更加有序。县级综合执法向乡镇延伸，城乡专项治理成效显著，"三乱"问题得到有效遏制，功能完善、环境舒适、卫生整洁的城乡新貌逐步形成。

**一年来，我们改善民生不懈怠，社会事业全面进步。**教育卫生不断改善。改造完成乡镇中小学5所、中心幼儿园3所，蔺阳中学综合楼、中城中学运动场建成使用。高考本科录取学生2236名，140余名古蔺学子考入清华、浙大等"985""211"名校。改扩建乡镇卫生院4个、村卫生室44个，成功创建省级结核病防治示范区。双创社保扩面提标。建成创新创业孵化园3个，成功创业1020人，稳定就业17300人。城镇职工实现"五险统征"，低保精准保障34978人，养老保险覆盖率达96%以上、医保参保率达98%以上。文体广电协调发展。中央电视台大型纪录片《长征》聚焦古蔺，各类文体赛事持续举办，建成综合文化服务中心、文化院坝示范点10个。生态环保扎实推进。实施天然林保护、退耕还林9200亩，建设现代林业产业基地15000亩、高标准基本农田19000亩、乡镇污水处理厂3个，全县空气质量达到国家Ⅱ级标准。社会环境和谐稳定。依法治县扎实开展，天网三期、消防指挥中心建成投用。安全生产基层基础有力夯实，全县未发生较大及以上安全事故。

**一年来，我们深化改革不停步，政府效能日益提升。**体制改革不断深化。"三公"经费持续下降，公车改革平稳推进。营改增全面施行，全年减税7900万元。商事制度改革持续深化，"先照后证""五证合一"有序推行，不动产登记全面落地，确权颁证19.5万份。依法行政全面推进。"双随机一公开"监管机制有效运行，受理行政复议案件155件、办结151件，主动公布行政责任清单23项。认真办理人大代表建议、政协委员提案，主动回应社会关切。行政效能稳步提升。建成智慧政务综合管理平台，新改建乡镇便民服务中心22个，政务服务体系标准化建设不断提升。行政审批制度改革持续深化，承接省市下放审批事项79项，受理行政审批、公共服务事项

127.6 万件。廉政建设切实加强。全面落实廉洁从政各项规定，干部作风整顿、警示教育扎实开展，反腐败和廉政建设工作取得新成效。

各位代表：五年来，我们共同参与了古蔺的进步与成长，共同见证了古蔺的发展与变化。五年的巨变饱含艰辛，五年的成果令人振奋！这其中，最需要我们牢记的：是长期以来关心古蔺发展的各级领导、各界朋友，是为古蔺发展进步尽心竭力、挥洒汗水的历任前辈和同人，是支持古蔺改革建设的县人大代表、县政协委员、工商联和古蔺籍在外人士，是辛勤工作在各条战线上的广大干部群众，以及驻蔺解放军、武警部队官兵和公安干警。在此，我代表县人民政府，向大家表示最衷心的感谢，并致以最崇高的敬意！

回顾过去，成绩来之不易；展望未来，深感任重道远。我们清醒认识到："总量小、人均低、不平衡、欠发达"的最大县情还未得到根本改变；产业结构不合理，中小微企业成长艰难，基础设施欠账多，仍是加快发展面临的最大实际；脱贫攻坚、安全稳定、生态环保任务艰巨，仍是加快发展面临的最大压力；政府自身建设与群众期盼还有差距，少数干部思想解放不够、工作作风不实、创新意识不强，仍是加快发展面临的最大问题。在今后工作中，我们将坚持问题导向，聚焦问题发力，不断推动政府各项工作迈上新台阶。

**今后五年的奋斗目标和主要任务**

今后五年，既是古蔺推进结构改革和产业转型的关键时期，更是古蔺决胜脱贫攻坚、实现撤县设市的冲刺阶段。解决古蔺问题，干部必须走在前列；推动古蔺发展，干部必须干在实处。

今后五年，政府工作的指导思想和奋斗目标是：高举中国特色社会主义伟大旗帜，牢固树立"五大发展理念"，按照县委第十二次党代会的总体部署，紧紧围绕"决胜脱贫攻坚、实现撤县设市"的奋斗目标，坚决如期打赢脱贫攻坚战，同步实现全面小康，建成中国酱香酒谷核心区、西部旅游休闲度假目的地、乌蒙山现代生态农业示范区、川南黔北交通节点城市。到 2021 年，地区生产总值突破 240 亿元，年均增长 12% 以上；城乡居民人均可支配收入、农民人均纯收入实现翻番；规模以上工业增加值年均增长 14.5% 以上，三次产业结构调整为 10∶55∶35；地方一般公共预算收入年均增长 10% 以上；全社会固定资产投资年均增长 20% 以上；社会消费品零售总额年均增长 14.5% 以上。

实现上述目标，我们要重点做好以下五个方面工作。

**决胜脱贫攻坚，用最大决心推进实现全面小康。**把脱贫攻坚作为"一号工程"，坚持党委领导、政府主导、群众主体、社会参与，全力打好"2+18+3"政策组合拳，扎实抓好"五个一"帮扶，大力实施"18+N"专项扶贫计划，如期同步实现全面小康。贫困户精准脱贫，到 2018 年，确保现行标准下的 74338 名贫困人口稳定脱贫，全部过上好日子、住上好房子、养成好习惯、形成好风气。贫困村整体退出，到 2018 年，确保 95 个贫困村贫困发生率低于 3%，有集体经济收入、卫生室、文化室、硬化路、通信网络。贫困县如期摘帽，到 2018 年，实现乡镇有标准中心校、卫生院、便民服务中心；到 2020 年，全县农民人均可支配收入增幅、基本公共服务主要领域指标超过全省平均水平。

**突出交通会战，用最快速度推进基础设施建设。**实施交通先行战略，统筹推进基础设施建设，加快构建依托泸州、融入贵州、借力重庆发展的基础支撑体系。交通方面：开工赤古金高速、国道 352、省道 442；力争开工古仁高速、大村—遵义铁路；打通融黔通道 9 条，建成赤水河环线扶贫公路，改造农村公路 3200 公里，实现村村通水泥路；建成国道独立大桥 1 座、渡改桥 7 座、公路桥 2 座；全面构建"一纵三横一环线"交通网络，建成川南黔北交通节点城市。水利方面：建成观文水库、朝门水库、石梁子水库等一批事关长远的骨干水利工程，动工关口水库、龙洞沟水库等一批惠民利民的重点水利工程，推进节水型社会重点县建设，全面提升贫困人口安全饮水保障能力。电力通讯方面：完成183个行政村农网升级改造，建成110kV变电站3座、35kV变电站5座，完成200个4G基站建设，不断健全电力通讯保障体系。持续推进教育、医疗、文化、卫生等各类基础设施建设。

**聚焦产业兴县，用最优思路推进县域经济发展。**聚力打造百亿郎酒旗舰。支持郎酒做大，推动郎酒上市，建成“名酒名镇”，到2021年，实现主营业务收入200亿元。聚力打造百亿水口酱酒园。全面建成中国酱酒文化主题公园、年产2.2万吨酱酒生产基地，到2021年，实现主营业务收入100亿元。聚力打造百亿生态肉牛产业。建成生态养殖科技示范园、高山特色生态牧场，打响“蔺州肉牛”品牌，到2021年，实现年存栏40万头、产值110亿元。聚力打造百亿中药材产业。发展道地中药材精品基地5万亩，加快中药材饮品研发，形成辐射西南的道地中药材种植、加工、交易大县，到2021年，实现销售15万吨、产值100亿元。聚力打造百亿黄荆旅游扶贫示范项目。整体开发黄荆老林核心景区，建成国家级旅游度假区，到2021年，实现年接待游客100万人次、旅游收入30亿元。聚力构建多极多点产业支撑体系。坚持以酒业、能源、旅游、特色农业、新兴服务业等“五大产业”为增长极，以二郎名酒名镇、永乐酱酒园、水口酱酒园、东城双创园、西区枢纽园、龙山—大村陆港物流园、鱼化大理石加工园等“七大平台”为支撑点，推进资源、资本和产业深度融合，不断增强县域经济整体实力。

**立足撤县设市，用最强力度推进城乡统筹进程。**完善城镇发展战略规划。修编完善县域发展战略规划、乡镇总体规划，构建城乡一体化发展布局。推动县城延展突破。加快开发新城，改造提升老城，不断完善公共服务，增强城市吸附力，着力打造“宜居宜业宜游宜养”的山水田园城市。优化城乡产业布局。着力打造一批功能齐全、产业聚集的重点镇，建成一批依山傍水、记得住乡愁的中心村。到2021年，县城规划区建成面积达20平方公里、常住人口达20万人以上；全县城镇建成区面积达35平方公里以上、常住人口力争突破40万人，常住人口城镇化率达48%以上。

**坚持民生为本，用最实举措推进社会和谐共建。**致力提升教育发展水平。大力发展学前教育，均衡发展义务教育，优质发展普高教育，积极发展职业教育，着力打造教育强县。致力提升医疗卫生服务水平。深化医疗卫生体制改革，推动县人医创建三甲、中医院创建三乙，深入推进县乡村医疗机构信息化、标准化建设，鼓励发展民营医院，形成多元化办医格局。致力提升社会保障水平。健全五大保险体系，扩大社会保险覆盖面，积极稳定扩大就业，完善公共服务体系。致力提升文体事业发展水平。建立县、乡、村三级文体服务网络，培育壮大文化创意产业、体育服务业。致力提升社会治理水平。创新社会治理机制，大力推进依法治理，不断增强社会管理和服务能力，积极争创国家级民族团结进步示范县。

### 2017年工作安排

2017年，是新一届政府的开局之年，开好局、起好步，至关重要。全县经济社会发展的主要预期目标是：实现地区生产总值增长9%以上；规模以上工业增加值增长11%以上；地方公共财政收入增长5%以上；全社会固定资产投资增长17%以上；社会消费品零售总额增长13.6%以上；城镇居民人均可支配收入增长8.5%以上；农村居民可支配收入增长11%以上。

围绕上述目标，我们将重点抓好以下工作，并办好“十件民生实事”。

**一、以易地搬迁为重点，全力攻坚脱贫退出**

2017年，全县确保完成46个贫困村退出、14395人脱贫，易地搬迁6553户25393人。

**决战决胜易地搬迁。**精准锁定对象。严守政策底线，严格识别程序，实行户申请、组评议、村筛查、乡审核、县审批，做到精准识别、应搬尽搬。因地制宜安置。坚持政府引导、尊重民意、集约节约，以集中安置为主，着重向场镇、工业园区、中心村、交通干线、景区景点、特色产业基地聚集。兼顾多元安置，推广宜居宜业的城镇小区安置，鼓励盘活存量的现房安置，实施政府兜底养老的公租房安置。严抓施工保障。统筹抓好建材调度，扎实做好资金、用地、用水、用电、用工等协调服务；大力推行村民代表、监理单位共同监管，确保工程安全优质。稳妥搬迁入住。统规统建路、水、电等基础配套，确保顺利完成搬迁入住；持续推进土地“双挂钩”，实行以奖代补，全面完成拆旧复垦。强化后续管理。健全聚居点管理制度，合理增设农村社区居民小组，配备居民小组长，完善村规民约，提升管理服务水平。

**到村到户集中攻坚。**在巩固落实好教育、医疗、低保兜底等政策的同时，着力抓好五大攻坚。基础配套大攻坚。全面推进基础设施建设，建成农村水泥路500公里，力争完工赤水河环线扶贫公路，完成危房改造2100户、供水工程500处，实施农网改造3580公里，全面完成贫困村农网升级改造任务，确保预脱贫村、脱贫户通水、通电、通路、通网和住房安全。产业培育大攻坚。以“村有增收产业、户有致富项目、人有就业门路”为目标，争取产业扶持基金1200万元，发放扶贫小额贴息贷款2.5亿元，扶持贫困农户因地制宜发展富民多元产业，逐步形成“一村一品”产业体系；加大专项资金补助力度，扶持搬迁户大力发展“乡村旅游+特色产业”；探索“资产收益+物业经济”扶持，折股量化搬迁户土地承包经营权、林权、宅基地使用权，就地发展物业经济。公共服务大攻坚。紧盯贫困村公共服务设施，对标查漏、精准补短，大力推进卫生室、文化室、电视通信网络、村级便民服务中心、文化活动阵地建设，建设农民健身工程25个、健身路径10条。转移就业大攻坚。开展“一户一就业”行动，加强区域劳务合作，加大公益性岗位开发力度，依托古蔺职高，建立技术人才培训基地，新开发公益性岗位1500个，培育新型职业农民和专业技能人才5000人以上，扶持贫困人口创业200人以上，实现贫困人口劳动转移就业19650人以上。“四好村”创建大攻坚。紧扣“四好”标准，突出典型示范，推动农户美化家园、农村移风易俗，创建省级“四好村”35个、市级“四好村”42个、县级“四好村”49个，示范带动贫困村、贫困户致富奔康。

**健全完善攻坚机制。**突出群众主体，严格实行“五个一”帮扶，建立县级领导联点、乡镇主要领导抓点、分管领导蹲点、驻村第一书记和联村干部驻点责任机制。坚持全程考核，明确任务清单、责任清单、时间节点，实行“一票否决”。建立完善脱贫退出民主评议机制，严防“数字脱贫”。注重宣传引导，强化氛围营造，严防“当脱不脱”。建立长效帮扶机制，推动贫困户可持续增收，严防“脱后返贫”。

**二、以产业转型为抓手，聚力提升县域经济**

产业发展是富民强县的根本途径，要坚持产业转型，着力破解一产不够大、二产不够强、三产不够活等问题，加快推动县域经济更好更快发展。

**加快工业重点突破。**做大白酒产业。启动打造百亿郎酒旗舰，全力支持郎酒上市，加快建设“名酒名镇”，启动建设天宝峰包装物流中心、郎酒文化主题酒店，快速实施陶坛酒库、储酒罐区、制釉车间技改项目，完成改造红花苑至天宝峰道路，实施红滩至吴家沟危岩治理及道路建设；

启动建设百亿水口酱酒园，推动运行酒投公司，力争开工建设制釉生产区、酿酒生产区、办公生活区；力促川发展酒投与仙潭、红军杯等酒企合作，整合现有企业、产能、品牌资源，加快中小酒企抱团发展；探索创新营销模式，不断扩大古蔺酱酒市场份额，实现白酒主营业务收入150亿元以上。做强能源和建材产业。加快推进大理石园区建设，持续扩大产能，推进精深加工，积极引进企业入园；更加注重新能源开发和就地转化利用，加快风能、煤层气、页岩气开发利用；推进规模化、机械化开采非煤矿山，统筹开发节能环保新型建筑材料，扶持培育建材企业发展；推进煤炭行业调结构、去产能、保安全，促进煤炭产业安全健康发展。做实园区平台。理顺经开区管理机制，建成省级经开区；坚持“一区四园”空间布局，集中要素加快推进园区配套基础建设；大力引进发展生物医药产业，强力推动农产品、中药材精深加工项目投产见效，培育规上企业3家。

**加快农业提质增效**。推进农业规模化生产。启动打造百亿生态肉牛产业，发展标准化肉牛规模养殖场50个，推进园区肉牛、有机肥、酒糟加工厂建设；启动打造百亿中药材产业，连片发展赶黄草、“三木”药材等道地中药材1万亩，引进大型精深加工企业1家，加快建立中药材交易市场；巩固提升畜果蔬茶烟，发展种植业123万亩、肉牛4万头、生猪65万头、家禽350万羽。推进农业专业化经营。积极引进一批产业化龙头企业，培育壮大新型农业经营主体，新发展专合社10个、种养大户140个、家庭农场20个。推进农业品牌化营销。深入实施农业品牌战略，持续开展农特产品“三品一标”认证，着力打造赶黄草、麻辣鸡、牛皮茶、手工面等农特产品品牌。推进农业市场化运作。依托“乌蒙蔺州”“郎网”等电商平台，积极推动“互联网+现代农业”，逐步形成本土农产品直销网络体系；加大冷库建设力度，扶持发展农产品冷链物流；积极借助川货全国行、西博会、招商投资推介会等活动，促进生产与市场无缝对接，不断拓宽农产品销售渠道。实现农业总产值39亿元，增长4%以上。

**加快旅游全域布局**。着力景区景点提档升级。打造黄荆核心景区，快速推进百亿黄荆旅游扶贫示范项目，建成金鱼溪旅游度假新村，提升八节洞、长滩、环岩景点配套，申报黄荆老林国家森林公园，加快创建国家级旅游度假区；突出文旅交融，开工建设太平古镇仿古商业街，建成投运东新青龙洞景区、水口世界酒城宫旅游度假区一期，加快推进二郎红军街修缮、酒文化展示区建设；积极推动大黑洞创建AAAA级旅游景区，快速推进大寨富民旅游新村建设，有序开发桂花地质公园，打造“箭竹—大寨—桂花”民俗体验示范片；开发观光农业，巩固提升双沙“田园花镇”、马蹄“橙海桃园”、马嘶“茶山林海”，持续增强“双马”观光农业示范片综合效益。着力旅游配套设施建设。围绕“快进慢游”，完善县乡干线公路途中旅游服务点建设，改造提升景区景点连接公路，力争开通旅游客运专线10条；围绕“住得舒适”，规范化、标准化建设星级酒店、民宿民居，不断提升旅游承载能力；围绕“购有特色”，集中规划工艺品展示区，扶持发展旅游商铺，不断丰富旅游产品。着力旅游品牌形象提升。立足“生态田园·红色古蔺”总体定位，实施好政府主导、企业主体、媒体主推的一体化营销策略，加强旅游特色宣传和旅游路线推广，充分利用新技术、新媒体，形成多渠道、高密度的叠加效应。

**加快服务业多元发展**。大力发展物流产业，依托西区枢纽园，引进培育大中型物流企业1家，重点扶持发展煤炭、大理石、白酒、农产品等专业物流网点3个。加快做大商贸服务业，建立小商品、农产品专业交易市场8个。快速发展电子商务，大力实施“京东帮”“农村淘宝”“淘淘农家乐”进村进户，加快供销社综合改革，丰富完善供销e家平台。积极发展以生活照料、健康服务、老年旅游等为主的养老养生服务业，扶持培育养老服务机构2家。加快发展金融服务业，搭建银政企对接平台，积极推广中小微企业小额信用贷款、创业贷款等金融服务，力争培育金融服务企业2家。不断提升餐饮、住宿、娱乐、家政等传统服务业层次，壮大发展运动休闲、中介机构等新兴服务业，着力推动生产性服务业向专业化和价值链高端延伸、生活性服务业向精细化和高品质转变。

**三、以撤县设市为引领，大力推进城乡统筹**

紧扣“撤县设市”战略目标，加快补齐城乡短板，主动适应人民群众新期待，努力增强群众获得感和幸福感。

**科学规划城乡布局**。修编城市总规、撤县设市全域战略规划，加快县城核心区城市设计，更新完善县城控规，细化完成新型城镇化专规，编制县城导视系统、地下管线等专规。明确重点集镇发展目标，明晰特色集镇建设定位，修编优化乡镇总规，完成二郎、太平等8个重点集镇控规修编。依托产业、能源、交通等资源优势，完成幸福美丽新村规划。

**加快推动城乡建设**。扩容提质建精致县城。提升改造旧城，完工墨宝寺一期棚改，快推墨宝寺二期、商业街、齐安宫棚改；强力开发新区，加快推进蔺郎国际、碧水华庭等房产项目，启动建设县城二通道二期、兰西大道二期等市政工程，持续推进东城创业园基础建设；提升城市品质，完成火星山公园二期改造工程，打造西区主干道绿化景观；持续治理“三乱”，加快推进“数字化城市管理”；着力提升城镇综合承载能力，吸纳农业人口转移落户城镇，实现城镇化率提高3.6个百分点以上。统筹开发建精品集镇。按照“产城融合、精准定位、功能明晰、梯次推进”的发展思路，建设二郎、水口等酱香酒镇，开发观文、石屏等工业强镇，推进马蹄、护家等农业大镇，打造黄荆、太平等旅游名镇，巩固龙山、大村等商贸重镇，以点带片，区域联动，协同发展。培育示范建精美山村。坚持建设、改造、传承协同并重，保护传承民俗文化、红色文化，建设乌蒙新村20个。

**统筹发展各类教育**。办活学前教育。鼓励社会办园，规划配建城区公办幼儿园、乡村民办幼儿园，新改建乡镇中心幼儿园4所。办强义务教育。补充扩容城区学校，开工建设东区中小学、实验学校小学部，新改建乡镇寄宿制中小学4所。办优普高教育。着力办好城区高中，提升改造古蔺中学、蔺阳中学，积极筹建县城第三高中。办大职业教育。启动扩建古蔺职高，推动提档升级。借助国开行中职助贷工程，加快教育硬件提升，推进学校标准化、教育信息化、师资专业化建设，为顺利通过国省义务教育均衡验收奠定坚实基础。

**提升城乡医疗水平**。深化县级公立医院综合改革，加快建设中医院门诊综合楼，积极创建“全国中医先进县”。新改建乡镇卫生院2个、村卫生室46个，引进民营综合、专科医院2家，优化群众就医就诊环境。全面实施二孩政策，优化妇幼健康服务。稳步推进全民预防保健，常态化开展免费体检。

**推进生态环保建设**。扎实抓好垃圾处理。建设县城垃圾中转站，管理完善村垃圾堆放点，健全“村收集、乡清运、县处理”垃圾处理体系。扎实抓好污水处理。建成县城污水处理厂二期工程和19个乡镇污水处理厂，实现县域污水处理全覆盖。扎实抓好大气治理。综合整治工业、城建等重点大气污染领域，深入推进企业节能降耗，推广应用节能新产品、新技术。扎实抓好生态保护。加快“两园一基地”建设，持续修复耕地土壤污染，大力推进石漠化治理，实施退耕还林15000亩、植被重建5300亩、封山育林50000

亩，治理水土流失 30 平方公里。

**促进社会和谐稳定。**健全城乡居民大病保险、临时救助制度，确保城乡居民养老保险覆盖率达 96% 以上、医保参保率达 98% 以上。大力实施“才聚蔺州”工程，营造良好人才工作环境。持续推进大众创业、万众创新，激发全民创业热情。大力推动省级民族团结进步示范县创建工作，促进各民族团结发展。深入推进依法治理，扎实开展“七五”普法。强化食品药品安全监管，抓好国家食品安全城市创建。强力推进安全生产专项整治，坚决遏制较大及以上安全事故发生。持续推进信访法制化建设，加强社会矛盾纠纷风险预警和排查化解。完善社会治安防控体系，加强社会治安综合治理，着力提升群众安全感和满意度。

**四、以项目建设为引擎，奋力拉动投资增长**

牢固树立“抓项目就是抓发展、抓发展就必须抓项目”理念，以全市项目投资攻坚年为契机，实施重大重点项目 123 个，完成投资 110 亿元、增长 13% 以上。

**精心谋划生成项目。**围绕国、省重点项目及投资方向，突出“大民生、大通道、大旅游、大城镇、大产业”发展布局，编制生成大型基础设施项目 20 个；立足产业和能源资源，围绕旅游、物流、大理石、页岩气、农特产品精深加工等重点行业，编制生成现代产业项目 30 个；围绕教育、医疗、健康养老等重点领域，编制生成民生项目 30 个。

**千方百计争引项目。**抢抓脱贫攻坚战略机遇，主动对接国家、省、市对口帮扶单位，争取多方支持，确保上争资金 30 亿元以上。借力国定贫困县企业上市“绿色通道”政策优势，引进县外意向上市企业入驻古蔺，精心组织参加各类招商引资活动，力争引进资金 93.5 亿元，增长 10%。

**攻坚克难推动项目。**在交通建设上发力。实现叙古高速通达太平、叙大铁路通至大村，全面完成省道 312 叙蔺段改造提升，启动国道 352 建设，建成国道 546 赤水河大桥、古蔺河白岩滩大桥和 7 座渡改桥。在水利建设上发力。争取关口水库立项，启动龙洞沟烟草水源工程，快推观文、朝门、石梁子水库建设，建成草莲溪提水工程。在电力通讯建设上发力。启动水口 35kV 输变电项目，开展黄荆 35kV 变电工程前期工作；大力推进“宽带乡村惠民工程”“城市网络基础设施完善工程”，完善“云视泸州”项目，搭建信息云平台，开通致富云渠道。

**全力以赴保障项目。**落实资金保障。把握国家投融资试点县政策机遇，逐步做大投融资平台，大力推进融资及债券发行，支持有条件的乡镇搭建平台公司，形成独立项目资金承载主体。大力推行 PPP 投融资模式，撬动更多民间资本，有效破解资金难题。强化用地保障。积极争取用地指标，盘活土地存量，完成工矿废弃地复垦 1300 亩，实施土地“双挂钩”，推进 1014 亩建设用地区位调整，全面保障用地需求。优化服务环境。完善项目审批服务，大力提升审批效率；综合运用行政、经济、法律手段，逐步化解遗留问题，营造良好施工环境；严格实行“六个一”项目推进机制，责任一线落实、问题一线解决、工作一线推进，确保高力度、高强度、高速度推动项目建设。

**五、以效能提升为核心，着力加强自身建设**

坚持为民、务实、高效、清廉，切实加强效能建设，不断提高行政水平，致力建设人民满意政府。

**创新方式，建设高效政府。**积极运用现代科技，加强政府效能建设。聚焦“互联网 + 政务服务”，建设政务大数据互联互通平台，强化行政效能电子监察。依法做好行政许可和便民服务，推行并联审批和全程代办制。进一步简政放权，放管结合，全面推行“三张清单”制度。

**注重规范，建设法治政府。**坚持依法行政，自觉运用法治思维和法治方式推动工作，严格执行重大行政决策程序。认真落实宪法宣誓制度，积极推行政府法律顾问制度，深入推进政务公开，提高群众政务知晓度。依法接受县人大法律监督和工作监督，自觉接受县政协民主监督，广泛接受社会和舆论监督。

**敢于担当，建设实干政府。**加强作风和能力建设，锻造一支敢于担当、善治勇为的干部人才队伍。严格执行各项工作责任制，确保政令畅通、政策落地。切实加强执行力建设，完善督查问责机制，建立健全激励机制和容错纠错机制，营造想干事、能干事、干成事的干事创业氛围。

**严守纪律，建设廉洁政府。**深入践行“三严三实”，驰而不息整治“四风”。加强行政监察，推进审计全覆盖。以减权限权、创新监管等举措减少寻租空间，推动党风廉政建设向基层延伸，坚决纠正侵害群众利益不正之风，坚定不移惩治腐败。

各位代表！古蔺的未来充满希望，人民的期待催人奋进！我们坚信，有市委、市政府和县委的坚强领导，有县人大、县政协的监督支持，有全县干部群众的奋勇拼搏，2017年的各项工作就一定能够圆满完成！“决胜脱贫攻坚、实现撤县设市”的奋斗目标就一定能够早日实现！

**十件民生实事：**

1. 新增农村客运线路24条、农村客运车辆50辆，建设乡镇客运场站5个、招呼站100个，实现有条件的村通客运。

2. 全力推进城东、城西客运站建设。

3. 完成赤古金高速工可，力争古仁、古金、古赤高速纳入国省交通路网。

4. 建成城西110千伏、二郎110千伏、石宝35千伏变电站，实施63个村农网升级改造工程。

5. 继续推进县城农贸市场、民生广场、健身步道工程，改造乡镇农贸市场6个，建成停车场27500平方米、新增停车位600个，启动县域天然气主管网建设。

6. 完成67个乡镇中小学标准化建设，建成投用进修校附小、白沙小学，整体迁建皇华小学、永乐小学、太平小学，建设教师周转房410套。

7. 启动县人民医院创建三甲、县中医院创建三乙工作，完成县乡互联互通的医疗影像中心、心电中心、检验中心信息化建设。

8. 启动垃圾焚烧发电项目，建成乡镇垃圾中转点5个，基本实现县域垃圾集中处理。

9. 开展创业技能培训5000人，发放创业贷款3000万元，扶持创业1000人，城镇登记失业率稳定在4%以内。

10. 新建城乡日间照料中心6个，为16600名老人提供居家养老服务，为27000名残疾人提供量体裁衣式个性化服务。

**名词解释**

**1.“2+18+3”政策组合拳：**“2”是指《古蔺县农村扶贫开发规划（2011—2020年）》《全力推进扶贫攻坚，确保全面建成小康社会的实施意见》；“18”是指金融扶贫方案、就业创业能力提升专项工作方案、贫困户农村危房改造专项方案等18个脱贫方案；“3”是指财政资金整合扶贫工作方案、扶贫项目四到乡镇实施方案、扶贫项目管理办法3个措施办法。

**2. 七大扶贫攻坚行动：**指基础设施建设攻坚行动、新村建设攻坚行动、特色产业培育攻坚行动、能力提升攻坚行动、公共服务攻坚行动、生态建设攻坚行动、基层组织建设攻坚行动。

**3. 农村“六权”：**指农村集体土地所有权、农村集体土地承包权、农村集体建设用地使用权、农民房屋所有权、小型水利工程产权、农村集体林权。

**4.“五个一”帮扶机制：**指为每个贫困村确定一名县级以上领导干部联村，安排一个部门单位结对帮村，组建一个帮扶工作组驻村，选派一名第一书记脱产驻村，选派一名农技人员驻村。

**5. “六个一批”**：指扶持产业发展一批，扶持就业发展一批，医疗救助扶持一批，移民搬迁安置一批，社会保障兜底一批，发展教育扶持一批。

**6. “一超六有”**：指年人均纯收入稳定超过国家扶贫标准且吃穿不愁，有义务教育保障、有基本医疗保障、有住房安全保障、有安全饮用水、有生活用电、有广播电视。

**7. “三乱”问题**：指城乡环境存在的违法乱建、车辆乱停、市容乱象问题。

**8. 五险统征**：指城镇企业职工基本养老保险费、失业保险费、城镇职工基本医疗保险费、工伤保险费、生育保险费统一征收。

**9. “先照后证”**：指从事后置许可经营项目的市场主体，先向工商部门申请办理营业执照，再到许可审批部门办理许可审批手续。

**10. “五证合一”**：指营业执照、组织机构代码证、税务登记证、社会保险登记证和统计登记证“五证合一”登记制度。

**11. “双随机一公开”**：指在管理方式和规范市场执法中随机抽取检查对象、随机选派执法人员，及时公布查处结果。

**12. 五大发展理念**：指创新、协调、绿色、开放、共享的发展理念。

**13. “18+N”专项扶贫计划**：指18个工作计划和多项其他扶贫计划。

**14. “一纵三横一环线”交通网络**：“一纵”是指赤水—古蔺—金沙高速；“三横”是指312省道、叙古高速、蔺郎路；“一环线”是指古蔺叙永农村扶贫公路。

**15. 土地“双挂钩”**：指依据土地利用总体规划，将若干拟整理复垦为耕地的农村建设用地地块和拟用于城镇建设的地块等面积共同组成建新拆旧项目区，通过建新拆旧和土地整理复垦等措施，在保证项目区内各类土地面积平衡的基础上，最终实现建设用地总量不增加、耕地面积不减少、质量不降低、城乡用地布局更合理的目标。

**16. “四好村”创建**：指以“住上好房子、过上好日子、养成好习惯、形成好风气”为主要内容的示范村创建工作。

**17. “一区四园”**：指经济开发区，二郎名酒园、水口酱酒园、永乐白酒园、东城双创园。

**18. “三品一标”**：指无公害农产品、绿色食品、有机农产品和农产品地理标志。

**19. “两园一基地”**：指国家森林公园、国家湿地公园和国家森林养生基地。

**20. “六个一”项目推进机制**：指一个重大项目、一名县领导牵头、一个主体责任单位、一套工作班子、一套考核体系、一抓到底的项目推进机制。

**21. “三张清单”**：指权力清单、责任清单、负面清单。

# 专 文

## 双"主体"加快推进农村交通基础改善

——古蔺镇探索实践乌蒙山区扶贫开发农村道路建设新模式

李万忠

近年来，各级逐年加大了对农村基础设施建设的投入力度，特别是党的十八大提出要全面建成小康社会宏伟目标以来，农村基础设施改善成为了贫困群众、贫困地区改善贫困现状的迫切需求。为响应县委提出的"在乌蒙山片区率先摆脱贫困，全面同步小康"战略目标，古蔺镇以深化巩固村民自治成果为抓手，充分调动发挥群众自主脱贫动力，努力探索实践乌蒙山区农村道路建设新模式。

### 一、探索农村道路建设新模式是当前扶贫攻坚的现实迫切需要

随着扶贫攻坚的逐步深入，实施农村公路基础改善，特别是在通社公路和通村民聚居点公路方面，各级财政投入仍显不足，投资强度和改善程度整体滞后，仅仅依靠上级下达和县、乡自有财力解决，难度较大。同时，在传统的农村道路建设模式中，政府占绝对主体地位，虽然各级逐年加大投入力度，但群众主动参与项目建设越来越少，政府主导成为政府主体，矛盾日益凸显，主要集中在三个方面：一是政府绝对主导与群众需求多样性的矛盾。政府主导了农村公路建设中的决策立项、规划设计、管理建设、监管验收等各个环节，群众除占地协调等少数环节参与外，基本处于"观众"状态，"主人翁"意识越来越淡薄。群众普遍认为公路建设都是政府的事，少部分人因受益程度、占地情况等不同，借机提出更高补偿要求或阻挠施工，甚至把建设当成了敛财机遇。二是政府投入不足与现实需求的矛盾。当前，除纳入规划的通村公路建设上级有投资计划下达外，通社、通居民点的公路建设中，只有极少部分有以工代赈或扶贫专项资金支持，仅仅依靠政府投入农村交通基础建设，要在短期内实现根本改善不现实。就古蔺镇目前现实需求，还有近300公里通村、通社、通居民点公路需要新建、改造或提升等级。三是传统建设模式周期效益与当前扶贫攻坚加快推进的矛盾。按照政府投资项目建设管理程序，从项目立项、设计、预算、评审、招投标到项目实施并验收，以5公里3.5米水泥路面公路为例，需要建设周期近9个月，资金需求约200万元，建设周期较长且资金需求量较大。传统建设模式要全面铺开农村公路建设基本不可能，无法在短期内根本性改变农村交通基础现状，影响了产业发展、新农村建设和其他基础设施改善等配套扶贫攻坚措施的进一步深入推进和落地见效。

**二、深化巩固村民自治成果，“双主体”加快推进农村公路建设**

通过探索实践，古蔺镇对上级无资金计划下达且群众需求迫切的通村、通社、通居民点公路建设项目，形成了一套权责明确、程序简化、监督规范、实施高效的农村公路建设新模式，归结起来为：“两申请、两评审、四公开”。两申请：由受益区群众向村民委员会提出建设请求；村民委员会书面向镇政府提出建设申请。两评审：村民委员会根据群众意愿，结合本村实际，初步评审建设的必要性和可行性；镇上根据村民委员会申请，审查实施区域群众积极性及是否具备实施条件，并结合镇上财力和全镇规划后批复审查意见。四公开：受益区群众提出申请，通过村民代表大会讨论通过后，在受益区域和村公示栏集中公示会议讨论结果和筹资筹劳方案；镇政府批准建设请求后，村民委员会在受益区域和村公示栏公示镇政府关于同意建设的批复，详细公开建设标准、里程、建设方式、总投资等内容；项目实施过程中，动态公示群众筹资筹劳情况，资金支付情况和质量监督情况等；项目交（竣）工验收后，集中公示项目资金使用、筹劳筹资情况及竣工验收情况等。主要特点有：

**（一）确立“双主体”权责。**公路建不建，怎样建，群众完全自主自愿，须受益区90%以上的群众同意后，通过村民委员会向镇上提出申请，镇上在充分考虑群众积极性和受益对象村社是否具备实施条件后，实行竞争立项。在整个公路建设过程中，政府、群众具有“双主体”权责。政府负责按建设标准定额补助材料、技术工人及机具等必要费用，负责设计预算，指导成立公路建设理事会（由监委会主任、受益区域社长、受益区域农户代表组成），下设筹资筹劳小组、质量监督小组、公开理财小组等统筹监管班子，跟踪开展技术指导，负责质量检测和参与交（竣）工验收；群众负责提出建设意愿，通过受益区村民代表大会讨论提出筹劳筹资、占地协调和建设方式等方案，直接参与工程建设、质量监管和后续管养。“双主体”权责的明确，改变了政府对公路基础建设大包大揽的状况，群众不再成为“观众”，变成了既是利益获得者，又是建设的参与者，既有享受成果的权利，又有维护成果的义务。

**（二）简化决策审批程序。**通过简化程序，实施三个替代，时间效率极大提高：一是政府行业主管部门的设计预算、技术指导替代了购买中介服务；二是通过“一事一议”群众自主选择建设方式替代了招标比选程序；三是政府提前制定标准采取定额补助替代了财政评审程序。从项目提出申请，到项目决策立项、设计预算，到完成建设筹备，前期工作总体用时不超过45天，前期工作总体用时比传统建设模式缩短了近4倍。

**（三）建立“双监管”模式。**政府方面：一是资金监管。对政府补助资金，采取原材料补助和直接支付两种方式。材料部分通过县政府公共资源交易中心集中采购或镇上组织以村民为主体进行比选采购，以实物方式直接补助到项目；技工工资及机具租赁费用补助，采取由项目建设理事会确定对象，政府按照进度直接补助到人，确保专款专用和关键环节资金保障。二是质量技术监管。政府组织农机部门、交通部门等行业主管部门提供设计预算、施工图纸、技术指标等技术支持，按进度随机抽样检测，对抽检及完工检测中发现的问题，动态进行整改直至合格。群众方面：主体通过项目建设理事会下设的质量监督小组、理财小组等实施财务及工程质量监管，未进入质量监督小组、理财小组的群众均可动态实施监督。资金监管主要监管材料采购价格、技工及机具价格、群众筹资使用，动态管理群众筹劳计算、调配。质量监管主要抓“搅拌场”和“施工现场”两个关键关节，确保材料配合比达标，动态监管平整度、工序等施工质量问题。

**（四）完善“管养”机制。**针对产权不明晰、管护责任不清楚的问题，通过突出群众主体地位，明确了明确受益区域对建成公路具备管养权责，主要负责日常垮塌方、边沟清理及环境卫生维护等责任，对后续使用损毁严重的，镇上给予一定补助进行修复。实现了“谁投资、谁受益，谁所有、谁管护”，项目的长期效益得以充分发挥。

**三、探索实践农村公路建设新模式的成果及效益**

古蔺县自2014年探索实践农村公路建设新模式以来，累计实施通社、通居民点农村公路项目9个，里程36公里，累计投入资金1041万元，其中镇级资金723万元，占69.5%，群众筹资筹劳318万元，占30.5%。政府资金杠杆作用明显，农村交通基础条件改善进度大幅加快，实现了“用最少钱，办最多事”“有限资金用在刀刃上”的目的。

**（一）成本及周期效益对比**

古蔺县传统建设模式与新建设模式成本效益对比表

表1

| 建设标准 | 资金投入成本（万元） | | | | | | | | 备 注 |
|---|---|---|---|---|---|---|---|---|---|
| | 传统建设模式（每公里） | | | | 新建设模式（每公里） | | | | |
| | 省级及以上 | 县级 | 乡镇 | 群众（含筹资筹劳） | 省级及以上 | 县级 | 乡镇 | 群众（含筹资筹劳） | |
| 3.5米水泥路面 | 35 | | 10 | | | | 18 | 8 | 无偿提供除外 |
| 4.5米水泥路面 | 50 | | 15 | | | | 23 | 10 | |

古蔺县传统建设模式与新建设模式建设周期对比表

表2

| 建设标准 | 建设周期（天） | | | | | | 备 注 |
|---|---|---|---|---|---|---|---|
| | 传统建设模式（以5公里计算） | | | 新建设模式（以5公里计算） | | | |
| | 前期工作阶段（包括设计预算、评审、招投标等） | 实施阶段 | 验收阶段 | 前期工作阶段（包括立项、设计、预算、评审、招投标等） | 实施阶段 | 验收阶段 | |
| 3.5米水泥路面 | 150—180天 | 70天 | 20天 | 30—45天 | 90天 | 10天 | |
| 4.5米水泥路面 | 150—180天 | 80天 | 20天 | 30—45天 | 100天 | 10天 | |

**（二）社会效益**

1.增强群众自主参与的“主人翁”意识。通过主动申请、竞争比选，引导形成了“谁主动、谁先干，谁先干、谁受益”的谋事干事氛围，充分调动了社会资金和群众力量参与建设，提高了占地协调效率，极大减少了建设带来的各种社会矛盾，潜移默化的形成了“自己的事情自己干，自己的发展靠自己”的良好社会氛围。

2.扩大工程管理监督面确保了工程质量。新的建设模式，确立政府和群众建设“双主体”地位，钱怎么用、用在哪里、用得好不好、建设质量如何，群众监督起主导作用，确保了质量效益，预防和减少了工程建设中可能出现的腐败问题。同时，通过明晰管养权责，有效解决了“有人建、无人管，建得快、坏得快”长期历史问题，最大限度发挥了项目建设长期效益。

3.密切干群关系提升了群众认可度和满意度。新的建设模式，投入小、周期短、见效快，政府资金能够实现“一块钱当成两块用”，节约了大量财力、精力，建设推进步伐可成倍加快，迅速铺开，增大了群众受益面，原来无法实现的现在实现了，需要今后几年才能实现的得以加快实现。

同时，通过聚集群众参与发展，拉近了干群距离，第一时间掌握、解决了很多群众现实需求和发生的社会矛盾，群众认可度、满意度大幅提高。

4. 解决扶贫攻坚先决基础问题，推动各项扶贫措施深入推进。“修路”是乌蒙山区扶贫攻坚的重中之重，路不通，产业发展、人居环境改善、农副产品运输等成本加大，群众的“血汗”变成了运输的“燃油”。通过加快实施农村交通基础建设，为种养产业培育、乡村旅游发展等综合扶贫攻坚举措的深度实施，打下了坚实基础。

## 立足生态优势　依托红色资源　推动全域旅游

陈廷俊

近年来，县委、县政府充分发掘自身资源，提出了“生态田园、红色古蔺”的总体定位，致力于依托川黔渝大旅游区态势的形成，深入实施“全域旅游”战略，着力打造以黄荆老林为核心，以黄荆—县城—永乐—太平—二郎为精品线路，以大寨、箭竹、双沙、水口、马蹄、马嘶等为示范片，以其他乡镇特色旅游景点为补充的“一核一线一片多点”的旅游发展格局，以大旅游推动大扶贫，以大旅游促进大发展。

**一、统一思想、凝聚共识，深刻认识加快发展旅游的重要性**

旅游业是当今世界极具发展潜力的新兴产业、朝阳产业，也是富民产业、可持续发展的产业，在调整经济结构、推动县域经济发展、带动群众增收致富方面有着极其重要的作用。加快旅游产业发展、建设西部休闲旅游度假目的地是县委、县政府按照上级要求、综合分析经济发展趋势、结合古蔺实际认真研究讨论、反复考量后确定的。

**（一）加快旅游发展是顺应发展形势的现实需要。**当今社会，旅游已成为品质生活的基本要素之一，是人们必然的消费选择。旅游产业发展规律表明，当人均生产总值超过3000美元时，旅游休闲消费的需求迅速膨胀，旅游业将出现爆发性增长。我国人均GDP已超8000美元，我县周边地区也基本超过了3000美元，古蔺为2800美元，即将突破3000美元，已进入了旅游消费的黄金时代。据统计，2015年我国国内旅游已突破40亿人次，旅游收入超过4万亿元；全省接待游客5.8亿人次，旅游收入超过6000亿元。这充分说明，旅游业已成为国民经济的重要支柱产业。国家、省委多次出台了加快旅游发展的政策措施；省委王东明书记强调：“要把旅游业放在更加突出的位置来抓”；市委也即将成立由曹建国副书记任组长的旅游发展推进组，全力加快旅游发展。我县确定加快旅游发展，不仅顺应了经济发展大势，契合了中央提出的“创新、协调、绿色、开放、共享”发展理念，更是响应了中央、省市加快旅游发展的号召。

**（二）加快旅游发展是古蔺奋力发展的必然选择。**县委、县政府确定的“十三五”发展目标，到2020年，全县地区生产总值达到230亿元、财政收入达到24亿元，挤进全省县域经济前75强。要实现这一目标，最大的资源就是旅游资源。从古蔺现状看，农业上，发展受地域条件制约，规模小、种类少，特别是产业链条短，产业化程度不高，品牌效应不突出，短期内难有突破性进展。工业上，煤、酒两大产业均处于负重待兴状态，白酒产业虽有所回升，但与巅峰时期差距仍然较大；煤炭更是供给侧改革中去产能的重点，将会持续更长的严冬。而旅游上，我县不仅有丰富的旅游资源，且经过多年发展，已经奠定了一定基础，特别是叙古高速即将通至县城，更是将成为古蔺旅游发展的一个“引爆点”。加之旅游业具有“一业兴、百业旺”的特点（据测算，旅游投资每增加1元，可带动其他行业投资5元。“十二五”期间，旅游也对全国GDP贡献率达10.1%，增加值占GDP比重为4.4%；对全省GDP的贡献率超过了15%，增加值占全省GDP比重超过9.5%），能同时带动一、二、三产业发展，产生经济增长的乘数效应，实现发展规模快速扩张。我们必须抢抓机遇，主动作为，全力以赴将得天独厚的旅游资源优势转化为蓬勃奋进的发展优势，助推古蔺崛起超越。

**（三）加快旅游发展是率先摆脱贫困的重要抓手。**旅游业是融劳动密集型与资金、知识密集型特征于一体的关联度较强的产业，具有吸纳和拉动就业的巨大作用。发展旅游业可以直接提供更多如宾馆、饭店、景区等大量服务性岗位，通过旅游项目的拉动，还能产生很多相关的就业岗位，带动周边群众增收致富（据测算，旅游收入每增加1元，可带动相关行业增收4.5元）。全国各地因旅而活、因旅而富、因旅而强的例子很多，与古蔺同为国家扶贫开发重点县的陕西凤县、重庆武隆，就是依托优势发展旅游，分别创造了由国家级贫困县成长为西部百强县、国家级旅游强县的“凤县奇迹”和“武隆经验”，成为贫困县发展旅游富民强县的样板。一个景点可以繁荣一个地区，一片山水可以富裕一方群众。我们必须认真思考，下足功夫，打好旅游这张牌，切实把古蔺的“绿水青山”变成“金山银山”，做到发展一方旅游、繁荣一方经济、造福一方百姓、引领一方脱贫。

## 二、明确目标、突出重点，努力开创加快旅游发展的新局面

旅游业是一项综合性工程，牵涉面大、关联度高，必须明确目标、突出重点，一个难关一个难关地攻破、一个节点一个节点地掌控，切实将旅游打造为古蔺的亮丽名片。

**（一）高起点规划，做大旅游。**规划是发展的先导。“十三五”是古蔺旅游业发展的关键时期，要高起点、高标准、高水平编制旅游产业发展规划，从战略和全局高度把握旅游业发展的方向。一要强化全域规划理念。古蔺幅员面积广阔，旅游资源多而散，必须全盘谋划、系统设计，把零散的旅游资源串成线、连成片，将“珍珠”串为“项链”。要围绕“生态田园、红色古蔺”的总体定位、“西部休闲度假目的地”的奋斗目标和“一核一线一片多点”的发展思路，对全县的景区景点进行统筹规划，分别搞好核心景区、旅游线路、一般景点的规划定位，着重完善景点、线路、区域规划，形成以县级规划为总纲、乡镇规划为框架、景点规划为基础的旅游产业发展规划体系。全县上下必须强化规划意识，做到“没有规划不准上项目、规划不通过论证不准实施、项目不经审批不准动工”，防止盲目开发和低水平重复。二要强化融合发展理念。旅游业渗透性高、融合性强。要坚持“跳出旅游发展旅游”，加强旅游业规划与经济社会发展规划的统一，做到与脱贫攻坚、产业发展、基础建设、城乡发展、环境保护等规划相衔接，促进工业支撑旅游做强、农业围绕旅游做大、三产依托旅游做优、文化服务旅游做活、城乡结合旅游做亮、群众参与旅游致富。要把古蔺旅游放到川滇黔渝旅游发展大局中去思考和研究，与叙永、赤水、习水、仁怀等周边区域融合联动，实现优势互补、资源共享、发展互助。三要强化保护开发理念。习近平总书记强调，“要像保护眼睛一样保护生态环境，像对待生命一样对待生态环境。”对古蔺来讲，生态优势是我县发展旅游业的最大优势、最大潜力和最大本钱。必须牢固树立“绿水青山就是金山银山”的理念，坚持生态效益、经济效益并重，兼顾短期利益和长期利益，在充分考虑环境资源承载力的基础上，科学合理规划旅

游设施和产业布局，推动旅游业可持续发展。特别要注重风景名胜、民俗文化的保护和传承，结合当地自然条件、民风民俗、建筑特色、生产生活习惯等科学开发旅游资源，真正做到留住乡愁、不留遗憾。

**（二）高品位开发，做精旅游。**目前，古蔺的景点不少，但真正在国内有影响的精品景点、名牌景点却没有一个。像遂宁，一个“死海”叫响全中国。虽然四渡赤水有三渡发生在古蔺，但知道“四渡赤水”的人大都以为发生在贵州赤水市。因此我们要抓住打造“中国白酒金三角”的历史机遇，在名酒文化这面旗帜的引领下，集中力量打造一批精品景区，通过市场运作，做大做强旅游产业。一要塑造旅游品牌。只有创出独具特色的文化旅游品牌，才能赢得游客的青睐。比如，我们一讲湖南就想起张家界，一讲陕西就想起兵马俑，这就是标志性旅游品牌。古蔺有白酒文化、红色文化、生态文化、民俗文化等，都有开发的巨大潜力。但要向外推介，就得有主题品牌，就得有“人无我有，人有我优，人优我绝”的独特品牌。县委、县政府经过研究，确定了“生态田园、红色古蔺”的旅游总体定位，“生态、红色”准确地概括了古蔺黄荆老林、太平古镇两大核心景区的特色，“田园”包含了乡村旅游景点“最乡村、醉田园”的原生态风格，“生态田园”体现古蔺秀美自然风光，“红色古蔺”蕴含悠久丰厚的历史文化。所以，在今后一个时期，我们一定要紧紧围绕“生态田园、红色古蔺”这一总体定位，努力做好旅游产业发展的大文章。二要提升旅游商品。旅游商品是延伸旅游产业链条，实现旅游经济效益、社会效益的重要途径。要结合人文特点、产业特色和资源禀赋，对手工面、麻辣鸡、赶黄草、马蹄榅柑、水口杨梅等优势产品进行精心设计，精心包装，精心推广。同时要进一步挖掘大理石工艺品等新兴旅游产品，打造特色鲜明的旅游工艺品、纪念品、土特产和大众商品，满足多层次、多元化的旅游消费需求。特别要积极培育和打造一批旅游龙头企业、旅游购物中心和旅游购物点，建立健全“企业＋作坊＋农户”的合作方式，形成市场共享、利益共沾、风险共担的“共建共赢”局面。三要做优营销宣传。旅游业是“注意力”经济。要围绕“生态田园、红色古蔺”的总体定位，充分发挥政府、企业、媒体的作用，积极投放品牌公益广告、推广旅游精品路线、举办旅游节事活动、召开旅游推介会等，串联景区景点，实现打捆宣传、抱团营销，尤其要适应传统媒体和新兴媒体融合发展的趋势，借助影视、微博、微信、网络等，探索多元化、多层次的营销方式，叫响叫亮古蔺旅游品牌。

**（三）高质量服务，做优旅游。**基础配套设施是发展旅游业的重要支撑。一要加强以交通为重点的基础设施建设。按照“大交通、大旅游”和“快进慢游”的思路，重点加快建设叙古高速，确保尽快通到县城，年底通到太平，缩短入游时间；大力建设县城至黄荆老林旅游快速通道、赤水河旅游环线等旅游干线公路，提高旅游通达性、便捷性；改造提升景区景点连接公路，着力从源头解决游客“进不来、走不动、出不去”的问题。同时，要抓好景区景点的水利、电力、通讯等基础设施建设，保障旅游资源开发的顺利推进。二要做优旅游公共服务。紧紧围绕“吃、住、行、游、购、娱”六大要素，改善提升景区景点接待设施、娱乐场所、景观通道等，让景区景点有看头、有买头、有玩头、有住头，切实提升游客的获得感和满意度。特别要推动智慧旅游建设，实现公共服务移动化、信息化、网络化，建立健全多载体、多语种、全天候的旅游咨询服务系统，进一步提高旅游服务水平。三要营造良好旅游环境。旅游环境是一个地方旅游发展水平的综合体现。要强化景区景点专项治理，着力营造高效便捷的服务环境、监管严格的安全环境、规范有序的建设环境、依法治理的稳定环境、安定祥和的治安环境。特别要强化旅游市场监管，从严整治不正当竞争、侵害旅游消费者合法权益等行为，坚决杜绝“天价虾”“天价鱼”等类似的欺客宰客现象，规范旅游市场秩序，营造良好旅游市场环境。

**三、强化保障、狠抓落实，全面开启加快旅游发展的新征程**

旅游业是一项系统性工程，不是靠一两个领导，或者几个部门就能抓好，必须上下联动，多方发力，统筹推进。

**（一）强化组织领导。**县上成立了李书记和我为组长的旅游发展推进组，确定由如彬部长主抓、胡雁主任具体抓。各乡镇、县级各部门要把抓好旅游工作作为一项重要政治任务，纳入议事日程，切实发挥好统筹协调、规划制定、督促落实等重要作用，着力形成齐心协力、齐抓共管的工作格局。特别是“一把手”，要切实履行“第一责任人”的职责，将旅游工作放在心上、抓在手上、扛在肩上，做到重要工作亲自部署、重点环节亲自协调、重点问题亲自解决。同时，要进一步理顺政府、企业、景区的关系，按照“政府主导、企业主体、市场运作”的原则，完善景区管理机构、理顺景区管理机制。

**（二）强化要素保障。**县委、县政府今年设立了1000万元专项旅游发展基金，以后将逐年加大对旅游基础设施建设、旅游宣传促销、旅游人才培养等方面的财政投入力度。发改、财政、住建、交通、农业、林业等有关部门，在安排专项资金的使用时，要充分考虑旅游业发展需要，对涉旅项目予以优先支持。国土部门要充分考虑旅游业发展用地的规划安排，优先落实旅游重大项目建设用地。金融机构要加大对旅游业的支持力度，开发和推广适应旅游业发展的个性化金融产品，增加对旅游项目建设的贷款规模，支持旅游业加快发展。

**（三）强化上争外引。**国家、省上分别出台了《国务院关于促进旅游业改革发展的若干意见》和《关于加快建设旅游经济强省的意见》等政策，干货足、措施实，必须主动思考、主动研究，认真落实市委“三主动”工作要求，打好古蔺“四张牌”，争取国家、省市更多政策、资金和项目支持。同时，要牢固树立“招商引资是第一要事”的理念，精心策划、包装一批旅游项目，充分用好古蔺籍在外成功人士等资源、举办投资招商促进活动等举措，多形式开展招商引资。特别要注重引进有实力、懂旅游、善经营的大企业大集团，确保我县优质旅游资源得到科学合理、充分有效的开发和利用。

**（四）强化督查考核。**“一分部署、九分落实”。要把旅游工作作为目标考核的一项重要内容，严格逗硬奖惩，强化结果运用，形成有利于旅游业发展的良好导向。“六个加快”综合督导组和旅游发展推进组，要加大对旅游工作的专项督查力度。对落实不力、重点工作推进滞后的责任乡镇和部门，要深入剖析原因，提出建议意见，责令限期整改，确保工作顺利推进；对敷衍塞责，严重影响工作开展的单位和责任人，要严肃追责。

# 大事记

## 1月

**5日上午** 副市长张文军一行调研古蔺县易地扶贫搬迁工作，县委书记李万忠，县委副书记唐一，县委常委、县委办公室主任、县总工会主席曾永刚等陪同。县长陈廷俊代表古蔺县进行专题汇报，副县长赵秋颖、杨玉峰和县扶贫移民局、住建局等有关人员参加了汇报会。

**是日** 市委常委罗明德一行到双沙镇调研白马新村建设情况，县委书记李万忠等陪同。

**8日** 省检察院党组成员、政治部主任、省检察官文联主席刘红立一行到大寨苗族乡富民村开展“迎新春·送温暖”活动，慰问少数民族地区群众、生活困难群众和党员。县长陈廷俊、县委副书记唐一及相关部门负责人陪同。

**11日** 市政府安委会第二督查组组长、市安监局局长李思能率队到古蔺县督查安全生产工作，县委常委、副县长宋庆陪同检查。

**15日** 国家开发银行（以下简称国开行）党委书记、董事长胡怀邦在北京国开行总部会见县长陈廷俊，国开行住宅金融事业部副总裁、评审三局局长孟亚平参加会见。

**是日** 县委书记李万忠主持召开中共古蔺县委十一届九十一次常委会议。会议研究旅游产业发展、撤乡建镇、党风廉政建设、“两会”、财政预算、网络舆情、干部人事任免等工作，并听取县人大常委会、政协党组工作汇报。

**18日** 古蔺县召开脱贫攻坚工作汇报会，市委常委、农工委主任李晓宇出席会议，县委书记李万忠汇报近期脱贫攻坚工作开展情况，县委副书记唐一，县委常委、县委办公室主任、县总工会主席曾永刚等参加会议。

**是日** 市委常委、农工委主任李晓宇，市政协副主席、民盟泸州市委主委周亚琼到二郎镇雷家沟村走访慰问贫困户，并调研指导脱贫攻坚工作。县委副书记唐一等参加慰问。

**20日** 中国人民政治协商会议古蔺县第九届委员会第五次会议在县政府小礼堂开幕。会议应到委员218人，实到委员201人。应邀出席开幕式的有县委、县人大、县政府在家领导，县人武部、县法院、县检察院主要领导，在古蔺正县级老领导。列席会议的有驻古蔺市政协委员，县级部门及石宝驻军、武警中队和消防大队相关领导。此次会议的主要任务是：听取县政协常务委员会工作报告、提案工作情况报告，听取县政协委员发言和县政府主要领导讲话。

**21日** 古蔺县第十五届人民代表大会第六次会议在县政府小礼堂开幕。会议应到代表249人，实到代表219人。会议由县人大常委会主任、大会主席团常务主席孙克刚主持。第一次全体会议上，县长陈廷俊代表县政府向大会作政府工作报告。

## 2月

2日　市委常委、市委秘书长曾彤一行到叙大铁路乐园隧道、古蔺河大桥检查安全生产工作，县委常委、县委办公室主任、县总工会主席曾永刚陪同。

24日　省扶贫移民局纪检组长、监察专员杨晖率督查组到古蔺县就精准扶贫工作开展专项督查，县委书记李万忠、县委副书记唐一等陪同。

25日　泸州市脱贫攻坚“六有”工作汇报会在古蔺县召开，省扶贫移民局纪检组长、监察专员杨晖出席会议。县委书记李万忠汇报全县脱贫攻坚工作暨“六有”信息录入管理工作开展情况。县委副书记唐一，县委常委、县委办公室主任、县总工会主席曾永刚等参加会议。

## 3月

3日　市委常委、农工委主任李晓宇一行到黄荆、大寨等乡镇督查产业扶贫工作开展情况，调研扶贫项目建设。县委副书记唐一，县委常委、县委办公室主任、县总工会主席曾永刚等陪同。

8—9日　中国国旅集团有限公司党委常委，中国国旅股份有限公司党委常委、副总裁陈荣一行到太平、二郎、黄荆、桂花等乡镇考察旅游资源情况，县委书记李万忠等陪同。

17日　国土资源部规划司副司长周建春率队到古蔺县调研工矿废弃地复垦利用试点工作。省国土资源厅副厅长朱明仓、市长助理刘燕萍、市国土资源局局长丁跃萍、县长陈廷俊陪同调研。

18日　古蔺县旅游产业发展大会在县政府小礼堂召开，县委书记李万忠作重要讲话。县委、县人大常委会、县政府、县政协领导，县法院院长、县检察院检察长出席会议。各乡镇党委书记、乡（镇）长、分管负责人，县级各部门主要负责人，省、市派驻古蔺县第一书记及重点涉旅企业负责人、景区负责人参加会议。

25日　古蔺县2016年环境保护工作会在县政府小礼堂召开。会议传达了全国、省、市环境保护工作会议精神，总结了古蔺县2015年环境保护工作，并就2016年环境保护重点工作进行了安排部署。副县长吴文湘出席会议并作重要讲话。

## 4月

14日　古蔺县召开易地扶贫搬迁暨重大项目建设工作会议/全县低保精准识别工作会议。县长陈廷俊出席会议，并要求各相关部门按要求贯彻落实好工作任务。

28日　县地质灾害应急指挥部、防汛抗旱指挥部联合永乐镇政府、太平镇政府在永乐镇、太平镇开展地质灾害防治暨防汛减灾应急演练。县长陈廷俊，县委常委、副县长宋庆，县安委会成员单位及各乡镇相关负责人参加观摩。

28—29日　省水利厅副厅长李勇蔺一行调研古蔺县水利扶贫工作，县委副书记唐一等陪同。

## 5月

5日　省地方志办到桂花乡调研脱贫攻坚工作，县委常委杨帆等陪同。

7—9日　市委常委、农工委主任李晓宇率市脱贫攻坚暨党风廉政建设督查组11个小组对全县26个乡镇进行专项督查。在督查情况通报会上，县委副书记、县长陈廷俊代表县委、县政府汇报古蔺县工作开展情况，县领导唐一、宋庆、刘泽军、宋杰、杨运晖出席会议。

18日　省检察院党组书记、检察长邓川一行督查全县脱贫攻坚工作情况，并在二郎镇召开全市脱贫攻坚工作汇报会。县委书记李万忠、县委副书记唐一等陪同督查并参加汇报会。

27日　市政协副主席、交通局局长梁中元

率队调研叙古高速公路建设工作并召开座谈会。县长陈廷俊出席会议。

**28日** 古蔺叙永农村扶贫公路开工仪式在水口镇举行，市委书记蒋辅义出席仪式并宣布古蔺叙永农村扶贫公路建设开工。市委副书记、市长刘强，四川铁投集团副总经理陈大智，四川路桥集团党委副书记、总经理熊国斌，四川路桥集团副总经理杨如刚，市委常委、市国资委党委书记陈文，市人大常委会副主任王波，副市长张文军，市政协副主席、市交通运输局局长梁中元，叙永县委书记陈景强，古蔺县委书记李万忠，叙永县委副书记、县长唐杰，古蔺县委副书记、县长陈廷俊等领导出席开工仪式。开工仪式由市委常委、农工委主任李晓宇主持。

**是日** 市委书记蒋辅义一行到水口镇调研酱酒产业园规划设计、产业发展、项目建设、招商引资等工作，县委书记李万忠等陪同。

**31日** 国开行规划局党支部书记、局长贾晓军一行调研古蔺县脱贫攻坚及“两学一做”工作，并为麻柳小学捐赠教学物资。县委书记李万忠等陪同。

**是日** 省高级人民法院院长王海萍一行到二郎镇调研古蔺县“三型”人民法庭建设，县委书记李万忠等陪同。

## 6月

**16日** 省政协地联委主任陈芳、副主任覃涌一行到古蔺县考察红色旅游发展情况以及酒业发展情况，县委书记李万忠，县委常委、县委办公室主任、县总工会主席曾永刚等陪同。

**18日17时至19日8时** 古蔺县普降大到暴雨，局部大暴雨。在迅速启动Ⅲ级防汛应急响应的同时，县委书记李万忠、县长陈廷俊分别率县交通局、县国土局、县水务局、县气象局、县应急办等相关单位负责人深入乡镇，检查各项应急工作。县领导唐一、宋庆、刘泽军陪同。

**21日** 古蔺投资说明会（重庆）暨蔺籍在渝部分人士座谈会在重庆市南岸区举行。县长陈廷俊通报古蔺经济社会发展情况，并进行了招商项目推介；古蔺籍在渝代表作了发言；县委书记李万忠出席会议并发表讲话。座谈会由县委常委、宣传部部长贾如彬主持，县领导曾永刚、刘松梅、郑传辉、吴文湘出席会议。

**是日** 古蔺县与重庆市南岸区战略合作协议签约仪式在南岸区行政中心举行。南岸区委书记刘宝亚，区长郑向东，区委常委、副区长商奎，副区长陈廷明，县委书记李万忠，县长陈廷俊及县领导曾永刚、刘松梅、贾如彬、郑传辉、吴文湘出席签约仪式。

**22—23日** 国开行领导调研全县脱贫攻坚工作，县长陈廷俊陪同调研并参加座谈会。

**27日** 四川省乌蒙山区脱贫攻坚现场推进会走进古蔺。副省长王铭晖率省财政厅、省住房城乡建设厅、省农业厅、省商务厅、省旅游发展委、省扶贫移民等省直相关部门领导，成都市、自贡市、内江市、宜宾市、眉山市、资阳市、泸州市等相关市及县领导深入双沙镇东山村，了解全县脱贫攻坚整体情况及东山村脱贫攻坚情况，并实地察看东山村香桃基地。县委书记李万忠，县委副书记唐一，县委常委、县委办公室主任、县总工会主席曾永刚等陪同检查。

## 7月

**2日** 市委副书记、市长刘强到大寨苗族乡富民村讲“两学一做”学习教育专题党课，县委书记李万忠，县委常委、县委办公室主任、县总工会主席曾永刚等参加活动。

**20日** 泸州市2016年度县（区）、园区、新城半年现场流动考查第五站来到古蔺县，对全县产业发展、新村建设、交通建设、棚户区改造领域的9个扶贫项目进行“大考”。市委书记蒋辅义，市委、市人大常委会、市政府、市政协相关领导，各县（区）、三大园区、两江新城、市级相关部门主要负责人参加考查，县委书记李万忠等陪同。

22日　2016年县政府安委会第四次全体成员暨安全生产第六次县长督办会在县政府小礼堂召开，县委常委、副县长宋庆，副县长、县公安局局长罗庆华出席会议，县政府安委会成员单位负责人，各乡镇政府主要负责人和安办主任参加会议。会议传达了全国、全省安全生产电视电话会精神，总结了上半年安全生产工作，分析了安全生产工作存在的问题，安排部署了下半年安全生产工作。

25日　古蔺县县域金融工程暨金融立体扶贫试点工作签约仪式在兰尊大酒店举行。中国邮政储蓄银行四川省分行副行长刘强，武汉大学教授叶永刚，市政府副秘书长康江，县委副书记、县长陈廷俊，县委常委、副县长刘泽军出席签约仪式。

27日　全国新闻单位夜班编辑“重温长征史　重走长征路”采访活动走进古蔺县。新华社、《人民日报》等中央主要新闻单位，全国性行业类媒体，省级新闻单位夜班编辑到双沙镇崔家祠堂、四渡赤水总司令部，太平镇中国工农红军四渡赤水太平渡陈列馆、渡口纪念碑等地进行了采访。县委书记李万忠、县委副书记金雪等参加活动。

## 8月

10日　泸州市加快推进易地扶贫搬迁现场会走进古蔺。市委书记蒋辅义，市委副书记、市长刘强，市委、市人大常委会、市政府、市政协相关领导，各县（区）委书记、分管负责人，市级有关部门负责人参加考察，县委书记李万忠等陪同。

10—11日　在泸州全国、省人大代表一行调研古蔺县工作，县长陈廷俊陪同调研。

11日　市委常委、市总工会主席刘云一行到永乐镇调研脱贫攻坚工作，县委常委、县委办公室主任、县总工会主席曾永刚等陪同。

12日　省民宗委监督检查处处长田道云率队到太平镇调研第五批全国民族团结教育进步示范基地创建工作，市民宗局局长罗素平陪同调研。

13日　市委常委、市国资委党委书记陈文一行调研古蔺县肉牛产业发展、酒业园区水口酱酒园建设、棚户区改造等工作，县委书记李万忠，县委副书记唐一、金雪等陪同。

17日　市委副书记、市长刘强一行到箭竹、大寨等乡镇督导古蔺县易地扶贫搬迁工作，县委书记李万忠、县委副书记金雪等陪同。

22日　省检察院政治部副主任王明俊一行对全县脱贫攻坚工作进行蹲点调研督导，县委副书记金雪陪同。

23日　市委副书记、市长刘强一行到双沙镇蹲点督导易地扶贫搬迁工作，县委书记李万忠等陪同。

29—30日　省检察院检察长邓川蹲点古蔺县督导易地扶贫搬迁、脱贫攻坚、产业发展等工作。县委书记李万忠、县长陈廷俊、县委副书记金雪等陪同。

## 9月

1日　省审计厅厅长黄河一行调研古蔺县审计、易地扶贫搬迁、旅游开发、名酒名镇建设等工作，县长陈廷俊陪同调研。

6日　市人大常委会副主任王波一行到黄荆乡调研指导黄荆老林旅游扶贫开发工作，县委书记李万忠、县委常委曾焱等陪同。

8日　全县重大（重点）项目建设流动现场会召开。县委副书记、县长陈廷俊，县政协主席孙应举及县领导曾永刚、宋庆、章磊、贾如彬、郑传辉、曾焱、胡邦永、胡雁、宋杰、林燕、杨运晖、吴江出席会议，各乡镇、各部门主要负责人参加会议。

**20日** 中国共产党古蔺县第十二次代表大会在县政府小礼堂隆重开幕。县委书记李万忠代表中国共产党古蔺县第十一届委员会向大会作报告。大会应到代表268人，实到代表262人。党内有关方面负责人、县级无党派领导以及各方面社会知名人士和群众代表等应邀列席大会。

**是日** 市委常委、市国资委党委书记陈文一行到古蔺县调研棚户区改造及肉牛产业发展工作，县委书记李万忠、县委副书记曾永刚等陪同。

**24日** 由新华社新闻信息中心和网上车市联合发起的“致敬历史·重走长征路”活动走进古蔺县。国务院原总理周恩来侄子周秉和、开国上将贺炳炎之女贺北生在金兰广场参加纪念长征胜利80周年活动，并到太平镇渡口纪念碑、中国工农红军四渡赤水太平渡陈列馆参观。县委副书记、县长陈廷俊，县委常委、宣传部部长贾如彬参加活动。

**26日** 市委书记蒋辅义来到叙古高速公路古蔺西互通收费站，看望叙古高速公路建设者。市领导李晓宇、王波、巫俊明、梁中元、张立新，四川铁投集团、四川路桥集团相关负责人参加慰问。叙永县委书记陈景强受邀参加活动，古蔺县领导李万忠、陈廷俊、孙克刚、孙应举、刘泽军等陪同。

**是日24时** 叙古高速公路震东至古蔺县城段（前25公里）开通试运行（试运行期间，将免收车辆通行费），结束了古蔺县没有高速公路的历史，泸州市自此实现了三区四县全域通高速公路。

**30日** 由泸州市外事侨务旅游局、古蔺县人民政府主办，黄荆乡人民政府和古蔺县文旅局承办的2016古蔺·黄荆半程马拉松赛在黄荆景区举行。

## 10月

**1日** 市委书记蒋辅义督查永乐、德耀、大寨、桂花等乡镇易地扶贫搬迁工作，县长陈廷俊陪同。

**4日** 市长刘强督查太平镇城伍村脱贫攻坚工作，县长陈廷俊陪同。

**10日** 省供销社副主任杨武秀率队到古蔺县调研供销合作社综合改革工作，副县长杨玉峰陪同调研。

**12日** 市委政法委副书记郑理率市法院、检察院、公安局等单位相关负责人到古蔺县调研指导规范刑事诉讼涉案财物管理处置工作，县委常委、政法委书记郑传辉陪同调研。

**18日** 国家文物局检查组到二郎镇红军街开展传统村落文物保护专项检查。县人大常委会副主任胡邦永、副县长林燕陪同检查或参加汇报。

**20日** 市人大常委会副主任王波率队到双沙镇调研易地扶贫搬迁工作，副县长杨玉峰陪同调研。

**20—21日** 省公路局调研员郑家瑶率队就古蔺县“四好农村路”创建工作进行督导调研。副县长、县公安局局长罗庆华，副县长杨云峰陪同调研并出席汇报会。

**23日至11月1日** 省水利厅稽查组到古蔺县对部分水利工程项目建设工作进行稽查，市水务局副局长郭杰贤、副县长杨玉峰陪同稽查。

## 11月

**9日** 市督察组督察古蔺县环境污染问题整改工作，县长陈廷俊参加汇报会。

**11日** 国开行董事长胡怀邦一行指导古蔺县脱贫攻坚工作，县长陈廷俊陪同。

**13日** 市委副书记、市长刘强一行到古蔺、箭竹等乡镇蹲点督导易地扶贫搬迁工作，县委书记李万忠、县长陈廷俊、县委副书记曾永刚等陪同。

15日　市委常委、市纪委书记杨晓一行到古蔺县调研易地扶贫搬迁聚居点建设、甜橙产业、红色文化、白酒产业发展等工作，县委书记李万忠，县委常委、县委办公室主任曾焱陪同。

17日　省检察院检察长邓川一行到大寨苗族乡富民村开展调研督导工作，县委书记李万忠等陪同。

22日　省政协副主席、省工商联主席陈放一行到古蔺县调研“万企帮万村”精准扶贫工作，县委常委、县委办公室主任曾焱等陪同。

## 12月

1日　市委常委、市纪委书记杨晓到桂花、大寨等乡镇调研，县委书记李万忠，县委常委、县委办公室主任曾焱等陪同。

1—2日　省检察院党组成员、副检察长张树壮率队深入大寨苗族乡富硒养殖基地、富民村食用菌种植基地、易地扶贫搬迁聚居点调研，市检察院党组书记、检察长罗乐，县委副书记、县长陈廷俊，县委副书记曾永刚，县检察院党组书记、代理检察长郭庆陪同调研。

6—7日　省林业厅副厅长宾军宜率队调研古蔺县林业扶贫工作。市林业局局长余泽华、县长陈廷俊陪同调研。

15日　古蔺县2016年脱贫攻坚省级验收考核工作会议在兰尊大酒店会议室召开，县委书记李万忠汇报全县脱贫攻坚工作开展情况，县委副书记曾永刚等参加会议。

18日　政协古蔺县第十届委员会第一次会议在县政府小礼堂召开。出席开幕式的有县委、县人大、县政府全体在家领导，县人武部、县法院、县检察院主要领导，在古蔺正县级老领导。列席会议的有部分县级部门、企事业单位领导，石宝驻军、武警中队、消防大队等单位负责人。

19日　古蔺县第十六届人民代表大会第一次会议在县政府小礼堂开幕。大会应到代表261人，实到代表230人，符合法定人数，列席代表及出席政协古蔺县第十届委员会第一次会议的政协委员和有关方面负责人列席会议。会议由县人大常委会主任孙克刚主持，县长陈廷俊代表县人民政府向大会作政府工作报告。

24日　市委书记蒋辅义率全市2016年年终流动现场会考查组走进古蔺县，县委书记李万忠等陪同。

30日　由中共古蔺县委、古蔺县人民政府主办，县直机关工委、县总工会、县精神文明办、县文旅局共同承办的古蔺县第八届“迎新春”万人长跑活动在郊野运动公园举行。

31日　市委书记蒋辅义，市委副书记、市长刘强等领导到叙古高速公路太平收费站慰问叙古高速公路建设一线干部职工，县委书记李万忠、县长陈廷俊等陪同。

# 概　况

## 建置沿革

**【地理环境】** 古蔺县位于四川盆地南部边缘，地理坐标北纬27° 40′ 49″—28° 20′ 26″，东经105° 33′ 58″—106° 20′ 22″，东西径距（直径距离，下同）76公里，南北径距75公里，南与贵州省毕节市、金沙县隔河相望，东北与仁怀市一衣带水，北与习水县、赤水市山水相连，西与叙永县紧邻。2016年，全县辖区面积3184平方公里；县城距省会成都471公里，距泸州市区165公里。辖26个乡（镇），其中6个乡（3个民族乡），20个镇，269个村民委员会、23个居民委员会，2200个村民小组、151个居民小组。总人口87.32万人，其中非农业人口17.91万人。

境域形如坐狮，呈半岛状嵌入黔北。处于四川盆地与云贵高原过渡带乌蒙山系大娄山西段北侧，山脊线自西向东呈“S”形纵横县境中部，群山耸峙，丛林莽莽，有大、小山体400余座，溪、河200余条。最高处西北面新街坪，海拔1843米；最低处东北面太平渡小河口，海拔300米。整个地势西高东低，南陡北缓。全县按地貌特点，可分为低山河谷地貌区、低山槽谷地貌区、中山岩溶地貌区和中山峡谷地貌区。

**【历史沿革】** 据石屏野猫洞考古发现，早在5万—2万年前，境内已有古人类活动。秦时属巴郡。西汉建元六年（前135），县地属益州刺史部犍为郡。元封五年（前106），分属益州刺史部犍为郡、牂牁郡。南北朝时期，大部属东江阳郡。隋大业三年（607），属泸川郡合江县辖地。唐元和元年（806），于纳溪以南至赤水河中上游北岸置羁縻蔺州。约同一时期，彝族扯勒部落二十七世不结布歹在柏雅妥洪袭君长（首领，彝语）职，县地属剑南道泸州。宋废蔺州，县地属潼川府路泸州。元至元十七年（1280），属四川行省永宁路；元末，属永宁宣抚司。明洪武七年（1374），属四川行省永宁宣抚司；二十一年，置赤水卫；二十二年，置摩尼千户所、白撒（今双沙镇）千户所；二十三年，置普市卫所，卫所俱隶贵州都司，民职仍属四川布政使司。县地大部属永宁宣抚司，西南缘属赤水卫。明末，大部属叙永军粮厅。清雍正九年（1731），置古蔺巡检司，隶叙永厅；置赤水分县于赤水河，隶永宁县。光绪三十四年（1908），迁永宁县治于古蔺场，古蔺巡检司迁至两河口（今丹桂镇治所）。宣统元年（1909），改永宁县为古蔺县，隶川南道永宁直隶州，废古蔺巡检司。民国19年（1930），隶四川省政府。民国21年（1932），撤赤水分县建制，隶古蔺县，属四川省第七行政督察区。

1949年12月10日，古蔺解放，隶川南行署区泸州专区。1960年，改隶宜宾专区。1985年，划归泸州市辖至今。

【政区演变】 置县前，叙永厅、永宁县辖地犬牙交错。清同治二年（1863），将地域按东、西、南、北分为16个屯，附原里甲。光绪三十四年（1908），调整辖地，古蔺县辖地为乐荣里8甲，平定里5甲，长乐里2甲，大康里6甲，永城里1甲，顺德里1甲，太平里1甲，青化里1甲，共8里25甲。宣统元年（1909）改永宁县为古蔺县后，辖地为近城、永盛、宁和、长乐、大康5里又畸零3甲，总辖区面积4104.9平方公里。宣统二年（1910），废里屯，县地分设东、南、西、北、中5个区。民国4年（1915），改5个区为10个区。民国17年（1928），全县划为3个区、15个镇、27个乡（又称42联保）。民国30年（1941），整编保甲，全县划为1个镇、34个乡、509个保。1950—1983年，分3次将西北部敦梓，西南部石坝、摩尼等区（乡）共721.6平方公里地域划属叙永县。

古蔺解放初期，为适应土地改革，缩小区划范围。1953年，全县设16个区、6个镇、162个乡，后几经调整。1958年，改乡为人民公社。1984年，复改人民公社为乡，全县辖10个区、1个直属镇、72个乡、1个区辖镇。1987年，经省政府批准，将大村区所属复陶、二郎、新华3个乡合并组建二郎镇，将箭竹、乌龙、大寨、马嘶4个乡（马嘶乡从建新乡划入部分地域）改建为苗族乡。1992年，撤区并乡建镇，将全县组建为12个镇、17个乡（其中4个苗族乡）。2006年8月8日，经四川省人民政府批准，同意古蔺县调整行政区划，撤销玉田乡、建新乡和乌龙苗族乡，扩大7个乡镇的行政区域。将玉田乡并入古蔺镇，将原乌龙苗族乡乐园村和前丰村的1、2、6、7、8组并入箭竹苗族乡，将原乌龙苗族乡前丰村的3、4、5组并入大寨苗族乡，将原建新乡柳沟村和茶园村2个村并入马嘶苗族乡，将原建新乡环路村和兰花村2个村并入马蹄乡，将椒园乡和平村的6、7组并入观文镇，将观文镇建设村的5、6组并入护家乡。

2016年12月8日，经四川省人民政府批准，撤销鱼化乡，设立鱼化镇，以原鱼化乡的行政区域为鱼化镇的行政区域，鱼华镇人民政府驻鱼华街998号；撤销东新乡，设立东新镇，以原东新乡的行政区域为东新镇的行政区域，东新镇人民政府驻东新街35号；撤销马蹄乡，设立马蹄镇，以原马蹄乡的行政区域为马蹄镇的行政区域，马蹄镇人民政府驻马蹄街1号；撤销椒园乡，设立椒园镇，以原椒园乡的行政区域为椒园镇的行政区域，椒园镇人民政府驻椒园街村283号。

## 民 族

【概 况】 除汉族外，古蔺境内还居住着苗族、彝族、回族、仡佬族、侗族、藏族、满族、傣族、土家族、白族、壮族等25个少数民族，呈大散居、小聚居分布在26个乡镇。少数民族人口在1000人以上的乡镇有15个；少数民族户数在20户以上的村寨有90个，10户以上的村寨有126个。辖区内有箭竹、大寨、马嘶3个苗族乡。彝族主要集中在石屏乡。除回、侗、藏、满、傣、土家、白等少数民族是新中国成立前后因经商、兵役、投亲靠友或工作及婚姻关系迁徙至古蔺定居外，其余苗族、彝族、羿人（未识别民族）、仡佬族等都有其悠久的历史、灿烂的文化。古蔺县是四川省杂散居少数民族人口较多的县之一。

## 气 候

【概 况】 古蔺属华中亚热带湿润区，为亚热带季风性湿润气候。由于境内特殊的地理环境，气候既有四川盆地气候特点，又具有云贵高原气候特点，其特征是四季分明，雨热同期，夏季炎热，冬无严寒，气温差异大，无霜期长，年降水量偏少，日照充足，立体性气候明显，有“一山分四季、十里不同天”之说。总的趋势是：冬春两季，常出现寒潮、降温和连晴少雨天气；初夏，出现阴绵雨天气，雨量过大时易造成洪涝灾害；盛夏，炎热高温，时有雷雨大风、冰雹天气出现；秋季，降水偏少，常出现秋旱。

2016年，古蔺县年平均气温18.0℃，比历年偏高0.4℃；降水量884.6毫米，比历年偏多133.5毫米；日照时数1147.2小时，比历年偏少4%。全年水热充足、光照正常，属农业气候较好的年景。

**【气象灾害】** 1.寒潮。1月19—24日出现一次寒潮天气，气温从9.0℃下降到0.8℃，过程降温达8.2℃；2月12—14日出现一次寒潮天气，气温从15.7℃下降到4.2℃，过程降温达11.5℃；3月7—10日出现一次寒潮天气，气温从21.6℃下降到7.6℃，过程降温达14.0℃；11月21—24日出现一次寒潮天气，气温从19.5℃下降到7.5℃，过程降温达12.0℃。

2.暴雨。5月13日出现第一次暴雨天气，降水量达82.6毫米；6月18—19日出现第二次暴雨天气，累计降水量92.5毫米。

3.高温（≥35.0℃以上的高温天气）。2016年，最高气温为40.7℃，出现在8月25日。气温高于35.0℃的天数为36天，其中大于40.0℃的天数为1天。

## 资　源

**【土地资源】** 据1994年第一次全国土地调查，古蔺实有土地量算面积4775581.5亩（含省、县际插花地）。其利用现状：耕地1341724.5亩，园地24798亩，林地2520414亩，牧草地352201.5亩，城乡房屋及工矿用地125806.5亩，交通用地49266亩，水域占地42175.5公顷，未利用地319195.5公顷。

全县土壤有水稻土、潮土、紫色土、黄壤土、黄棕壤土5个土类，9个亚类，22个土属，64个土种，43个变种（即亚种）。水稻土占耕地面积的10%，旱地土占90%。农业土壤有机质偏低，养分含量低，普遍缺磷、钾、氮；林业土壤中，酸性较重土壤约占林业土壤的45%，除有效磷、钾含量少于农业土壤外，有机质含量普遍高于农业土壤。全县有一级土壤12万亩，二级51万亩，三级31万亩，四级32万亩。

**【水资源】** 古蔺处长江流域，溪、河大多源自县境中部，呈辐射状向四周分流，除西部乌龙沟河入永宁河外，其余皆入赤水河。赤水河绕县境南、东、北三面环流。属长江二级支流的河流有古蔺河、盐井河、白沙河、菜板河、马蹄河、桂花河。境内有大小溪、河225条，流量小，落差大，水能资源丰富。降水量偏少，属低径流县，年正常产水量14.18亿立方米（不含赤水河过境量60亿立方米）。河流补给以降水为主，次为地下水（溶洞水、隙泉），浅层地下水主要分布于石宝、丹桂、观文、金星、龙山、大村、太平、双沙、德耀等地，尤以溪、河两岸出露最多。

**【生物资源】** 古蔺地域辽阔，青山绵亘，森林茂密，树种繁多，以杉、松、柏为主的用材林，以桐、乌柏、茶、棕、漆为主的经济林，以青冈为主的薪炭林分布于全县。据普查，有各类林木品种56科118种，针叶树种有福建柏、柏木、红豆杉、三尖杉、马尾松、云南松等，阔叶树种有亮叶桦（又称光皮桦）、白桦、响叶杨、楠木（又称桢楠）等，其中，珙桐、水杉、秃杉、桫椤及香果树、三尖杉、连香树、福建柏、银杏、鹅掌楸、西南红豆杉等为国家一、二级保护树种；有竹类13种；有各类药用植物167科977种，其中，盛产赶黄草、忍冬（又称金银花）、杜仲、黄檗、木瓜、吴茱萸、天麻、天冬等；有各类牧草62科600余种。花卉品种繁多，以兰草为最，有“兰花之乡”之称，兰花多次获兰展金奖。据1998年四川陆生野生动物调查队到古蔺调查，境内有两栖动物8种，爬行动物23种，鸟类134种，兽类47种。主要兽类有羚牛、岩羊等，尤以野猪、猴子、岩羊、野兔分布最广。粮食作物50多种，主要有水稻、玉米、小麦、高粱、大豆、番薯（俗称红苕）等。经济作物主要有烤烟、油菜、花生、魔芋、甘蔗、芝麻、向日葵、山烟等，其中，烤烟品质优良，与云贵烟草齐名，是四川省烤烟重点产区之一。

**【矿产资源】** 古蔺矿产资源丰富，初步勘测发现有无烟煤、烟煤、硫铁矿、铁矿、铜、磷、钾、高岭土、石膏、白云石、方解石、大理石、煤层气、天然气等矿种和矿产地，无烟煤、硫铁矿蕴藏量最大。无烟煤已探明储量23.6亿吨，煤层一般2—3层，总厚度4.56米，其中，石屏煤层11层，厚度达9.3米。境内大致可分为4个矿带，即古蔺矿带，由东至西，包括岔角滩、高笠、石屏、龙山、护家、椒坪、箭竹至灯盏坪，长约35公里；大村矿带，包括大村、大山南北各4.5公里，全长18公里；石宝矿带，由双沙陈坪南端北向，经小堡、万寿、观文、石宝转向西南，经长坪、菜板、椒园至赤水河边，长约40公里；九岭矿带，由水口九岭向东伸向赤水河边，长约9公里。硫铁矿主要藏于东部的太平、大村、石宝等地，已探明储量16.7亿吨。铁矿有菱铁矿、赤铁矿和褐铁矿，储量分散，未构成一定规模矿床。石灰石分布面广，从二叠系到寒武系地层中均有，约占总辖区面积的60%。大理石品位较优，具有一定开采价值。

**【旅游资源】** 境内西北部为丹霞地貌，40余万亩连片林地，林海茫茫，青山叠翠。大自然造就出黄荆省级风景名胜区与红龙湖省级森林公园。南、东、北面赤水河环绕，两岸巉岩耸峙，河谷深切，中游的兴隆滩至二郎滩一段，长约6公里，河床落差35米，滩滩相连，素有“十里险滩”之称，两岸悬崖绝壁如斧劈，高出河面200—400米，是漂流、攀岩的理想之地。景区内有千奇百怪的二郎石笋群、五老峰卧佛，传说中的石公石婆及二郎古镇、古盐号、古盐道保存完好。1999年，在蜈蚣岩400余米高的峭壁上，摩崖石刻“美酒河”三字，被上海大世界吉尼斯总部认定为“世界之最”。中部岩溶发育、峰丛地貌处处皆有，甚为壮观，大小溶洞比比皆是，洞内景观众多，千姿百态。石屏、龙山、铁厂等地，形成大范围的溶洞群体，洞内水流交汇，形成暗河，洞长达数十里。古蔺郎酒厂利用天然溶洞“天宝洞”“地宝洞”储酒，被列入《吉尼斯世界纪录大全》。全县各地分布着各种珍稀古树以及保存完好的古塔、古桥、古墓、古寺庙。

古蔺是红军四渡赤水转战之地，留下众多革命文物，建有中国工农红军四渡赤水太平渡陈列馆。太平镇先后成功申报为市级、省级重点文物保护单位，四川省历史文化名镇并挂牌保护，2001年被中共中央宣传部公布为全国爱国主义教育示范基地，2004年被纳入全国100个红色旅游经典景区名录，成为当地进行爱国主义教育、革命传统教育不可替代的重要基地。2009年，投入资金2000万元，对老街损毁民居进行恢复性维修。在太平渡、九溪口、二郎滩等地还竖有红军渡口标志。二郎滩红军开仓分盐旧址、白沙红军驻地等已开发为红色旅游景点，吸引省内外众多参观者。

**【名优特产】** 驰誉中外的中国名酒——郎酒，用优质山泉水酿造、天然岩洞储存，香味细腻、醇和浓郁、清香可口、回甜味长。古蔺手工面、麻辣鸡、蔺州三台土鸡、马蹄椪柑、赶黄草、老腊肉等山地生态特色产品颇具盛名。

# 党政群团

## 中国共产党古蔺县委员会

### 县委工作综述

**【概　况】** 2016年，县委在泸州市委的坚强领导下，认真贯彻落实中央、省、市重大决策部署，团结带领全县广大干部群众，坚定“决胜脱贫攻坚、实现撤县设市、同步全面小康”的奋斗目标和“生态田园、红色古蔺”的总体定位不动摇，苦干实干、奋勇争先，全县总体呈现出经济持续健康发展、民生不断得到改善、社会大局和谐稳定、干部群众奋发有为的良好局面。全年实现地区生产总值140.1亿元，增长9.3%；规模以上工业增加值增长11.6%；全社会固定资产投资201.4亿元，增长18%；社会消费品零售总额62.3亿元，增长13.7%；地方一般公共预算收入16.2亿元，增长4.1%；地方一般公共预算支出45.9亿元，增长10.6%；城镇居民人均可支配收入24034元，增长8.4%；农村居民人均可支配收入10516元，增长9.5%。

**【重要会议】** 2月14日，中共古蔺县委中心组学习（扩大）会议在县政府小礼堂召开。会议传达贯彻习近平总书记在中央政治局“三严三实”专题民主生活会上的重要讲话精神，部署当前重点工作。

2月19日，干部选拔任用“一报告两评议”、领导干部年度考核述职测评及乡镇党委书记抓党建工作述职评议会在县政府小礼堂召开。

3月18日，县旅游产业发展会议，县脱贫攻坚暨农业农村工作会议，县委党建工作会议及县委、人大、政协工作会议在县政府小礼堂召开。

4月14日，古蔺县“两学一做”学习教育工作座谈会在县宣传文化中心四楼演播大厅召开。

4月14日，古蔺县易地扶贫搬迁暨项目建设和全县低保精准识别工作会议在县宣传文化中心四楼演播大厅召开。

4月15日，中共古蔺县委中心组学习（扩大）会议在县宣传文化中心四楼演播大厅召开。会议传达中央、省、市相关文件精神，开展警示教育；邀请中国工商银行泸州分行行长齐君作金融专题讲座。

5月27日，中共古蔺县委中心组学习（扩大）会议在县宣传文化中心四楼演播大厅召开。会议邀请清华大学教授柳松作《中国梦——大国崛起与伟大复兴》主题讲座。

6月29日，涉农惠民扶贫领域预防职务犯罪宣讲暨县委中心组学习（扩大）视频会议在县宣传文化中心四楼演播大厅召开。会上，泸州市检察机关预防职务犯罪宣讲团成员罗雪艳作《法制照亮农村，廉洁促进和谐》主题宣讲，成员邓娟作《挖出村庄腐败的“根”》主题宣讲。

7月1日，古蔺县庆祝建党95周年暨“七一”表扬大会在县宣传文化中心四楼演播大厅召开。

7月15日，中共古蔺县委中心组学习（扩大）会议在县宣传文化中心四楼演播大厅召开。

7月28日，古蔺县十一届委员会十四次全体（扩大）会议在县政府小礼堂召开。

8月15日，中共古蔺县委中心组学习（扩大）会议在县宣传文化中心四楼演播大厅召开。会议邀请四川省社科院农村发展研究所所长、研究员张克俊宣讲省委十届八次全会精神。

8月31日，中共古蔺县委中心组学习（扩大）会议在县宣传文化中心四楼演播大厅召开。会议传达学习《2015年全国窃密泄密案件情况通报》《〈四川省市（州）、县（市、区）党委巡察工作办法（试行）〉的通知》《中共中央办公厅关于部分人大代表、政协委员涉法涉罪问题问责情况及其教训的通报》等文件精神，市委学习贯彻省委十届八次全会、市委七届十二次全会宣讲团成员、市环保局总工程师黄图强宣讲省委十届八次全会、市委七届十二次全会精神。

9月20日，中国共产党古蔺县第十二次代表大会在县政府小礼堂召开。

9月23日，中共古蔺县委中心组学习（扩大）会议在县宣传文化中心四楼演播大厅召开。会议邀请中共中央党校教授、博士生导师李东朗作《长征的胜利与启示》专题讲座。

11月4日，中共古蔺县委中心组学习（扩大）会议在县政府小礼堂召开。会议传达学习贯彻中共十八届六中全会精神。县委中心组全体成员，各乡镇党委书记，县级各部门、县属以上企事业单位主要负责人参加会议。

11月10日，中共古蔺县委中心组学习（扩大）会议在县宣传文化中心四楼演播大厅召开。会议传达学习习近平总书记在纪念长征胜利80周年大会上的讲话精神；邀请中共都江堰市委党校、都江堰市行政学校教授邓蓉作《现行农村产业扶贫政策梳理与深化农村五大改革》主题讲座。

12月15日，全县村级组织换届选举动员大会在县政府小礼堂召开。县委、县人大常委会、县政府、县政协领导，县法院院长、县检察院检察长出席会议，县村级组织换届选举工作领导组成员、指导组成员、风气巡回督导组成员、领导组办公室成员，各乡镇党委书记、乡镇长，县级各部门、县属以上企事业单位主要负责人参加会议。

**【重要活动】** 1月4日，县委书记李万忠到古蔺、德耀、桂花、大寨、箭竹等乡镇调研产业扶贫及易地扶贫搬迁工作。县委副书记唐一，县委常委、县委办公室主任、县总工会主席曾永刚等陪同。

2月18日，县委书记李万忠到肝苏药业、县政务服务中心、叙古高速公路沿线、箭竹苗族乡富强村调研脱贫攻坚和项目建设工作，并走访脱贫户。县委副书记唐一，县委常委、县委办公室主任、县总工会主席曾永刚等陪同。

2月23日，县委书记李万忠到双沙镇调研党风廉政建设、精准脱贫、大操大办治理等工作。

3月16日，县委书记李万忠到太平镇走马村调研叙古高速公路太平互通（含连接线）工程建设工作。县委副书记唐一等陪同。

4月26日，县委书记李万忠到大寨、黄荆等乡镇调研脱贫攻坚工作。县委常委、县委办公室主任、县总工会主席曾永刚等陪同。

5月20日，县委书记李万忠到水口镇调研古叙农村扶贫公路集中开工筹备情况及水口特色酱酒发展园区建设工作。县委副书记唐一，县委常委、县委办公室主任、县总工会主席曾永刚等陪同。

5月25日，县委书记李万忠到太平镇督查叙古高速公路太平互通（含连接线）建设工作。县委副书记唐一等陪同。

6月18—19日，县委书记李万忠到箭竹、大寨、桂花等乡镇检查防汛减灾工作。县委副书记唐一等陪同。

7月8日，县委书记李万忠到古蔺镇广惠村讲“两学一做”学习教育专题党课。县委常委、县委办公室主任、县总工会主席曾永刚等参加活动。

7月12日，县委书记李万忠到墨宝寺棚户区改造项目建设现场、309省道道路改造工程施工现场、叙古高速公路集美隧道，开展“送清凉”活动。县委副书记唐一，县委常委、县委办公室主任、县总工会主席曾永刚等陪同。

8月4日，县委书记李万忠到德耀、箭竹、大寨等乡镇调研易地扶贫搬迁及聚居点建设工作。县委常委、县委办公室主任、县总工会主席曾永刚等陪同。

9月13日，县委书记李万忠到刁林沟、集美隧道等施工现场调研叙古高速公路工程进展情况。

9月30日，县委书记李万忠到护家镇农场村调研生态肉牛养殖基地选址情况。

12月8日，县委书记李万忠到观文、双沙等乡镇督导脱贫攻坚工作。

12月9日，县委书记李万忠到石屏、水口、石宝等乡镇督导安全生产、脱贫攻坚等工作。

（罗　锐）

## 县委办公室工作

**【概　况】** 中共古蔺县委办公室（以下简称县委办）内设秘书股、常委办、督查室、信息股、行政股、保卫股，下辖机要局、保密局、机关事务管理局、党史办、台办。主任1人，由县委常委兼任，副主任3人，行政编制21人（不含下辖单位）。

2016年，县委办在县委的坚强领导下，深入学习贯彻习近平总书记系列重要讲话精神和治国理政新理念新思想新战略，紧紧围绕县委“决胜脱贫攻坚、实现撤县设市、同步全面小康”的奋斗目标，充分发挥参谋助手、以文辅政、综合协调、政务服务、督查督导、后勤保障等职能，强化干部队伍建设，提升干部能力水平，创新机制、狠抓落实，圆满完成了各项工作任务，保证了县委各项工作高效运转。

**【调查研究】** 紧扣县委中心工作、重大决策部署和社会各界关注的热点难点问题，计划性、针对性地组织人员深入基层、深入群众、深入一线调查研究，科学提炼总结，形成了《双“主体”加快推进农村交通基础设施改善》《大寨苗族乡富民村探索产业扶贫新模式》等调研文章。

**【信息服务】** 党委信息工作围绕省、市、县工作重点，主动创新举措，服务发展大局，有效发挥参谋助手作用。1.本级信息编发。突出抓好脱贫攻坚、重大项目、产业发展、城乡建设、基层党建等方面信息编纂，反映基层工作亮点和问题，为领导决策提供信息参考。2016年，编发《古蔺快报》47期、《领导参阅》4期，采用乡镇、部门信息305条，有效发挥了信息工作的“眼睛”和“窗口”作用。2.对上信息报送。全年上报省委信息25条，其中《古蔺县突出“群众主体”加快乌蒙新村建设》被省委办公厅《每日要情》采用；上报市委信息135条，其中《古蔺县三大供给侧改革增强县域经济新动能》《古蔺县积极探索生态转型发展新路径》等34条信息被采用，采用率位居全市第一。全年党委信息工作年终考核获一等奖。3.统筹做好其他工作。配合应急、宣传等部门做好重大紧急信息报送工作，做到及时准确、无遗漏；协助做好重要文稿起草、政务调研等工作，进一步提升服务全县发展大局的能力水平。

**【办文办会】** 紧紧围绕全县工作大局和领导指示批示要求，高质量、高标准、高效率完成文稿起草和会务服务工作。1.在文稿起草过程中，深刻领会领导意图和要求，全面掌握实际情况，深入思考、细心操作，力求文稿立意高、思想新、内容实，保证能准确把握政策要求和体现县委工作思路，充分发挥以文辅政的作用。2016年，先后起草了《中国共产党古蔺县第十二次代表大会工作报告》《关于古蔺县建议撤县建市相关工作的报告》等综合文稿和县委各类汇报材料、领导讲话120余篇。2. 在公文处理过程中，严格按照《中共四川省委机关公文处理实施细则》，规范各级办文行为，坚持科学化、制度化、规范化，严把公文起草、校核、审签关，规范核发、登记、印刷、分发程序，做到文件及时、准确、安全、高效。全年共审改、核发文件167份，工作通报8期，整理常委会议纪要22期，未出现漏发、错发、重发和失密等现象。3. 在办会过程中，进一步增强预见性和计划性，周密细致地做好会前筹备工作和会中服务工作，精心完成每一次会议的每一个程序、每一个环节、每一项任务。全年共承办（协办）市、县级各种大、中型会议30余次。

**【督查管理】** 紧扣中央、省、市重大决策和县委"决胜脱贫攻坚、实现撤县设市、同步全面小康"工作部署，充分发挥督查督办职能，全力推动各项工作落地见效。1. 目标绩效。立足全县工作大局，科学制定2016年特色目标加分任务和保证目标考核细则，形成2016年目标绩效管理办法；指导相关目标考核牵头部门完成目标绩效管理办法的编制。2. 督查督办。会同县委综合督导组，编发《古蔺县效能问责办法（试行）》和《古蔺县2016年督促检查要点》。高效完成县委领导交办事项的督查督办，全年重点督促催办事项10起，发放督办卡200余张、提示卡150余张，编发督查通报8期，呈送督查报告12篇。3. 重大活动组织。高标准完成全省脱贫攻坚现场会、全市（半年、年终）流动考查现场会、全市易地扶贫搬迁现场会、全市依法治理现场会以及古叙农村扶贫公路集中开工仪式，得到县委领导高度认可；高质量完成各级领导到古蔺调研活动的筹备及组织。

**【后勤保障】** 致力于建设和谐后勤节约型机关，强化后勤管理，提升后勤保障服务水平。1. 财务管理。合理调度资金，有效保证各项工作正常运转；坚持节俭廉政，杜绝铺张浪费，最大限度减少各种不必要开支；主动了解干部职工的工作需求，抓好对内服务工作。2. 接待工作。严格落实中央八项规定精神，严控接待标准，规范细节流程，保证各项接待节俭高效。较好地完成国家开发银行董事长胡怀邦、世界银行考察团、省委书记王东明、省检察院检察长邓川等中央、省、市各级领导到古蔺调研督导的接待工作。3. 治安保卫。实行县委大院"封闭"管理，建立24小时值班巡逻机制，完善外来人员来访登记管理制度，机关治安平稳良好；完善机关进出车辆管理办法，发放机关大院车辆通行证，机关车辆进出停放有序规范，工作环境安全稳定。

**【政务服务】** 1. 实施电子政务内网计算机IP规范登记。党政网计算机信息系统有序运行，进一步规范党政网网络及计算机使用管理。2. 加强党政网管理维护。优化网络链接，提高网络稳定性、可靠性，2016年未发生党政网网络中断事故。3. 升级建设县党政高清视频会议系统。投入40万余元对视频会议系统进行全面升级改造，成功保障各级视频会议150余次。4. 加强电子政务内网信息报送和网上宣传工作，全年更新、报送信息3500余条。

**【机要保密】** 1. 机要工作。严格机要值班、电报办理、电报办理审查等制度，强化24小时无缝值班，并加强密码、密码设备、密码电报规范管理，2016年共收发电报695份。全面完成"云视泸州"视频会议系统建设和太平机要密码干部教育基地打造。2. 保密工作。持续加强保密工作宣传力度，通过发放"保密提示卡"等方式，强化干部保密意识；不断提高保密技术手段，加强非涉密计算机管理系统和保密综合管理系统维护，全年无一起失泄密事件发生。3. 规范工作程序。规范管理涉密文件资料的收发、传借阅、复制、清退、销毁及涉密电子设备管理等8个环节，全程管控纸质文件资料和涉密电子文档等涉密载体，加强对重点涉密单位的保密检查，及时消除失泄密隐患，确保国家秘密绝对安全。

【**自身建设**】 县委办全体干部职工始终坚持“六性”（主动性、敏锐性、专业性、规范性、整体性、时效性）原则，全面提升自身素质，致力打造一流干部队伍。1. 狠抓思想政治建设。结合“两学一做”学习教育，持续深入学习贯彻中共十八届六中全会、省委十届九次全会、市第八次党代会和县第十二次党代会精神，不断提高干部职工政治素养、理论素质和政策水平。2. 狠抓人才队伍建设。坚持培养新人、引进优秀人才、锻炼骨干、输送能人，营造团结向上、奋进实干的工作氛围。从下级单位抽调 6 人进行学习锻炼；提拔交流 2 名能力强、作风优的职工，增强了干部工作的积极性，形成了勤出成果、人人争先的生动局面。3. 狠抓机关作风建设。始终把纪律和规矩挺在前面，严格落实党风廉政建设责任制和机关行政效能建设要求，严守政治纪律和政治规矩、组织纪律、工作纪律、生活纪律，干部职工无一例违法违纪行为，树立了优质、高效的办公新形象。

（丁梦益）

## 组织工作

【**概　况**】 中共古蔺县委组织部是县委主管组织工作、干部工作和人才工作的职能部门。县委组织部机关内设办公室、研究室、组织股、干部股、干部监督股、干训人才股 6 个股室，下辖古蔺县党员教育中心、古蔺县党员干部信息中心。设有行政编制 16 人，参公编制 3 人，事业编制 7 人，工勤人员 1 人。

2016 年度，县委组织部始终坚持围绕中心，服务大局，聚焦脱贫攻坚，倾力履职尽责，较好完成了各项工作任务，为古蔺“决胜脱贫攻坚、实现撤县设市、同步全面小康”提供了坚强有力的组织保障和人才支撑。

【**领导班子和干部队伍建设工作**】 牢牢把握县、乡换届契机，选优配强乡镇领导班子，新一届乡镇党政领导班子结构更加优化，战斗力、凝聚力和创造力明显增强。1. 注重选优配强乡镇领导班子。坚持“四好”目标，精心组织，统筹协调，注重从乡镇基层一线、项目建设一线、产业发展一线、脱贫攻坚一线、信访维稳一线“五个一线”选拔干部。着力选拔政治过硬、适应发展新常态、能够驾驭全局、善于抓班子带队伍、民主作风好的干部担任乡镇党委书记。选配工作能力强、执行能力强、合作意识强、善抓发展、善促和谐的干部担任乡镇长。新一届 26 名乡镇党委书记均有乡镇领导任职经历，平均年龄 40.3 岁。新一届 26 名乡镇长人选，平均年龄 37.4 岁，其中 24 人有乡镇领导工作经历。在“四类人员”选拔中，创新推行“两推两核两考两公示”的选拔办法，从具有中级以上职称的人员，农口系统农村工作经验丰富的人员，中层干部，贫困村“第一书记”，苗族、彝族干部，外来人才中选拔“四类人员”36 人，极大调动了各层级干部积极性。2. 注重推动干部“能上能下”。紧扣脱贫攻坚实际，把最优的干部资源集中在脱贫攻坚一线，制定《古蔺县调整不适宜脱贫攻坚工作的领导干部实施细则》，明确 12 条刚性标准。对 76 名在脱贫攻坚工作中实绩突出的干部予以提拔重用，对 7 名不适宜脱贫攻坚工作的干部予以调整。抓住乡镇换届契机，结合干部日常考核和年度考核结果，深入开展谈心谈话，对乡镇领导班子及干部进行综合分析，明确乡镇班子中可以“上”和应该“下”的对象。2016 年乡镇换届中，提拔重用乡镇干部 78 人，对 14 名年龄偏大、身体状况差、工作激情减退的干部转任相应职级。坚持把干部“能上能下”作为推进从严治党、从严治吏的重要举措，对 4 名违规违纪干部予以免职，对 3 名不敢担当、作风不实的干部转任相应职级。

3. 注重抓牢换届风气监督。围绕责任落实，分类形成“五个主体”责任清单，分解到人。深入推进谈心谈话、召开专题民主生活会、发放《文件选编》、制发明白卡、换届纪律承诺、民意测评、观看《镜鉴》《警钟》等学习活动，让严肃换届纪律入脑入心。坚持把“抓早、抓小、抓现行”的要求贯穿始终，提升风险意识，强化风险防控，完善信访查核机制，明确分工，落实责任，定期分析，从严从实抓好换届信访举报。

**【“两学一做”学习教育活动】** 立足红色革命老区实际，突出“红色党建”，抓实“四个学”。1. 经常学。创新开展“主题党课、主题党会、主题党日”的“主题式”党组织生活。通过打造红色教育基地，丰富红色学习内容，培育红色讲师团，在四渡赤水干部学院开设“红色课堂”，在行政村开设“农民夜校”，以“县委宣讲团＋宣讲小分队”为主体的蔺州红色讲师团讲党课 700 余场次，开展“两重温两对照一重走”主题党日活动 691 次。2. 深入学。深入推进“四学习四讨论”活动。全县开展学习讨论 814 次，党委中心组专题学习 123 次；整合红军文物，编辑“两学一做”学习教育史料读本，赠予全县 691 个党组织。3. 精准学。成立“送党章党纪下基层”讲师团，下设 12 个宣讲小组，成立 26 个乡镇宣讲小分队，开展宣讲活动；着力开展党员参与党章党纪在线测试，在三项整改“回头看”工作中，整改问题 500 余个。4. 激励学。开展“我为党旗添光彩”红色先锋示范行动，全县共命名共产党员示范岗 1892 个、示范团队 150 个、示范单位 67 个、示范行业 4 个。结合纪念建党 95 周年活动，评选表扬了 31 名优秀驻村“第一书记”、20 名优秀共产党员、20 名优秀基层党组织书记、20 个先进基层党组织。

**【驻村帮扶工作】** 按照干部驻村帮扶全覆盖要求，以“百名书记带支部、千名干部包万户”的“百千万”帮扶行动为载体，着力将组织资源转化为助推脱贫奔小康的发展优势。1. 强化驻村工作管理。层层落实驻村帮扶责任，分别与乡镇党委、帮扶部门、驻村干部层层签订个性化目标责任书 260 份。建立完善驻村帮扶服务保障机制，出台“四个一批”关爱激励机制，表彰优秀“第一书记”34 人。实行“过程管理＋扶贫成效”考核机制，开展年考核、季督导、月通报，明确帮扶部门“4+8”考核体系、驻村工作组与驻村干部“4+18”考核体系和“第一书记”22 项工作任务清单，印发通报 10 期。2. 着力提升帮扶能力。采取干部“点菜”、部门“配菜”、专家“做菜”的“菜单式”选学培训，通过县级“主体班式”集中培训、乡级“帮学式”分散培训、村级“特色式”点对点培训模式，提升驻村工作组与贫困户的结对帮扶能力；建立讲师团专家队伍，联合 117 名驻村农技员，全覆盖到贫困村，开展“一村一品”产业发展培训。通过“菜单式”培训，培养“田秀才、土专家、农村致富带头人”500 余人，开发讲座课题库 100 余个；“第一书记”牵头实施党员精准扶贫示范项目 117 个，确定党员示范户 434 户，覆盖 83% 的贫困党员和 15428 名贫困人口，整合投入资金共 5493 万元。3. 激发党员示范作用。建立党员“一帮一”帮扶机制，完善建档贫困党员台账，用好 100 万元党内关爱帮扶资金，依托党员精准扶贫示范工程，推动贫困党员率先脱贫。开展“先锋党员结对帮扶贫困户”活动，组织引导党员与贫困户结成帮扶对子，吸纳部分贫困户参与党员精准扶贫示范项目，1981 名机关党员干部结对帮扶 117 个贫困村、440 名贫困党员，主动认领贫困党员“微心愿”453 个。

**【基层组织建设工作】** 不断创新党建工作思路，夯实基层组织基础。1. 抓实打牢基层基础。围绕加强基层组织体系规范化、活动规范化、运行规范化、制度规范化建设工作，着力推行“纪实管理＋过程跟踪”的村级管理模式和后进党组织整顿工作，印发《村级管理纪实手册》，对村级组织日常工作开展进行全程记录和规范，并持续开展“三分类三升级”工作，推进后进党组织晋位升级；推行以“报告质询会”“党员群众例会”为载体的村务监督新机制，让全民监督成为常态。围绕特色产业，推行“党支部 + 合作社（协会）+ 公共服务组织 + 农户”的模式，在农民专业合作社、农业企业、农业社会组织等建立党组织，发挥党组织的核心引领功能。新经济和新社会组织党组织覆盖率分别达 82%、83%，单独建党率分别达 36%、32%。围绕农村产权制度改革，村级集体经济公司化、股份化、多元化的“一改三化”目标，从组建公司运营、入股经济组织、盘活集体资产、创办经济实体、发展特色产业方面着手，充分发挥支部、党员、干部带头作用，探索“支部 + 公司 +N”“公司 +N”发展模式，推动实现资源变资产、资产变股权、农民变股东，培育发展壮大村级集体经济。全县成立村级集体经济公司 292 家，每村划拨启动资金 2 万元，村村实现村集体经济收入，全面消除“空壳村”。2. 强化基层党建保障。从严落实全市激励基层干部 20 条措施，筹措资金 2 亿多元，加快推进乡镇干部周转房、便民中心、食堂、人才公寓建设，着力改善基层干部工作生活条件。依托困难党员（干部）帮扶基金和困难党员慰问金，帮助乡村干部解决实际困难，至年底，发放困难党员（干部）帮扶基金 42 万元、困难党员慰问金 20 万元。进一步完善村级干部“基本报酬 + 绩效报酬”制度，严格落实在任村（社区）干部养老保险补助制度，按 60% 的标准对参保村（社区）干部进行补助。3. 提升党员能力素养。加强对乡、村两级干部集中培训，开展各类培训班 72 期 6000 余人次，培训农村党员及贫困户 21 万余人次；建设党员教育教材资源库，微视频《爷爷的四渡赤水》、党史纪录片《邓均吾》获市级一等奖并被选送参与省第十六届党员教育电视片暨第九届党员干部现代远程教育教学课件观摩交流活动，优秀党员事迹片《高速路上的工作狂》、农业科教片《黄精成长记》获市级二等奖，党员教育电视栏目《党建进行时》获市级三等奖。4. 稳步推进村级党组织换届。在村级党组织换届中推行“两票直推”“一考二议”“七项公开”机制，选取配强村（社区）“两委”班子，进一步突出党员群众公认、破除唯票选任模式、实现选举公开公平。全县村级党组织换届工作稳步推进，将于 2017 年 1 月 25 日前完成。村（居）民委员会换届选举将于 2017 年 3 月 25 日前全面完成。

**【人才工作】** 立足脱贫攻坚实际，充分发挥“全省人才优先发展试验区”的优势，聚焦脱贫招才引智，积极探索贫困山区人才开发新路径。1. 着力补齐紧缺人才“短板”。针对全县脱贫攻坚急需各类专业技术人才、产业骨干人才的实际，主动对接中央、省、市，广开进贤之门，广纳各方英才。在国家开发银行等部门和成都市双流区等发达地区互派干部挂职 63 人，争取下派干部 50 人。围绕脱贫攻坚重点项目编制招才引智方案，柔性引进上海同济大学、四川农业大学等高校专家 104 人建言献策。建立古蔺籍在外成功人士信息库，入库名单 600 余人。每年召开 1 次古蔺籍在外成功人士座谈会。至年底，已有 120 余名古蔺籍在外成功人士回乡创业。2. 着力拓宽招才引智渠道。注重在脱贫攻坚一线培养优秀年轻干部，结合乡镇换届，在脱贫攻坚一线提拔科级领导干部 44 人，形成了“人才到基层去、干部从一线来”的良好局面。积极实施“乡土人才领跑带富”计划，精心挑选农村致富带头人 300 余人，示范带动广大群众学习种养殖、农产品初加工等农村实用技术。积极实施“富民兴村”人才工程，组建古蔺县科技扶贫专家顾问团，选派 123 名科技扶贫特派员进驻 117 个贫困村，每年培训群众 2.5 万余人次。3. 着力放大人才集聚效应。按照“人岗相适、因村派人”原则，选派 81 名优秀干部到贫困村任“第一书记”；选派549名干部组成驻村工作组，统筹安排5049名干部与贫困村、贫困户结成帮扶对子。实施“大众创业、万众创新”工程，打造酒业、旅游、能源、畜牧、果蔬、中药材6个人才孵化基地，引导专业技术人才创办领办科技推广和示范建设项目15个，带动发展农村专业合作社200余个。积极开展“十佳创新创业人才”评选、“相约蔺州 成就梦想”青年人才交友等活动，让古蔺成为各类人才创新创业、近悦远来的热土。

（朱琳玉）

## 宣传工作

**【概 况】** 2016年，县委宣传部在县委、县政府的坚强领导下，在县人大、县政协的关心支持下，坚持围绕中心，服务大局，把握正确导向，坚持价值引领，讲好蔺州故事，内聚人心，外树形象，为古蔺“决胜脱贫攻坚、实现撤县设市、同步全面小康”提供强大的舆论支持和思想保证。全年承办省、市现场会及大型文化交流活动10次，获市委领导肯定性批示5次，在省、市作工作经验交流5次，获全市宣传思想工作综合目标考核特等奖，外宣、网络、社会舆情3项工作获全市第一名，文艺、公民道德建设2项工作获全市第二名，理论武装、志愿服务2项工作获全市第三名。

**【理论武装工作】** 围绕县委、县政府中心工作，2016年开展“两学一做”、依法治县等专题集中学习26次。

组织科级以上领导干部进行党委（党组）中心组理论测试，并通报了个人测试成绩和班子平均成绩。

向科级以上党员领导干部推荐学习了《知之深爱之切》《党委会的工作方法》《谢觉哉家书》等自学书籍60余本。

邀请中共中央党校教授、博士生导师李东朗，清华大学职业经理训练中心政府合作部主任、高级培训师柳松到古蔺举办长征精神传承、中国梦与精准扶贫等高端讲座6场。

开展“酒城讲坛”“六进”活动，邀请知名专家学者、“酒城讲坛”讲师举办“天府人文讲坛·酒城讲坛”13场。

开展中共十八届五中、六中全会和省委十届八次全会精神宣讲，开展“送党章党纪下基层”宣讲。

抽调专业人员5人组成调查组，开展红军长征四渡赤水转战古蔺路线调查，深入挖掘县域红色文化，邀请县内专家、学者对调查成果进行论证，形成考证史料《古蔺图说长征》《古蔺红军故事叙长征》文稿。

社科工作在全省作经验交流1次，成功创建第二批泸州非物质文化遗产社科普及基地“古蔺县花灯非遗文化普及基地”，成立古蔺镇、太平镇、县教育局、县公安局4个社科联组织试点。

**【宣传文艺工作】** 成功举办四川省“深入生活、扎根人民——百名艺术家重走长征路文艺扶贫采风创作惠民演出活动”“全国百名摄影家古蔺大型采风活动”等大型文化惠民活动14次。

常态化开展“双沙菜花旅游文化开放月”“黄荆老林英雄会”等标志性文化旅游展示活动，吸引川、滇、黔、渝等省、市100余万名游客光临古蔺。

招商引资1000余万元拍摄《北纬28度》《黄荆老林》《难忘1935》3部院线电影，其中《北纬28度》是泸州市第一部自主拍摄的院线电影，将于2017年11月24日在全国院线上映。

编排《酒阵兵魂》《灯闹古蔺》等多个精品节目，获泸州市第六届群众文化旅游艺术活动一等奖，并代表泸州市在全省川南文化艺术节中交流展演；舞蹈节目《赤水河赞歌》参加四川省首届蔬菜节文艺演出和泸州市总工会劳动者颂歌演出活动并获第一名；原创歌曲《梦回彝山》参加川、滇、黔、渝原创歌曲邀请赛并获一等奖。

完成25个幸福美丽新村文化院坝、10个贫困地区村综合文化服务中心示范点建设。

完成279个基层点的书目数据建设和200个基层点宽带接入工作，配置计算机225台，配送2万册图书；深入村（社区）免费放映公益电影1600余场。

新开发青龙洞、箭竹大黑洞、双沙白马洞等文化旅游开发项目，全县文化产业营业收入完成17.6亿元。

**【舆论引导工作】** 制发《古蔺县突发公共事件信息发布和舆论引导方案》《关于进一步加强和改进新闻发布的实施意见》等方案，健全《古蔺县新闻发言人制度》《外来媒体记者采访报道服务管理》《新闻通稿发布》等8项舆论引导机制，落实舆论引导主体责任。

围绕县委、县政府中心工作和“率先摆脱贫困　实现撤县设市”目标，提升打造《落鸿茶馆》《壮哉我大古蔺》《古蔺故事》等特色精品栏目，以典型引领、以案说法等形式强化对群众的宣传引导，凝聚了社会正能量，营造了加快发展氛围。“多彩古蔺”“平安古蔺”微信公众号获评“泸州优秀政务新媒体账号”。

开通古蔺人民广播电台FM107.6，在县城安装80个音柱，通过“村村响”，覆盖全县269个村。完成古蔺新闻网改版升级，率先开通区（县）网络问政平台，将《古蔺新闻》成功搬上古蔺新闻网、“古蔺电视台微生活”微信公众号。2016年,《古蔺通讯》出版51期，约130万字；“蔺州学苑手机报”出刊230余期；古蔺新闻网刊登稿件3500余条。古蔺电视台共完成专题节目30期,《古蔺新闻》播出新闻报道2808条、3432分钟，其他县级媒体累计发稿12000余条次。

邀请重庆市委宣传部理论处处长周廷勇对全县500余名领导干部进行突发事件舆论引导专题培训，并在全市区（县）率先开展突发事件新闻发布模拟实战演练。选送4名干部参加浙江大学“网络舆论引导与处置”专题培训，22名骨干通讯员参加省委党校专题培训。开展“重点报道乡镇行”主题采访活动，对乡镇通讯员进行“手把手”授课。

开展中央媒体“重走长征路”、全国新闻单位“重温长征史　重走长征路”、新华社“致敬历史　重走长征路”等省级以上大型主题采访活动7次，“西南网络大咖网红看古蔺全域旅游”采风、省文联“百名艺术家重走长征路”等采风创作活动5次。联合中国摄影报社，省、市摄影家协会开展“生态田园　红色古蔺”全国摄影作品征集活动，3000余组照片在《中国摄影报》网站、诠摄汇展出。重新拍摄古蔺城市形象宣传片和《爷爷的四渡赤水》《爸爸，我向你敬礼！》等4部微电影。

深化与新华社、中央电视台、《四川日报》等高端媒体和区域核心媒体的合作关系，开展“黄荆老林英雄会”“箭竹苗家风情节”等文化旅游节事活动12次，开展“民生突破”“脱贫攻坚”“文化旅游”等集中采访5次，邀请17批次300余名省、市媒体记者和摄影家走进古蔺参与体验和宣传报道，在市级以上主流媒体发稿突破1万条。

妥善处置舆论监督27次，成功打击违规监督采访5次。

**【网络监管工作】** 县委宣传部连续3年被省委宣传部评为全省社会舆情信息报送工作先进集体。

承办四川省2016年度社会舆情信息工作会议，古蔺作为全省唯一直报点在会上交流发言，交流材料获市委常委、市委宣传部部长肯定性批示，在省委宣传部《每日要情》《宣传日报》等刊物上刊载交流。

在古蔺郎网成立全市第二个社会网站党支部，把党的红旗插上民间舆论阵地，郎网党支部建设经费每年保证2万元以上，名列全市社会网站第一。

创新建立覆盖269个行政村的QQ群、微信群体系，有效破解了网络舆情“圈群化”隐蔽传播监控难困境。与人民网舆情监测室、新华舆情、蚁坊软件等单位共享信息监测平台，实现网络平台全域覆盖，相关做法获市通报表扬。

制发预警、约谈、会商等5项制度，完善网站备案、“两微”管理3本台账，开展专项整治行动5次，约谈相关违规网站负责人20余人次，举报有害信息190余条，网络舆情数量同比减少68%。

创新采用“正规军＋游击队”的舆情作战模式，在建强应急、网宣、网评、舆情、技术、网管6支“正规军”队伍的基础上，重点培育网红、大V，壮大“自干五”（自觉自愿为社会正能量点赞、为中国发展鼓劲的网民）队伍，率先建立了全市首支民间“自干五游击队”，参与处置了古蔺县20多起应急舆论事件。

大力推进网络惠民，坚持“四个一”，即培育1家电子商务公司，建立1个电子商务平台，组建1个电子商务协会，新建1个电子商务运营中心，指导建成117个贫困村电子商务服务站，实现产值1000万元，大力破解农特产品外销瓶颈，扎实走好网上群众路线。

**【文明工作】** 打造社会主义核心价值观主题阵地22个。

全面推行“新四礼”、“6+N”开笔礼规范流程，在全市推广。

古蔺节目《闹花灯》代表四川参加由全国文明办主办的全国未成年人网络春晚展演并获全国第二名。

强化典型的选树和培育，3人入选泸州市新乡贤，入选人数位列泸州第一。车盛寅、姜中、陈青青、游小明、许文榜、高雁等16人分别获“泸州好人”、“四川好人”、四川省“向上向善好青年”、四川省“美德少年”、全国“最美家庭”、全国“书香之家”等荣誉称号，获奖人数、获奖层次居全市前列。

精心组织推荐黄荆老林—太平古镇—天宝洞参加中国文明旅游魅力线路评选，并获“优秀组织单位”称号。

创新开展首届“书香单位”“书香校园”“书香家庭”“阅读之星”评选活动和第二届乡村学校少年宫成果展活动，强化乡村学校少年宫“建、管、用”，永乐少年宫活动经验在全市农村精神文明现场会上作经验交流。

配合中共四川省委宣传部、省新闻出版广电局、省全民阅读活动办公室等单位，开展纪念中国工农红军长征胜利80周年“重走长征路　送书到老区”文化帮扶公益活动，得到省、市高度肯定。

**【基层基础工作】** 认真贯彻中央六部委14号文件精神，配齐乡镇宣传委员、宣传文化干事91人，政府购买村（社区）公益性文化岗位34个。选派社科理论骨干、网络舆情员等100余人分批次到清华大学、中国人民大学等院校开展提升培训。

（向　波　董青青　梅　冰）

## 统战工作

**【概　况】** 2016年，古蔺县委统战部有干部职工8人，设办公室、干部股、经济联络股3个股室。古蔺县统战工作包括党外人士、民族宗教、非公有制经济、侨台等方面。

**【党外人士工作】** 县委统战部抓住县、乡两级换届契机，加强了党外干部和少数民族干部举荐工作，推荐任用了12名优秀年轻党外干部到乡镇担任领导干部，推荐了5名优秀少数民族干部提任副科级领导干部，推荐了1名少数民族干部到市级部门挂职锻炼，党外干部和少数民族干部结构不断优化。至年底，全县有科级以上党外领导干部48人，其中副县级4人，正科级5人，副科级39人。

成立泸州市党外知识分子联谊会古蔺分会，并以此为平台，多次组织成员开展各类帮扶活动，深入基层进行调研，积极建言献策，共计开展送医送教帮扶活动10余次，提出建设性意见20余条，有效促进了全县决胜脱贫攻坚工作的开展。

**【民族工作】** 争取扶贫专项资金305万元，解决农村少数民族建房91户，至2016年年底已全面验收，投入使用。争取大寨苗族乡“全国乡村旅游示范村”建设资金8000万元，启动“全国乡村旅游示范村”项目建设。2016年，实现待遇县留成资金1.5亿元，协调落实资金25亿元。改建通村公路588.72公里，解决安全饮水4万人，实施农网改造69个。民族乡实现地区生产总值28858万元，完成工业增加值9975万元，全社会固定资产投资累计10.6亿元，社会消费品零售总额完成16484万元，地方公共财政收入完成12.79亿元，农民人均收入达10910万元。争取少数民族发展资金180万元，在少数民族地区实施公路、水利等基础设施建设工程项目5个，帮助石屏镇刘家村、马嘶苗族乡柳沟村等困难民族村寨解决公路建设和水利建设问题。

**【宗教工作】** 加强宗教活动场所管理，6月24日，协同市法律宣讲团在水口镇碧云寺开展“法律进宗教场所”活动。定期对全县6个佛教场所、3个基督教聚会点开展安全隐患排查整治工作，开展“宗教政策法规学习月”活动和“法律进寺庙”活动，印发《关于深入开展“法律进寺庙、教堂”活动的实施方案》，编印《宗教政策知识问答》等宣传手册，保障了宗教场所的安全稳定，加大了对非法建设宗教场所和非法宗教活动的打击。

**【非公有制经济工作】** 通过牵线搭桥，全县工商联会员企业郎多多公司、古蔺煤矿（西段）等170多家当地民营企业与28个贫困村、组农户结对帮扶，解决就业，落实各类帮扶项目，帮扶资金约5000万元；厦门市泸州商会副会长王灿在东新乡投资近3000万元，规模养殖马头羊；在外成功人士吴宗霖在古蔺镇沙坝村安装路灯，修建村活动室；还有40多家通过招商引资、到古蔺县投资的外地企业也积极投身到“百企联百村”的精准扶贫工作中，如铁桥水泥、肝苏药业、益康公司、石屏一矿等。在经营发展中，帮扶贫困村51个。同时，联系引导在外成功人士、异地商会积极回乡投资，参与开展慈善帮扶。浙江省金华市泸州商会的古蔺籍在外成功人士为马嘶苗族乡柳沟村患白血病的韦亮小朋友发起“蔺籍老乡爱心捐助”活动，共捐助爱心资金4.2万元。总商会垫付出资2.5万元购买生猪53头，与马嘶苗族乡同心村16户贫困户签订合同，采取定价认购回收的办法提供喂养，年底组织商会或者企业按每公斤48元的价格向贫困户收购（出栏成猪回收总金额约为252000元），实现产业扶贫。

**【侨台工作】** 积极做好对台宣传，接待返乡探亲台胞26人、台商16人、到古蔺旅游台胞30人，扎实抓好侨台统战工作。

（许娟红）

## 直属机关工作

**【概　况】** 中共古蔺县直属机关工作委员会（以下简称县直机关工委）是县委派出机构，纳入县委编制序列，进入县委机关承担领导县直机关党的建设工作。县直机关工委设有行政编制6人，工勤编制1人，2016年实有行政编制人员6人。2016年，县直机关工委所辖县直机关党组织48个，其中机关党委13个，党总支1个，党支部34个，党员1436人。

**【思想建设】** 深入学习贯彻中共十八大，十八届四中、五中、六中全会，省委十届九次全会、县委十二届一次全会精神，让党员干部正确认识形势和明确任务。抓实理论武装工作，坚持用中国特色社会主义理论体系武装头脑，践行社会主义核心价值体系，弘扬以爱国主义为核心的民族精神和以改革创新为核心的时代精神。派员列席部门中心组学习，抽查部分单位中心组成员的学习笔记，领导干部述学、评学、考学、讲学制度得到较好落实。为48个县直机关党组织订购《四川机关党建》《党课》《党建研究》《四川党的建设》等党刊。鼓励党员和入党积极分子个人积极订阅党刊。

**【组织建设】** 紧盯抓牢“一把手”，结合年度党建工作履职情况，对48个机关党组织进行自查考核评分；结合平时掌握的情况，抽查考核。规范党支部建设，通过召开现场会，参观县环保局、国税局、检察院等规范化党支部建设，重点将党支部的“三会一课”、党员教育管理等工作具体化、细化。通过抓学习、比服务、求创新、讲廉洁等工作的开展，采取多种形式（县环保局“绿色大讲堂”、国税局“廉税郎乡”讲堂、食药监局演讲比赛），争创“星级党支部”“旗帜党委”。与县委组织部、县委党校共同举办入党积极分子培训班，培训入党积极分子158人。严格按照“控制总量、优化结构、提高质量、发挥作用”的总要求，严把入口关。2016年，县直机关发展党员15人、预备党员转正8人，为学校组织输送了一批德才兼备的新生力量。组织党员认真学习《关于中国共产党党费收缴、使用和管理的规定》，按照县委组织部的要求，严格按标准收缴党费，并对2008年以来的党费证明重新清理追缴，共收缴党费364160元，追缴党费43602元。

**【作风建设】** 按照“两个责任”要求，严格落实党委主体责任和纪工委监督责任，做到“四个亲自”，把党风廉政和党建工作同安排，研究部署工委和县直机关党风廉政建设等重大问题，加强对下属党组织的监督，纪工委协助县纪委监察局查处、督办县直机关党员违纪违法案件。2016年，县直机关共处分党员10人，其中协助查办4起案件，处分党员6人。通过组织广大党员干部学习《中国共产党党内监督条例》《中国共产党廉洁自律准则》，进行在线测试，组织县直机关党员参加县纪委的知识竞赛等活动，不断加大党纪政纪等法律法规的宣传力度，加强对党员干部的管理教育。制定《2016年县直工委党风廉政建设和反腐败工作意见和责任分工》《2016年县直机关反腐倡廉宣教工作意见》，签订《党风廉政建设责任书》，坚持常态化贯彻“三早三卡”机制，落实责任制，加强对干部职工的预警、提醒、教育。

**【驻村帮扶工作】** 全面完成脱贫攻坚联系村（箐竹乡大雄村）70户、312人2016年预脱贫的工作任务。组织单位全体干部到村开展工作5次，全年投入资金3.4万元，2016年年底顺利通过省、市、县评估验收。督促县直机关党组织联系村的工作和开展“扶贫日”活动以及县委交办的各项督查督办工作。

（余　蔺）

## 群众和信访工作

**【概　况】** 2016年，县委群众工作局内设办公室、督查督办股、来访接待股、办信和网络投诉股、复查复核股5个股室，领导职数1正2副。配备副科级纪检员1人，行政编制12人，在编12人；工勤编制1人，在编1人；事业编制7人，在编6人。

**【来信来访办理工作】** 2016年，共受理人民群众来信来访总量1405件次，与上年同比，总量下降4.12%。其中，接待群众来访687批2841人次，与上年同比，批次减少1.6%，人次减少18.76%。其中，初访614批2215人次，重复访73批626人次，集体访104批1752人次。通过网上信访信息系统转交办141件次，到期应办理回复113件次，已办理107件，办理率95%。受理群众来信

718件（其中重信96件，联名信18件），与上年同比减少6.96%。其中，办理国家、省、市三级来信194件，网信127件（网投平台87件、省长信箱39件、书记信箱1件），泸州市委书记市长信箱154件，人民网留言112件（县委书记留言60件），全国信访系统转信18件，“问政四川”留言11件，县级来信102件。

**【矛盾纠纷排查化解】** 高度重视矛盾纠纷排查化解工作，强化敏感时期纠纷的排查调处工作，坚持动态排查与及时调处相结合，着力从源头上控制和减少信访问题。全年共排查出各类矛盾纠纷1536件，化解1328件，化解率86.46%；成功化解各类突发涉稳事件38件。

**【领导接访和干部下访】** 持续深入推进领导干部接访下访。县委、县政府领导共接待群众来访59批92人次，带案下访58件；全县各乡镇、各部门领导干部共接访群众1258批1849人次，带案下访318件。进一步畅通了群众诉求表达渠道，推动了大批信访问题在基层就地化解处理。

**【领导包案化解信访问题】** 扎实开展领导包案化解信访问题制度。全县共排查127件重点信访突出问题和省交办的23件信访积案，逐案落实县级领导和乡镇（部门）领导包案，其中，县级领导包案59件，乡镇（部门）领导包案81件，化解19件，结案68件。对省、市交办的23件积案有效化解16件，结案7件，化解率达70%。

**【信访突出问题专项治理】** 按照“突出重点、分类管理，分级创建、逐年推进”的思路，坚持事要解决和依法处理相结合原则，在全县深入开展创建“无进京非访、无进京越级访、无到省集体访、无信访恶性事件”乡镇活动，制发《关于确定2016年信访重点治理乡镇的通知》，确定古蔺、龙山、观文、皇华为市级重点治理乡镇，二郎、丹桂、大村、椒园为县级重点治理乡镇，积极有序推进治理。通过强化治理，信访秩序实现逐年向好。

**【信访工作制度建设】** 县信访工作联席会议办公室制发乡镇、部门年度信访工作考核办法，继续实行信访工作“一票否决”。同时，建立越级访、非正常走访月通报制度，县委办、县政府办每月发文通报全县进京到省访及到市、县非正常走访情况及涉及单位，并严格落实考核奖惩。

**【信访业务培训】** 按照省、市关于“信访基础业务提升年”活动的部署，组织26个乡镇、22个县级部门开展全县信访工作业务培训，并先后组织乡镇、部门参加全市集中业务培训两次，对群众来信来访登记、受理、办理、告知、答复、录入等工作流程及涉访违法行为证据收集等业务内容进行全面学习，有效提升了基层干部办理信访业务能力水平，不断推动信访干部业务工作规范化、标准化。

**【自身建设】** 局领导班子团结协作，凝聚力和战斗力得到充分发挥。局机关党风廉政建设持续有效开展，党的建设和作风建设得到进一步加强。继续深入推进脱贫攻坚部门“结对帮扶”活动，派出“第一书记”脱产到观文镇建设村驻村开展扶贫开发精准识别和发展规划，保障了脱贫攻坚各项基础工作有序推进。

（任明贤）

## 保密工作

**【概　况】** 中共古蔺县委保密委员会是古蔺县保密工作的领导机构，由县委常委、县委办主任担任主任，县委常委、县人武部部长、县政府办主任、县委办副主任担任副主任，相关单位负责人为成员。县委保密委员会办公室、县国家保密局为古蔺县保密工作管理机构，承办县委保密委员会的日常事务，依法履行保密工作行政管理职能。2016年，内设办公室1个，人员编制2人，实有2人，归口县委办管理。

**【保密法制宣传教育】** 围绕《中华人民共和国保

守国家秘密法》（以下简称《保密法》）及其《实施条例》等保密法律法规，采取设立宣传点、播放警示教育片、电子显示屏宣传、电子政务内网开设专栏等方式，广泛开展保密法制宣传教育活动。2016年4月15日，联合县委政法委、县法院、县检察院、县公安局等15个部门，在县城繁华路段开展“4·15”全民国家安全教育日宣传教育活动，向群众发放包含《中华人民共和国宪法》《保密法》《中华人民共和国国家安全法》《中华人民共和国反间谍法》等相关内容的保密法制宣传资料2000余份。重点开展领导干部、涉密人员、公务员和保密干部的保密知识技能培训，逐步形成全县保密教育的常态化和制度化。向全县领导干部、涉密人员、公务员和保密干部分发《保密行为管理手册》《党政机关工作人员保密须知（最新修订版）》等保密教育资料500余册，组织参加四川省保密干部保密培训3人次，参加泸州市2016年涉密人员培训72人次，有效提高了保密干部的保密意识和能力水平。

**【保密管理】** 组织26个乡镇、60个县级部门开展保密干部培训及涉密人员分类确定工作，规范各机关、单位涉密岗位确定及涉密人员管理工作。加强网络保密管理，组织各机关、单位开展互联网、专网、电子政务网等保密检查工作，确保非涉密网络不存储、处理、传输涉密信息。开展定密责任人确定、派生定密、涉密载体管理台账登记等指导工作，规范涉密载体全程管理。

**【保密技术防范】** 利用非涉密计算机文件监控系统，对各机关、单位互联网计算机存储、处理的文档进行关键词检索，及时清理敏感信息，整改失泄密隐患，杜绝失泄密事件的发生。继续维护非涉密计算机管理系统和保密综合管理系统，加强常态化管理。积极推进涉密计算机“三合一”保密技术防护专用系统强制配备工作，至2016年，已完成各机关、单位涉密计算机防护系统安装的前期准备工作。

**【保密监督检查】** 组织全县各机关、单位开展保密自查自评工作，对计算机、移动存储介质、办公网络的使用管理以及保密制度的建设等情况进行自查自评，及时整改失泄密隐患，建立健全计算机和涉密载体管理的各项规章制度，进一步规范办公自动化设备和手机使用的保密管理。认真落实国家统一考试（成人高考、自考、普通高考）、事业人员招聘等各项考试的监管工作，开展试卷保密室及考点的保密检查，对考卷的存放、交接等情况进行查看，不放过任何一个环节，严把保密关，确保了高考、自考、成人高考期间试卷的安全保密。

**【脱贫攻坚工作】** 县国家保密局积极为当前中心工作开展服务保障，根据县委、县政府工作安排，对口帮扶古蔺镇芭蕉村脱贫攻坚工作，由主要负责人任芭蕉村“第一书记”、驻村工作组组长，另选派干部1人参与脱贫攻坚工作，结队帮扶芭蕉村贫困户11户。整合投入1688万元扶贫资金，新建党群服务中心、村卫生室、村文化室，扶持整村产业发展及贫困户产业发展，2016年12月31日前实现了芭蕉村整村摘帽脱贫目标。

（张劲松）

## 机构编制工作

**【概　况】** 中共古蔺县委机构编制委员会办公室（以下简称县委编办）核定行政编制10人（其中主任1人、副主任1人、纪检员1人），工勤控制数1人。下设参照《中华人民共和国公务员法》（以下简称《公务员法》）管理事业单位古蔺县事业单位登记管理局，核定参照《公务员法》管理事业编制6人（其中副科级局长1人、副局长1人）；财政拨款全额事业单位古蔺县机构编制信息中心，核定全额事业编制14人（其中主任1人）。2016年年末，县委编办实有公务员6人，机关工勤人员1人。县事业单位登记管理局实有参照《公务员法》管理事业人员1人，县机构编制信息中心实有全额事业人员4人。

**【行政管理体制改革】** 2016年，按照行政审批制度改革要求，相关部门共认领省级以上公布的行政许可事项182项，发布《古蔺县行政审批通用目录》，对具有行政审批职能的部门，统一设置行政审批股，将其行政审批职能集中到一个内设机构并入驻政务中心；编制涉及33个部门的6402项行政权力及责任清单并在县政府门户网站、各部门网站公布，对县统计局责任清单进行动态调整。

为加强脱贫攻坚工作体系建设，撤销县民政和扶贫移民工作局、工商行政管理局、质量技术监督局，新组建县扶贫和移民局、民政局、工商行政管理和质量技术监督局。核定扶贫和移民工作局行政编制10人，新设立县扶贫移民服务中心，核定全额事业编制13人；在26个乡镇新设立扶贫开发服务中心，共核定全额事业编制69人。设置县委巡察办和3个巡察组，调剂增加县纪委（监察局）行政编制5人；对县纪委（监察局）内设机构进行了整合优化，突出主业，强化监督职能，充实办案力量，实现监督全覆盖。改革教育管理体制，形成乡镇中心校、乡镇初中、乡镇高中三条线分别管理小学和学前教育、初中教育、高中教育的管理体系。加强安全生产、社会保障、食品安全、卫生、农业、司法、旅游、乡镇行政改革等方面管理体制调研，积极推进百镇建设和新型城镇化试点工作，将部分县级行政审批权、行政执法权和公共服务事项下放至试点镇，拟定《古蔺县乡镇机构改革试点工作方案（草案）》，探索乡镇行政、事业机构设置和管理体制，推动试点镇健康发展。将县农业局下属县农业综合行政执法大队、县动物卫生监督所、县农机监理站3支行政执法队伍进行整合，将其职能职责和人员编制全部划入新设立的古蔺县农业行政综合执法大队（挂古蔺县动物卫生监督所牌子），构建农业、畜牧、农机三位一体的农业行政综合执法体系。撤销县人口和计划生育行政执法大队、县卫生执法监督大队，将其职能职责和人员编制全部划转新设立的县卫生和计划生育监督执法大队。将各乡镇社会事务办公室增挂的“计划生育办公室”牌子更名为“卫生和计划生育办公室”，承担乡镇有关卫生和计划生育管理工作。村（社区）计生专干兼任村（社区）卫生和计划生育监督信息员。

在事业单位机构总量限额内，增设县金融服务中心、县中型水利工程管理站、县纪检监察网络政务与电教服务中心、县扶贫移民服务中心、县农业综合行政执法大队、县农业经济管理指导中心、县农业技术推广服务中心、县农业资源环境站、25个乡镇（不含太平镇）农业技术推广服务中心等事业机构33个。撤销县农业局下属及派驻乡镇事业单位、县健康教育所等事业单位64个，分别为县健康教育所、县畜牧技术推广站、县农业技术推广中心、县经济作物站、县种子管理站、县水产站、县土壤肥料站、县农机监理站、县农机推广站、县动物卫生监督所、县农机事业局、县畜牧局、县农村经营管理指导中心、县农业行政综合执法大队、25个乡镇（不含太平镇）畜牧兽医站、25个乡镇（不含太平镇）农业技术推广站。

动态调整行政编制7人、参公编制7人、事业编制32人，分别增加到重点民生、重点项目领域。完善编制使用前置审批制度、领导职数职级审核制度、人头经费核拨审定制度，面向社会招录（聘）人员计划根据各单位编制类别和空缺编制数并按程序报批，确保机构总量、编制总量、领导职数“三个不突破”。

稳妥推进事业单位分类改革，梳理全县事业单位机构编制情况和职责任务，对职能萎缩、编制规模过小、职责任务相近的事业单位进行清理，通过撤、并、减的方式减少事业单位35个，对现有的357个事业单位分类风险进行评估。根据古蔺县事业单位分类工作方案、分类标准、分类目录，全县未纳入分类的事业单位5个，暂缓分类的事业单位18个，已明确类别的事业单位313个，其中，行政类事业单位3个，公益一类事业单位308个，公益二类事业单位2个，占应分类事业单位总数的94%，其余事业单位待省、市进一步明确后，再按要求及时完成类别划分工作。完成县住房和城乡规划建设局下属自收自支事业单位县建设工程质量检测所改制工作。

**【机构编制管理工作】** 加强机构编制实名制管理，精准建立了网络系统信息、手工台账信息、文书档案信息和经费划拨信息4个实名制台账，及时维护更新实名制信息数据，利用实名制管理系统、手工台账、文书档案、经费划拨同步办理机构的撤销、调整、更名，准确办理人员上下编和机关事业单位养老保险参保审核，完善机构编制实名制管理制度，实现全县机关事业单位编制实名制率100%。加强对各乡镇、各部门（单位）进行“三定规定”执行情况和相关机构编制事宜的监督检查。公开机构编制“12310”举报电话、网上举报信箱、来信、来访等平台，受理群众举报的机构编制问题，并按相关规定及时处理，严明机构编制纪律，增强机构编制管理。

会同县审计部门，建立党政主要领导干部机构编制责任审核和任期经济责任审计的“双责联审”制度，出台《古蔺县党政领导干部经济责任和机构编制责任审计办法》，明确党政领导干部经济责任和机构编制责任审计对象、审计内容、审计形式、审计程序、结果运用等。重点审计内容为乡镇（部门）贯彻执行机构编制政策法规情况，职能配置和职责履行情况，机构设置、编制使用、领导职数配备情况，遵守机构编制纪律情况等。对土城镇、马嘶乡、椒园乡、国土局、龙山中学5个单位、6名领导干部开展机构编制责任审计工作。

加强事业单位法人公示信息检查，贯彻落实《事业单位法人公示信息抽查办法（试行）》，建立《古蔺县事业单位法人名录库》和《执法检查人员名录库》。采取双抽签方式，随机抽查了12个事业单位，通过座谈走访、查阅资料、现场查看等形式，逐一对登记事项、年度报告的具体内容进行了检查，并将核查情况、核查意见及时向单位法人反馈，及时整改存在问题，并将抽查情况和查处结果通过古蔺县机构编制网及时向社会公示，主动接受社会监督，实现责任可追溯。

健全完善机构编制监督检查机制，进一步拓展监督渠道，制定《古蔺县机构编制特邀监督员管理暂行办法》，明确特邀监督员的基本条件、工作职责、权利和义务、聘任程序等。特聘牟伟、黄启明、杨辉伦、李轩能、朱蔺、胡勋、陈德辉、曾希、赵剑侠9名了解机构编制工作的服务对象和县人大代表、县政协委员、县纪委委员为机构编制特邀监督员，邀请特邀监督员参与各类监督检查活动和宣传机构编制工作，主动履行对县编委、编办和机构编制工作的监督职能，推进机构编制规范化、制度化、法制化管理。

截至2016年年底，全县县级行政机关单位机构总数47个，其中，党委部门10个，人大机关2个（含人事代表工作委员会），政府部门27个（含2个开发区管委会、监察局），政协机关1个，群众团体机关5个，审判机关1个，检察机关1个。编制总数1427人（行政编制1321人，机关工勤控制数106人），实有人数1227人（行政人员1147人，机关工勤人员80人）。乡镇行政机构总数26个，编制总数933人（行政编制865人，机关工勤控制数68人），实有人数754人（行政人员727人，机关工勤人员27人）。

截至2016年年底，全县事业单位总数357个，其中，县级事业单位276个（含参照《公务员法》管理事业单位35个），乡镇所属事业单位81个。编制总数11536人，实有人员9843人。

【事业单位登记管理】截至2016年年底，古蔺县共有事业单位357个，已实行网上登记法人的事业单位312个，登记率87.4%。全年开展事业单位年检282个，年检率100%，合格率100%，年度报告公示率100%。新设立登记9个，变更登记133个，注销登记41个。认真组织实施事业单位统一社会信用代码赋码工作，新版事业单位法人证书换发率80%以上。整体推进机关、编办直接管理机构编制的群众团体统一社会信用代码赋码工作，完成阶段性目标任务42个。清理完善政务和公益专用中文域名注册339个，缴费339个。提交网站开办资格复核单位49个，审核通过并领取标识43个。

【其他事项】2016年，古蔺县机构编制工作获泸州市机构编制最佳工作奖，县编办获泸州市行政权力和责任清单编制和公布工作先进单位、机构编制实名制统计工作先进单位、控编减编工作先进单位称号。县编办主任周章伦被评为四川省机构编制系统先进个人；省改股股长、信息中心主任冷仕均经考试考察，被列入县委优秀干部递进培养对象。

完成帮扶联系村太平镇城伍村脱贫攻坚和驻村帮扶工作，投入帮扶物资及资金10万余元。按照贫困村“一低五有”、贫困户“一超六有”的要求，实现城伍村整村脱贫，165户贫困户、672人脱贫摘帽任务，全村贫困发生率为2%，并顺利通过省、市、县的评估验收。

办理完成县人大代表建议和政协委员提案任务，并获县政协提案办理先进单位称号。

（梅桂强）

## 电子政务内网工作

【概　况】2016年，县委机要局在县委、县政府的领导下，围绕中心，服务大局，注重电子政务内网智能化、科学化、规范化建设，进一步加强网上应用拓展、网站建设、网络和信息安全工作，强化工作措施，狠抓工作落实，全面推进电子政务内网工作，促进全县电子政务内网建设工作快速发展。

【网络建设】2016年，建成“云视泸州”视频会议系统专用网络，覆盖全县各乡镇、村（社区）。进一步提升电子政务内网网络带宽，优化网络链接，提高网络稳定性、可靠性。加大党政网计算机信息系统在县内的推广使用力度，进一步规范党政网络及计算机使用管理。完成电信、移动、联通电子政务内网汇聚建设，实现互连互通、互为备份。

【网上应用】按照市上统一安排部署，于2016年11月底全面完成古蔺县“云视泸州”视频会议系统建设工作，覆盖县、乡镇、村（社区）三级320个点位。圆满完成全年高清晰电视电话会议和本地多媒体会议服务保障任务，无一次事故发生。利用视频会议系统，成功保障召开各级会议90余次，其中，召开全市性大会7次、县内会议18次，获得市、县领导的高度肯定。

加强对公文交换系统、用户管理系统、期刊发布系统、短信平台、邮件系统、个人交换系统的推广使用、维护管理，督促、指导各单位做好本单位各系统的维护管理工作。

【网络信息宣传】加强门户网站建设，强化网络信息宣传。1. 充分发挥电子政务内网宣传主渠道、主阵地作用。围绕县委、县政府中心工作，全力做好网上宣传和报道，确定专人维护内网门户网站和各栏目信息更新，2016年更新信息6000余条，建设专题栏目4个。2. 强化信息报送工作。加强向市网管中心报送各类信息，全年报市级网络媒体图片信息采用381条，网络建设动态采用116条，区县信息采用924条，争取上一级网络媒体对古蔺的对外宣传。

【网络与信息安全】1. 做好服务器重要数据备份和内网杀毒软件的安装部署，确保网络和数据安全。2.加强网络巡查。对门户网站及乡镇、部门网站分片巡查，杜绝不良和有害信息上网。

（邹　刚）

## 老干部工作

**【概　况】** 中共古蔺县委老干部局属县委党群部门之一，主要负责宏观管理全县的老干部。2016年，有行政编制6人，其中公务员5人，工人1人。实有人员4人。

县委老干部局管理的老干部，指离休干部、县级退休干部和退休后享受县级待遇的干部。截至2016年12月31日，全县有离休干部49人，其中男47人，女2人；享受厅级待遇的4人，享受县级待遇的45人；异地居住的14人，县城居住的29人，县内乡镇居住的6人。年龄最大的96岁，最小的82岁。全县共有县级退休干部49人，其中副厅级2人，正县级12人，副县级35人。

**【组织老干部学习】** 2016年3月15日，举行全国“两会”精神专题学习会。会上，县委组织部副部长、老干部局局长杨晓燕组织学习《政府工作报告》。要求各离退休党支部和老干部夕阳红服务队组织老干部就地就近学习，为卧床不起的老干部送学上门，撰写宣讲报告，深入机关、学校、乡镇、社区宣讲，让身边的干部群众了解“两会”精神。

7月15日，县委老干部局召开老干部政治学习例会。会上，县委老干部局副局长张儒明组织老干部学习习近平总书记在庆祝中国共产党成立95周年大会上的重要讲话。

8月15日，县委老干部局召开贯彻县委十一届十四次全体会议精神专题学习会，全县老干部和局机关干部参加会议。会上，县委组织部副部长、老干部局局长杨晓燕组织学习县委书记李万忠在县委十一届十四次全会上的讲话，要求局机关全体干部认真领会会议精神，尽心尽力为老干部做好服务工作。

**【落实老干部待遇】** 县委老干部局认真收集老干部提出的意见、反映的问题，切实为老干部办实事好事。1.解决资金12万余元，落实离休干部住院雇请人员护理费。2.解决老干部体检费5万元，由县委老干部局组织老干部体检。3.解决老干部参观考察费10万元，每位老干部发放参观考察费1000元。4.解决新中国成立初期参加革命工作的部分退休干部门诊医疗补助30.8万元，住院费按政策报销不足95%部分计1.8万余元。5.加大对离休干部的关心照顾，切实为他们办实事、解难事。进一步健全以社区干部和社区志愿者为主体的老干部志愿服务队，完善各项制度，通过走访慰问等方式，为25名年老多病、行动不变的老干部开展“一对一”的帮助。春节送温暖活动中，为每位老干部送去慰问费1000元。

**【开展老干部活动】** 1月9—10日，省关工委青少年教育实践活动（古蔺站）以“弘扬长征精神　建设美好古蔺”为主题，先后在中国工农红军四渡赤水太平渡陈列馆和古蔺县城举行。市、县关工委，县教育局，团县委，太平镇领导和太平、二郎、双沙、鱼化、龙山、护家、古蔺镇二小7所红军小学的150余名师生参加了活动。

4月1日，县委老干部局组织老干部到革命烈士陵园，为革命烈士祭奠扫墓。

5月16日，古蔺县老干部“两学一做”专题学习会暨“重温入党誓词，重温入党志愿”主题活动在县委老干部局会议室举行，全县离退休老干部、局机关党支部全体党员参加。会上，县委组织部副部长、老干部局局长杨晓燕组织学习《中国共产党章程》《中共古蔺县委办公室〈关于在全县党员中开展“学党章党规、学系列讲话、做合格党员”学习教育实施方案〉的通知》，组织参会老干部“重温入党誓词，重温入党志愿”，组织党员老干部围绕“党的发展历程”开展讨论。

6月15日，县委老干部局组织全县老干部和全体机关干部开展“党章党规铭我心”知识竞赛。县委组织部副部长、老干部局局长杨晓燕组织学习中共四川省委老干部局《关于开展“党章党规铭我心”知识竞赛活动的通知》，讲解参加知识竞赛的具体要求和注意事项，组织老干部和机关干部按竞赛活动要求答题，填写答题卡。

**【发挥老干部作用】** 1.组织老干部开展献良策征文活动。老干部调研组深入龙山、永乐、大村、土城等乡镇调研精准扶贫、关心下一代工作，以“我看泸州新变化”为载体，撰写《真抓实干实现精准扶贫的几点建议》《加快畜牧业健康发展加速小康社会建设进程》《大力发展养牛业助农增收奔小康》《关于实行优惠政策鼓励科技人员扎根山区建议》等调研文章6篇，及时报送市委老干部局，为县委、县政府领导提供决策参考，得到县领导的充分肯定。2.深入开展老干部志愿服务活动。以县关工委为平台，组织开展老干部志愿服务活动，县关工委道德教育、法制教育、健康指导等7个报告团深入16个乡镇、学校、社区、企事业单位，作《我为扶贫奔小康做贡献》《增强法制观念，共建和谐家园》等专题讲座25场，2.5万名干部群众和学校师生聆听讲座。在全县中学生中开展“我为扶贫奔小康做贡献”为主题的系列宣传教育实践活动，组织动员全县4万名中学生积极参加“我为扶贫奔小康做贡献”活动，当好扶贫攻坚“宣传员、策划员、实践员”，中学生参加活动后写体会、感想168篇，关爱明天杂志社社长、总编辑、记者一行4人到古蔺专题采访报道。大力实施“朝阳工程”，县关工委老干部四处奔走呼吁，动员单位、企业和社会各界人士捐款10万余元，争取市关爱基金解决资金20万元，为全县200名中小学生每人发放资助款1500元，共30万元。3. 9月26日上午，县关工委在县委老干部局会议室举行2016年“朝阳工程”资助奖励发放仪式，全县各中小学负责人参加了发放仪式。2016年“朝阳工程”资助奖励200人，共发放资金30万元。

**【关心下一代工作】** 关爱留守儿童，共庆“六一”儿童节，县关工委常务副主任高元军、王国银率领校外辅导团一行13人，划分为3个慰问组，分别到县关工委定点帮扶的古蔺镇留守儿童较多的椒坪小学、枣林小学和成龙武校，参加学校的“六一”庆祝活动，重点召开结对帮扶的60名贫困留守儿童庆“六一”座谈会，送去价值1800元的糖果，鼓励孩子们发扬乐观自强、神采飞扬的古蔺精神。椒坪小学慰问组一行6人，还对结对帮扶的7名困难留守儿童开展有针对性的谈心活动，进行学习、心理疏导，生活、安全自我保护等全方位的辅导，6名老师还为每名孩子送去100元慰问金。

5月31日上午，县关工委执行主任蔡本厚应邀参加古蔺镇举办的中小学庆祝“六一”大型表彰活动，为“十佳少年”颁发奖状。常务副主任高元军、王国银应邀参加水口镇马跃小学举办的庆“六一”暨纪念马跃小学成立80周年校庆活动。

（许显钊）

## 政策研究

**【概　况】** 中共古蔺县委政策研究室（以下简称县委政研室）是中共古蔺县委的直属工作部门，设主任1人、副主任1人。2016年，内设办公室和调研股，编制4人。县委政研室坚持中共十八大以来的路线方针政策，以全面深化改革、全面依法治县为指导，以促进县域经济发展特别是脱贫攻坚为中心，以调查研究为己任，围绕县委、县政府工作大局开展工作。

**【课题研究】** 根据县委、县政府重大决策，确定课题实施工作调研，并形成文字材料上报县委、县政府领导，圆满完成年度工作目标任务。结合全县精准扶贫工作的开展，编发《划时代的农村脱贫之战——古蔺县脱贫攻坚战役的调查与思考》《农村土地林权纠纷联动调处的古蔺模式》《扶贫攻坚关键在落实——古蔺县驻村帮扶存在问题及对策思考》《古蔺建筑行业税收征管存在的问题及建议》《关于建设“西南康健城”古蔺项目区的思考》等专题调研报告，较好地发挥了县委政研室的职能作用。

**【中央农村固定观察点工作】** 严格按照中央农村固定观察点办公室和省农村固定观察站的要求，县委政研室及时圆满完成14项专题调查任务及年度常规调查任务，每月农产品价格调查上报及价格动态分析报告做到及时、准确、科学、合理。同时，不断强化体系建设，加强数据收集利用，深入调查研究，积极建言献策，为“三农”决策咨询提供优质服务。

**【扶贫助困】** 按照县委、县政府的要求，认真做好干部驻村帮扶工作，制定帮扶意见，落实帮扶责任。选派黄其林作为“第一书记”驻村，努力为双沙镇红光村、古蔺镇联合村的特困农户排忧解难。2016年，县委政研室集体和私人出资近2万元支持特困农户的生产生活。

**【其他工作】** 按照县委、县政府工作要求，完成党建工作目标、依法治县、社会治安综合治理、计划生育、城乡环境综合治理、安全生产、绩效考核等工作。

（王德均）

## 党校教育

**【概　况】** 2016年，中共古蔺县委党校实行一套班子四块牌子，即古蔺县委党校、古蔺县行政管理干部学校、古蔺县公共教育培训中心、清华大学教育扶贫现代远程澳门冯志强古蔺教学站。内设办公室、科研室和培训股。全校有教职员工9人，兼职教师16人。县委党校主要承担全县的党政干部、镇村干部、公务员、专业技术人员等短期培训，承接各乡镇、部门专题培训任务。

**【主体班培训】** 1.举办全县扶贫干部培训班。6月21—24日，县委组织部、县扶贫移民工作局和县委党校联合举办全县扶贫干部培训班。各乡镇分管领导、扶贫办干部、派驻贫困村“第一书记”和部分村党支部书记共216人参加培训。重点加强中央、省、市、县脱贫攻坚政策及古蔺县18个具体方案培训，提升干部脱贫攻坚能力素质。2.根据县委主要领导“我县干部要加强脱贫攻坚政策培训”的要求，县委党校邀请中共都江堰市委党校、都江堰市行政学校教授邓蓉为县委中心组及26个乡镇、村干部作《现行农村产业扶贫政策梳理与深化农村改革》专题讲座，得到全县扶贫干部的一致好评。3.联合乡镇开展专题培训。2016年以来，县委党校与古蔺镇、水口镇联合举办镇、村（社区）干部培训班。采取统分结合、实地参观等方式，历时2个月，培训400多人次。

**【红色传承教育】** 1.开展红色培训4期，分别是泸州市党政综合培训班、政法系统培训班、2016年公开遴选优秀年轻干部人才培训班、2016年入党积极分子培训班、经济金融班。其中，泸州市党政综合培训班、政法系统培训班、经济金融班等分两期共160名学员到县委党校开展四渡赤水红色传承教育培训，开启县委党校面向县外开展四渡赤水红色传承教育培训的新篇章。2.省委党校、市委组织部、市委党校到古蔺考察红色传承教育，指导四渡赤水干部教育基地建设。遵义市长征学学会40多人到古蔺县考察并开展四渡赤水研讨会，促进红色传承教育。

**【远程教育】** 开展清华大学教育扶贫现代远程教育培训。重点开展基层干部依法行政和治理现代化专题培训班、县域干部执政能力提升专题培训班等10期，培训干部600余人。同时，承办清华大学远程教育扶贫干部培训课程研发小组活动，清华大学校务委员会副主任、教育扶贫指导委员会副主任委员、清华大学原副校长张凤昌及全国有关省、区教学站10余人参加活动。2016年，县委党校成功创建为“清华大学远程教育全国优秀教学站”。

**【理论宣讲】** 充分发挥党校的理论宣传阵地作用。组建中共十八届六中全会精神宣讲团，开展集体备课和试讲及评课，深入乡镇、村和县级部门开展理论宣讲活动，及时将重要会议精神传递到基层干部群众中去。

**【科研资政】** 1.抓决策资政。为适应新形势发展，县委党校将原理论刊物《新视野》改办为《古蔺资政内参》。紧紧围绕县委、县政府的中心工作开展重大咨政调研，加强科研资政，发挥“智库”作用。2016年上半年，深入叙古高速公路征地拆迁和项目建设一线调研，形成报告《让“1935”这面旗帜在蔺州大地高高飘扬——叙古高速路太平段征地拆迁工作的调查与思考》，得到县委书记和县委副书记肯定性批示。同时，又以《古蔺县委县政府“三抓三主动”出奇兵，再创叙古高速路太平互通征迁新速度》为题上报。2.抓科研工作。县委党校全域旅游和人才开发及“双创”等3个课题在市委党校立项，“红军长征在古蔺路线调查”在省、市社科联立项。其中，“依托生态、红色资源，打造西部旅游目的地”“农民工返乡创业思考”成功结项。省社科联立项课题“红色老区践行群众路线研究”完成送审并申请结项。3.抓调研工作。根据县脱贫攻坚领导小组安排，县委党校深入大寨苗族乡开展精准识别督查调研，形成《大寨乡精准识别督查调研报告》，获县委、县政府分管领导表扬，作为其他督导调研组的参照样本。

**【精准扶贫】** 1.牵头推进水口镇脱贫攻坚工作。作为推进组牵头单位，县委党校多次组织党校、妇联、团委、经开区、国税局、司法局6个单位到水口镇开展脱贫攻坚工作，督导和指导水口镇密腊村脱贫攻坚工作，较好地通过省脱贫攻坚评估组对水口镇的验收，得到省检查组好评。2.认真做好对口帮扶水口镇青龙村工作。县委党校驻村工作组深入一线开展精准识别“回头看”。协调县民宗局，投入30万元，修通青龙村最偏远的少数民族聚居的九组（小地名：丁家坪—小罗滩）公路，实现村通公路的愿望。组织青龙村村组干部和意向农户到古蔺镇三道水村现场考察学习脆红李种植技术，并多次邀请农业、畜牧种植方面的专家到青龙村进行技术指导，指导产业发展。

**【“两学一做”学习培训】** 加强党建和党风廉政建设工作。加强党支部建设，深刻吸取工作教训。组织教职工到市法纪教育中心开展警示教育，落实“两个责任”。深入乡镇、机关和郎酒厂、叙古高速公路公司等企业开展“两学一做”理论和党风廉政宣讲10余场次，培训党员、干部700多人。2016年6月，被中共古蔺县委党建领导小组评为“两学一做”共产党员示范团队。制定《“四渡赤水”干部学院建设方案》，建设太平、黄荆、二郎、双沙等红色传承教育教学基地。

（高源泉）

## 中国共产党古蔺县纪律检查委员会古蔺县监察局

**【概　况】** 中共古蔺县纪律检查委员会和古蔺县监察局合署办公，2016年，有在编人员33人，内设机构13个：办公室、党风政风监督室、县纪委组织部、县纪委宣传部、案件审理室、案件监督管理室、信访室、第一至第四纪检监察室、预防腐败室（县预防腐败局办公室）、网络政务与电教中心（全额事业单位）。

2016年，古蔺县党风廉政建设和反腐败工作认真贯彻落实中央、省、市、县党委和中央、省、市纪委部署要求，将纪律挺在前面，压深压实“两个责任”；完善监督机制，扎紧管党治党的制度“笼子”；实践“四种形态”，强化纪律审查；紧盯突出问题，驰而不息正风肃纪，着力优化党风政风，不断深入推进党风廉政建设和反腐败工作。

**【党风廉政】** 2016年，古蔺县坚持“两个责任”压紧压实、管党治党纵深发展的目标，县委常委会将党风廉政建设和反腐败工作列入重要议事日程，严格落实“签字背书”“述责述廉”等制度机制，深化“一单一卡一手册一问效”工作机制，不断巩固拓展责任落实成果。县委主要领导严格落实“四个亲自”，带头开展谈心谈话，带头上好廉政党课，带头执行“三重一大”民主决策制度，主动协调过问党风廉政建设重大问题。县级班子成员将分管联系工作和党风廉政建设工作同部署、同落实、同检查、同考核，半年报告“一岗双责”落实情况。各乡镇、县级各部门党委（党组）逐层逐级推进全面从严治党，形成一级抓一级、一级监督一级、层层抓落实的良好局面。

县纪委严格落实《关于全面落实纪委监督责任的实施意见（试行）》和《四川省党风廉政建设纪委监督责任追究办法（试行）》，监督不越位、不错位、不失位。县纪委书记与下级纪检组织负责人签订监督责任书。制定乡镇和县级部门纪委监督责任清单，细化监督责任。充分发挥反腐败协调小组成员单位职能职责，联合县检察院、审计、财政等部门对违纪违法问题进行严肃查处。各乡镇纪委着力加强作风督查、警示教育、执纪问责，县级部门纪检组（纪委、纪工委）充分发挥派驻优势，对在驻部门实现有效监督。

**【作风建设】** 将正风肃纪纳入党风廉政建设和反腐败工作重点，持之以恒贯彻落实中央八项规定精神，严守元旦、春节、中秋、国庆等节假日重要关口，从严查处违反中央八项规定精神问题，推动正风肃纪常态化。全年监督检查乡镇和部门64个，查改问题62个，查处违反中央八项规定精神问题7起，通报6件6人，公开曝光5件5人。坚持问题导向，深入开展“‘两学一做’作表率　执纪为民到基层”行动。2016年，全县197名党务、纪检干部深入251个村（社区）1830余个村民小组开展两轮走访，走访群众10261户，发放“廉情联系卡”近38000张，督促办理群众诉求1852个。围绕中心监督执纪，精准发力，抓好脱贫攻坚督查和换届风气监督。其中，通过“两制度一督查”机制，开展脱贫攻坚专项督查13轮，制发通报13期，通报单位21个，发放“效能督办卡”19份，效能问责31人。核查脱贫攻坚领域的问题线索40件63人，党纪政纪处分17件17人，组织处理60人，公开曝光3件3人。通过加强风险防控、监督指导、廉政审查，着力构建全方位、多层次的换届风气监督体系，对311名科级领导干部、357名村（社区）党支部书记候选人开展廉政审查。

**【案件查办】** 准确把握运用监督执纪“四种形态”，推动纪律审查“六个转变”，主动适应纪律审查新形势、新要求。制发加强纪律审查工作的意见，构建信访问题收集、案件线索初核、立案查办、移送审理的闭合运行机制。建立违纪案件分片、分级、分类“三分”审理长效机制，切实解决案件数量大、疑难案件多、审理力量薄弱的问题。完善提级查办、联合查办、提级审理、交叉审理、分片包干、分片督导等配套机制，纪律审查的基层基础不断夯实，实现26个乡镇纪律审查“全覆盖”。同时，坚持有贪必肃、有腐必反，持续保持惩贪治腐高压态势。准确把握中共十八大后、中央八项规定出台后、党的群众路线教育实践活动后“三个时间节点”，紧盯重点行业和关键领域，着力查处中共十八大后不收敛、不收手，问题严重、群众反映强烈，现在重要岗位可能还要提拔使用的领导干部，开展执纪审查。2016年，全县纪检监察机关处置反映领导干部的问题线索403件次，立案155件155人，党纪政纪处分143人，同比分别上升12%、19%和20%。2016年，全县查处侵害群众利益的不正之风和腐败问题133

件，同比上升20%，占立案总数的85%，党纪政纪处分118人，公开曝光13件13人。

**【惩防体系】** 坚持扎实推进“三个在前”，不断完善惩防体系。1. 坚持教育规范在前。通过深入开展“廉洁文化八进”、党风廉政“大宣讲”等活动，组织党员领导干部及重点岗位人员接受实地教育等方式，常态化开展理想信念、纪律、警示、先进典型“四项教育”，不断筑牢党员干部拒腐防线。同时，深入推进惩防体系建设，新建制度机制32个，权力运行逐步规范；在县公安、安监、国土部门开展“积极预防，系统治理”，防控廉政风险点；着力构建“三重监督”机制，加强行权平台监督，预防腐败工作稳步推进。2. 分层分类开展“常规约谈”“重点约谈”和“专项约谈”，让咬耳扯袖、红脸出汗成为常态。2016年，全县共约谈提醒副县级以上领导干部31人、科级领导干部791人、中层干部1050人、普通党员干部8039人，作出廉政承诺10539人。3. 坚持纪律处分在前。深入实践“四种形态”，注重抓早抓小、层层设防。对轻微违纪问题，以“治”为主，防止小错变成大错；对严重违纪问题，以“惩”为主，从严从重处理。全年运用谈话、函询、在民主生活会上作出说明等第一种形态处理干部288人次，运用组织处理或党纪政纪轻处分等第二种形态处理干部214人次，运用重处分、作出重大职务调整等第三种形态处理干部37人次，分别占“四种形态”的53.43%、39.70%、6.87%。“三早三卡”推动“四种形态”有效实践，全年发放提醒卡4849份、警示卡184份、纠错卡62份，早发现，早提醒，早纠正苗头性、倾向性问题。

**【自身建设】** 加强组织机构建设，深入推进纪检监察体制改革，完成县纪委机关第三轮内设机构调整。配齐县纪委委员29人，乡镇纪委书记、专职副书记各26人，纪委委员130人，队伍力量切实增强。加强能力素质建设，狠抓“三转”应用培训和岗位培训，增长业务知识，并采取“一线工作法”培养干部，将办案实践作为锻炼纪检监察干部的“练兵场”，提升干部业务能力。加强内部监督管理，县纪委常委会以上率下，坚持领导带头改进作风，带头执行中央、省、市、县关于作风建设的规定，主动签订廉洁自律承诺书，带头廉洁自律。建立完善谈心谈话机制，坚持抓早、抓小，强化纪律约束，通过“一查一谈一承诺”等活动，层层开展纪检干部谈心谈话。定期听取派驻机构主要负责人的工作汇报，对工作开展不力的3名纪检组长进行约谈。

**【工作成效】** 2016年，全县党风廉政建设和反腐败工作成效显著，县纪委监察局全体干部职工聚焦主业、奋力拼搏，较好地完成了市纪委监察局和县委、县政府交办的各项任务，为古蔺县改革发展稳定大局提供了坚强有力的纪律保证。

（许　勇）

## 古蔺县人民代表大会

**【概　况】** 2016年，在中共古蔺县委的坚强领导下，县人大常委会认真贯彻落实中共十八届五中、六中全会精神，紧紧围绕全县工作大局，依法履行监督、选举任免、决定重大事项等职权，积极做好代表工作，为推动全县经济社会发展和民主法治建设发挥了重要作用。

全年共召开1次人民代表大会、11次人大常委会会议、18次人大常委会主任会议；先后听取和审议了县人民政府关于经济和社会发展计划、财政预决算、审计、落实最低生活保障制度、食品药品安全监管、道地中药材产业发展、政府投资项目审计、旅游产业发展、农村交通基础设施建设以及贯彻实施《四川省农村扶贫开发条例》情况的专项报告；听取和审议了县人民法院司法公开工作报告。作出决议3项、决定19项，组织县人大常委会组成人员和省、市、县人大代表开展集中视察3次，办理县人大代表提出的建议、批评意见47件。全面完成了县十五届人大五次会议确定的各项目标任务。

**【古蔺县第十六届人民代表大会第一次会议】** 2016年12月19—22日，古蔺县第十六届人民代表大会第一次会议在县政府小礼堂召开，会期4天。大会议程共7项：听取和审查古蔺县人民政府工作报告；审查和批准古蔺县2016年国民经济和社会发展计划执行情况及2017年计划（草案）的报告；审查和批准古蔺县2016年财政预算执行情况及2017年财政预算（草案）报告；听取和审查古蔺县人民代表大会常务委员会工作报告；听取和审查古蔺县人民法院工作报告；听取和审查古蔺县人民检察院工作报告；选举古蔺县人民代表大会常务委员会主任、副主任、委员，古蔺县人民政府县长、副县长，古蔺县人民法院院长，古蔺县人民检察院检察长，泸州市第八届人民代表大会代表；审议关于古蔺县第十六届人民代表大会专门委员会设置的议案，决定古蔺县第十六届人民代表大会各专门委员会组成人员人选。县人大代表261人出席了会议。非代表的县级领导和县政府组成部门主要负责人以及乡镇党政主要负责人、在古蔺的近几届县人大常委会、县政协正县级退休老干部共计53人列席会议。

**【古蔺县第十六届人大常委会第三十三至四十三次会议】** 2016年1月14日，古蔺县第十五届人大常委会举行第三十三次会议。会议由县人大常委会主任孙克刚主持，副主任胡邦永、胡雁、宋杰、朱博宇及常委会委员罗涛、罗其隆、杨辉伦等出席会议。

会议审议通过了古蔺县人民代表大会常务委员会关于召开古蔺县第十五届人民代表大会第六次会议的决定、关于调整古蔺县2015年财政预算的决定，审议了古蔺县人大常委会关于2015年财政预算执行情况及2016年财政预算初步方案的审查报告、古蔺县人大常委会工作报告稿、古蔺县第十五届人民代表大会第六次会议有关文件草案，审议通过了古蔺县人大常委会代表资格审查委员会关于代表变动情况的报告。会议审议通过了有关任免案、辞职案，依法补选肖俊为泸州市第七届人民代表大会代表，报市人大常委会确认。

3月24日，古蔺县第十五届人大常委会举行第三十四次会议。会议由县人大常委会主任孙克刚主持，副主任胡邦永、胡雁、宋杰、朱博宇及常委会委员罗涛、罗其隆、杨辉伦等出席会议。

会议审议通过了县人大常委会2016年工作要点、古蔺县宪法宣誓制度实施办法，审议通过了关于撤乡建镇的决定。会议审议通过了有关任免案，决定免去黄刚古蔺县人民政府副县长职务。按照相关规定，会议还首次举行了宪法宣誓仪式。

4月20日，古蔺县第十五届人大常委会举行第三十五次会议。会议由县人大常委会主任孙克刚主持，副主任胡邦永、胡雁、宋杰及常委会委员罗涛、罗其隆、杨辉伦等出席会议。

会议审议通过了有关任免案，决定免去游进古蔺县人民政府副县长职务，任命赵秋颖为古蔺县人民政府副县长。

6月17日，古蔺县第十五届人大常委会举行第三十六次会议。会议由县人大常委会主任孙克刚主持，副主任胡邦永、胡雁、宋杰、朱博宇及常委会委员罗涛、罗其隆、梅德等出席会议。

会议听取和审议了县人大常委会执法检查组关于《四川省农村扶贫开发条例》贯彻实施情况的报告、县人民政府关于食品药品安全监管工作的报告，审议通过了县政府关于撤乡建镇的议案并作出决定，审议通过了有关辞职案、任免案。按照相关规定，会议还举行了任职人员宪法宣誓仪式。会前集中学习了《中华人民共和国行政许可法》。

7月14日，古蔺县第十五届人大常委会举行第三十七次会议。会议由县人大常委会主任孙克刚主持，副主任胡邦永、胡雁、宋杰、朱博宇及常委会委员罗其隆、罗涛、胡电波等出席会议。

会议审议通过了县人民政府关于提请县人大常委会将农村路网建设项目购买服务资金列入县财政预算的议案、关于提请县人大常委会将校安工程项目购买服务资金列入县财政预算的议案、关于县国资公司发行城市停车场项目专项债券的议案。

8月5日，古蔺县第十五届人大常委会举行第三十八次会议。会议由县人大常委会主任孙克刚主持，副主任胡邦永、胡雁、宋杰、朱博宇及常委会委员罗其隆、胡电波、杨辉伦等出席会议。因事请假4人。

会议听取和审议了县人民政府关于2016年上半年国民经济和社会发展计划执行情况的报告、县人民政府关于2015年财政决算和2016年上半年财政预算执行情况的报告、县人民政府关于2015年财政预算执行和其他财政收支的审计工作报告，审查批准了古蔺县2015年度财政决算，审议通过了县人民政府关于将古蔺县城市棚户区改造项目政府购买服务资金纳入县财政预算的报告，审议通过了有关任免案。按照相关规定，会议还举行了任职人员宪法宣誓仪式。

9月1日，古蔺县第十五届人大常委会举行第三十九次会议。会议由县人大常委会主任孙克刚主持，副主任胡邦永、胡雁、宋杰、朱博宇及常委会委员罗其隆、胡电波、杨辉伦等出席会议。因事请假4人。

会议审议通过了县人民政府关于提请乌蒙山区叙永县水尾乡至古蔺县太平镇农村扶贫公路项目资金纳入县财政预算的报告。

9月26日，古蔺县第十五届人大常委会举行第四十次会议。会议由县人大常委会主任孙克刚主持，副主任胡邦永、胡雁、宋杰、朱博宇及常委会委员罗其隆、梅德、罗涛等出席会议。

会议听取和审议了县人民政府关于道地中药材产业发展情况的报告、关于政府投资项目审计情况的报告、关于旅游产业发展情况的报告，审议通过了县人民政府关于古赤路柏坪至黄荆乡公路改建项目建设资金及相关费用纳入财政预算的报告。会议审议通过了有关任免案。按照相关规定，会议还举行了任职人员宪法宣誓仪式。

10月14日，古蔺县第十五届人大常委会举行第四十一次会议。会议由县人大常委会主任孙克刚主持，副主任胡邦永、胡雁、宋杰及常委会委员梅德、罗涛、胡电波等出席会议。

会议作出了古蔺县人大常委会关于批准设立古蔺县各乡（镇）选举委员会的决定，审议通过了有关免职案。

10月30日，古蔺县第十五届人大常委会举行第四十二次会议。会议由县人大常委会主任孙克刚主持，副主任胡邦永、胡雁、宋杰、朱博宇及常委会委员罗其隆、梅德、罗涛等出席会议。

会议审议通过了县人民政府关于泸州浦发扶贫发展基金支持项目政府购买服务相关事宜的议案、关于提请审议古蔺县国有资产经营有限责任公司置换政府存量债务的议案、关于国资公司发行非公开公司债券的议案。

12月12日，古蔺县第十五届人大常委会举行第四十三次会议。会议由县人大常委会主任孙克刚主持，副主任胡邦永、胡雁、宋杰、朱博宇及常委会委员罗其隆、梅德、罗涛等出席会议。

会议听取和审议了县人民政府关于农村交通基础设施建设情况的报告、关于落实最低生活保障制度情况的报告、关于县十五届人大六次会议代表建议意见办理情况的报告、关于开展第七个五年法治宣传教育的议案及说明，听取和审议了县人民法院关于推进司法公开工作的报告，审议了古蔺县十六届人民代表大会第一次会议相关文件，审议通过了古蔺县人大常委会关于开展第七个五年法治宣传教育的决议、古蔺县人大常委会任命国家机关工作人员法律知识考试办法、古蔺县人大常委会代表资格审查委员会关于县十六届人大代表资格的审查报告、古蔺县人大常委会关于召开古蔺县第十六届人民代表大会第一次会议的决定及列席人员名单。会议还审议通过了有关任免案。按照相关规定，会议还举行了任职人员宪法宣誓仪式。

**【重要活动】** 2016年，县人大常委会主持召开第十六届人民代表大会第一次会议和11次人大常委会会议，依法行使决定权、监督权、任免权，充分发挥职能作用。

全力助推经济社会发展。县人大常委会根据县委重大工作部署，依据县政府提请的议案，依法作出决议决定，使县委重大决策部署通过法定程序转化为全县人民的自觉行动，为全县经济社会发展凝智汇力。高度关注民生，县人大常委会紧扣关系民计民生的热点、难点问题，运用各种法定监督手段，强化督促落实和跟踪问效，切实增强监督实效。勇于担当，积极投身于脱贫攻坚，县人大常委会领导带领机关干部职工深入联系贫困村，了解村情民意，积极协调各方资源，为贫困村修建、改善各项基础设施，帮助贫困户解决具体困难问题，鼓励脱贫致富信心和决心。

积极推动依法治县进程。县人大常委会认真贯彻落实中共十八届四中全会精神，强化工作监督，深入推进依法治县，提出《古蔺县人民代表大会常务委员会关于深入推进依法治县的决议（草案）》，经常委会审议通过，把县委工作部署，通过法定程序变成全县人民共同意志。组织开展对《四川省农村扶贫开发条例》的执法检查，参加《泸州市违法建设治理条例》《泸州市物业管理条例》等地方性法规的立法调研活动，提出修改建议，报送《古蔺县城乡建设与管理工作中存在的问题及立法建议》。专题听取县人民法院关于司法公开的报告，提出要进一步重视司法公开工作，增强主动性、全面性和实效性，完善长效机制建设，加强保障措施等意见与建议。

依法做好换届选举工作。2016年是全县县、乡两级人大换届选举年，在县委的统一领导下，县人大常委会及时制定换届选举工作实施意见，作出有关决定，成立选举机构，召开换届选举动员会、工作培训推进会、严肃换届纪律学习会。加强检查指导，精心组织，周密部署，分工负责，县、乡人大换届选举依法有序进行，依法选举产生了新一届县、乡两级人民代表大会代表。乡镇先后召开新一届人大一次会议，依法选举产生新一届乡镇国家机关领导班子。

努力发挥代表主体作用。完善县人大常委会领导分片联系乡镇人大、组成人员联系基层代表、主任接待日等工作机制，加强同人大代表的联系沟通。邀请代表参与列席会议、视察调研、执法检查活动，及时通报县人大常委会重要活动和工作安排，让代表知情知政。将人大代表活动经费列入预算，依法保障代表履职活动需要。继续推进乡镇代表之家、代表活动室规范化建设，提升履职激情，规范履职行为。

加强县人大常委会自身建设。县人大常委会扎实开展“两学一做”学习教育，深入学习中共十八届五中、六中全会精神和习近平总书记系列重要讲话精神，认真贯彻省、市、县人大工作会议精神，准确把握新形势下做好人大工作的新要求，切实增强政治意识、大局意识、核心意识、看齐意识。坚持把党风廉政建设摆在突出位置，严格落实主体责任，认真学习贯彻《中国共产党章程》《中国共产党廉洁自律准则》《中国共产党纪律处分条例》《关于党内政治生活的若干准则》等党章党规，严守党的纪律，持之以恒落实中央八项规定，建设高效廉洁人大机关。

**【重要人事任免】** 2016年，县人大常委会坚持党管干部和人大依法任免的有机统一，严格依法任免干部。共任免国家机关工作人员96人次，其中任命58人，免职38人。接受市、县人大代表辞职6人。补选1名市人大代表。完善任前审查、法律知识考试、任职发言、宪法宣誓、颁发任命书等制度，增强被任命人员的责任意识、法律意识和公仆意识。

**【依法执行监督】** 2016年，县人大常委会共举行11次常委会会议，先后听取和审议了关于调整古蔺县2015年财政预算的决定；古蔺县宪法宣誓制度实施办法；县人民政府关于《四川省农村扶贫开发条例》贯彻实施情况的报告；县人民政府关于食品药品安全监管工作的报告；县人民政府关于撤乡建镇的议案并作出了决定；县人民政府关于提请县人大常委会将农村路网建设项目购买服务资金列入县财政预算的议案；关于提请县人大常委会将校安工程项目购买服务资金列入县财政预算的议案；关于县国资公司发行城市停车场项目专项债券的议案；县人民政府关于2016年上半年国民经济和社会发展计划执行情况的报告；县人民政府关于2015年财政决算和2016年上半年财政预算执行情况的报告；县人民政府关于2015年财政预算执行和其他财政收支的审计工作报告；县人民政府关于将古蔺县城市棚户区改造项目政府购买服务资金纳入县财政预算的报告；县人民政府关于提请乌蒙山区叙永县水尾乡至古蔺县太平镇农村扶贫公路项目资金纳入县财政预算的报告；县人民政府关于道地中药材产业发展情况的报告、关于政府投资项目审计情况的报告、关于旅游产业发展情况的报告；县人民政府关于古赤路柏坪至黄荆乡公路改建项目建设资金及相关费用纳入财政预算的报告；县人民政府关于泸州浦发扶贫发展基金支持项目政府购买服务相关事宜的议案，关于提请审议古蔺县国有资产经营有限责任公司置换政府存量债务的议案，关于国资公司发行非公开公司债券的议案；县人民政府关于农村交通基础设施建设情况的报告，关于落实最低生活保障制度情况的报告，关于县十五届人大六次会议代表建议意见办理情况的报告；县人民法院关于推进司法公开工作的报告。在每次听取和审议“一府两院”报告前，县人大常委会都要组织常委会组成人员对相关议题开展调查研究，做好审议发言准备，在会后综合整理出审议意见，送被审议机关研究处理，对“一府两院”工作实施有效的监督。

**【办理代表建议、批评和意见】** 2016年，县人大代表共提出建议、批评意见47件。其中，城建环保方面22件，占办理总数的46.8%；社会法制方面6件，占办理总数的12.8%；教科文卫体方面6件，占办理总数的12.8%；经济建设方面13件，占办理总数的27.6%。县人大会议闭会后，县人大常委会人事代表工作委员会根据代表建议、所提问题涉及的管理职能及时将其送达相关承办单位，并提出办理要求和时限。县委、县政府督办室十分重视此项工作，所有代表建议、批评意见都由县委、县政府分管领导审阅并签署意见后交有关部门办理答复。截至2016年9月，47件代表建议、批评意见全部办理完毕。

根据对办理结果的统计，代表所提问题已经解决或基本解决的有19件，占办理总数的40.4%；代表所提问题正在解决或列入计划准备解决的有19件，占办理总数的40.4%；受目前条件限制或其他原因暂时不能解决的有9件，占办理总数的19.1%。办理工作结束后，收到代表对办理情况的反馈信息表47份，全部反映为满意和基本满意。

**【组织代表视察】** 2016年，县人大常委会组织常委会组成人员和部分省、市、县人大代表先后对叙古高速公路建设、教育精准扶贫工作、人民法院庭审和执行工作等群众关心的热点问题开展了视察活动，对存在问题和改进措施提出建议与意见，促进了全县经济社会健康协调发展。

（张清华）

## 古蔺县人民政府

**【古蔺县人民政府第十五届六十六至七十七次常务会议】** 2016年2月25日，县第十五届人民政府第六十六次常务会议召开。会议学习县审计局提交的《关于完善审计制度若干重大问题的框架意见》及配套文件。研究《黄荆乡供电所宗地出让方案》《古蔺县2016年农业农村工作意见》《古蔺县2016年脱贫攻坚工作意见》和古蔺县2015年拟退出贫困对象相关事宜。研究《古蔺县专项扶贫产业扶持周转金管理暂行办法》《古蔺县人民政府　四川古蔺农村商业银行股份有限公司委托代理放款协议》《古蔺县扶贫小额信贷管理办法》《古蔺县人民政府　四川古蔺农村商业银行股份有限公司扶贫小额信贷合作协议》和《古蔺县扶贫小额信贷及产业周转金业务操作规程（试行）》，并同意将贴息资金列入当年财政预算。研究《古蔺县贫困户住房建设贷款工作方案》和《古蔺县人民政府　四川古蔺农村商业银行股份有限公司贫困户住房建设贷款合作协议》，并同意将贴息资金列入当年财政预算。研究《玉田大桥至白沙坡公路建设方案》《刘家水库扩建工程建设征地补偿移民安置规划报告》和中城中学运动场项目建设增加工程费用相关事宜。研究《古蔺县县城规划区违法建设管控工作方案》《城市管理行政执法体制改革方案》和《古蔺镇部分保洁范围移交古蔺县环境卫生管理所管理方案》。研究《古蔺县医疗扶贫实施办法（试行）》《古蔺县2016年环境保护工作要点》和中小河流防洪治理项目变更事宜。研究人事任免事项。

3月21日，县第十五届人民政府第六十七次常务会议召开。会议研究人事任免事项。

3月31日，县第十五届人民政府第六十八次常务会议召开。会议组织学习县监察局提交的“三个在前”实施意见。研究《易地扶贫搬迁实施方案》《古蔺县2014-13、2014-60、2015-78号宗地出让方案》《古蔺县县城规划区、双沙镇、太平镇、二郎镇集镇规划区集体土地上房屋拆迁片区指导价实施方案》《古蔺县集体土地征收管理实施意见》《太平镇老街棚户区改造项目国有土地上房屋征收与补偿方案》《古蔺县关于公共租赁住房和廉租住房并轨运行实施细则（试行）》和古蔺县高速公路连接线道路工程增加投资事宜。研究《古蔺县建设工程质量检测所改制方案》、鱼化乡撤乡建镇相关事宜、公务员医疗补助相关事宜、关于机构编制调整事宜。研究《古蔺县2016年工业经济工作意见》《2016年目标绩效管理办法》《古蔺县第九轮乡镇财政管理体制实施方案》《古蔺县2016年重大（重点）项目建设及考核奖惩办法》。研究2015年上半年工作完成情况、《古蔺县2016年上争考核办法》及古蔺县2016年上争资金目标任务和《古蔺县大气污染防治行动计划实施方案2016年年度实施计划》。

4月18日，县第十五届人民政府第六十九次常务会议召开。会议研究火星山公园一期改造工程增加投资事宜、《古蔺县国有土地上房屋征收与补偿有关政策细则（送审稿）》和解决农村交管体制改革经费和装备问题的建议。研究人事任免事项。

5月5日，县第十五届人民政府第七十次常务会议召开。会议听取2016年1—4月安全生产工作汇报。研究关于兑现2015年度安全生产目标管理考核奖励经费相关事宜、《关于古蔺县2016年城乡建设用地增减挂钩试点项目实施方案》、2016年通村水泥路建设相关事宜。研究《公交车补贴方案》、《古蔺县交通运输价格定价管理权限移交工作方案》、提高卫生管理所临聘人员工资相关事宜。研究人事任免和人事处分事项。

6月2日，县第十五届人民政府第七十一次常务会议召开。会议研究通过《2016年1—5月安全生产工作汇报》。审议《2014-72号宗地出让方案》《2014-75号宗地出让方案》《2015-14号宗地出让方案》《2015-90号宗地出让方案》。审议《古蔺县政府投资建设项目审计办法》、古蔺县项目推进中心事宜、《2015年目标绩效考核方案》、乡镇卫生院医疗设备采购相关事宜、残疾人三项补贴相关事宜、蔺郎路交工验收相关事宜、叙永水潦至古蔺太平农村扶贫公路PPP项目建设框架协议、《古蔺县通村公路建设管理办法》。

7月27日，县第十五届人民政府第七十二次常务会议召开。会议学习《中华人民共和国反恐怖主义法》。听取2016年上半年安全生产工作的汇报和上半年脱贫攻坚工作汇报。传达贯彻习近平总书记、李克强总理关于安全生产和汛期安全工作的重要指示及全省、全市安全生产工作会议精神。研究《古蔺县人民政府工作规则》《古蔺县脱贫攻坚“十三五”规划（送审稿）》，调整“十二五”期间全县通村公路建设计划。研究推进村级群众综合服务平台建设、设立古蔺县政府质量管理奖和《古蔺县质量强县工作考核办法》、《古蔺县加快推进新型城镇化建设的决定》事宜。研究《古蔺县住宅专项维修资金使用办法（试行）》。研究人事任免和人事处分事项。

8月19日，县第十五届人民政府第七十三次常务会议召开。会议学习全省统计系统工作会议精神和全省贯彻落实国家统计局局长宁吉喆到川调研重要指示视频会议精神。研究《古蔺县公务用车制度改革审计监督管理办法（试行）》《古蔺县政府投资建设项目监督管理责任追究办法（试行）》《古蔺县政府购买社会审计服务暂行管理办法》《调整优化县城医疗资源布局方案》。研究《墨宝寺棚户区改造项目二期国有土地上房屋征收与补偿方案》《中心写字楼、会议中心及民生广场遗留问题处置方案》。研究人事处分事项。

9月18日，县第十五届人民政府第七十四次常务会议召开。会议研究《2015-15号、2010-06号宗地补供地出让方案》《2014-05号、2014-02号、2013-128-2宗地出让方案》《2010-30、2012-31号宗地部分国有土地使用权收回方案》。研究《古蔺县开展统筹整合使用财政涉农资金的实施意见》。研究人事任免事项。

10月21日，县第十五届人民政府第七十五次常务会议召开。会议组织学习《四川省重大行政决策程序规定》。研究《乌蒙山叙永县水潦乡至古蔺县太平镇农村扶贫公路建设工程PPP项目实施方案》《古蔺县煤炭淘汰落后产能奖励补助资金管理使用方案》《关于进一步加强古蔺县农村精神文明建设的实施意见》《关于〈古蔺县全域战略研究规划〉〈城市规划区概念规划〉〈城市核心区城市设计〉编制工作委托方案》。听取2016年1—9月安全生产工作汇报。审议人事处分事项。

11月18日，县第十五届人民政府第七十六次常务会议召开。会议研究《古蔺县政府投资建设项目管理办法（试行）》《古蔺县城乡天然气建设项目投资意向协议》《古蔺县公务用车制度改革公车保障实施意见》《古蔺县加快推进县城规划区集体土地上房屋拆迁户货币安置还房实施方案》及郎酒集团改制及久盛投资公司股权转让相关事宜。研究借款单位结余预算指标转抵借款的处理意见、核销财政借款呆滞账的处理意见、发行债券用于棚户区改造和安置房建设事宜、发行停车场专项债券用于城市停车场项目建设事宜、发行项目收益债券用于经济开发区建设项目事宜、发行非公开公司债券用于纳入省住建厅项目库保障性住房（含棚改）事宜、发行非公开公司债券用于城区棚户区改造项目（二期）事宜。研究人事任免和人事处分事项。

12月8日，县第十五届人民政府第七十七次常务会议召开。会议组织学习习近平总书记和李克强总理关于安全生产重要指示、批示精神。研究《政府工作报告（送审稿）》《古蔺县2016年财政预算执行情况暨2017年财政预算（草案）的报告》《古蔺县2016年国民经济和社会发展计划执行情况及2017年国民经济和社会发展计划（草案）的报告》。研究《古蔺县改革安全生产执法体制的实施方案》《古蔺县永久基本农田划定方案》。研究《2015–40号宗地（兴龙公园周边市政道路），XC2016–41、42、51号宗地（和谐公园），2014–32号宗地（大村青龙寺项目），2013–18号宗地（皇华小学），XZ2016–34号宗地（皇华中学），2014–58号宗地（西区变电站）出让方案》《2012–22、2012–23号宗地（华地教育项目）和2011–05、2011–23号宗地（天立酒街）部分国有土地使用权收回方案》。研究《古蔺县接受省政府义务教育均衡发展达标评估实施方案》《古蔺县创建国家食品安全城市前期工作开展情况的报告》。研究《古蔺县与七冶建设集团有限责任公司的EPC项目合作框架协议》《古蔺县城乡天然气建设项目投资框架性协议补充说明》《古蔺县石屏镇工矿棚户区改造方案》《古蔺县村级预防保健专干队伍建设方案》。研究人事任免事项。

**【重要活动】** 1月15日，国开行党委书记、董事长胡怀邦在北京国开行总部会见县长陈廷俊，国开行住宅金融事业部副总裁、评审三局局长孟亚平参加会见。

1月21日上午，古蔺县第十五届人民代表大会第六次会议在县政府小礼堂开幕。第一次全体会议上，县长陈廷俊代表县政府向大会作政府工作报告。

3月17日，国土资源部规划司副司长周建春率队到古蔺县调研工矿废弃地复垦利用试点工作。省国土资源厅副厅长朱明仓、市长助理刘燕萍、市国土资源局局长丁跃萍、县长陈廷俊陪同调研。

3月11日，县长陈廷俊参加川酒投、泸州老窖、仙潭三方合作座谈会并发言。

4月20日，县长陈廷俊率队调研蔺郎公路地质灾害治理、二郎场镇管理工作，到石屏镇检查安全生产工作。

5月3日，县长陈廷俊率县政府办、县畜牧局等部门到大寨苗族乡调研畜牧产业发展工作，县领导曾永刚、刘泽军陪同调研。

5月28日，古蔺叙永农村扶贫公路开工仪式在水口镇举行，市委书记蒋辅义到现场并宣布古蔺叙永农村扶贫公路开工建设。

6月18日17时至19日8时，古蔺县普降大到暴雨，局部大暴雨。全县迅速启动Ⅲ级防汛应急响应，县委书记李万忠、县长陈廷俊分别率交通局、国土局、水务局、气象局、应急办等相关单位负责人深入乡镇，检查各项应急工作。县领导唐一、宋庆、刘泽军陪同。

6月22—23日，国开行领导调研古蔺县脱贫攻坚工作，县长陈廷俊陪同调研并参加座谈会。

7月20日，泸州市2016年度县（区）、园区、新城半年现场流动考查第五站来到古蔺县，对全县产业发展、新村建设、交通建设、棚户区改造领域的9个扶贫项目进行“大考”。市委书记蒋辅义率团考查并作重要指示。

8月23日，县长陈廷俊率队到太平镇调研景区旅游开发工作，县人大常委会副主任宋杰、副县长林燕陪同调研。

8月27日，县长陈廷俊率县政府办、国土局等部门负责人到双沙镇红光村调研督导易地扶贫搬迁工作。县委常委、县委办主任曾永刚，县委常委、副县长刘泽军陪同督导。

9月26日24时，叙古高速公路震东至古蔺县城（前25公里）段开通试运行，结束了古蔺县没有高速公路的历史，泸州市自此实现了三区四县全域通高速公路。

10月3日，县长陈廷俊率队到观文镇建设村、回龙村、星凤村等村督导易地扶贫搬迁聚居点建设推进情况。

11月30日，古蔺县召开2016年安全生产第十一次县长督办会。县长陈廷俊出席会议并讲话，县委常委、副县长宋庆安排部署下步工作。会议由副县长罗庆华主持。

12 月 9 日，县长陈廷俊率队到护家、观文、双沙等乡镇，检查煤矿和非煤矿山安全生产工作。

12 月 19 日上午，古蔺县第十六届人民代表大会第一次会议在县政府小礼堂隆重开幕。县长陈廷俊代表县人民政府向大会作政府工作报告。

（李　明）

## 县政府办公室工作

【概　况】2016 年，古蔺县人民政府办公室（以下简称县政府办）内设综合股、秘书股、机要股、目标绩效管理和督办室、政策研究室、人事和后勤保障股、安全保卫股、派驻监察室。设主任 1 人，机关党委书记 1 人，副主任 3 人，行政编制 49 人。挂牌机构有古蔺县人民政府法制办公室、古蔺县人民防空办公室、古蔺县政府应急管理办公室、古蔺县政府政务服务中心、古蔺县民族宗教外事侨务局。

是年，县政府办紧紧围绕县委、县政府中心工作，严格执行党的路线方针政策，立足大局，积极协调，扎实工作，较好地完成了各项工作任务，为全县经济社会发展做出贡献。

【办文办会办事】1. 公文处理严格按照相关规定的要求，规范核发、编号登记、发文程序，严把公文起草、核稿、签发关，以精益求精的态度制发每一份文件，力求做到及时、准确、无泄漏，2016 年发文 1165 件，未出现错发、漏发、重发等现象，制发合格率 100%。2. 加强办会的前瞻性，精心做好筹备工作和服务工作。认真做好县政府全体会议、县政府常务会议等重要会议的筹办工作，做到安排有序得当，整体秩序规范，效果良好。3. 在文稿起草工作中，从求真务实出发，敢于创新，力求材料能体现领导的思想和水平，先后起草政府工作报告等各类领导讲话稿、汇报材料，文稿均能起到指导工作开展的效果，较好地贯彻落实县政府的决策，得到了县政府领导的高度评价。4. 领导交办的事件，事事都落地，件件有回音，力求做到快捷、高效、无误，较好地完成了各项工作任务。5. 加强政务信息报送工作。全年上报 299 条信息简报，省办采用 5 条，市办采用 75 条，采用量位居全市第二；公开信息 9029 条，其中，在古蔺县人民政府公众信息网发布信息 2325 条，在四川省政府信息公开目录管理系统公开信息 6704 条；受理“12345”市长热线 3232 件，办结 3084 件，办结率 95.42%；规范使用 OA（办公自动化）综合办公系统，通过系统报送市政府请示（报告）类公文 42 件。

【督查督办工作】2016 年，县政府办紧紧抓住脱贫攻坚、生态环保、安全生产、项目建设、招商引资、为民办实事等重点工作，采取电话催办、分项督查和集中督查等方式加大督查力度，持续跟踪督办，逐项逐件抓落实促整改，确保县政府各个时期的中心工作落到实处。全年开展专项督查 20 余次，发《督查通报》35 期，发放提示卡 152 张，及时向县领导反馈工作开展情况，提供决策依据和参考消息，共提供有价值的信息、建议 90 余份。认真抓好人大代表建议、政协委员提案工作的办理，办结率达 100%。

【应急工作】履行应急值守、信息汇总和综合协调职能，发挥运转枢纽作用。1. 健全应急管理机制，研究部署各项防范和应对工作，结合各类应急预案，制发《古蔺县突发事件应急指挥手册》。2. 修订应急预案，完成《古蔺县突发地质灾害应急预案》《古蔺县森林防火预案》《古蔺县食品安全事故应急预案》等数十个预案的修订工作。3. 加强应急演练，联合贵州省习水县开展“水上交通安全应急演练”，举办“古蔺县突发事件新闻媒体应对实战演练”“古蔺县Ⅳ级食品安全事故突发应急演练”和“反恐怖应急处置演练”；同时，各乡镇组织开展森林防火、地质灾害避险、应急疏散演练80余场（次），参与群众达1万多人。4.突发事件处置及时稳妥，成功应对突发低温寒潮、暴雨天气，成功化解古蔺镇王堂村甜橙基地阻工矛盾，成功处置“8·20”古蔺镇三轮车侧翻事件、“10·1”观文镇食用野生菌中毒事件、“12·7”古蔺镇蚂蚁沟沙厂挖机侧翻事件等26起突发公共事件。

**【人民防空工作】** 加强人防业务学习和专业技能培训，积极参加省、市人防办组织的人防通信指挥车应急通信拉练，组织开展“9·18”防空警报拉练活动。严格按照国家人防法、四川省人防实施办法、古蔺县暂行规定和川发改价格〔2012〕383号文件精神及“住建部门把关、人防部门审批、相关部门配合”的工作机制，严格执行前置审批程序。2016年，在县城规划建设中受理并审批17个建设项目缴纳人防易地建设费的申请，共征收人防易地建设费639万元。

**【政务服务工作】** 2016年，政务服务中心以标准化建设为抓手，持续推进“两集中三到位一杜绝”，始终坚持以科学的管理优化服务，以一流的服务提高效率，通过介入主动、上下互动、部门联动、协调推动、督查促动“五动”，创新管理、服务标准化、规范化建设。全年全县政务服务系统通过“四川省行政效能电子监察系统”，共办理事项1264158件，按时办结率100%，无超时现象发生，现场办结率100%，保留的行政审批事项的平均承诺时限比平均法定时限压缩70%以上。为方便群众，上门办、延时办、节假日预约服务、全程代办已成为新常态。开通政务服务门户网站、电子政务大厅、政务微博、政务微信，将政策法规、公告、办件查询、办事指南等信息公开，群众办事更方便、快捷。

**【依法行政工作】** 按照相关文件要求，扎实工作，开拓创新，从健全决策机制、提高制度建设质量、规范行政执法、强化权力制约和监督等方面，全力做好2016年依法行政、建设法治政府的重点工作。严格执行规范性文件制定程序，开展政府规范性文件定期清理，审查2011年以来县政府继续有效和新制定的政府规范性文件62件。审查国家投资建设项目合同306份、政府常务会议题77个、其他文件27份。全面清理行政执法人员主体资格，现有行政执法人员1336人。全年全县共受理复议案件156件，已办结151件，办结率96.79%；共参加行政应诉诉讼（包括县土处办诉讼案件）28件；共受理行政处理案件49件，转办结案16件，处理结案19件，回复（答复）结案2件，仲裁结案1件，调解结案2件，其他类型结案2件，办结率85.71%。

**【后勤保障工作】** 县政府办将后勤保障工作作为促进其他工作有序开展的前置工作，后勤管理制度不断完善，凝聚力、执行力、向心力有效提升，各项工作取得一定成绩。创新管理制度，梳理完善原有制度，并在细节上适当调整，不断提升工作水平，适应新形势下的工作要求。要严于律已，自觉执行各项规章制度，端正态度，明确责任，以大局为重，协调好各方社会关系，扎实做好后勤保障工作，为县政府的各项工作提供强有力的后勤保障。

**【自身建设】** 深入推进“职责化、程序化、精细化”，着力加强思想建设和作风建设，提高工作效率，提升服务水平，持续深入开展党的群众路线教育实践活动、“三严三实”专题教育活动，加强自身建设。1.强化制度，促进工作提质提效。以树新风、转政风、提效能、干实事为目标，以完善制度为着力点，结合工作实际，在作风、政务和事务管理方面加大力度改进。2.坚持开展先进性教育学习活动。贯彻落实中央、省、市相关规定，深入学习习近平总书记系列重要讲话精神，内化于心，外践于行。3.突出抓好体制机制的健全完善，责任分工、纪律要求、办事流程更加明确清晰，确保了有规可依、有章可循、按章办事。

（李　明）

## 人力资源和社会保障工作

**【概 况】** 古蔺县人力资源和社会保障局为古蔺县政府工作部门，挂古蔺县公务员局牌子。主要职责是贯彻执行人力资源和社会保障工作的相关法律、法规、规章和制度，拟定全县人力资源和社会保障事业发展规划，并组织实施和监督检查；综合管理全县行政机关公务员（含政府参照公务员法管理事业单位人员）、事业单位人员、专业技术人员及队伍建设工作；贯彻实施机关事业单位人员工资收入分配政策和企业职工工资收入分配调控政策；统筹建立覆盖城乡的社会保障体系；负责促进就业工作。

2016年，古蔺县人力资源和社会保障局内设10个股（室），即办公室、政策法规股（行政审批股）、公务员管理股（古蔺县实施《中华人民共和国公务员法》领导小组办公室）、人事劳动争议仲裁办公室（高配副科）、工资福利退管股、事业人员管理股、社会保险股、劳动监察股、基金监督股、就业促进股，派驻监察室。局机关核定行政编制23人，实有23人。

古蔺县人力资源和社会保障局下辖4个参照公务员法管理事业单位，即古蔺县就业服务管理局、古蔺县社会保险事业管理局、古蔺县医疗保险管理局、古蔺县劳动保障监察大队；下辖5个全额事业单位，即古蔺县人才服务中心、古蔺县人事考试中心、古蔺县劳动人事争议仲裁院、古蔺县城乡居民养老保险管理服务中心、古蔺县新型农村合作医疗服务中心。

**【促进就业】** 加强区域劳务合作多渠道促进就业。摸清全县农村劳动力就业状况，完成农村劳动力43.6万人实名登记入库。掌握全县35384个建档立卡贫困人口劳动力的就业状况、技能水平、就业意愿、培训需求等基本情况，与成都市双流区签订《人力资源区域战略合作框架协议》，加强与广东、福建、浙江等地劳务输出对接。2016年，向外转移输出劳动力25.16万人次，实现劳务收入40亿余元，在县内发放政策宣传资料5000余份，组织专场招聘活动6场，提供岗位2116个，前来求职登记2459人，达成就业意向613人。

抓技能培训，提升劳动者创业能力。针对不同对象和人员免费开展各项就业创业培训。1. 针对不能继续升学的初中近两年毕业生、高中应届毕业生开展“政、校、企”合作的劳动预备制培训，培训后推荐就业，全年完成劳动预备制培训并实现就业50人。2. 深入挖掘“创业培训＋技能培训”新模式。举办“电商技能＋创业培训、农家乐经营＋创业培训、种养殖技能＋创业培训”等创业培训班55期、创业实训2期。培训学员1699人，其中，贫困家庭劳动者参加创业培训289人，培训合格率达100%，补贴金额167万元。3. 大力开展劳务品牌培训。对有就业愿望的贫困家庭劳动者进行劳务品牌培训。2016年，培训学员300人，其中，贫困家庭劳动者78人，培训合格率达100%，补贴金额48万元。

加强建档立卡贫困户就业扶持。开发孤寡老人和留守儿童看护、社会治安协管、乡村道路维护、保洁保绿、劳动保障协理员、农业服务等公益性岗位，对建档立卡贫困家庭劳动者实行过渡性安置，确保有就业愿望和劳动能力的贫困家庭每户至少有1人实现就业。2016年，在22个拟脱贫村中开发公益性岗位1421个，补贴金额255.78万元。

**【社会保障】** 抓实五险统一征收和稽核工作。2016年，城镇职工养老、医疗、失业、工伤、生育保险覆盖人数分别达7.5万人、4万人、2.8万人、2.43万人、2.89万人。养老和医疗待遇支付10.27亿元。继续推进退休人员社会化管理，建立退休人员通信联络及走访跟踪调查的常态机制，做好养老保险待遇领取人员资格认证，加大防冒领养老金的执法力度。

完善机关事业单位养老保险参保缴费。2016

年9月起，全县192个机关事业单位征收养老基金累计10937万元，企业年金累计6070万元。同时，自10月起，开展机关事业单位退休人员养老保险待遇支付，至年底，累计发放约4963万元，并为全县4500名机关事业单位退休人员补发养老金990万元。

推进社会保险费统一征收信息化建设。提升社保信息系统和数据的准确率和利用率，积极推进“全民参保登记”，完善系统软件功能，整合完善五险基础数据库，多渠道开展“互联网+社会保险”惠民服务，开通“智慧泸州社保”手机APP，为群众提供各项社保参保、缴费、社会保险权益记录查询等服务。

全面落实建档立卡贫困户医疗保障措施。制定医疗扶贫实施办法，将扶贫对象全部纳入城乡居民基本医疗保险范围，确保参保率达100%。对农村建档立卡贫困人口实行医疗扶贫兜底救助，在古蔺县域范围内定点医疗机构住院的古蔺县建档立卡贫困人口住院费用100%解决，实现“零支付”。2016年，全县精准扶贫对象县内住院9203人次，住院费用3061万元，实际报销费用3061万元，实际报销比例达100%，切实减轻了精准扶贫对象的医疗负担。

**【人事人才】** 推进“才聚蔺州”为脱贫攻坚提供人力保障。1.积极引进各类人才。2016年，开展事业单位工作人员公开考试招聘2次、直接考核招聘7次，公务员公开招录2次，全年服务考生15000余人次，招录引进事业单位工作人员720人，录用报批公务员69人。2.及时落实工资政策。2016年，为9489名符合工资正常晋升的职工晋升“三项工资”；认定71名事业单位人员连续工龄；落实40名退养民办教师参照正式教师待遇的政策，84名副高级、1224名中级退休教师与行政机关工作人员对应级别生活补贴的政策；完成古蔺宾馆、金兰宾馆、粮油批发中心32人的待遇补差工作；完成机关事业单位工作人员12005人的基本工资调整和退休人员4536人退休费增加工作；完成企事业单位专业技术人员578人的确定、评审、推荐上报工作，完成81位工勤人员的技术等级考试工作。3.按国家档案行业标准和干部人事档案管理规定规范人事档案。2016年，接收个人档案材料8000余份；规范个人委托、“三支一扶”、大学生村官、行政工人、临聘人员、辞职解聘、转业安置士官和部分正式编制事业人员8类人员档案3000余卷，标准化装订1200余卷；服务各类高校、中专、成人毕业生报到及移交档案300多人次；接待单位及个人查阅、复印档案材料500人次。

**【构建和谐劳动关系】** 切实保障劳动者利益，全力维护社会和谐稳定。

积极开展劳动执法检查，采取提前介入施工现场、落实农民工工资保障金等制度，加大对拖欠农民工工资的治理力度。2016年，收缴51个项目的农民工保证金1500多万元，受理投诉举报79件，涉及农民工2233人，清欠2260万元，涉及农民工1860人；主动检查用人单位190个，劳动监察执法立案15件，实施行政处罚3件，移送司法12件。在全县26个乡镇和企事业单位建立劳动人事争议调解组织，受理劳动人事争议仲裁案件273件，结案率98.9%，涉案金额1642万元。积极稳妥完成二郎烂湾子和土城煤矿的去产能改革工作。

（彭良茂）

## 应急管理工作

**【概　况】** 2016年，古蔺县人民政府应急管理办公室（以下简称县应急办）有编制3人（其中行政编制2人，机关工勤1人），内设综合股和救灾股。其职能职责为履行应急值守、信息汇总和综合协调职能，发挥运转枢纽作用；组织编制、修订《古蔺县人民政府突发公共事件总体应急预案》，检查指导各乡镇、县级有关部门应急预案的编制、修订、实施；协助县领导处置较大及以上突发公共事件；在新成立的古蔺县应急委员会中，负责组织、指挥、协调全县应急管理工作；组织指导全县应急管理宣传培训、应急演练和交流合作；负责贯彻执行抗灾方针政策；处理抗灾救灾事宜，指导全县抗灾救灾工作；会同有关部门，对抗灾救灾资金、物资提出分配意见，并监督执行使用情况；承办领导交办的其他事项。

**【应急管理机制】** 2016年，古蔺县政府专门研究部署各项防范和应对工作，结合各类应急预案，制定并印发《古蔺县突发事件应急指挥手册》，细化各类突发事件的组织指挥机构、人员职责分工，进一步完善应急处置机制。

**【修订应急预案】** 2016年，古蔺县完成《古蔺县突发地质灾害应急预案》《古蔺县森林防火预案》《古蔺县食品安全事故应急预案》等数十个预案的修订工作，其他预案分别进入起草、评审和送审阶段。提高预案的针对性、实用性和可操作性，提前为应急指挥平台所需数字化预案打下坚实基础。

**【应急演练】** 2016年，古蔺县联合贵州省习水县开展“水上交通安全应急演练”，举办“古蔺县突发事件新闻媒体应对实战演练”“古蔺县Ⅳ级食品安全事故突发应急演练”和“反恐怖应急处置演练”，同时各乡镇组织开展森林防火、地质灾害避险、应急疏散演练80多场（次），参与群众达1万多人。

**【防范应对】** 2016年，古蔺县投入2005万元，治理地质灾害隐患20处；投入130余万元，改造升级安全监控中心煤与瓦斯监控系统，及时发现煤矿安全隐患，及时处理，有效遏制安全生产事故；畅通预警信息发布渠道，投入10万元，升级预警信息发布云平台，确保在5分钟内将预警信息传递到基层一线监管人员手中，做到监测到位、预警及时、撤离迅速，为群众防灾自救赢得宝贵时间。

**【突发事件处置】** 2016年，古蔺县成功应对突发低温寒潮、暴雨天气，成功化解古蔺镇王堂村甜橙基地阻工矛盾，成功处置“8·20”古蔺镇三轮车侧翻事件、“10·1”观文镇食用野生菌中毒事件、“12·7”古蔺镇蚂蚁沟沙厂挖机侧翻事件等26起突发公共事件。

**【应急救援】** 2016年1月23日，古蔺县遭遇低温寒潮侵袭，高山地区降小到中雪，县城降雨夹雪，全县除蔺郎路正常通行外，其余通乡镇干道公路全部结冰封闭。受寒潮影响，鱼化、龙山、黄荆、椒园等10个乡镇停电。

应急处置。1. 加强防范。为有效应对冬季雨雪冰冻灾害天气，古蔺县提前印发了《关于做好防范应对低温雨雪冰冻灾害工作的通知》《古蔺县低温雨雪冰冻灾害应急预案》，成立了23人的电力应急抢险队、30人的通信应急抢险队、70人的交通应急抢险队等县级专业队伍，各乡镇成立了20—30人的民兵应急队伍，并要求配备必要的应急物资。2. 预警及时。1月18日，县应急办接县气象局信息“预计22—23日全县高山地区有小雪，高山路段有道路结冰，最低气温将降至1℃左右”后，迅速将此信息转发给各乡镇、各部门，要求加强道路监测、巡查并做好保畅工作，严防死守，确保安全；气象部门将预警信息转发至基层一线，提醒市民注意防寒保暖，预防雨雪天气对农牧业和交通运输带来的不利影响。

决策部署迅速。23日上午8时左右，县应急办先后接县交通局、经商局报全县除蔺郎路正常通行外，其余通乡镇干道公路全部结冰封闭，鱼化、龙山、黄荆、椒园等10个乡镇停电，经核实后，迅速将信息报县领导。县领导迅速决策部署，要求：1. 县、乡迅速启动突发自然灾害应急预案，强化乡镇、部门值班值守工作。2. 分行业分类组织应急抢险队伍加强应急抢修工作，26个乡镇由主要领导带队并组织20名民兵应急队伍在辖区内主干道上开展消冰除雪保畅工作。3. 各乡镇加强辖区内的抗灾应急工作，加强安全监管，高度重视弱势群体应对灾害问题，确保不发生灾害事件。4. 县领导亲自带队，要求联系乡镇的部门加强抗冰工作的指导，亲自解决抗灾工作存在的问题。5. 加强督查督导，县委督查室、政府督查室加强各部门、各乡镇值班值守和抗灾工作督办。

抢险救灾及时。截至1月23日18时，民政部门迅速将棉被1800床、棉大衣502件、防寒服402件、电热毯200床、大米5000公斤、碘粉400袋、菜油100公斤发放到26个乡镇，并在县救灾储备仓库储备棉大衣850件、棉被1230床、棉衣裤1020套、棉鞋1440双、电热毯200床等应急救灾物资。经过抢修，涉及停电的8条线路恢复4条，10个乡镇场镇全部恢复供电，180个通信基站因停电退服或断站恢复基站113个。

（牟　郓　黄　其）

## 政务服务

**【概　况】** 古蔺县政务服务中心成立于2007年5月，2013年7月迁入新址办公，总建筑面积15414.42平方米，办公面积12253.04平方米，设4个服务大厅和1个行政办公区，配套建设停车场、食堂等便民设施。进驻部门（单位）41个，设行政审批和公共服务窗口32个，进驻工作人员260余人，进驻中心事项共209项，其中县级行政许可事项112项，公共服务事项59项，承接市下放事项58项。

**【事项办理】** 2016年，全县政务服务系统通过“四川省行政效能电子监察系统”共办理事项1264158件，按时办结率100%，无超时现象发生，现场办结率100.42%，保留的行政审批事项的平均承诺时限比平均法定时限压缩70%以上。

**【标准化建设】** 1. 布局标准化。科学设置窗口，规范标识标牌，统一着装规范，完善机房建设。2. 服务行为规范化。不断探索窗口工作人员管理、服务模式，修订完善《窗口工作人员行为规范》《窗口工作人员考核办法》《窗口考核办法》《政务服务工作目标考核办法》等工作制度，用制度规范服务行为。3. 创新管理模式。将效能监督管理关口前移，把中心协调督查管理岗前移至服务大厅，实行领导带班的值班长制度，现场接受群众的咨询、投诉，强化大厅的现场监管。4. 管理服务一体化。推行OA智能办公系统，构建起中心、窗口、进驻部门、乡镇便民服务中心“四位一体”工作体系，使管理、服务更加便捷规范。5. 便民服务常态化。上门办、延时办、节假日预约服务、全程代办已成为新常态。6. 政务信息查询公开化、媒介更新常态化。开通政务服务门户网站、电子政务大厅、政务微博、政务微信，将政策法规、公告、办件查询、办事指南等信息公开，群众办事更方便、快捷。

**【智慧政务建设】** 聚焦“互联网＋政务服务”，以“法治政务、智慧政务、阳光政务”建设为目标，开展积极探索。1. 新建触摸导视查询系统，公开展示县人民政府公众信息网、电子政务大厅、中心门户网站，群众可随时自助查询政策法规、办理事项、办件进度等。2. 整合政务服务网络资源，将行政审批通用软件系统、行政效能电子监察系统、OA智能办公系统、窗口服务评价系统、窗口工作人员管理系统、办件查询系统、窗口导视系统有机整合，构建起智慧政务的综合管理平台。

**【法治政务建设】** 2016年，政务服务中心被县委、县政府列为古蔺县“依法治县”典型培育示范点，把“依法行政、法治政务”贯穿于政务服务全过程。积极营造依法行政、法治政务的氛围，设立LED宣传标语、法治宣传栏，从宣传、制度、监督、管理、技术五个方面推进依法行政工作开展。

**【县、乡、村三级政务服务体系建设】** 1. 加强对乡镇便民服务中心建设的指导和督导。县政府办印发了《关于进一步加强乡镇便民服务中心标准化建设的通知》，配合县委“六个加快”督导组、县纪委强化督导推进。2. 对进驻事项进行规范。通过对照清理，印发《古蔺县乡镇便民服务中心进驻事项目录》，对事项、人员进驻提出具体要求。3. 以村级综合服务平台建设为抓手，指导乡镇加强村级便民服务代办点的建设。4. 完善乡镇政务服务目标考核，强化考核管理和日常指导。

（陈亚敏）

## 公共资源交易服务

**【概　况】** 古蔺县公共资源交易中心（以下简称县交易中心）于 2013 年 5 月批准成立，为古蔺县人民政府直属正科级事业单位，主要承担建设工程、政府采购、国有建设用地使用权和采矿权公开出让、国有产权和国有资产处置等县级公共资源交易职责。2016 年，核定编制 14 人，其中管理人员 11 人，专业技术人员 3 人，领导职数 3 人（1 正 2 副）。

**【主要职责】** 1. 根据公共资源交易服务相关法律、法规和政策，按照“六统一”原则，即统一信息发布、统一报名、统一交纳保证金、统一进程交易、统一操作规程、统一现场管理，为公共资源交易活动提供场所、设施和服务。2. 负责制定公共资源交易现场管理规章制度、工作流程并组织实施，指导全县公共资源交易活动现场服务和管理工作；为全县进入县公共资源交易平台的建设工程招投标、政府采购、土地和矿产资源交易、国有产权和国有资产交易以及特殊资源交易等公共资源交易提供现场服务和管理。3. 负责县公共资源交易信息平台及电子交易平台建设、管理和维护；按照有关规定，统一发布公共资源交易信息，为交易各方提供交易咨询等服务；开展计算机辅助评标、远程异地评标、公共资源电子竞价等公共资源交易电子化工作；核查进场交易项目相关手续和参与交易活动各方主体资格。4. 建立公共资源交易从业者场内信誉评价制度及行业主管相关评价体系的衔接机制，建立公共资源交易从业者奖励、惩戒等制度并实施。5. 负责对进入县公共资源交易平台的交易各方进行现场监管、记录，制止和纠正违反交易现场管理制度的行为，接受有关咨询、投诉并及时调查处理。6. 承担县委、县政府交办的其他事项。

**【交易情况】** 2016 年，共受理交易项目 194 个，交易总额 30369 万元。其中建设工程交易项目 114 个，交易金额 13477.62 万元，节约资金 1253.06 万元；政府采购一般项目 74 个，交易金额 4691.38 万元，节约资金 352.24 万元；产权交易项目 6 宗国有建设用地，出让总面积 219.715 亩，交易总额 1.22 亿元。

**【惩防体系创新工作】** 县交易中心以科技为先，全力打造电子化交易平台。投入资金对场地设备进行升级改造，确保开评标现场的任何小动作、暗箱操作都无处藏身，无机可乘，确保了开评标环节的公平公正；以制度为抓手，切实保障交易公正。建立三审一论证、业务办理 AB 岗暨交叉审核、评标结果复核等制度，有效避免交易文件和评标专家出现倾向性的情况；以教育为本，切实筑牢廉洁底线。采取组织外训、请师讲授、单位干部职工轮流辅导相结合，集中学习和个人自学相结合的方式，定期定项开展学习教育培训活动。以考促学，确保学有所获，学有成效。2016 年，县交易中心创新“科技＋制度＋教育”三位一体防腐体系建设获得市纪委主要领导的充分肯定。

**【网上竞价】** 2016 年 6 月，古蔺县政府采购网上竞价系统正式开通。网上竞价系统启用后，办公电脑等六大类通用货物不再进行定点采购。充分运用市场调配机制，运用科技手段，变有限竞争为无限竞争的同时，有效提高采购效率和节约政府资金。是年，古蔺县通过网上竞价系统采购办公用品共 74 批次，交易金额 309.14 万元。

**【产权交易】** 实行拍卖机构随机抽取和拍卖佣金询价制度。按照 500 万元以下项目在库内企业随机抽取，500 万元以上集体研究决定最高佣金限价，再由库内企业现场报价，按报价低者中的原则确定。

（赵妍梅）

## 档案工作

**【概　况】** 1960 年，古蔺县档案馆成立。1980 年，县档案局成立，实行局馆合一。档案馆修建于 1986 年，面积 900 平方米，位于古蔺镇府前街 17 号，是省一级国家综合档案馆。2016 年，古蔺县档案局（馆）内设办公室、业务监督执法指导股、县志编审股、馆务编研股和现行文件查阅中心，在职职工 10 人，领导职数 2 人。

**【档案保护】** 1. 在查阅室将《库房管理员岗位职责》《古蔺县档案馆查阅档案须知》制度安装上墙，并安装了高清监控，严禁在查档过程中污损、涂改档案等行为发生。2. 对库房进行清扫、杀虫熏蒸，确保档案无虫霉。3. 针对雨水较多、湿度较高、高温的情况，及时对库房采取除湿降湿、空调降温措施，保证库房温湿度控制在标准范围。4. 建立完善值班制度，实行周末和节假日轮流值班，确保档案库房安全。5. 档案库房日常巡查和督查并重。县档案局严格要求库房管理人员，对库房的安全、温湿度等做到每日一查，并做好检查记录。同时，单位负责人进行不定时抽查，对安全隐患等问题，要求及时整改。6. 安全设备定期检查和维护。定期对档案库房配备的灭火器进行检查和更换，对消防设施进行检查，保证出现火情时能及时扑灭。7. 做好重要档案异质异地备份工作。与重庆市九龙坡区档案局开展档案异质异地备份工作。

**【档案接收征集】** 古蔺县人力资源和社会保障局将 8 册知青档案移交给古蔺县档案馆。该部分知青档案包括 1972 年以前和 1978—1979 年党政系统、财贸系统、文卫系统、供销系统、工交系统、交通系统、各区镇居民、中城区的知青名册。

**【档案利用】** 1. 县档案馆创新服务方式，密切关注电话查档业务。2. 县档案馆提供第一次全国地名普查档案，包括双沙区、大村区、中城区、黄荆区、观文区、德跃区、丹桂区、摩尼区、龙山区、石宝区、太平区 11 个区和自然实体的地名卡片。通过查阅档案 13 套，复印地名卡片 1679 页，为古蔺县开展第二次全国地名普查工作提供了强有力的原始依据。3. 县档案馆开展民生档案异地查档跨馆服务，接待了自《四川省国家档案馆民生档案异地查档跨馆服务办法》施行以来的首位利用者。4. 2016 年，县档案馆采取提前预备、电话预约、跨馆查档、电函查档等方式高效查档，服务民生，为查阅国家三线建设、林权、婚姻、房地产、招工、社保等档案的人员提供方便，共接待查档群众 151 人次，提供利用 774 卷次，无偿复印档案 232 页，为群众补办结婚证、独生子女光荣证、办理退休、补交社保、证明工龄等提供证明材料。5. 对馆藏抗战档案进行全面清查并上报市档案局。馆藏抗战档案涉及的全宗数量为 1 个，抗战档案内容包括后方从军令、征购粮食办法、修路通令，起止时间为 1937 年 12 月至 1944 年 12 月，共 2 卷、5 件、5 页，载体为纸质，编有案卷目录和卷内文件目录，未开展数字化工作。

**【档案馆基础设施建设】** 古蔺县综合档案馆于 2015 年动工修建，2016 年内部装修已经完成。

**【档案业务指导】** 1. 按照省、市要求，制定《古蔺县精准扶贫档案管理办法》，作为全县档案管理的标准。2. 抽调一名业务骨干同县扶贫局一起到乡镇指导档案资料的收集、整理和归档工作，以皇华、大寨、二郎、古蔺作为全县的试点乡镇，共整理档案资料 136 盒。3. 在市档案局 2016 年目标考核的基础上，增加了中共古蔺县委办公室、古蔺县人民政府办公室、政法委、审计局、古蔺镇等15个单位档案工作规范化管理省二、三级到期复查工作。

**【档案编研】** 1. 县档案局（馆）与大寨苗族乡党委、政府联合汇编《古蔺县大寨苗族乡踩山节图文集（2012—2015）》。2. 汇编“纪念红军长征胜利80周年”档案文化专栏——文物的故事。

**【档案宣传】** 开展“6·9”国际档案日宣传活动，采取拉横幅、发放资料、现场解答等多种形式，向群众普及档案收集、保护、利用知识；开展档案知识送上门活动，利用档案业务指导的机会，向单位、乡镇干部职工发放档案业务和相关法律法规资料。

（李　霞）

## 地方志工作

**【概　况】** 古蔺县地方志编纂委员会系县政府的议事机构，主任由常务副县长兼任，成员为县相关部门负责人，日常事务由下设的办公室（以下简称县志办）办理。根据国务院《地方志工作条例》，县志办主管全县的地方志工作，主要职责是组织、指导、督促和检查全县地方志工作；拟定全县地方志工作规划和编纂方案；组织编纂古蔺地方志书和地方综合年鉴；搜集、保存古蔺地方志文献和资料，组织整理旧志，推动方志理论研究；组织开发利用古蔺地方志资源。

**【地方志工作宣传】** 在全县普法宣传月（周、日），设立宣传台、展板、横幅等宣传平台，广泛宣传地方志法律、法规。印发赠阅《地方志工作条例》《四川省地方志工作条例》和《〈四川省地方志条例〉实施办法》等宣传资料近1000份，并对过往行人进行讲解。同时，在县志办职工会上组织学习《中共四川省委办公厅、四川省人民政府办公厅关于进一步加强和改进新形势下地方志工作的意见》和《四川省地方志工作条例》。

**【年鉴编纂出版工作】** 2016年年初，县志办全面部署安排《古蔺年鉴（2016）》的编纂工作，根据县政府机关改革后撤并和新成立的部门，重新以县政府办公室文件发至各供稿单位，制定切实可行的编纂方案，认真收集资料、编撰、反复校对，几易其稿。10月,《古蔺年鉴（2016）》定稿编纂完成，年底前出版发行。该年鉴全面、系统、准确、翔实地记述2016年全县政治、经济、社会发展情况。

按照省、市要求，按时保质保量地编写了《泸州年鉴（2016）》和《四川年鉴（2016）》中的古蔺县篇。

**【部门志编修工作】** 2016年，县志办主动深入几个部门志编修单位进行具体指导，部门志的编修工作取得了较好成绩。《古蔺少数民族志》《古蔺人力资源和社会保障志》在2016年四川省第十七次地方志优秀成果奖评审中分别获得志书类三等奖和优秀奖。

**【地方文献收集和征集工作】** 加强地方文献资料的收集和征集工作。2016年，征集文献资料有《古蔺诗声》《古蔺诗词》《古蔺文存》等，还与贵州省遵义市正安县、道真县和宜宾史志办开展业务交流，并交换了志书。

**【信息工作】** 2016年，县志办向省、市、县报送信息12条，其中被泸州市史志网采用信息10条。《古蔺年鉴（2015）》在2016年四川省第十七次地方志优秀成果奖评审中获得了年鉴类优秀奖。

（徐邦芬）

# 中国人民政治协商会议古蔺县委员会

**【概　况】** 2016年是实施“十三五”规划的开局之年，也是九届政协常委会任期的最后一年。在县委领导和市政协指导下，县政协认真学习贯彻中共十八大和十八届历次中央全会精神及习近平总书记系列重要讲话精神，紧紧围绕“率先摆脱贫困、全面同步小康”的奋斗目标和“生态田园、红色古蔺”的总体定位，以助力脱贫攻坚统揽政协工作，坚持团结民主两大主题，认真履行人民政协职能，切实发挥协调关系、汇聚力量、建言献策、服务大局的作用，为实现县委制定的“建成中国酱香酒谷核心区、贫困地区产业转型创新发展先行区、西部旅游休闲度假目的地和生态文明美丽古蔺”的宏伟蓝图而团结奋斗、建言出力，为全县经济、社会发展做出了积极贡献。

政协古蔺县第九届委员会组成人员 218 人，常务委员会组成人员 26 人，设主席 1 人、副主席 3 人、秘书长 1 人。县政协机关内设正科级机构 5 个（政协办公室、经济委、提案委、社会法制委和教科文卫委），行政编制 18 人，工勤编制 3 人。实有在岗人员 28 人，其中在岗在编行政人员 16 人、工勤人员 3 人。县政协下辖专门委员会 6 个，即经济、提案、社会法制、教科文卫、文史和祖国统一联谊委员会。

**【政协古蔺县委员会第九届第五次会议】** 2016 年 1 月 20—22 日，政协古蔺县委员会第九届第五次会议召开。会议期间，围绕《古蔺县人民政府工作报告》、《政协古蔺县第九届委员会常务委员会工作报告》、法检“两院”报告和其他报告，开展讨论协商。特别对全县经济发展、旅游业发展、改善民生、社会稳定等重要问题，提出了许多有价值的意见和建议，履行了政协参政议政职能，展现了政协委员服务发展、情系民生、关注社会、共建和谐的责任意识和精神风貌。

**【政协九届十九至二十四次常委会】** 1 月 13 日，县政协主席孙应举主持召开县政协九届十九次常委会议。会议就 2015 年古蔺县财政预算执行情况及 2016 年财政预算编制情况、古蔺县 2016 年国民经济和社会发展计划（草案）进行协商；听取了全面依法治县工作情况报告；审议通过了常委会工作报告、提案工作报告和县政协九届五次会议议程、日程以及出、列席会议人员名单；通报了 2015 年优秀提案、提案办理先进单位、优秀政协委员名单；审议通过了拟调整政协委员名单。

1 月 22 日，县政协主席孙应举主持召开县政协九届二十次常委会议。会议听取了九届五次全会期间各委员小组的讨论情况报告，审议通过了政协九届五次会议决议（草案）。

4 月 21 日，县政协召开九届二十一次常委会议。会议审议《政协 2016 年工作要点》，听取二郎镇、林业局民主评议整改情况报告，听取县政府通报一季度全县经济指标完成情况；协商煤电项目和中药材产业发展，并通过两个建议案。县政府副县长吴文湘应邀出席会议。

7 月 19 日，县政协召开九届二十三次常委会议。会议学习了《中华人民共和国水法》，听取县政府《关于全县上半年经济社会发展情况的通报》、县发改局全县重大项目建议推进情况的通报、公安局上半年公安工作情况通报。县委副书记唐一，县委常委、副县长刘泽军，县人大常委会副主任宋杰，副县长、公安局局长罗庆华应邀出席会议。

10 月 26 日，县政协召开九届二十三次常委会议。会议听取了县依法治县办关于依法治县工作情况的通报，县文旅局关于全县旅游发展情况的通报，县扶贫移民局关于全县脱贫攻坚工作情况的通报，县政府对县政协九届五次会议以来提案办理工作情况的通报，县政协提案委对重点提案督办情况的通报，审议通过了县政协十届一次全会政协委员界别调整工作方案。县委常委、县政府常务副县长宋庆应邀出席会议。

12 月 13 日，县政协召开九届二十四次常委会议。会议听取县纪委《关于 2016 年全县党风廉政建设情况的通报》；书面协商“一府两院”工作报告及其他报告；审议政协十届一次全会召开时间、议程、日程；审议九届政协常委会工作报告、提案工作报告；审议政协十届政协委员人选建议名单、参加单位；审议通过十届一次全会主席团人员建议名单（草案），大会秘书长、副秘书长建议名单，提案委员会人选建议名单（草案），县委常委、组织部部长刘松梅通报人事安排建议名单。参加会议的有县政协常委会组成成员，县委办、政府办、县纪委、组织部、财政局、发改局、统战部、县法院、检察院相关负责人；驻古蔺市政协委员，县政协参加单位负责人、政协各委室主任、副主任，以及部分委员代表列席会议。县委常委、组织部部长刘松梅应邀出席会议，政协主席孙应举主持会议。

**【政协古蔺县第十届委员会第一次会议】** 2016年12月17—20日，政协古蔺县第十届委员会第一次会议召开。会议期间，听取和审议政协古蔺县第九届委员会常务委员会工作报告；听取和审议政协古蔺县第九届委员会常务委员会提案工作报告；听取和协商讨论“一府两院”工作报告，协商讨论国民经济和社会发展计划报告、财政预决算报告；选举产生了政协古蔺县委员会第十届主席孙应举，副主席邓学玲、杨运晖、曹洪中，秘书长李祥林，以及32名常务委员；审议通过政协古蔺县第十届委员会第一次会议《决议》。最后，县委主要领导讲话。

**【参政议政】** 2016年，县政协围绕中药材产业发展、古蔺煤电项目等方面工作开展调查研究。对鱼化大理石产业园区、水口两江沟瀑布、双沙白马洞景区开发等方面工作开展视察。通过反映社情民意信息和委员提案，反映人民群众普遍关心的党风廉政建设，精神文明建设，依法治理，基层党建，农村基础设施建设，农业产业结构调整，教育、医疗卫生事业发展，安全生产及社会管理等方面问题。民主评议县水务局，针对存在的问题提出建议意见。

**【视察活动】** 2016年6月，县政协主席孙应举，副主席邓学玲、杨运晖先后两次率政协委员，对双沙镇白马洞、水口两江沟等有代表性的乡村旅游景点进行了视察。县委常委、宣传部部长贾如彬，县农工办、文旅局、住建局、投资服务局等相关部门负责人参加视察。视察后提出：政府主导，科学规划，提升乡村旅游品牌形象；合理分区，差异发展，打造“一乡一品”模式；招商引资，提升品质，打造乡村旅游“升级版”；因地制宜，突出特色，延伸乡村旅游产业链；鼓励发展，奖励推动，形成乡村旅游的大氛围的建议。

11月9日，县政协主席孙应举，副主席邓学玲、杨运晖率部分政协委员对鱼化大理石集中加工区建设进行视察，县委常委曾焱和县级相关部门负责人参加了视察活动。视察组参观了集中加工区生产车间和展厅，听取了经商科技局关于大理石集中加工区建设情况汇报和入驻企业的情况介绍，相关部门、乡镇和领导就大理石今后的发展进行交流。根据当前大理石集中加工区存在的问题，视察组建议：1. 全面开展大理石矿山资源详查。2. 开展石材加工厂整治。3. 不拘一格抓集中加工区建设。4. 出台扶持政策，做大做强大理石产业。5. 提供优质服务，帮助企业完善相关手续。

**【提案办理】** 2016年，共收到委员提案87件，其中，委员个人提案60件，联名提案27件，提出提案的委员共206人次。经提案委员会审查，立案85件，其中并案处理7件，不立案2件。提案内容广泛，涉及基础设施、产业建设、社会管理、民生事业、精准扶贫等诸多方面。截至9月30日，相关部门和单位已全部办理完毕，做到了件件有答复，事事有着落。

**【社情民意】** 2016年，全国政协采用《应对脱贫攻坚中低保数量激增“怪相”的建议》《应谨防“营改增”后地区间的收入失衡》2篇；省政协采用《关于将村社干部纳入工伤保险范围的建议》《无户口人员上户政策落实中的问题与建议》等3篇；市政协采用“专报”《关于支持古蔺兴建火电站的建议》《关于统一全市医疗就诊卡的建议》2篇，《关于将村社干部纳入工伤保险范围的建议》

等信息 37 篇；县政协采用 21 篇。

**【重大事项】** 县政协常委会、主席会多次专题听取县政府及县发改局、县财政局关于经济社会发展、重点项目建设推进、财政运行等情况通报，提出了“统筹兼顾、凝聚人心、调动积极因素、增加投入、寻找新的增长点”等建议意见。县政协领导班子成员及干部职工分别参与了县城棚户区改造、名酒名镇建设、鱼化大理石园区、高速公路、精准脱贫、慵懒散浮拖软问题专项整治督导等中心工作，有效发挥了政协在参与中建言、落实中监督的重要作用。

**【委员界别活动】** 政协积极组织委员界别活动，选配热心政协工作，较强参政议政能力的委员担任组长，成立 7 个委员活动组，每一个组都开展了活动，为委员平时参政议政、反映社情民意提供了机会和平台。

**【民主评议】** 2016 年，经政协常委会研究，报县政府同意，经县委批准，对县水务局开展民主评议。评议小组认真制定评议方案，深入乡镇、村社、农户、部门、项目工地，通过现场调研、听取汇报、交流座谈、查阅资料、问卷调查和民主测评等形式，充分听取各方面意见建议，分别就水务部门履行职能职责、经济发展、干部队伍建设、作风建设、党风廉政等方面的情况各有侧重地开展民主评议，形成了《关于民主评议县水务局工作的情况报告》。通过开展民主评议活动，对促进部门认真履行职责，切实转变作风，不断加强自身建设和做好服务工作等起到了积极作用。

**【重要活动】** 在庆祝建党 95 周年之际，组织机关党员干部开展重走长征路活动。党组书记、副书记、机关支部书记分别到联系乡、村给党员上党课，传达县委相关决策部署，尤其是脱贫攻坚相关政策。

深入开展结对帮扶活动。组织党员干部深入脱贫攻坚帮扶联系点——箭竹苗族乡曼岭村开展联系帮扶工作。县政协办党支部要求机关每名党员干部结对帮扶 2—5 户贫困户，选派 1 名干部到联系村驻村工作，机关干部职工轮流驻村帮扶。2016 年，帮助联系村及贫困农户制定脱贫规划和计划，协调解决用电困难问题，协调启动硬化箭蔓路；协调项目资金 40 余万元，建成人饮工程 4 个，修通村级出口公路 1.5 公里；资助修建了被洪水冲毁的聚贤村善福桥；协调专业人员帮助规划、引导村民投资近 50 万元，建成了占地 15 亩的冷水鱼养殖场，开展了新村旅游农家乐打造试点示范；组织机关干部捐款 12000 余元用于帮扶贫困学生；挤出资金 15 余万元，帮助所联系的箭竹苗族乡蔓岭村、聚贤村及二郎镇文明村、皇华镇樱桃村的贫困户解决生产生活中遇到的困难和问题；引导联系村发展烤烟基地 500 亩，中药材基地 300 亩，蔬菜基地 400 亩，养鸡场 1 个，养牛基地 1 个。

**【理论研究】**《加强队伍建设，维护人民政协形象》《建言“十三五”共谋新发展》《发挥政协优势，助力依法治国》等多篇理论研究文章被《四川政协报》采用，其中《发挥政协优势，助力依法治国》在《四川政协》杂志刊登,《充分发挥政协在地方历史文化中的拾遗补阙作用》《政协民主评议的实践与思考》被四川政协网和《四川省人民政协理论与实践研究 2016 年论文选编》刊用，《政协民主评议的实践与思考》评为 2016 年四川省政协理论与实践研究优秀论文，作为优秀论文代表出席省政协理论与实践研究工作会议。《政协民主评议的实践与思考》和《加强委员队伍建设的思考》分别被泸州市政协理论与实践研究会评为一等奖和二等奖。

**【文史资料工作】** 2016 年，主要开展《古蔺剿匪》（暂定名）历史小说,《政协志》、《古蔺记忆》（暂定名）、《蔺州雅韵》、《古蔺考》（暂定名）等文史资料的收集编纂工作。

**【诗书画院工作】** 重视提高《落鸿艺苑》《古蔺诗词》的质量，将其作为展示古蔺诗词、书法、美术、摄影作品和文艺工作者学习、交流、创作阵地。2016年3月，四川省书协副主席戴跃一行5人到古蔺采风，与部分会员进行书法艺术交流，与会会员受益匪浅。

2016年元旦，在金兰广场举办“促进旅游发展、助推精准扶贫——护家镇青山石林书画展”，宣传古蔺的旅游资源。

（王明洪）

# 人民团体

## 古蔺县总工会

**【概　况】** 2016年，古蔺县总工会共有职工12人，其中行政编制5人、自收自支事业人员2人，内设办公、保障股。至年底，全县建有基层工会716个，工会会员109130人。

**【组织建设】** 1.全面推进组织建设，扩大工会组织覆盖面。按照分类指导、突破重点的原则，加强规模企业、小型非公企业、“两新”组织等建会力度。古蔺县医保局、古蔺县巨能天然气有限公司等相继成立工会组织，全年新建工会2个，总数达716个；开展农民工入会集中行动，新增工会会员8261人，总数达109130人。2.深入推进“两个普遍”（依法推动企业普遍建立工会组织、依法推动企业普遍开展工资集体协商）。迅速启动“广普法、深组建、全覆盖”集中行动，有效整合资源，会同人力资源和社会保障、经济和商务、工商等部门推动企业依法建立工会。着力推进工资集体协商工作，将工资集体协商与企业用工年检挂钩的形式，促进全县工资集体协商工作的有序开展。全县共签订工资专项集体合同207份，涵盖企业923家，其中签订单独合同179份；签订区域行业性合同28份，覆盖企业744家，签订率达90%以上，构建了和谐稳定的劳动关系。

**【维权建设】** 1.加强源头参与。继续配合人力资源和社会保障部门加强劳动合同制度建设，开展“小企业实施劳动合同制度”专项行动检查，督促企业建立劳动用工备案，健全劳动用工信息。深化女职工专项集体合同签订工作和劳动安全集体合同签订率。小企业劳动合同签订率达90%以上，全县规模以上企业职工劳动合同签订率达83%，集体合同签订达97%。加强源头参与力度，充分发挥工会与政府联席会议、县维权联席会议和劳资三方（劳动者、用人单位和工会）协商机制作用，积极参与涉及职工权益的政策制定和处置工作，提出安全生产、职工维权、企事业经营发展等方面的合理化建议。2.建立职工维权服务网络，针对古蔺县在福建外出务工人员较多的县情，在福建泉州建立古蔺农民工异地维权站，服务外出务工人员，同时完善职工维权服务中心，积极开展职工维权工作。2016年，共接待职工群众信访45件，回复45件，参与安全生事故调查处理12起，劳动纠纷维权案件261件，为职工讨回工资100多万元，追讨工伤赔偿120多万元，有力地维护了职工的合法权益。3.建立劳动争议调解机构，按照市总工会和人社局的安排，建立劳动争议调解机构，全县26个乡镇和20多家大中型企业建立劳动争议调解委员会，切实把劳动争议纠纷化解在基层。

**【困难职工帮扶】** 1.按照“巩固、完善、深化、提高”的要求，加强惠民帮扶中心（站、点）规范化、制度化建设，不断完善服务机制，构建救助、维权、服务三位一体的帮扶工作格局，为更多职工提供多元服务，维护升级市级困难职工帮扶示范站点3个，进一步完善健全县、乡镇、社区（村）、企业四级帮扶网络体系，实现困难职工群众数据互联互通、帮扶信息共建共享。坚持帮扶工作重心下移，进一步推进惠民帮扶进乡镇、进社区、进园区、进企业工作，把更多人力、物力、财力投入到基层，在健全帮扶网络的同时，全面提升基层服务职工群众的能力。2.继续深入开展“四季送”（送岗位、送清凉、金秋助学、送温暖）等品牌活动，定期召开专题会，研究部署工会民生工程，健全服务民生工程资金投入机制，创新服务模式，强化资金监管，确保专款专用，切实让职工得到实惠。2016年，筹集资金50.55万元，为1011户困难职工开展“送温暖”活动。筹集资金18.4908万元，为2433名一线高温作业职工开展“送清凉”活动。投入惠民帮扶资金29万元；医疗救助60人次，金额14.15万余元；生活救助98人次，金额14.85万元；“金秋助学”活动救助289人次，金额20.46万元；“春送岗位”活动职业介绍500余人；职工互助保险赔付10多万元。新增“女职工大病互助保险”758份，为7名患病女工办理赔付8万元。组织60名困难女职工免费“两癌”筛查，并对患癌困难职工进行1万元/人一次性救助。3.深入开展“挂包帮”活动。对联系村长岭村40户困难群众进行慰问，送去过冬物资大米、油、糖等价值2万元的过冬物资。扶持联系村长岭村种植脆红李200亩，修建通村水泥公路10公里，新建林下土鸡养殖示范基地一个、规范化养猪场一个。

**【职工技能竞赛和劳模工作】** 1.深入开展“当好主力军，建功‘十二五’，和谐奔小康”主题劳动竞赛活动。指导郎酒集团工会组织举办了郎酒酿造、故障维修、安全防护、制酒制曲等6个项目的竞技，共有300多名选手参赛。组织职工参加第九届泸州市职工职业技能竞赛教师教学技能比赛，展现古蔺劳动者风采。2.深入关爱劳模。严格程序、标准，推选全国劳模（先进工作者）1人。加强劳模常态化关爱和服务工作，走访慰问各级劳模96人，发放慰问金23.38万元，组织省部级以上劳模体检11人次，组织2名劳模修养。组建劳模创新工作室，2016年，建立县级劳模创新工作室2间，增强优秀技能人才（劳模）的引领示范作用，充分发挥劳模的示范和带头作用。

**【宣传教育】** 1.开展职工文化体育活动。组织开展了全县机关职工运动会、迎新春万人长跑活动、全民健身文化展示活动，组织职工积极参加了泸州市第六届群众文化旅游艺术展示、古蔺县“送文化、送法律、送卫生”下乡、古蔺县青年职工人才交流等活动20余次。全县各基层工会组织开展庆“五一”职工演讲比赛、“迎新春”文艺晚会等文体活动20多场次，参与职工2万余人次，丰富了职工文化生活。2.以古蔺新闻网、古蔺县人民政府公众信息网、古蔺电视台等媒体为窗口平台，对全县工会工作进行宣传报道，全年在县级以上媒体上稿80多件，坚持“两个基本”圆满完成《工人日报》《四川工人日报》《中国工运》的征订任务。

（李　倩）

## 中国共产主义青年团古蔺县委员会

**【概　况】** 中国共产主义青年团古蔺县委员会（以下简称团县委）属群团组织，2016年内设编制4人，在编在职4人。主要围绕“凝聚青年、服务大局、当好桥梁、从严治团”四维工作格局开展工作。是年，团县委深入学习贯彻中共十八大和十八届历次全会及习近平总书记系列重要讲话精神，组织全体团干及时学习贯彻落实《中共中央关于加强和改进群团工作的意见》。以脱贫攻坚为统揽，为全县“率先摆脱贫困，同步全面小康”奋斗目标贡献力量。

**【思想政治工作】** 思想引导。重点围绕拉近共青团与青年的距离，组织开展“我为核心价值观代言”“我为队旗添光彩”“红领巾相约中国梦”等主题活动，使社会主义核心价值观活跃在青少年日常生活中。针对不同年龄段青少年特点，持续开展“开笔典礼”“六一集体入队”“十四岁集体生日”“十八岁成人礼”等活动，增强青少年的责任感和使命感；开展针对青少年的依法治县工作宣传，与高校联合开展“模拟法庭”进校园活动，切实增强青少年的法制观念和自护能力。建立专兼职团干联系青年工作制度，直接服务和引导普通青年，全县专兼职团干部已与3000余名青年直接联系。

典型选树。持续开展“优秀共青团员（团干部）”“五四红旗团委（团支部）”等模范典型评选表彰工作；加大推荐和指导各级团组织创建青年文明号力度；积极开展“青年安全监督岗”创建活动；每两年开展一次优秀少先队员、少先队辅导员评选表彰活动，充分挖掘团队工作和青年典型，树立青春榜样，传递社会正能量，2016年，在全县共评选表彰60名优秀少先队员、30名优秀少先队辅导员、10个优秀少先队集体。推荐表彰四川省优秀共青团员、优秀共青团干部、五四红旗团委（团支部）各一个。

**【基层组织建设】** 1.加强团的自身建设。2016年，新建非公企业团组织27个。2.加强机关建设。结合“两学一做”，组织团干部强化业务知识学习，提高综合素质，系统学习了《共青团基础知识教程》《青少年活动策划》等，有效指导工作开展。积极学习《中国共产党党员领导干部廉洁从政若干准则》《党政机关公务接待管理规定》等，时刻保持清正廉洁。强化形式与政策的学习研究，通过学习找准工作着力点和突破口，提升团干部整体素质。3.抓好群团工作中心工作。

**【关爱行动】** 关爱服务外来人才。结合全县大量外来人才的实际，立足自身，发挥职能，着力做好关爱人才工作。1.精心管理好古蔺县青年人才公寓。2016年，新人才公寓装修已经结束，2017年年初可入住；西区人才公寓已进入装修阶段可一次性解决200余名干部住宿问题。2.让外来青年人才“交有平台”，定期组织青年人才开展联谊、相亲、座谈会等活动，为青年人才交际、交友、婚恋提供平台。3.做好西部计划志愿者日常的管理、服务、续签、迎送工作。是年，通过向团市委争取，到古蔺服务大学生西部计划志愿者20人，其中续签7人，新增13人。

关爱留守学生（儿童）。1.认真清理，摸清家底。积极协助清理全县留守学生（儿童）基本情况，督促各乡镇、相关部门完善工作机制、健全制度体系、落实职能职责。古蔺县共有24476名留守学生（儿童），其中困难的有3325名。2.创新模式，项目化运作。累计争取国家开发银行资助166万元，全国首创开展以关爱留守学生（儿童）为主题的公益项目——“相守计划”，旨在资助和扶持小学校长及留守老师自愿、自主地设计和组织开展面向本校留守儿童的特色关爱活动，该项目自启动以来已惠及全县89所学校留守学生2万余人次，有效探索和创新了关爱留守工作的新机制和新方法。2016年，该项目获得由人民网主办的第十一届人民企业社会责任奖年度案例奖。3.不断探索，强化细致关爱。组织爱心义卖进校园、进社区活动，根据不同时节针对性开展关爱慰问活动，征集747名困难青少年儿童心愿，为留守学生（儿童）送生活用品及文具盒、书包、套尺等共计8万余元物资。4.在全县16个乡镇小学建设“爱心小屋”，实现留守孩子与家长视频通话。惠及留守学生（儿童）1000余人。

扶贫助学。整合社会力量，2016年，共争取到“惠英助学金”、“习酒·我的大学”、市青企协、爱心人士等助学项目资金26.5万余元，为古蔺县77名贫困学生提供帮助。

**【服务工作】** 扶持青年创业就业。1.“五四”青年节，联合县人社局、就业局举办“古蔺县创新创业项目大赛暨青年论坛”活动，引导240余名合作社负责人、返乡创业青年代表参与电子商务、旅游服务、特色农业等产业扶贫项目，开展“我为创业青年点个赞”活动，对优秀项目逐个宣传，提高创业青年和企业的知名度。2.开展四川青年创业促进计划（SYE），争取到SYE创业贷款37万元。3.深化银团合作，与金融部门联合开展青年技能培训、青春大讲堂、农村青年电商培训班、农村青年创业培训等活动。4. 组织开展“投身‘十三五’，建设新古蔺”青年人才发展论坛活动，全县 16 名基层干部、“第一书记”走上舞台，讲述其在扶贫第一线的亲身经历，激励广大青年干部投身基层一线，投身扶贫战场建功立业。5. 开展大学生暑期社会实践“逐梦计划”，累计提供大学生暑期社会实践岗位 110 余个。

青年志愿服务行动。1. 组织青年志愿者开展“青春志愿行、温暖回家路”服务春运暖冬行动、“三月学雷锋”等各类志愿服务活动 10 余场次，累计提供志愿服务 1500 余小时。2. 指导和帮助县内社会青年社会组织健康发展。将逐渐成熟的爱心义卖活动交由社会组织实施，主办“大爱蔺州　让爱回家”关爱留守儿童义卖义演活动，共筹集善款 41718.5 元，全部由社会组织用于关爱行动。3. 加强与中国青少年发展基金会“爱心衣橱”基金、中国西部人才开发基金会联系合作，积极推动全县公益慈善事业发展。支持蔺州梦志愿队、暖心志愿队开展关爱留守夏令营活动、下乡送温暖等活动。

联系村扶贫行动。通过调研，在结对帮扶村水口镇来龙村，创新帮扶方式，1. 通过贫困户申请、帮扶责任人核实等方式给予 18 户困难户补助 500 元作为发展资金，鼓励贫困户根据自身情况自主发展养殖业。2. 每年投入资金帮助该村发展辣椒产业 200 余亩，预计产生经济效益 30 余万元，辣椒产业成为群众脱贫致富的主导产业之一。

**【宣传工作】** 坚持将宣传作为增强团的凝聚力的主要抓手，编发《蔺青动态》12 期，推进“青年之声”工作，精心打造“青年之家”，既有满足青年共性需求的常规服务项目，也有满足青年个性需求的特色服务项目。在“古蔺青年”微信公众平台上及时发布团情动态，与 QQ 群、网站、官方微博等信息载体构建共青团新媒体“大网络”阵地，打造传播主流声音、传递青春正能量的青年交流互动新平台。

（邱　菊）

## 古蔺县妇女联合会

**【概　况】** 古蔺县妇女联合会行政编制 4 人，在职行政人员 4 人。2016 年，内设办公室、综合股两股室。2016 年年底，全县建有乡（镇）妇联组织 26 个，村（社区）妇女组织 292 个，已组建村、社区“妇女之家”293 个，机关、企事业单位妇女组织 46 个，新经济组织及社会团体妇代会 3 个，巾帼志愿服务队 6 支。

**【妇女维权】** 妇女来信来访接待工作。2016 年，县妇联共为 23 名妇女提供法律援助，县妇联接待来信来访来电案件 41 件，结办率 98% 以上。在所接待的来信来访案件中，无一起因妇联工作不当而造成群众赴省进京越级上访。

围绕主题，宣传男女平等基本国策。1. 开展主题宣传。3 月 7 日，古蔺县妇联组织城区机关单位妇委会、古蔺镇妇联在县城大梯步处开展“反对家庭暴力·共建和谐家园”为主题的宣传活动。散发《中华人民共和国妇女权益保障法》（以下简称《妇女权益保障法》）、《中华人民共和国未成年人保护法》、《中华人民共和国婚姻法》、《信访条例》、《农民工外出务工》读本、禁毒与预防艾滋病等法律法规资料以及种植、养殖技术资料 2500 余份。2. 开展男女平等基本国策宣传。“三八”期间，县妇联在古蔺电视台、《新古蔺》开设专栏宣传男女平等基本国策，宣传古蔺县各条战线涌现出的先进妇女工作者、农村种养殖业女能手先进事迹。3. 召开反对家庭暴力座谈会。3 月 3 日下午，古蔺县妇联在县委宣传部会议室召开反对家庭暴力座谈会，县级机关单位妇委会、企事业妇工委负责人 50 余人参加。与会人员从何种行为算家暴、遭遇家暴向谁求助、受害人可获哪些援助和保护、哪些部门有责任监督等几个方面结合本单位实际积极发言。通过此次座谈会，大家相互学习，深入理解，为更好的贯彻落实《中华人民共和国反家庭暴力法》，保护妇女的合法权益开好头，起好步。4. 创建妇女维权示范站。深化与县法院、检察院、公安局、司法局、综治办、民政局等部门的合作，建立家庭暴力投诉站 2 个、家庭暴力庇护中心 1 个、水口镇蜜蜡村和永乐镇永吉村妇女维权示范点，为妇女儿童的维权工作提供了坚实的保障。

**【巾帼建功】** 开展庆祝活动。3 月 8 日，古蔺县妇联在县城新体育中心举行纪念“三八”国际劳动妇女节 106 周年纪念大会暨妇女趣味运动会。县级机关妇委会、企事业单位妇工委负责人、古蔺镇妇女干部 800 余人参加了纪念大会。大会上对四川省“最美家庭”、泸州市“三八红旗集体”“三八红旗手”“巾帼文明岗”进行了颁奖。县级机关、各企事业单位女职工参加了踢毽子、滚铁环、企鹅漫步、赶猪跑、抛秧苗、拔河等趣味比赛。妇女同胞在趣味运动会中充分展示了自己的风采，在运动中获得快乐，在快乐中运动。

项目实施，关爱妇女儿童。2016 年，县妇联积极向中国妇基会争取，在古蔺县水口镇蜜腊小学、石屏镇扎山小学实施“母亲水窖·校园安全饮水”项目，项目资金为 20 万元（含设备资金 10 万元），解决学校及周边村民安全饮水问题；在双沙镇白马村实施“母亲水窖”集中供水项目 1 个，项目资金为 100 万元；向市妇联积极争取，在古蔺镇崇文社区、德跃镇红光村等村社区成功创建 5 个市级“妇女儿童之家”示范点，获得奖补资金 20 万元。与县林业局协调，争取到 450 亩退耕还林项目工程落户联系村蜜腊村，补助资金 67 万余元；与县农业局协调，争取到甜橙种植项目 100 亩计划落户蜜腊四社，补助资金 4.8 万元，通过产业发展，为联系村脱贫工作建立起造血功能。

实施幸福家庭行动。1. 开展全民阅读进家庭活动。县妇联通过认真筛选后，向县上推荐书香家庭 18 户，向市上推荐书香家庭 5 户。2. 实施家安工程。收集安全亲情家书征文 18 篇，向市上推荐 10 篇，其中 1 篇获三等奖，5 篇获优秀奖，评选出泸州市“安全贤内助”10 户。3. 开展“我心中的最美家庭”主题活动。收集上报家风家训优秀征文 13 篇、“幸福家庭”摄影作品 13 幅、书法作品 20 余幅，制作微视频 3 个上报市妇联。4. 开展创评最美家庭活动。2016 年，县妇联通过各基层妇联组织的宣传、寻找最美家庭，全县推荐上报最美家庭 30 余户，其中向市上推荐 10 户。古蔺县许文榜家庭获“全国最美家庭”称号，陈世琴等 10 户家庭获“泸州市最美家庭”称号；古蔺县宋国佑家庭在 2015 年“省最美家庭”的基础上获得“全国五好文明家庭”称号。

**【关爱行动】** 实施关爱妇女老人行动。1. 关爱贫困（特困）妇女慰问活动。县妇联广泛开展宣传、收集患病妇女情况，录入全国妇联“两癌”系统等工作，积极向上争取“两癌”救助，为患病妇女开通绿色帮助通道，帮助她们克服困难，增添战胜病魔的信心和勇气。1 月 15 日，在春节来临之际，将“贫困母亲两癌救助”款 4 万元分别发放给古蔺县 4 名“两癌”患者，把妇联的温暖送到贫困患病母亲手中。2. 实施关爱老人慰问活动。1 月 18 日，在新年到来之际，县妇联与县总工会、团县委、县残联等群团组织干部职工带着党和政府的关怀到太平镇敬老院，看望慰问太平镇敬老院的老人们。为 31 名老人们送去了棉鞋、棉袜等保暖用品及大米、油等日常生活物资，让老人们体会到寒冷的冬天有社会各界的关心、关怀，真正体会到老有所依、老有所乐，过上幸福快乐的新年。

实施关爱留守儿童及残疾儿童行动。1 月 9 日，县妇联联合县工会、团县委、残联、侨联、科协等部门到成龙武校开展慰问留守儿童活动，为全校 329 名留守儿童送去了价值 3 万余元的过冬棉袄及课外书籍。1 月 8 日，古蔺县群团组织“暖冬行动”在县特殊教育学校启动。县妇联、县工会、团县委、残联、侨联、科协等部门负责人为特校75名学生围上围巾，送去棉鞋、手套等过冬物品，还捐赠了篮球、乒乓球等体育器材，价值7000余元。

开展“走基层”慰问活动及精准扶贫工作。1月12日，县妇联全体干部职工深入联系村水口镇蜜腊村开展“情暖寒冬”送温暖活动，为密腊小学70余名学生送去围巾、手套、书包、文具等物品，同时给帮扶联系的20户贫困户送去被子、食用油、洗衣粉等生活用品，在活动中鼓励孩子们好好学习，用知识改变贫困，作一个社会有用的人；并鼓励困难群众勤劳致富，共同努力力争在2016年全面实现脱贫目标。县妇联干部职工多次深入水口镇蜜腊村，走村入户，摸底调查贫困村基本情况，协助贫困户制定帮扶规划，落实帮扶责任，多举措发展生产，脱贫致富。县妇联多次和镇村干部共同谋划联系村水、电、路等项目发展规划，以《蜜腊村精准扶贫发展规划》为指南，积极协调相关部门，逐项完成规划十大工作目标任务。2016年，实现了群众“两不愁、三保障”、贫困村“一低五有”、贫困户“一超六有”的脱贫目标，顺利通过省上脱贫工作验收考核。

**【妇女创业就业】** 搭建就业平台，服务妇女就业创业。2016年，县妇联与县级有关部门密切配合，积极参与，共促妇女创业就业。3月12日，县妇联与县人社局、县就业局、县扶贫移民局、县总工会、双沙镇政府在双沙镇举办了2016年春风行动现场招聘会。中国人寿保险、成都百德邮政、肝苏药业、仙潭酒业和新世界大酒店等15家企业，提供理财规划师、服务员、会计、质检员和普工等1030多个岗位，进场求职人员1800多人，达成就业意向473人，其中女性180余人。县级相关部门还开展了创业担保贷款、培训、社会保险和维权等政策宣传和咨询服务。县妇联发放了《农民工外出读本》《中华人民共和国反家庭暴力法》《妇女权益保障法》摘要等相关资料2800余份。9月27日，县妇联与县人社局到观文镇举办“2016年就业促扶贫专场招聘会”。发放各类就业、扶贫宣传资料1000余份，提供就业岗位2373个，86名贫困户群众（其中38名妇女）与招聘企业现场达成初步就业意向。

举办实用技术培训。2月27日，县妇联与县农业局邀请省农科院专家到丹桂镇开展辣椒技术培训，50余名辣椒种植户参加此次培训。技术专家通过现场示范，就辣椒育苗、栽种进行了详细讲解，并向种植户发放了技术资料及光盘500余份。丹桂镇妇联结合妇女居家灵活就业活动，积极配合镇政府引进成都东懋农业发展有限公司投资合作，在全镇组织动员妇女规模种植辣椒，产品由公司全部回收，通过多次宣传动员、入户规划，全镇有360户农户与公司签订种植辣椒协议3500亩。

（许　琳）

## 古蔺县科学技术协会

**【概　况】** 古蔺县科学技术协会（以下简称县科协），是负责全县农村科普、县级学（协）会、厂矿企业科协、乡镇科协和农村专业技术协会的领导管理，参与科学论证、咨询服务、项目评估、专业技术职称评定工作，组织开展科学技术教育活动的科技群众团体。2016年，县科协内设办公室、普及部、学会部；有在职人员5人，其中机关工勤人员2人。2016年，古蔺县科协在县委、县政府的领导下，在市科协的指导下，坚持以创新的工作思路转变工作作风，更新思想观念，认真贯彻落实中共十八大会议精神，团结广大科技工作者，积极为全县工作大局服务，充分发挥科普工作主要社会力量作用，大力弘扬科学精神，普及科学知识，传播科学思想和科学方法，大力推广先进的实用技术，不断提高人民群众的科学文化素质和技能，为促进全县经济稳定发展服务。

**【贯彻落实《纲要》工作】** 2016年年初，召开全民科学素质工作会议，安排部署了2016年工作全民科学素质工作，明确职责，任务分解落实。及时下发了《2016年关于加强全民科学素质工作的意见》，促进了全县全民科学素质工作的顺利开展。根据工作需要调整和充实全民科学素质工作领导小组，成员单位共19个。开展了科普宣传进社区活动，为他们配发了科学素质教育书籍、资料、挂图和书柜，并利用重大节日在社区组织开展科普知识宣传活动，通过宣传教育，城市居民的科学素质得到了明显的提高。为了提高全民科学素质，结合古蔺县创建中科协、省科协科普项目，科协、教育局等成员单位对干部群众、城市居民、中小学生开展科学健康宣传教育，宣传科学文明健康的生活习惯，提高公众的环保意识、共同参与创建的意识，有效地促进了全民科学素质工作和"知荣辱、树新风、促和谐"活动的进一步开展。县委组织部对领导干部和公务员开展了以"建设节约型社会，学习现代科学知识"为重点内容的培训2场次，同时举办全县领导干部科学素质知识测试，通过培训和理论测试，提高了领导干部和公务员对科学素质工作的认知水平，达到了预期的目的。县科协是科技工作者之家，为充分发挥党和政府联系科技工作者的桥梁和纽带作用，4月22日，组织了近30名科技工作者召开了座谈会，会上科技工作者们畅所欲言。通过座谈了解科技工作者们生活工作状况。建立了科技人才信息库，并及时将情况反馈给县委、县政府，为全县人才管理工作提供可靠依据。

**【基层科普行动计划】** 围绕"建立一个协会、振兴一批产业、致富一方百姓"的总体发展思路。县科协多次下基层乡（镇）和村组，做了大量的工作，积极申报中科协、省科协、市科协科普项目，为基地、协会争取了科普宣传资料费用。为了充分发挥科协的职能优势，整合农村科普资源，不断完善农村社会化服务体系，县科协利用农村现代化远程教育网络试点、实用技术培训、科普惠农兴村计划、科技"三下乡"等活动，培养了一批新型农民，把乡土人才培养成党员，把有文化、有能力、思想积极的群众培养成农协会的骨干，如蚕桑种植专业技术协会的赵礼、永乐镇琯溪蜜柚专业技术协会的罗天伦等科技致富能手，由于工作认真、成绩突出，被市、县科协评为科普惠农兴村先进带头人，并受到了表彰奖励。协会和科普工作的有机结合，起到了引领群众依靠科技致富，发挥了在建设社会主义新农村中积极的主导作用。为使科普工作在全县农村科学发展中体现大作为，找到科普惠农的最佳着力点，科协干部不断下乡调研，全年新增协会2个，新建科普示范基地1个，创市级科普示范社区1个、市级科普示范村1个，农技协1个，创建科普E站3个。以农村科普带头人、农村专业技术协会和农业科普示范基地为抓手，精心构建科普示范立体网络，全力推进科普惠农工程。2016年，古蔺县蚕桑种植专业技术协会被省科协、财政部评为"科普兴村计划"先进集体，古蔺县城北被市科协评为"科普示范社区"，古蔺县黄荆乡八节洞村被市科协评为"科普示范村"，古蔺县赶黄草专业技术协会被市科协评为"科普示范农技协"，古蔺县永乐镇琯溪蜜柚专业技术协会被中科协、省财政厅评为"科普惠农技协"计划先进集体。

**【科普设施】** 新建乡镇科普画廊1处，长10延长米，更新村级科普宣传栏51个，建科普服务基地3个、青少年科普活动室1个。

**【科技宣传及培训活动】** 3月25日上午，由古蔺县科协组织，县委宣传部、县科技局等18个单位参加的古蔺县第二十二届"科技之春"科普活动月大型集中宣传活动在古蔺县金兰广场拉开序幕。来自各部门科普志愿者100余名参加了此次活动。活动内容包括技术咨询、资料发放、免费义诊、科普展览等多种形式。活动围绕“科技创新驱动农村发展”主题，以推广应用农业科技成果为重点，大力提高农民的科学文化素质，推进社会主义新农村建设。活动以发放宣传资料、咨询等形式开展，县科协印发疾病预防、节能环保、防灾避险、法律法规、安全生产等科普宣传资料1万余份；劳动就业培训宣传资料1000余份；赠送各类科普图书、年画、挂图5000余册；县计生局、妇幼保健站咨询义诊300余人（次），发放药品500余盒（件），县司法局开展义务法律咨询，咨询人数100余人次。活动还举办了“马头羊养殖技术”培训，为当地群众送去养殖实用技术，受训群众500余人。坚持“实际、实用、实效”的原则，大力开展“三下乡”活动。1.组织各成员单位，坚持以农村和厂矿企业为重点，开展文化、卫生、科技三下乡活动。积极联合文化、卫生、科技等部门的专业技术人员，走出机关，先后深入3个乡镇的6个村开展下乡服务和科技调研活动，为农民送去最新的、最科学的农业知识，把科普工作与农民增收紧密结合起来，同时为县委、县政府谏言献策，提出合理化建议。2.举办农业实用科技培训。在石屏乡举办了奢香梨管护修剪实用技术培训，针对奢香梨病虫害知识进行了现场指导，增强了群众发展奢香梨产业的信心；在永乐镇举办了琯溪蜜柚种植技术培训；组织县科技局科技专家在金星乡举办了蚕桑种植技术培训。

**【全省科普示范县创建工作】** 被确定为全省第五批科普示范县创建单位以来，古蔺县严格对照创建标准要求，依照“政府推动，全民参与，提升素质，促进和谐”的原则，加强科普队伍、阵地和能力建设，积极健全科普网络，科普活动覆盖面达90%以上。按照“抓典型、树样板、以点带面”的思路，成功创建市级科技示范校5所、县级科技示范校12所，命名科普示范镇8个，科普示范村32个，发展农技协80个，创建全国百强协会1个，科普工作在全县白酒酿造、煤矿开采、特色农业产业发展等领域发挥了重大作用，科普工作已渗透到古蔺县经济发展、社会建设、民生改善的各个方面。5月，省科协副主席黄竞跃率全省科普示范县核查验收组第二小组到古蔺，就古蔺县创建全省科普示范县工作进行检查验收。检查组一行对古蔺县“创建全省科普示范县”工作给予了充分肯定，认为古蔺县的科普创建工作得到了县委政府领导的高度重视，创建成员单位工作到位，在全县形成了良好的科普工作格局。检查组一致认为，古蔺县已经达到了全省科普示范县标准，将向省科协客观、真实反映检查意见。检查组希望古蔺县相关部门继续发挥科技协会和社团的作用，增强科普工作的主动性，开拓科普创建的视野，做好科普基础设施建设，为实现全民科普、科普为民的创造良好氛围。

**【青少年科普工作】** 1.联合教育局，以增强青少年科技创新意识和实践能力为着眼点，大力开展青少年科技实践活动。组织古蔺中学、蔺阳中学、古蔺县第二幼儿园、古蔺县第三幼儿园4所学校参加第32届四川省青少年科技创新大赛，其中古蔺中学的科技创新项目“缩放式环保垃圾桶”荣获二等奖，蔺阳中学的科技创新项目“基于地漏的防堵装置”荣获三等奖，第二幼儿园和第三幼儿园的科幻画在绘画展中分别荣获二等奖和三等奖。2.以“小发明、小制作、小手工”活动为载体，在各学校成立了科技兴趣小组，立足第二课堂。深入社会参观、调查、实践、探索，培养了学生崇尚科学、弘扬科学精神，激发了青少年学生讲科学、学科学、用科学的激情。3.开展了“节约一滴水、节约一度电、节约一张纸、节约一粒米”的“四个一”主题实践和宣传活动，对同学们进行了日常生活常识、身体健康知识以及“崇尚科学、拒绝毒品”的宣传教育活动。

**【加强干部队伍建设】** 1.在县委、县政府开展党的群众路线教育实践活动中，及时召开会议，专题研究，成立领导小组，制定了活动实施方案。2. 组织机关干部职工定期学习。认真做好笔记，写出心得体会，开展讲比活动、“四风”活动，针对科协实际，找出存在的问题，认真整改，召开民主生活会，开展批评和自我批评。通过抓干部的政治理论学习，抓机关制度建设，使机关干部的整体素质得到明显提高，从而使每个干部肩上有担子，岗上有职责，心中有目标，工作中出现了比、学、赶、帮、超的良好局面，有力地促进了各项工作的顺利开展，实现了机关作风的大转变。3. 积极争取领导重视，提高科协知名度。年初，针对科协工作的现状，积极采取向领导汇报、在各网站发送工作和活动信息等方式，争取领导对科协的重视，特别是“科技之春”“全国科技活动周”“全国科普日”等重点活动中，县级主要领导都给予了高度重视和支持。4. 深入基层，调查研究，做好包村帮扶工作。按照县委、县政府的要求，坚持宣传与服务相结合，充分利用基层网络和协会组织阵地，协调配合“科技、教育”等部门和专业技术人员，深入农村、企业，开展调研活动，并且把调研过程中掌握到的情况与科普工作紧密结合起来，运用到实际工作中，推动了全县的科普工作。部门包村帮扶工作富有成效。按照年初目标任务，2016 年，帮扶联系村观文镇五桂村，县科协一班人到村入户慰问困难群众，并和困难户党员结对子，开展有针对性的科技帮扶工作；在单位经费紧缺的情况下，投入 2 万元资金解决五桂村 1 个村民小组的饮水问题。

（姜小欧）

## 古蔺县工商业联合会（总商会）

**【概　况】** 古蔺县工商业联合会和古蔺县总商会（以下简称县工商联），根据古府发〔1996〕167 号文件，“古蔺县商会”正式挂牌成立并登记注册，机构设置实行一套班子、两块牌子。第十三届工商联（总商会）领导班子设执行委员会 59 人，其中主席（会长）1 人，驻会副主席（副会长）1 人，副主席（副会长）1 人，副主席共 8 人，其中非公经济人士副主席 5 人；总商会副会长 11 人（非公经济人士副会长 9 人），常委 21 人。县工商联设立党组，党组书记由统战部副部长兼任，党组成员 3 人。2016 年，县工商联内设办公室，行政编制 3 人，驻会干部 3 人。截至 2016 年年底，县工商联拥有会员 1700 个，其中企业会员 663 人，下属 12 个乡镇基层商会、6 个行业商会、4 个社区商会。

**【参政议政】** 2016 年，县工商联撰写了 17 篇调研文章和建议报告，工商联界别的政协委员提出建议提案 66 件。全年向省工商联（区县工商联信息）、市委信息科、统战部报送多条信息。为推进商会工作规范管理服务发展打下基础。帮助政府了解真实情况，获得可靠信息，听到中肯意见，为县委、县政府重大决策提供依据。

**【光彩事业】** 县工商联引导广大非公有制经济人士，坚持社会主义的根本原则，参与经济结构、所有制结构的调整，诚实劳动，合法经营，在“百企联百村”签约中鼓励多纳税、多创汇、多提供就业机会。县工商联派驻一名干部担任联系村马嘶苗族乡同心村的“第一书记”主抓脱贫工作。根据同心村基础优势，帮助制定同心村集体经济在种植、养殖方面的发展项目。2016 年年初，县工商联（总商会）垫付出资 2.5 万元购买生猪 53 头，与 16 户贫困户签订确定价认购回收合同。年底，以每头平均 4800 元的价格，全部回收（共计 25.44 万元），确保 15 户贫困户达到脱贫标准（其中一户生猪未达到出栏标准未脱贫）；13 户享危房改造政策资金建房。县工商联副主席沈毅与贫困学生签订结对帮扶协议，县百货行业商会会长陈之凯与马嘶乡同心村签订结对帮扶协议，帮助引进企业入驻，探索成立有实体经济支撑发展村合作集体经济，确保脱贫不返贫。女子商会15位成员结对帮扶贫困学生16人，每人平均出资3.2万元（共计51.2万元），直至贫困生大学二年级。

引导在外成功人士、异地商会回乡投资，参与慈善帮扶。浙江金华泸州商会古蔺籍在外成功人士为马嘶乡柳沟村患白血病儿童韦亮发起“蔺籍老乡爱心捐助”活动，共捐助爱心资金4.2万元，帮助马嘶乡同心村销售生猪8头（共计3.84万元）；为古蔺镇沙坝村安装路灯，修建村活动室。在德耀镇红光村建设旅游产业扶贫，第一期总投资预算近3亿元，投资太平镇储酒溶洞建设1.5亿元；引导40多家通过招商引资到古蔺县投资的企业投身“百企联百村”精准扶贫工作。

**【招商引资】** 县工商联配合县委、县政府开展招商引资工作。与外地商协会联系对接，扩大产品外销渠道。将古蔺面、赶黄草、萝卜干、牛肉干、金花茶、笋子等10余种优秀特色农产品推荐给异地商会，使古蔺县农产品“走出去”。

**【信息宣传】** 县工商联充分挖掘新型宣传工作阵地，利用总商会QQ、邮箱、微信等平台将政府经济信息和公益信息及时和企业沟通、交换意见。建立部分蔺籍在外创业的老乡群。通过《新古蔺》，泸州新闻网，省、市工商联网站等各类新闻媒体，向外展示古蔺县非公企业的良好形象。

（任泓旭）

# 军　事

## 人民武装部

**【概　况】** 2016年，古蔺县人武部在泸州军分区党委和县委、县政府的坚强领导下，深入学习习近平主席系列重要讲话精神和中共十八届三中、四中、五中、六中全会精神，紧紧围绕党在新形势下的强军目标，积极适应新体制、转变新职能、履行新使命，贯彻省军区、军分区党委决策部署，思想政治建设坚强有力，战备训练水平持续提升，部队正规化建设不断加强，全县国防动员和后备力量建设健康发展。

**【思想政治建设】** 县人武部党委坚持用党的创新理论建部育人。深入学习贯彻习近平主席系列重要讲话精神和中共十八届六中全会精神，强化干部职工拥戴核心、看齐核心、捍卫核心、追随核心的政治自觉和行动自觉。坚持抓紧抓实主题教育活动。扎实开展“改革强军”主题教育活动，深刻领悟习近平主席改革强军战略思想，干部职工进一步读懂改革、拥护改革、支持改革。组织开展“新体制、新职能、新使命”和“政治工作发挥生命线作用”大讨论，自觉摒弃旧观念，主动适应新常态。坚持抓好经常性思想政治教育。把职能使命教育向干部、职工和民兵预备役人员全覆盖，采取录像辅导、演讲比赛、交流体会等形式，丰富教育手段，增强教育效果。

**【军事斗争准备】** 着眼遂行多样化军事任务，狠抓战备教育、战备训练、战备制度落实，保持了正规的战备秩序。军事训练扎实推进，严格执行军分区年度军事训练计划，组织干部职工和民兵应急分队进行冬季野营拉练，锻炼部队作风。组织民兵综合应急连集训，重点开展警棍盾牌术、抗洪抢险、森林防火等科目训练，民兵综合应急连组织指挥水平和应急能力得到提高。组织民兵300余人参加古蔺县地质灾害演练，检验了民兵应急分队应对突发自然灾害的综合反应能力。着眼有效应对抗洪抢险水上应急救援等急难险重任务需求，协调地方海事部门，在太平镇成立民兵应急救援水上分队，同步展开相关专业训练。

**【党委班子和干部队伍建设】** 注重抓好党委班子建设，坚持民主集中制原则，充分调动班子成员议事决策主动性，党委凝聚力、战斗力得到进一步提升。与军分区党委机关同步开展党委中心组学习，坚持每周五组织生活学习制度，深刻领会习近平主席治国、治党、治军战略方针。高标准召开“三严三实”专题民主生活会，认真对照检查，深刻剖析原因，制定切实可行的整改措施，扎实开展批评与自我批评，增强了班子的团结和凝聚力。基层专武干部队伍得到加强，新考察使用17名专武部长并组织任职培训，专武干部武装工作能力进一步提升，基层组织力量得到有效加强。

**【党风廉政建设】** 深入开展全面彻底肃清郭徐流毒影响专题教育，县人武部党委专题召开党委会研究部署，采取召开支部党员大会、党小组会等形式，组织党员干部围绕军委明确的“12个重大是非问题”，联系个人工作和思想实际，从端正世界观人生观价值观、权力观地位观利益观、事业观政绩观工作观层面，广泛开展讨论辨析，教育引导党员干部深挖思想病根、校正是非标准。组织观看专题片《永远在路上》，参观泸州市廉政教育基地，运用反面典型进行警示教育，强化党员干部纪律规矩意识。

**【部队安全管理】** 始终把安全管理融入部队建设方方面面，把安全稳定作为部队建设保底工程紧抓不放。狠抓安全教育，筑牢安全意识，利用交班会、组织生活会等时间传达上级有关文电精神，定期讲评安全情况，随机开展安全教育，干部职工安全意识进一步加强。认真组织“条令学习月”活动，通过学习条令、队列训练、作风整顿等形式，增强了干部职工条令意识，强化了作风养成。坚持把安全稳定作为一项基础性工作经常抓、反复抓，重点加强“人车枪弹密、水火电气财、酒油黄赌毒、涉外涉地方”的监管力度，定期分析部队安全形势，建立安全工作台账。对照上级安全隐患排查项目，投入10万余元，对档案室、武器仓库、干部公寓房、营区线路等设施设备进行完善，安全隐患得到有效排除，部队实现了安全发展。

**【参与地方建设】** 贯彻军地关于扶贫开发和脱贫攻坚文件精神，根据上级统一安排，县人武部定点帮扶鱼化乡望龙村。从组织领导、经费投入、人员保障上给予大力支持，多方筹措20万元，建立扶贫开发专项资金。县人武部领导定期到村到户调研，派遣“第一书记”驻村帮扶，精准建档立卡，精准发力帮扶，为“三带工程”注资1.5万元，为困难党员群众赠送慰问物资3万余元，投入万余元资金帮助望龙村改善文化活动室视频会议系统，增加阅览室藏书，定期组织干部职工进村入户帮助贫困户解决实际困难。

（黄文焱）

## 武 警

**【概 况】** 1949年古蔺解放，1954年4月单位改称“中国人民解放军公安部队古蔺县中队”，1955年8月改为“人民警察部队古蔺县中队”，1965年改为“中国人民解放军古蔺县中队”，1975年改为“古蔺县人民警察部队”，1982年武警部队正式成立，1983年1月改为“中国人民武装警察部队古蔺县中队”。武警古蔺县中队成立以来，虽然体制、名称多次变更，但在武警党委和县委、县政府的领导下，中队官兵深入学习贯彻中共十八大精神，加强部队全面建设，坚决完成了党和人民赋予的各项任务，为保障人民安居乐业和地方经济建设做出了应有的贡献，在执勤和抢险救灾中成绩突出，多次立功受奖，受到上级和地方党委的好评。

**【主要任务】** 武警古蔺县中队隶属于中国人民武装警察部队泸州市支队，主要担负古蔺县看守所的外围武装警戒，协助公安机关、国家安全机关执行逮捕、追捕、押解、押运任务，在敏感特殊时期进行武装巡逻，参加处置暴乱、骚乱、严重暴力犯罪事件、恐怖袭击事件和其他社会安全事件，是县委、县政府领导下的“反恐、处突”先锋力量和“拳头”力量。

**【思想政治建设】** 坚持把政治工作摆在首位，全面贯彻落实中共十八大精神，按照习近平主席“听党指挥，能打胜仗，作风优良”的总要求，深入贯彻“强军目标”，确保思想政治建设扎实有效。通过强化中心意识，不断培育革命战斗精神，使官兵树牢“上一线、打头阵”的思想；在扎实抓好任务中政治工作的同时，加强形势教育，做好隐蔽斗争和“四反”工作；狠抓遵纪守法教育，强化官兵的法制观念，提高官兵依法执勤、依法办事的能力，为更好的服务人民打牢思想根基。

**【正规化建设】** 坚持把正规化、现代化全面建设放在重点位置，面向现代化，奋力推进中队建设转型提高和安全发展。武警古蔺县中队多次被武警泸州市支队评为“先进中队”，荣立集体三等功，获地方各类奖项。中队党支部也多次被武警泸州市支队表彰为“基层先进党支部”。

**【军事训练】** 坚持以新《军事训练大纲》为依据，按照“军事训练贴近执勤和处置突发事件”的方针，从严要求，严抠细训，狠抓军事训练。2016年，完成训练日265天，军事考核总评达到优秀，10人分别被评为“执勤能手”“擒敌技术能手”“特等射手”。

**【执勤工作】** 在确保固定目标绝对安全的同时，圆满完成各项重大临时勤务。武警古蔺县中队始终坚持以执勤工作为中心，严密组织勤务，确保县看守所目标绝对安全。2016年，共担负押解任务12余次，执行设卡、城市武装巡逻、“两会”安保、临时守护10余次，行程达3800余公里。

**【拥政爱民】** 武警古蔺县中队官兵“视人民为父母，把驻地当故乡”，努力为驻地“两个文明”建设贡献力量。积极开展“学雷锋，树新风”活动，为驻地群众办好事、做实事，广泛开展国防教育；并与精神文明共建单位开展丰富多彩的活动。武警古蔺县中队先后被武警四川总队、古蔺县双拥办授予“拥政爱民先进单位”“无偿献血先进单位”称号。

（李宗泽）

# 法　治

## 政法委及综治

**【概　况】** 中共古蔺县委政法委员会组建于1981年，是县委领导和管理政法工作的职能部门。2016年，县委政法委员会内设办公室、政工股、督办室、政法纪工委4个内设机构。综治办、维稳办、防范办、禁毒办、国安办5个行政机构与县委政法委员会合署办公。县委政法委员会核定人员编制18人（行政编制17人、工勤编制1人），其中领导职数12人。

2016年，古蔺县政法工作在县委、县政府的领导下，在市委政法委的指导下，认真贯彻落实中共十八大，十八届五中、六中全会和中央、省委、市委政法工作会议精神，紧紧围绕改革发展稳定大局，大力推进平安建设、法治建设和政法队伍建设，坚持问题导向，找差距、补短板、强措施，全力推进各项工作，努力为古蔺经济社会事业发展提供良好的社会环境。

**【基层社会治理】** 铁腕整治治安突出问题。始终保持严打高压态势，铁腕整治“两抢两盗一诈骗”“黄赌毒”“摩患”等社会治安突出问题。深入开展“打侵财、治毒品、压发案”专项行动。“打、治、压”专项行动综合考核居全市第四，其中“治毒品”居全市第一，“打侵财”居全市第三。2016年，全县共受理治安案件2119件，查处1937件，查处率91.41%；共立刑事案件1184件，破获447件，破案率37.75%。返还被盗、抢、骗物资折合人民币1300余万元。

深化矛盾纠纷排查化解。建立健全矛盾纠纷分析研判联席会议制度，一月一研判。集中开展突出矛盾纠纷排查化解和进京非访、到市集体访专项治理行动，加大矛盾纠纷排查调处力度，加强督导问责。2016年，全县共排查受理矛盾纠纷2554件，调处成功2468件，成功率96.63%，其中重点疑难矛盾纠纷160件，成功化解148件。落实县领导包案化解责任制，扎实做好全国、全省“两会”，2016年第三次G20财长和央行行长会，G20峰会，中共十八届六中全会等重要敏感时期信访稳定工作，全国“两会”期间实现了零进京访。

深化网格化服务管理。网格员积极参与服务管理流动人员、特殊人群和群防群治重点工作。将网格化管理与“群众例会”有机结合，实现为民解忧化难，密切党群、干群关系，筑牢基层平安稳定防线。

加强平安细胞创建。持续开展单位联点联创工作。实施古蔺镇崇文社区等5个“平安社区”创建工作，全面完成城区10个“三无院落”治理和提档升级工作，积极探索自治管理长效机制。

完善社会治安防控体系。不断健全街面、村（社区）、单位和行业场所、区域边际、虚拟社会、线（路）治安防控“六张网”。第三期“平安守护网”工程和“雪亮”工程建设有序推进。

【维稳工作】 夯实基层维稳处突队伍。依托“红袖标”队伍力量，县城和各乡镇、场镇所在地组建应急处突队伍，采取常态化备勤和巡逻，实施分片、分段、错时、错位的应急处突机制，将偏街小巷全部纳入防控范围。乡镇维稳处突队伍参与、处置各类突发事件，有效保障了全县大局的稳定。

健全片区应急处突联勤机制。积极探索建立古蔺边远山区片区维稳应急联勤机制，将片区应急联勤演练工作纳入县委、县政府双定考核目标任务，全县26个乡镇划分为8个片区，全面按时开展片区应急联勤演练，进一步提升了边远山区各乡镇整体联动作战的指挥水平和协作能力。

扎实开展社会风险评估工作。严格按照2016年11月1日起施行的《四川省社会稳定风险评估办法》和《古蔺县社会稳定风险评估实施办法》的要求和标准，将社会稳定风险评估工作作为上项目、作决策、搞发展的前置程序。2016年，全县实施各类稳定风险评估797起，重大项目、重大决策、重大改革、重大活动社会稳定风险评估率达100%。

严防严控，积极处置突发涉稳事件。健全完善处突预警研判机制，细化应急预案，整合多方力量化解涉稳事件。2016年，妥善处置涉稳突发事件（苗头）114起，圆满完成各级“两会”，省、市领导参加古蔺安保活动，重大群众性活动等安保维稳任务45次。

着力维护重点工程和重大项目建设秩序。将保障全县经济社会发展作为着力点，充分发挥政法系统职能职责，大力排查整治影响重大项目建设的矛盾纠纷和涉稳隐患。针对城市征地拆迁、重点项目建设等重点工作，积极制定维稳安保方案，适时依法开展保护性施工。同时，依法严厉打击拦堵施工、聚众闹事等违法犯罪行为，优化发展环境。

做实G20峰会、中共十八届六中全会期间维稳工作。严防密控，层层落实责任，加强涉稳隐患和不稳定因素排查化解，强化利益诉求群体稳控，做实社会面防控及反恐工作，全力保障会议期间全县社会大局稳定。

【禁毒工作】 强化毒品预防教育宣传。以法制宣传月、新春“三下乡”活动、“6·26”国际禁毒日宣传活动为契机，举办禁毒知识展览，发放《致学生及家长的一封信》《致外出务工兄弟姐妹的一封信》等禁毒宣传资料30余万份，编印《青少年预防毒品教育读本》5000册，面向全县中小学校发放。

扎实推进毒品预防教育基地建设。在古蔺县职业高级中学校投入资金10万余元，建设200余平方米的禁毒文化走廊。并在全县打造毒品预防教育示范学校6所，开展专题教育30余次。

全面推进社区戒毒（康复）工作。社区戒毒康复中心实现全县26个乡镇全覆盖，强化了中心与派出所的衔接机制。采取低保救助、公益性岗位安置、鼓励自主就业等方式，努力为社区戒毒康复人员提供困难救助和就业扶持。2016年，全县共救助吸毒人员18人，鼓励自主就业23人。

强化对涉毒违法犯罪的打击力度。继续保持高压态势，堵源截流，依法打击涉毒违法犯罪。2016年，查处涉毒案件228件，刑拘49人，逮捕35人，强戒112人，社区戒毒43人，缴获各类毒品5427.21多克，破获公安部督办案件1件。

【司法建设】 探索审判权运行机制改革。在德耀、双沙、二郎3个法庭进行民商事审判工作试点，刑事审判以轻微刑事案件为试点，将裁判权、裁判文书签发权全部下放到承办法官和合议庭。2016年，试点范围内办理的民事案件达707件，缩短了办案周期，提高了办案效率。

强力攻坚执行难问题。开展“百日执行攻坚战”“基本解决执行难”等专项执行活动，建立解决执行难联席会议制度。2016年，共受理执行案件1734件，同比上升34.63%，执结1606件，执结率92.62%，兑现金额1.12亿余元。采取一般惩戒和信用惩戒相结合的模式，共纳入失信被执行人852人次，限制高消费和限制出境700余人次，采取司法拘留、罚款、训诫等强制措施260余次，增强了执行威慑力。

深入推进司法公开。深化审判公开、检务公开、警务公开，细化阳光司法实施方案。2016年，县法院共公开裁判文书3357件，县检察院共公开重大案件信息47条、法律文书260份，接受案件办理情况查询150件，公开已判决生效案件判决书230份。

积极稳妥有序推进司法体制改革。推进法官、检察官员额制改革，县法院已完成第一批35人、县检察院已完成23人员额制改革。司改各项工作正有序进行。

加强法学会建设。筹建成立古蔺县法学会，召开第一次会员代表大会，选举产生古蔺县法学会会长、常务副会长、副会长、秘书长及理事会理事、常务理事。

**【队伍建设】** 加强政法干警思想政治建设，将学习习近平总书记系列重要讲话和全国、省、市政法队伍建设会议精神融入“两学一做”主题教育活动中。持续正风肃纪，狠抓纪律作风建设和党风廉政建设。全面加强能力建设，大力实施业务强警工程，积极开展理论知识、业务技能培训。组织全县政法干警参加全国政法干部学习讲座4次，组织开展维稳工作业务培训15次，开展职务犯罪预防宣讲56场次，选送干警参加各类培训360余人次，进一步提升了政法队伍的整体素质。

**【创新工作】** 2016年，古蔺县积极探索开展省矛盾纠纷“大调解”工作领导小组下达的矛盾纠纷多元化解工作省级创新项目——古蔺县农村土地林权纠纷联动调处机制。古蔺县土处办整合了国土、林业、农业等部门土地、林木林地权属纠纷和农村土地承包合同纠纷处理权，对土地林权纠纷进行认真调查、实地踏勘后，再对案件分类进行调处，调解优先、依法处理，实现行政调解、行政复议、仲裁的“无缝衔接”，切实解决部门职责交叉、力量分散、多头处理、政策“打架”等问题，提高依法、及时、高效调处化解农村土地林权纠纷工作效率，有效化解一大批突出疑难矛盾。自2010年11月成立至今，受理土地纠纷案件共计326件，办结323件，办结率99%。2016年12月，省矛盾纠纷“大调解”工作领导小组组织专家组完成评估验收，并作为省级优秀项目案例进行推报。

（温　建）

## 法治政府建设

**【概　况】** 古蔺县人民政府法制办公室为县政府的办事机构，挂靠县政府办公室，是县政府的法律顾问、参谋和助手，是全县推进依法行政、建设法治政府的牵头部门，具体负责处理县政府行政复议、行政应诉、行政调解、行政执法监督等各项涉法事务。2016年，县法制办有行政编制5人，实有5人，内设综合股、行政复议应诉股和行政执法监督股。

**【行政决策工作】** 将《四川省重大行政决策程序规定》作为政府常务会会前学法内容进行集中学习。修订《古蔺县人民政府工作规则》，完善《古蔺县重大行政决策程序规定》，明确决策主体、事项范围、法定程序、法律责任，规范决策流程，强化决策法定程序的刚性约束。坚持重大决策听证制度，对公交车价格调整、水费调整等重大决策采取听证。严格落实重大行政决策公众参与、专家论证、风险评估、合法性审查、集体讨论决定的五项必经程序。成立古蔺县委、县政府法律顾问团，制定法律顾问团管理办法，加强法律顾问管理。在乌蒙山—叙永县—水潦乡至古蔺县太平镇农村扶贫公路等PPP投资项目和观文水库等建设项目中，积极听取有关专家和法律顾问的意见，充分发挥法律顾问团的作用。

**【规范性文件管理】** 严格执行规范性文件制定程序，提高政府和部门规范性文件起草质量，落实合法性审查、集体讨论决定等制度，对其合法性进行严格论证、把关。开展政府规范性文件定期清理，至2016年，规范性文件共有62件，其中继续有效37件，修改7件，废止12件，失效6件。2016年，共审查政府规范性文件5件，国家投资建设项目合同306份，政府常务会议题77个，其他文件27份。

**【“放、管、服”改革】** 规范县政府权责清单，将政府职能、法律依据、实施主体、职责权限、管理流程、监管方式等事项以清单形式向社会公开；创新监管方式和监督管理机制，健全随机抽取检查对象、随机选派执法检查人员的“双随机”抽查机制，落实行政许可、行政处罚“双公示”制度；对公共服务事项目录进行全面梳理和公开；积极推进政务信息公开，2016年，公开政务信息6521条；积极开展简政放权，承接上级下放审批事项22项，公布全县通用行政审批项目182项，全年共受理行政审批、公共服务事项1264158件。

**【行政执法工作】** 健全行政执法和刑事司法衔接机制，完善案件移送标准和程序，召开联席会议3次，健全行政执法机关、公安机关、检察机关、审判机关信息共享、案情通报、案件移送制度，共移送案件10件10人次，立案8件8人次。全面落实行政执法责任制，推行行政执法公示制度，通过政务服务和行政权力运行平台，实现行政许可、行政处罚、行政强制有案必录和网上公示；认真落实重大行政处罚、行政强制备案制度，县安监局等部门共报送行政处罚备案5件；初步健全执法全过程记录制度和重大执法决定法制审核制度，行政执法裁量权更加规范，执法纠纷有效减少；实行行政执法人员持证上岗和资格管理制度，开展行政执法人员主体资格清理，共清理符合条件的行政执法人员1336人；落实行政执法资格培训考试制度，对全县办理执法证件的人员进行培训和考试，行政执法人员法律素养和执法能力显著提升。

**【监督行政权力运行】** 强化行政权力平台运行管理，将全县行政处罚、行政强制等行政权力清单和责任清单全部录入行权平台，及时、同步录入办理案件，2016年，办理行政处罚、行政强制、行政检查等案件12072件。县监察局、政管办、法制办组成督导组，先后2次开展督查，督查政府组阁部门16个，梳理出问题39条，形成督查报告。充分发挥政府及部门法制机构内部层级监督功能，以案件质量评查为手段，加强个案监督，提高行政执法案卷质量。

**【行政复议应诉工作】** 加强行政复议工作，优化、强化行政复议应诉股人员配置；依法受理、公正办理行政复议案件；落实行政复议委员会对重大案件审理制度，充分发挥行政复议在解决行政争议中的重要作用。2016年，共受理复议案件156件，办结152件，办结率96%，其中，驳回复议请求6件，维持97件，撤销7件，撤回40件，调解1件，其他1件。认真履行应诉职责，2016年，县政府为被告的行政应诉28件，其中，一审未结案8件，已结案20件（判决驳回原告诉讼请求11件，撤销5件，原告撤回起诉1件，裁定驳回原告起诉3件）；二审未结案7件，已结案5件（撤销一审判决维持原行政机关复议决定件1件，驳回上诉维持原判2件，原告撤回起诉2件）。11月22日，县法制办参加全省行政复议应诉工作座谈会并作经验交流。加强行政裁决工作。2016年，县农村土地纠纷处理办公室共受理案件51件（含县领导批示案件2件），办结46件，其中行政处理18件，行政调解4件，行政回复3件，仲裁3件，转乡镇处理18件；未办结5件。开展仲裁工作，挂牌成立泸州仲裁委员会古蔺联络处。

【依法行政示范创建】继续推进示范创建工作，在县卫计局、县公安局、县文体广电局、县政务中心、县工商质监局、县食药监局、县烟草专卖局、古蔺镇、水口镇、双沙镇、太平镇、观文镇、大寨苗族乡、石屏镇、皇华镇、桂花乡等部门和乡镇开展示范创建工作。创建单位分别成立机构，围绕规范决策与执法行为开展工作，完善制度，提高了依法行政的能力和水平。

【矛盾纠纷多元化解创新工作】2016年4月，四川省矛盾纠纷“大调解”工作领导小组办公室《关于泸州市推进矛盾纠纷多元化解工作创新项目的批复》将由县法制办牵头并具体负责的“古蔺县农村土地林权纠纷联动调处机制建设”课题列为2016年四川省推进矛盾纠纷多元化解工作创新项目。县法制办总结县土处办6年来积累的成功经验做法，形成理论和实践创新成果，编印土地林权纠纷调处典型案例汇编，完成创新项目课题研究专项报告和经验介绍的视频影像资料，编印大事记并报送至省上审查，于12月23日通过省课题组现场验收，成为优秀课题并列入全省推广项目。

（徐小兵）

## 公 安

【概 况】2016年，古蔺县公安局下设6个综合部门（政工监督室、纪委监察室、指挥中心、法制室、警务保障室、情报中心），11个实战大队（国保、治安、刑侦、禁毒、经侦、交管、食药安、网安、出入境管理、巡防、看守所），16个建制镇派出所（古蔺、二郎、太平、双沙、石宝、龙山、大村、石屏、观文、德耀、水口、丹桂、土城、皇华、永乐、护家），10个建制乡派出所（箭竹、马蹄、东新、椒园、鱼化、黄荆、马嘶、桂花、大寨、白泥）。共有在编民警305人，事业人员55人，辅警人员331人。

2016年，县公安局在县委、县政府和市公安局的领导下，认真贯彻落实省、市、县会议精神。在全市公安机关目标绩效考核中，交通管理工作排名全市第一，并荣记集体三等功；队伍建设工作、国保工作、食品药品安全管理工作均在全市目标考核中取得了第一的优异成绩；消防管理工作成绩突出，被县政府荣记集体三等功，连续四年获此殊荣。

【严打严查违法犯罪】2016年，县公安局按照市委、市政府开展“打侵财、治毒品、压发案”专项整治行动的统一部署，强化打击举措，取得了“治毒品”工作全市第一，“打侵财”工作全市第三，综合排名第四的成绩。在打击侵财犯罪方面：破获各类侵财案84件，抓获各类违法犯罪嫌疑人56人，刑事拘留51人。共打掉跨区域系列团伙8个、8串，成员29人，涉案41起，追回被盗摩托车115辆。破获通信网络诈骗案1起，抓获犯罪嫌疑人3人，协助外省公安机关破获通信诈骗案件3起。在治理毒品方面：办理涉毒刑事案件40件，完成任务数的133.33%；刑事拘留40人；逮捕和起诉30人，完成任务数的107.14%；强制隔离戒毒52人，完成任务数的104%；办理省级目标案件1件、公安部督办案件1件。在“压发案”方面：制定《压发案专项行动工作方案》和《专项行动考核办法》，下发到各派出所。强化社会治安综合治理，加强巡逻防控工作，健全完善防控体系，进一步增强社会治安动态管控能力。专项行动期间，盘查人员5281人，经盘查，发现违法嫌疑人员84人；盘查车辆3149辆，经盘查，发现盗抢嫌疑车辆37辆。

全年共立刑事案件1184件，破获447件，破案率37.75 %；抓获各类犯罪嫌疑人496人，移送起诉387人，追回各类上网逃犯115人，其中外省逃犯22人，往年逃犯13人。返还被盗、抢、骗物资折合人民币1300余万元。受理治安案件2119件，查处1937件，查处率91.41 %；行政拘留387

人，警告224人，罚款1104人，强制戒毒112人，社区戒毒43人，缴获各类毒品5427.21克。端掉涉赌、涉黄窝点12处。

**【强化管控措施】** 1.加强道路交通安全整治。2016年，全县共清理排查道路交通隐患325处，查获各类交通违法行为100386起，其中无证2540起，酒后425起（醉驾48起），超速25380起，货车超载3654起，客车超员9起，其他违法行为68378起。2.加强消防安全隐患排查。组织开展消防领域打非治违和劳动密集型企业消防安全专项治理等专项整治工作，坚决预防和遏制重特大火灾尤其是群死群伤恶性火灾事故的发生。2016年，共检查单位887家，发现火灾隐患254处，督促整改火灾隐患248处，填发《责令整改通知书》211份，办理消防行政处罚案件56件，责令“三停”单位21家，临时查封单位22家，罚款42.57万元，行政拘留4人。3.强化民爆物品安全监管。按照“提前预防、从严管理、保障安全”的工作要求，有效预防涉爆案（事）件发生，县公安局采取“四严”工作法，加强民爆物品安全监管工作。2016年，共销毁过期炸药7656.9公斤、雷管30887发，收缴非法烟花爆竹12997件。

**【社会治安防控体系建设】** 1.强化街面巡逻防控。在主城区形成巡警、交警、派出所、社区保安巡逻队伍相互衔接、机动灵活、快速反应的全天候动态巡逻机制。2016年，通过巡逻盘查，抓获各类违法犯罪嫌疑人226人，挡获涉嫌盗抢车辆124辆，收缴管制刀具34把，救助群众23人。2.强化物防、技防建设。督促单位、小区、居民院落实物防、技防、保安力量。落实天网三期工程建设，共建立225个点位，收集432个图像，升级改造指挥调度系统。3.强化安保维稳工作。2016年以来，县公安局按照省、市反恐维稳部署，强化反恐维稳应急演练、预案制作、警力保障、装备保障，圆满完成黄荆老林英雄会、全国“两会”、G20峰会、领导到古蔺等大小安保任务98次。特别在G20峰会期间，县公安局进入二级戒备状态，进一步加强值班备勤，加强巡逻防范工作，保证有三分之二的警力24小时值班备勤，圆满完成安保任务。

**【服务作风转变】** 1.深入开展“一标三实”工作，着力解决与群众休戚相关的户籍难题。2016年，县公安局按照“一标三实”工作要求，在全县范围内清理核查户籍人口、实有人口、从业人员信息，全县共投入以专职、兼职、村社干部为主的人力保障700余人，解决工作经费60余万元，依法对8类无户口人员登记入户12080人，查清全县未查明去向的户籍人口41余万人，未采集户籍人口去向查明率达95.4%，达到全县人口管理“底数清、去向明、信息实、服务好”的总体目标。2.改革创新，在全市范围内率先推行出入境业务下沉到派出所。2016年4月14日，县公安局将出入境业务下沉到派出所，在双沙建立了派出所出入境受理点，成为全市第一个落点派出所的出入境窗口。2016年，双沙受理点共接待群众2600余人次，受理出国（境）申请材料400余份，办理各类出入境证件照312份。3.创新机制，进一步规范农村道路交通安全管理工作。为有效提升农村道路交通安全管理效能，县公安局将5个外设交警中队的民警、辅警40人整合到全县26个派出所，加大对农村道路交通安全管理，加强隐患排查整治和路面管控，进一步规范了农村道路交通安全管理工作。2016年，全县一般道路交通事故253起，比2015年同期354起相比，减少101起，下降率28.5%；受伤人数892人，比2015年同期1222人相比，减少330人，下降率27%；死亡交通事故36起，比2015年同期61起相比，减少25起，下降率40.1%；死亡人数39人，比2015年同期65人相比，减少26人，下降率40%。4.不断简化优化服务流程，方便群众入户办证。在各业务窗口严格落实“朝九晚五”

工作制度，并规定不送走最后一名群众不关门的要求，最大限度地方便办事群众。全年，出入境窗口共接待办证群众15260余人次，受理各种出入境证件12725件次；户籍业务窗口办理身份证49000余张、户口本20000余本；车管业务窗口共办理国产免检小轿车入户2484辆，两轮（含轻便）摩托车入户9179辆。5. 升级改造信访环境，有效提升信访工作效力。县公安局在积极化解群众信访问题的同时，针对原有信访场所功能不齐、布局不合理等问题，重新选址，投入资金30余万元，对信访场所进行升级改造，专门设置案管中心和纪检接待室，信访群众反映案件办理情况，通过案管平台即可查询案件受理和办理进度并督促有关办案部门加快案件办理。涉警问题的信访事项，纪检接待室即可接待答复群众，同时也起到了监督执法办案的作用，有效提升了信访工作效力。全年，共受理信访案件77件，已查处67件，其中化解信访积案5件，与2015年同期相比，信访案件大幅下降。

**【队伍建设】** 1. 围绕“两学一做”专题教育活动，扎实抓好队伍教育管理工作。2016年，县公安局全体民警通过“两学一做”教育实践活动和队伍集中教育整顿等系列学习教育活动，队伍中一些突出问题得到有效整治，整体素质有所提升，通过队伍教育整顿活动，执法执勤更加规范，规矩意识、习惯养成明显增强，责任意识、危机意识得到进一步体现，“一岗双责”得到进一步落实，队伍工作作风、纪律作风明显转变，整体形象明显提高，并逐步实现“内务管理标准化、执法执勤规范化、队伍教育管理正规化、监督执纪问责常态化”的目标。2. 围绕人才战略强局，重点抓好素质培养。2016年，根据省公安厅“战训合一”要求，先后派送50周岁以下民警83人到警察学院参加“战训合一”集中培训工作。同时，为解决警力严重不足的问题，先后3次招录辅警人员73人，分配到全局各警种岗位。为进一步加强和规范辅警教育训练工作，提升辅警队伍整体素质，经过多方协商，在古蔺县龙山矿山救护站建立县公安局首个战训培训中心，先后组织全局331名辅警和55名事业人员参加了战训培训工作，有效提升了队伍的整体素质。3. 加强督查督办，严查队伍中违法违纪行为。针对目前公安工作面临的严峻形势以及队伍中存在的突出问题，抽调民警组成督导巡查队伍。全面开展督导检查工作，全年开展专项督察118次，根据《古蔺县公安局队伍集分制管理办法》规定，全年纪委部门发出督察通报18期，并对被谈话对象发放了“三个在前”公安民警纪律作风纠错卡。

（胡思济）

## 检 察

**【概 况】** 2016年，古蔺县人民检察院内设办公室、政治处、机关党委、侦查监督科、公诉科、反贪污贿赂局、反渎职侵权局、刑事执行检察局、民事行政检察科、控告申诉检察科、技术检察科、监察科、法警大队、计划财务装备科、人民监督工作办公室、案件管理中心、未成年人检察科、预防职务犯罪办公室18个部门，下属古蔺县检察信息中心1个事业单位，派驻二郎、龙山、黄荆3个乡镇检察室。现有在编在职人员69人，其中检察干警63人，工勤人员3人，事业人员3人。

2016年，县检察院被市检察院评为全市先进基层检察院并记三等功，被县委评为学习型党组织建设试点单位和书香单位，被县依法治县领导小组办公室评为依法治县工作先进集体。检察宣传工作被省检察院评为先进，机关党委被市委评为全市先进基层党组织，退休支部被泸州市委组织部和老干局评为泸州市离退休干部先进党支部，公诉科被市检察院荣记集体三等功。钟兴麒被国家卫计委、中国红十字会总会、解放军总后勤部卫生部评为2012—2013年度全国无偿献血奉献奖金奖，陈典春被省检察院评为全省检察机关先进个人，罗雪艳在全省检察机关涉农惠民扶贫领域预防职务犯罪宣讲比赛中获评二等奖，童祥清被市委组织部、老干部局评为泸州市离退休干部先进个人，朱亚梅在泸州市优秀干部和人才递进培养第四期培训班中被市委组织部评为优秀学员，闵炼被市检察院荣记个人三等功，李畅被市检察院评为泸州市侦查监督业务能手，熊蔺波在首届泸州市检察机关案件管理业务竞赛中被评为案件管理业务能手。

**【刑事检察】** 依法打击犯罪活动，保障人民群众合法权益。2016年，共受理提请批捕187件247人，批捕132件169人，不批准逮捕57件82人，无错捕、错不捕等情形；共受理审查起诉案件307件392人，起诉案件263件336人，不起诉26件28人。重点打击暴力犯罪、黑恶势力及有组织犯罪等严重刑事犯罪，批捕故意杀人、强奸、故意伤害等严重暴力犯罪24件50人，起诉31件36人；积极参与"打、治、压"专项行动，批捕"两抢一盗"等侵财型犯罪49件63人；重拳打击毒品犯罪，批捕30件36人，起诉34件37人。

**【未成年人刑事检察】** 坚持少捕慎诉少监禁，落实未成年人特别程序。2016年，共受理审查逮捕未成年人涉嫌犯罪案件7件8人，批准逮捕5件6人，不捕2件2人，未成年人不捕率25%。受理审查起诉未成年人涉嫌犯罪案件12件13人，起诉7件8人，未成年人诉前非羁押率54.5%。大胆创新，积极探索，成功办理四川省首例公诉机关支持起诉撤销监护人资格民事案件，并被收录进《四川未检专刊》，省检察院作为典型案例推广转发，中央电视台《法治在线》栏目专题采访和报道。

**【职务犯罪查办】** 深入贯彻落实全市检察长工作会议关于职务犯罪查办和预防的新部署、新要求，积极发挥检察机关在构建惩治和预防腐败体系中的职能作用，强化"贪渎并查"，提升"一案双查"效果。2016年，共立案侦查涉嫌贪贿等职务犯罪案件8件14人，为国家挽回经济损失170余万元，其中大要案占75%；立案查办渎职侵权案件6件6人，为国家挽回经济损失100余万元。在查办案件的同时，积极开展职务犯罪预防宣传教育。结合换届工作，加强宣传教育，预防和惩治拉票贿选、买官卖官、侵犯公民选举权等犯罪行为，纯洁换届风气。依托"法律八进"，强化行业预防，先后到县网络公司、县电力公司等开展预防职务犯罪讲座，着力提高企业优质经营、依法经营意识，实现预防职务犯罪工作常态化、规范化，从源头上预防和遏制企业职务犯罪的发生。

**【刑事诉讼监督】** 完善行政执法与刑事司法衔接机制，与全县30个行政执法及司法单位成功建成"两法衔接平台"，实现信息共享，监督行政执法机关移送涉嫌犯罪案件10件11人。加强刑事立案和侦查活动监督，监督侦查机关应当立案而未立案7件8人，不应当立案而立案作撤案处理1件1人；对应当逮捕而未提请逮捕的，追加逮捕3人；监督纠正侦查活动违法情形16件次；对应当移送审查起诉而未移送的，追加起诉漏犯11人。加强刑事审判监督，对认为确有错误的刑事裁判，依法提出抗诉2件，其中1件已获改判；发出书面纠正审判违法情形意见3份。

**【监所检察】** 强化刑罚执行监督，2016年，驻看守所检察196天，检察换押手续522份，检察看守所收押、释放手续463份，跟踪时限监督26件次，未发现违法情形。书面纠正看守所违法案件2件2人。开展羁押必要性审查17件，建议变更强制措施7件7人被采纳。书面向古蔺县人民法院提出纠正意见9件次，口头纠正法院计算刑期错误案件1件1人，书面纠正监外执行（社区矫正）各类违法19件次。坚持每月定期检察和重大节假日重点检察制度，进行安全检察12次。列席参加看守所所务会、狱情分析会12次，召开联席会议4次。与在押人员谈话教育104人次，告知在押人员权利义务423人次。对监外执行人员加强监督教育，走访监外服刑人员9人次。与刑满释放人员座谈8人次。

**【民事行政检察】** 强化民事行政诉讼监督。受理生效民事行政裁判监督案件7件，审结6件。其中，向人民法院提出再审检察建议2件，不支持监督申请3件，终结审查1件。受理民事行政审判活动监督案件4件，审结4件。其中，终结审查1件，向人民法院提出检察建议3件，违法情形监督意见被采纳2件。受理民事行政执行活动监督案件4件，审结3件，中止审查1件。其中，向人民法院提出检察建议2件，违法情形监督意见被采纳2件，决定不支持监督申请1件。受理行政违法行为监督案件受理2件，审结2件，向行政机关提出检察建议2件，监督履行职责的监督意见被采纳1件，纠正违法行为的监督意见被采纳1件。办理维护社会公益工作案件1件（支持起诉），向人民法院提出支持起诉意见后，被人民法院采纳并作出判决。

**【控告申诉检察】** 加强信访工作，积极化解社会矛盾。受理来信来访700余人次，其中来信195件，接待来访500余人次，开展远程视频接访3人次。有效化解涉检访案件2件，初核控告举报类线索3件，办理申请国家赔偿案件2件。认真办理涉及精准扶贫的来信来访和控告申诉，积极化解影响扶贫开发项目实施的矛盾纠纷。派驻乡镇检察室主动了解社情民意，对发现影响扶贫开发工作的潜在矛盾纠纷，及时与控申部门沟通，并积极配合，妥善协调解决。对不利于稳定的苗头性、倾向性问题，进一步强化不起诉案件释法说理工作，消除社会对立面，修复被破坏的社会关系，促进案结诉息。主动将控告申诉工作融入依法治理工作中，推进社会和谐发展。

**【检察技术】** 实施“科技强检”战略，稳步推进各项技术工作有序开展。全力做好各次视频会议系统联调，保证各项视频会议顺利召开。加强网络办公系统、办案系统应用，网上办公办案率达100%。作好网络系统安全规划，积极开展网络安全保密系统建设，完成三级网络分级保护建设工作，保证信息安全。制定《古蔺县人民检察院信息技术人员参与职务犯罪工作暂行办法（试行）》，为查办职务犯罪案件提供技术支撑，不断探索职务犯罪侦查工作信息化、科学化、现代化，规范执法行为，依法惩治犯罪。

**【案件管理】** 加强案件管理，保障律师依法执业。2016年，接待律师阅卷113件，申请会见2次，申请要求听取意见7次，参与听证18次，查询、复制起诉意见书35次，申请取保候审12件，申请羁押必要性审查20件，通知法律援助机构提供法律援助24次，程序性查询85次，均高效办结。

**【纪检监察】** 认真执行党风廉政建设责任制。1.认真落实“主体责任”和履行“一岗双责”。层层分解责任、传导压力，保证党风廉政建设责任制落地有声。召开落实党风廉政建设专题会议2次，开展警示教育大会2次，组织干警到泸州市法纪教育中心参观，常把“违纪违法典型案例”挂在内网上，供全院干警职工学习反思等，增强警示作用；完善、发送班子成员主体责任清单8份，与班子成员签订责任书8份，与部门负责人和党支部书记签订责任书22份，发放廉洁从检提醒卡26份，签订关于抵制大操大办的“四项承诺书”72份；开展新任、提任、转任中层干部集中廉政谈话1次，党组书记与班子成员交心谈心各1次，班子成员与分管部门负责人约谈15人次，强化约谈提醒作用。2.认真落实“监督责任”。正确把握运用“四种形态”，让“咬耳扯袖、红脸出汗”成为常态，把苗头性、倾向性问题控制和消除在萌芽状态。综合运用“三早三卡三送”、廉政谈话、约谈提醒、通报批评等措施，将严管与保护有机结合，防患于未然。

**【人民监督工作】** 进一步完善《古蔺县人民检察

院关于加强与县人大及其常委会和人大代表联络工作实施意见》和《古蔺县人民检察院关于自觉接受县政协民主监督的实施意见》，使与人大代表、政协委员的联系、联络工作经常化、规范化、制度化。通过专题报告检察工作和通报检察工作、登门走访、召开座谈会等方式，广泛听取人大代表、政协委员的意见；邀请人大代表、政协委员参加案件评查、预防宣传和“检察开放日”活动等，拓宽监督途径；积极配合人大、政协开展对诉讼监督、反渎职侵权犯罪、立案监督、社会治安等工作的专题调研，并根据意见加强整改。积极探索人民监督员参与诉讼活动监督，制定《人民监督员全面监督检察活动实施办法》，邀请人民监督员参与查办职务犯罪案件搜查行动、案件质量评查、听证会、听庭评议、检察宣告以及在公诉环节对拟提起公诉的职务犯罪嫌疑人实行诉前询问谈话监督执法活动，促进执法规范化水平进一步提升。

**【检务公开】** 完善检务公开的重点内容、方式途径、工作机制。加强检察门户网站、微博、微信、手机报等公开平台建设，实时动态发布检察信息。强化以执法办案信息公开为核心的全面检务公开，上线运行案件信息公开系统，发布案件程序性信息300余条，发布重要案件信息20余条，公开生效判决案件起诉书100余份。

**【检务保障】** 开源节流，厉行节约，严格规范“三公经费”管理，没有出现违反中央八项规定精神的情况。严格执行财务管理制度和财经纪律规定，做到“收支两条线”规范运行，无坐支、挪用、擅自使用暂扣款、物现象。投入120余万元，建设远程视频讯问室、远程视频询问室、未成年人关爱中心，改造办案工作区，配置自动触摸屏、高速扫描仪、文档拍摄仪等设备设施，夯实检察信息化基础。规范专项资金、资产和枪弹管理，确保资金、资产运行和枪弹安全。深入开展公务用车专项治理，无公车私用、警车借用以及违规驾驶、乱停乱放、安全事故等情况发生。

**【其他工作】** 扎实开展“两学一做”学习教育活动。通过召开动员大会，学习《中国共产党章程》《中国共产党廉洁自律准则》《中国共产党纪律处分条例》，重走长征路，重温入党誓词和检察官誓词等，提高认识，坚定信念，将教育活动“外化”到检察工作各个环节中，做到“两手抓、两促进”，强化“四种意识”，筑牢思想根基，严肃政治纪律和政治规矩，突出党员干部的先锋模范作用。

深入推进依法治县工作。巩固“学法用法示范单位”成果，以“规范司法行为专项整治”倒逼规范执法、文明执法。积极推进“阳光检务”，进一步深化检务公开和人民监督员制度改革，通过在互联网、手机报、微信等媒介上公开终结性法律文书，发布重大案件信息和检察工作动态，以及邀请人民监督员全面介入检察活动，提高人民群众参与度，增强检察权“透明度”。强化法律监督，切实纠正侦查、审判、刑法执行等诉讼活动中的违法情形，保障案件当事人合法权益，维护社会公平正义。积极参与党风廉政建设和反腐败工作，用反腐实效回应人民群众对治理腐败的新期待。大力推进“法律七进”活动，让广大群众不断增强法治意识，推动形成人人学法、懂法、用法和依法办事的良好氛围，为实现“率先摆脱贫困、同步全面小康”营造良好的法治环境。

积极投身脱贫攻坚。1. 切实贯彻上级精神，制定保障扶贫方案。做好省、市检察院对口联系指导古蔺县精准扶贫的联络工作，协助省、市检察院在贫困村开展扶贫相关工作。2. 切实加强脱贫攻坚领域职务犯罪预防。先后到东新、大寨、桂花、古蔺等乡镇开展职务犯罪预防宣讲15场，并向参会人员发放《古蔺县人民检察院预防精准扶贫领域职务犯罪告知书》。建立专家咨询工作机制，聘请3名专家跟进重点扶贫项目建设监督。3. 积极做好县检察院联系贫困村的精准扶贫工作，向香楠村选派“第一书记”1人，派驻工作组成员2人，干警与香楠村122户贫困户结成对子，一对一开展帮扶工作，齐心协力为香楠村群众脱贫致富出谋划策，通过“帮扶”，让干警牢固树立群众观念，增强宗旨意识，提高服务能力。

（高红江）

## 法 院

**【概　况】** 2016年，古蔺县人民法院内设机构16个，有刑庭、民一庭、民二庭、行政庭、执行局、审监庭、立案庭、政治处、政研室、办公室、法警队、审判管理办公室、审判监督管理局、道路交通巡回审判庭、司法技术室、未成年人案件综合审判庭，下派机构12个，有德耀人民法庭、龙山人民法庭、双沙人民法庭、观文人民法庭、石宝人民法庭、二郎人民法庭、大村人民法庭、太平人民法庭、黄荆人民法庭、丹桂人民法庭、马嘶人民法庭、水口人民法庭。

2016年，县法院立足审判职能，认真贯彻落实中共十八大和十八届三中、四中、五中全会精神，紧紧围绕“努力让人民群众在每一个司法案件中都感受到公平正义”的目标，深入开展脱贫攻坚工作和“两学一做”学习教育活动，坚持为大局服务、为人民司法，贯彻落实“两年基本解决执行难”方针，推进审判执行工作和自身建设，各项工作取得新进展。全年受理各类案件5341件，审（执）结5136件，结案率96.16%。

**【刑事审判】** 2016年，共受理刑事案件279件370人，审结274件358人，结案率98.21%。1. 依法从重从快打击严重危害群众合法权益的犯罪活动，促进社会稳定。积极开展“打侵财、治毒品、压发案”及“两抢一盗”“黄、赌、毒”等专项治理活动，严厉打击强奸、杀人、故意伤害、贩毒等暴力型犯罪。全年共审理侵财类案件65件84人，判处三年以上有期徒刑5人，严厉打击了严重犯罪活动。2. 坚持以审判为中心的诉讼制度，防止冤假错案。充分落实罪刑法定原则和无罪推定原则，严格遵循证据裁判规则，坚持惩罚和保障并重，防止冤假错案的发生。3. 坚持惩教并重的未成年人犯罪审判理念，有效减少和预防犯罪。成立未成年人综合审判庭，建立犯罪记录封存制度，坚持庭前调查、庭中教育、庭后帮教、庭外预防等联动工作方法，共对11名未成年犯罪人开展教育感化工作。

**【民商事审判】** 2016年，共受理各类民商事案件3218件，审结3139件，诉讼标的金额4.17亿元，结案率97.54%。1. 坚持为民司法，妥善审理涉民生案件，建立“绿色通道”。着力化解涉及群众切身利益的重点难点问题，依法审结涉及婚姻家庭、邻里纠纷、工伤保险、劳动争议、道路交通事故、农村土地承包、流转等案件1241件，促进家庭、社会和谐，切实保障弱势群体的合法权益。2. 谨慎审理商事案件，服务地方经济发展。高效审结买卖、借款等涉及银行、酒业、煤业、商品房买卖等各类合同纠纷196件，涉及标的金额1.9亿元。积极支持地方产业的发展，有效维护社会稳定及各类市场主体的合法权益。如审理200余户450余人与某某房地产开发公司房屋买卖纠纷一案，县法院准确把握法律原则和规定，将庭外调解与法庭审理，庭审把控与判后释疑相结合，妥善化解了这一涉及社会稳定和地方基础建设问题，得到社会各界认同。3. 健全诉非衔接等多元化纠纷解决机制，促进基层矛盾纠纷解决。完善立案调解机制，引导案件分流；积极探索诉非对接的大调解机制，在全县26个乡镇创建了覆盖县、乡镇、村组的“大调解网络”。共依托“大调解网络”，调解案件160件，同时县法院民商案件的调撤率保持在55%以上。4. 积极化解涉法涉诉信访积案。落实院领导接访制度，畅通接访渠道；坚持“四定一包”原则，依法落实复查、听证、审议、报送等涉法涉诉上访案件终结程序，着力化解信访积案。全年共化解信访案件4件，提请上级法院终结信访程序2件。

**【行政审判】** 2016年，受理行政诉讼案件54件，审结54件，结案率100%。1.强化行政协调，化解官民矛盾。坚持解决问题、化解矛盾、提高效率的原则，通过积极与行政机关及行政相对人的沟通，争取领导和社会各界支持等方式，全方位化解行政争议。全年共有6件行政案件以当事人撤诉方式结案，行政协调率11.11%。2.强化非诉审查，支持依法行政。受理非诉审查案件35件，结案35件，其中裁定准予行政机关执行24件，占68.57%。有力保障了新城建设、铁路、高速公路建设、打击违法建筑等全县重点工程项目顺利实施。3.推进行政机关负责人出庭应诉。落实新修改的行政诉讼法，制定有关实施意见，推进行政机关负责人出庭应诉工作。2016年开庭审理的54件案件中，行政机关负责人出庭20件，出庭率37.04%，有效提高了行政机关的法治意识。4.强化司法建议，促进依法行政。对在案件审理中发现的行政机关不合法、不合理或者存在瑕疵的具体行政行为，通过司法建议的形式加以纠正或规范。全年发出司法建议书2份，均得到行政机关的书面回复，并被行政机关采纳，进一步拓展了行政审判的法律效果。

**【执行工作】** 2016年，受理执行案件1734件，同比上升34.63%，执结1606件，执结率92.62%，兑现金额1.12亿元。3月，最高人民法院院长周强在全国人民代表大会上庄严承诺：用两到三年时间基本解决执行难问题。县法院积极响应号召，按照最高人民法院的安排部署，对古蔺执行难的基本情况进行梳理和分析，并按照制定的工作要求和实施方案积极推进该项工作。1.加大执行力度，开展各类专项执行活动。积极开展“司法大拜年”“涉民生案件、涉金融案件”“百日执行攻坚战”等专项执行活动，其中，执结涉民生案件216件，执行到位标的金额665万余元，执行标的到位率37.27%。2.创新执行机制，提高执行效率。设立“以管控为中心”的执行模式，改变一人一案承包到底的模式和以管控为中心，按流程分组作业、分阶段负责的执行模式，实现案件的繁简分流，提高执行效率。自该模式实施以来，县法院对有财产可供执行的案件分流快速执结249件，到位标的金额2214.32余万元；深化网上“点对点”“总对总”查控系统建设，基本建立以网络查控为基础、线下查控为补充的财产查控模式，规范和提高了财产查控程序，提高了查控效率和力度。县法院已通过网络查控系统查询被执行人存款近6万余次，依法采取网络冻结、扣划300次，快速结案100余件。3.强化措施，加大力度，形成联动惩戒机制。认真贯彻最高人民法院有关执行联动机制的意见，建立党委领导、人大监督、政府支持和社会各界协作配合的执行工作新格局。深入探索诚信系统联网建设，努力实现信息共享，综合治理执行难问题。县法院坚持对规避执行和其他拒不履行生效法律文书的行为，采取一般惩戒和信用惩戒相结合的模式，共纳入失信被执行人852人次，限制高消费和限制出境700余人次，采取司法拘留、罚款、训诫等强制措施260余次。4.加强执行宣传，营造和谐的舆论氛围。通过召开执行工作新闻发布会、发放执行知识传单、摆放宣传展板、拍摄专题宣传片、撰写执行工作宣传信息等形式，借助网络媒体、电视媒体、微信平台等媒介向社会公众推送执行工作相关信息，公开执行过程。

**【司法改革】** 县法院深入贯彻落实中央有关全面深化司法改革的要求，在上级法院的指导下，立足自身实际，积极稳妥推进司法改革，并取得一定成效。

迅速推进法官员额制改革，打造一流法官队伍。深入贯彻中共十八届四中全会精神，按照省委政法委及上级法院的安排部署，全面推进司法体制改革，现已完成首批35名法官入额及定岗定员工作。

探索去行政化，落实司法责任制。1.制定审判权下放改革试点方案，以德耀、双沙、二郎法庭及可能判处三年以下有期徒刑的刑事案件为试点，下放审批权到庭，减少审批程序，提高审判工作效率。实施以来，试点法庭办理民事案件达707件，平均办案周期相比缩短18.56%。刑庭案件平均审理期限不到43天，效率同比大幅提升。2.探索繁简分流，试行轻微刑事案件快速办理和认罪认罚从宽处罚办案机制，与县公安局、检察院、司法局等部门联合印发了相关会议纪要和实施意见。对复杂疑难案件，积极推行庭审实质化改革，规范法庭调查程序，确保诉讼证据出示在法庭、案件事实查明在法庭。落实证人、鉴定人、侦查人员出庭作证制度，提高出庭作证率。3.推进案件类型化审理，对未成年人案件、涉环境资源案件、道路交通损害赔偿案件安排专人办理，以分工促质效。

完善"三型法庭"建设，更有效落实司法便民、为民。迅速加快"服务型、阳光型、效能型"三型法庭建设。1.推行巡回立案、全域立案，依托7个派出法庭，建立16个法官联系点，就地化解矛盾纠纷。2.积极开展巡回审判工作，实现巡回审判全县26个乡镇全覆盖，2016年，巡回审理案件近300件，巡回开庭案件30余件。3.积极推进小额诉讼，印发《关于推进小额诉讼程序的实施意见》，实行一审终审，加快了案件审判效率。4.严格落实立案登记制，依法做到有案必立，解决立案难问题。

**【法庭建设】** 大力加强人民法庭规范化建设，率先完善德耀法庭规范化建设，建设具备办公室、会议室、荣誉室、审判庭、调解室、信访接待室、当事人及其代理人休息和查阅室、干警休息和生活场所等功能齐备的法庭。完善法庭各项功能，在各法庭配备POS收款机，便捷了当事人诉讼费的缴纳；各法庭安装监控系统，有利于远程掌控法庭情况，便于法庭突发事件处置。根据省高级人民法院统一部署，县法院始终坚持贯彻落实"服务型、阳光型、效能型"人民法庭建设工作，推行巡回立案，巡回审理案件，增强诉讼服务和延伸便民渠道，探索社会基层法治新机制和新途径。

**【脱贫攻坚】** 按照县委的安排部署，县法院研究成立了脱贫攻坚领导小组，明确2名工作人员具体负责驻村帮扶工作。通过开展建档立卡、结对帮扶到村到户、产业扶持到村到户等措施，严格按照规模分解、初选对象、公示公告、结对帮扶、制订计划、填写手册、数据录入、联网运行、数据更新9个步骤，按照相应的时间节点，2016年，完成了111户581人识别的建档立卡工作，并由院长带头，每名帮扶责任人每月至少到村到户1次，认真摸清帮扶贫困户基本情况，找准帮扶办法，制订可行的帮扶计划，按照"不脱贫不收队"的工作要求深入开展帮扶工作。

**【普法工作】** 深入推进"六五"普法工作，结合依法治县开展法律"七进"活动。开展送法进校园活动3次，在古蔺县城区开展法制宣传月、打击非法集资等活动7次，发放《中华人民共和国妇女儿童权益保护法》《中华人民共和国未成年人保护法》《诉讼指南》等宣传资料近5000份，接受法律咨询200多人次。大力开展巡回审判，探索建立法官以案说法制度，通过巡回办案，开展法治宣传教育，提高人民群众的法律素养，增强人民群众的法律意识。2016年以来，县法院共巡回审理各类案件298件。

**【司法公开】** 强化审务公开，主动接受监督，提升司法公信力。1.拓宽群众司法知晓、监督渠道。积极推进审判流程、裁判文书、执行信息公开“三大平台”建设，及时上传法院审务信息，努力彰显案件审理、裁判、执行透明度，接受群众监督。2. 积极推行“缓、减、免”诉讼费和司法救助制度。对家庭困难的当事人，依法“缓、减、免”诉讼费；对家庭困难的受害人，被告人确无赔付能力的，根据受害人实际情况，实施司法救助。2016年，共为35名受害人发放司法救助金36万元。3. 成立曾凡铮调解工作室。由资深法官负责当事人诉讼咨询、指导、诉前调解、判后答疑等工作，有效提升诉讼效率和群众信赖率。4. 开展法院开放日、开门评警等活动。全年邀请人大代表、政协委员参与案件调解、旁听庭审、监督执行，开展公开评警。

**【队伍建设】** 县法院深入开展“两学一做”等主题教育实践活动，在能力、作风、廉洁建设上下功夫，努力提高法院队伍整体素质。

加强党风廉政建设。认真落实党风廉政建设“一岗双责”和“两个责任”，认真开展“三严三实”专题教育活动，把党风廉政建设工作与审判工作、队伍建设、司法改革同部署、同检查、同落实。通过廉洁司法宣誓、签订责任书、举办廉政讲座、观看警示教育专题片、参观警示教育基地等形式，开展廉政教育活动，增强拒腐防变意识，确保警钟长鸣。县法院实现了“零违纪”的目标。

加强思想政治建设。积极开展“两学一做”学习教育活动，通过学习《中国共产党章程》《中国共产党廉洁自律准则》《中国共产党纪律处分条例》，学习习近平总书记系列讲话精神，严肃党内政治生活，严明党的政治纪律和政治规矩；组织干警参加道德讲堂，品读红色经典书籍，重温入党誓词，重走长征路等，增强理想信念；通过举行法官宣誓活动、向邹碧华法官学习活动、开展“作为新世纪的人民法官”演讲比赛等，增强法官职业使命感、责任感和荣誉感；强化法院文化建设，完善图书阅览室、荣誉陈列室、多功能运动室、塑胶球场等基础设施，打造文化长廊，坚持每年一次文化活动周活动，丰富业余生活，缓解身心压力，培养积极乐观、理性平和、健康向上的心态。

加强司法业务培训。邀请《人民法院报》主编、省法院专家、大学教授到院开展专题讲座，并组织骨干法官到中国政法大学等高等院校学习培训，各类培训达70余人次；组织开展“法官讲坛”、典型案例探讨、庭审观摩、优秀裁判文书评比、技能比拼等活动，着力提升青年干警的业务素质。

**【信息宣传调研】** 将“三个一”（1篇调研、1篇信息、1篇宣传）完成情况作为35岁以下干警评先选优依据，激励干警不断做、不断学、不断思，不断总结、提升自我办案水平。2016年，共编发《法院信息》65期，被市级采用48条，县级采用51条；编发《法院宣传》108期，被国家级采用42条（其中《人民法院报》4条），省级采用86条，市级采用76条；编发《法院调研》31期，被省级以上采用2篇，市级采用31篇（含征文选送12篇）。全年共发出司法建议8篇。

（雷宇婷）

## 司法行政

**【概　况】** 古蔺县司法局于1982年成立，是县政府法治宣传教育、人民调解、安置帮教、社区矫正、司法所建设、公证、律师、司法鉴定、法律援助的主管部门。现有内设机构5个：法制宣传教育股、基层工作股、行政审批股、政工股和办公室，派出26个乡镇司法所，明确政法专项编制45人（其中机关政法专项编制15人，乡镇司法所政法专项编制30人；机关政法专项编制含派驻纪检监察机构行政编制），参公管理编制4人，自收自支事业编制1人。其中，局长1人，副局长2人，纪检组长1人，机关党委书记1人。机关工勤人员控制数2名。2016年度，县司法局在编人员41人，其中政法专项编制37人，机关工勤编制1人，参公管理2人，自收自支事业编制1人。

2016年，古蔺镇司法所被司法部授予“全国模范司法所”荣誉称号，古蔺县法律援助中心获全市司法行政系统集体三等功。

**【法治宣传】** 以法治文化建设为引领，以品牌化普法为抓手，为全县经济社会发展提供优质高效的法治保障。1.培育普法品牌。依托“法润泸州”微信公众号，打造“蔺州普法”版块，全力推进新媒体普法，扩大法治宣传影响力。围绕社会热点、难点，以宴请醉酒猝死、醉驾入刑、老人赡养、农村土地林权纠纷、工伤维权、民间借贷、非法上访缠访等为主要内容，积极做好《郎乡普法》栏目工作，确保录制播放顺利进行。2.开展形式多样、各具特色的法治宣传教育活动。结合“三八”妇女节、国际消费者权益日、全民国家安全教育日、“六一”儿童节、“12·4”全国法制宣传日等，积极开展反家暴法、消费者权益保护法、国家安全法、未成年人保护法等100余场法治宣传教育活动。将常规普法教育与“马嘶茶文化节”“大寨踩山节”“箐竹苗家风情节”等古蔺旅游节相结合，充分发挥法治文化在服务经济社会中的重大作用。3.营造法治氛围，实现依法治县全覆盖。积极筹备全县“六五”普法总结表彰暨“七五”普法启动工作会，为科学编制古蔺县“七五”普法规划，深入乡镇、部门、村（社区）广泛开展“七五”普法调研。借鉴江阳区石寨镇法治文化基地建设经验，统筹策划全县法治教育阵地点位打造，马蹄乡马岭村、崇文社区等一批法治文化阵地已完成前期策划进入建设实施阶段。持续推进法治示范创建活动，已创建申报3个市级法治示范乡镇、1个市级学法用法示范机关、9个法律“八进”示范点。

**【社区矫正】** 2016年，新接收社区服刑人员199人，解除矫正172人，终止矫正12人，正在执行287人。1.健全工作机制。2016年，共组织召开4次公、检、法、司社区矫正联席会议，及时研究解决工作推进过程中出现的新问题、新情况。并在系统内建立信息共享、情况通报等制度，充分利用微信群、QQ群等督促各乡镇司法所社区矫正工作的开展。采取“不定时间，不定地点”的方式，对全县26个乡镇司法所社区矫正工作进行抽查。2.推进队伍建设。通过面向社会公开招考的形式，招聘11名司法协理员充实到基层司法所，切实转变古蔺县“一人所”“无人所”现状，解决司法所面宽、量大、人少的实际问题。积极组织4名社区矫正工作人员参加泸州市心理咨询师培训考试，填补古蔺县社区矫正工作心理矫正的空白。成立古蔺县社区矫正中心，下设社区矫正执法大队，执法大队下设9个执法中队，分层级细化责任，分辖区管理全县社区服刑人员，确保矫正工作纳入法治化、规范化、常态化。3.扩大社会参与，推动社区矫正工作创新发展。按照“4+X”模式，为每名服刑人员建立社区矫正小组，执法中队或司法所工作人员任组长，根据具体情况，小组成员由社区民警，社区服刑人员家庭成年人员或者监护人、担保人，村、社区党支部书记或主任，社会志愿者及其他人员组成。社区服刑人员为女性的，矫正小组配备女性成员。矫正小组因工作人员变动或成员不认真履行义务、不能正常发挥作用时，及时调整。同时，执法中队与矫正小组成员分别签订矫正责任书，且社区服刑人员在矫正责任书上签字认可，保证矫正小组责任落实。

**【人民调解】** 2016年，各级调解组织共调处纠纷2863件，调处成功2815件，调处成功率达98%，其中疑难纠纷234件。1.构建多元化解机制。按照“谁主管、谁负责”的原则，充分运用人民调解、司法调解、行政调解衔接联动以及诉讼与非诉讼衔接的矛盾纠纷多元调解手段，整合人民调解组织、行政执法部门、司法机关等各方力量，多措并举予以化解。2.强化专业性和行业性调处。建立联动调解机制，切实加强对医患、道路交通的指导力度，成立古蔺县道路交通事故人民调解委员会、古蔺县医疗纠纷调解委员会、古蔺县婚姻家庭纠纷人民调解委员会，成功化解专业性和行业性纠纷481起。3.强化重大项目和涉安涉稳疑难纠纷调处。积极参与化解叙古高速公路、叙大铁路、县城建设等征地拆迁引发的复杂疑难矛盾纠纷31起；为农村电力体制改革、非煤矿山关闭和古鼎房产纠纷提供强有力法律支持。4.深入开展矛盾纠纷大排查、大化解工作。指导各级人民调解组织集中力量依法化解征地拆迁、医疗纠纷等新型、重大疑难矛盾纠纷调解32件。在稳控敏感时期，每日实行“零报告”制度。

**【法律服务】** 2016年，办理各类公证677件，律师事务所、法律服务所为40余家单位担任法律顾问。1.强化法律服务行业的管理监督。对法律服务行业进行督查，对发现的问题及时约谈律师事务所和法律服务所的负责人和当事人，限期整改，对情节严重、影响恶劣的，启动问责，实现法律服务队伍依法执业、规范执业、诚信执业。2016年，由于群众投诉，经调查核实，对滨河律师事务所下达限期整改通知书，并约谈被投诉律师事务所负责人，同时对相关工作人员启动问责程序。为加强行业监督管理。4月16日，组织召开2015年度基层法律服务年度考核工作会，对全县9个法律服务所、32名基层法律服务工作者进行年度考核和业务培训。12月6日，成立古蔺县基层法律服务行业协会，进一步提升基层法律服务所规范化建设水平。2.切实加强法律服务队伍建设。5月，泸州市基层法律服务工作者执业考试在古蔺设置考场，经广泛宣传动员、严格审查报名资格，共组织115人参加考试，44人通过笔试。经全面考核，最终，39人通过执业审查，取得基层法律服务执业资格证。同时，为提高古蔺县法律服务队伍思想政治素质、职业道德素质，增强其职业使命感、荣誉感和社会责任感，5月，组织全县律师及基层法律服务工作者在县司法局三楼会议室举行法律服务队伍宣誓仪式。12月，为新增加的基层法律服务人员举行颁证仪式，并组织新入行人员进行执业宣誓。

**【法律援助】** 2016年，完成法律咨询2600件，援助案件452件，分别完成全年目标任务的130%和226%。1.全面推进“一小时法律援助服务圈”建设。在全县新建法律援助工作站7个（双沙镇、马蹄乡、石屏镇、东新乡、丹桂镇、水口镇、护家镇）、法律援助联系点62个，超额完成该年度法律援助站、点建设任务。2.建立援助案件考评机制。对2016年咨询、案件任务指标完成情况进行考评，并将考核结果在全县范围内进行通报。因推诿、拖拉、敷衍塞责等，对应援对象未提供援助或未及时援助，造成较坏影响或接到举报，查证属实的，一律实行责任倒查。3.扩大法律援助宣传面。充分发挥法律援助工作站、联络点、“一村（社区）一法律顾问”平台，积极组织法律援助工作人员进社区、进企业、进学校、进工地、进军营，宣传法律援助基本常识。5月13日，古蔺县法律援助志愿队在古蔺镇玉田敬老院开展“众筹时光·情系桑榆”主题志愿服务活动。6月7日，县司法局与县残疾人联合会在古蔺镇金兰广场开展以“维护残疾人合法权益”为主题的法制宣传活动。

**【队伍建设】** 1.开展“两学一做”学习教育活动。购买《手抄党章笔记本》，要求党员干部职工及入党积极分子在一百天内逐字逐句抄写党章全文。组织开展了“两重温两对照”主题党日活动。通过开展《中国共产党章程》《中国共产党廉洁自律准则》和《中国共产党纪律处分条例》的学习，重读入党志愿书、重温入党誓言、上微型党课等活动，强化了党员干部学习意识，促使党员自觉加强党性修养。2.加强思想政治建设。通过开展“坚定理想信念、明确政治方向，做信仰信念的坚守者”学习讨论会，深入对口帮扶的水口镇民心村开展庆祝建党 95 周年纪念活动等，增强党员干部实现共产主义的理想信念，增强全体党员对党的性质的认识，激励了党员干部干事创业的激情。3. 加强作风建设，助推党风廉政建设。县司法局党组严格落实“两个责任”制，在全系统内开展约谈提醒工作，建立健全机关工作纪律，加强考勤、请销假制度管理，开展“不作为、慢作为、乱作为”等专项整治活动，切实改善干部职工纪律意识淡薄、工作效率不高、责任意识不强等现象。2016 年，无人员发生违纪违规行为，未接到任何群众投诉，党风廉政建设形势总体良好。

（陈丽娟）

# 综合经济管理

## 经济开发管理

**【概　况】** 2011年2月，经县政府研究决定，古蔺经济开发区管理委员会正式成立。6月，经中共泸州市委机构编制委员会2012年第二次全体会议审议，市委、市政府同意设立古蔺经济开发区管理委员会，主要职责为负责产业园区的规划、建设、发展、管理和服务等。古蔺经济开发区管委会核定行政编制10人，其中党工委书记兼管委会主任1人，党工委副书记兼纪工委书记1人，管委会副主任2人。2016年，古蔺经济开发区管委会内设办公室、经济发展部、投资建设部3个部（室），有行政编制6人，事业编制6人。

2012年10月，经古蔺县政府十五届十三次常务会审议和县委十一届二十二次常委会审定，确定将古蔺河、赤水河流域沿岸适宜区域划为经开区规划范围。规划面积25平方公里，累计建成区面积约6813亩（4.5平方公里）。按照“一区四园”（即以郎酒为龙头，集生产、销售、工业旅游、红色旅游为一体的二郎名酒园；以生物医药、农特产品加工、商贸物流、生产性服务业等新兴产业为主的东城双创园；以优质酱酒生产、酒文化体验、休闲度假为一体的水口酱酒园；以白酒生产为主，关联配套产业为辅的永乐白酒园）进行空间布局，着力打造以酱酒生产、销售为主导，生物医药、农特产业、仓储物流、电子商务同步发展的百亿特色产业园区。

**【规划编制工作】** 坚持规划先行，进一步整合优化园区产业、城镇、土地等各类规划，编制完成二郎名酒园、永乐白酒园控制性详细规划，东城双创园产业发展规划。

**【基础设施建设】** 2016年，经开区水、电、路、通信等基本能满足企业发展需求，为投资者在经开区内设厂兴业提供了较好的硬件设施。经开区内各区域互通便道基本建成，形成了较为便捷的交通网络。

**【项目建设】** 2016年，东城园区农特产品加工园、肝苏退城入园、粮食仓储中心、物流园区、“三个中心”项目正在强力推进。其中，农特产品加工园、肝苏退城入园、粮食仓储中心项目用地及“三个中心”部分用地土地指标已获批复。肝苏退城入园正在开展资产评估。农特产品加工园完成拟入驻农特产品加工园标准厂房的小微企业招商，投资建设农特产品加工园标准厂房企业招商稳步推进，正在洽谈投资协议。粮食仓储中心完成规划设计及施工、监理单位招标。“三个中心”完成项目融资，正在开展规划设计及征地拆迁工作。丫杈猪精深加工项目已完成项目选址、征地拆迁等工作，正在开展项目方案设计及建设所需的项目手续办理工作。

**【主要经济指标】** 2016年，经开区完成主营业务收入141.5亿元，其中，规模以上企业完成主营业务收入125.89万元；产出率205万元/亩，研发投入8000万元，占营业收入比重的0.42%；基础设施投资6亿元，企业投资14.4亿元；工业增加值50.3亿元（其中，规模以上工业增加值45.3亿元）；企业利润8.8亿元，税金12.1亿元；白酒产业工业总产值234亿元，产品产销率88.5%。

**【招商引资】** 2016年，依托经开区资源优势，大力招引以赶黄草为主的中药材产业，力争引进1—2家中药材深加工企业；延伸开发丫杈猪、马头羊等当地特色畜禽加工项目，依托区内资源综合利用及双创孵化基地建设，吸引县内外农特产品及食品加工中、小、微企业入驻标准厂房；围绕“三个中心”大力发展现代服务业和物流产业，力争引进1家大型物流企业、3个以上配送中心和分拨中心。

**【品牌建设】** 2016年，积极协助企业开展品牌建设工作，成功申报“三名商标”。其中，四川郎酒集团“新郎酒”商标成功争创中国驰名商标。截至年底，经开区酒类企业共有商标490个，其中，中国驰名商标5个，省著名商标6个，市知名商标12个。

（黄　婕）

## 计划管理

**【概　况】** 2016年，古蔺县发展和改革局（以下简称县发展改革局）核定行政编制27人，事业编制14人。实际共有职工42人，在职职工37人（其中机关行政人员23人，事业人员14人，借用1人，实习1人），退休职工29人，聘用驾驶员2人。局机关内设办公室、国民经济综合股、重大建设项目稽察股、项目投资股、产业发展股、价格管理股、价格监督检查股、以工代赈办公室、行政审批股、派驻监察室10个股室，下属古蔺县价格认证中心、农村能源管理站2个事业单位。

**【主要经济指标】** 2016年，全县实现地区生产总值140.1亿元，增长9.3%。其中，第一产业增加值21.6亿元，增长4%；第二产业增加值81.6亿元，增长10.3%；第三产业增加值36.8亿元，增长10.3%。实现一般公共预算收入16.2亿元，增长4.1%；完成全社会固定资产投资201.4亿元，增长18%；城镇常住居民人均可支配收入24034元，增长8.4%；农村常住居民人均可支配收入10516元，增长9.5%；居民消费价格指数（CPI）累计同比上涨2.6%。

**【规划编制】** 坚持发展科学性、计划性，完成《古蔺县国民经济和社会发展第十三个五年规划纲要》《古蔺县以工代赈建设“十三五”规划》《古蔺县易地扶贫搬迁“十三五”规划》和《古蔺县2016年国民经济和社会发展计划》。

**【重点项目建设】** 2016年，古蔺县计划安排重大、重点项目78个，项目估算总投资646.1亿元，年度计划总投资97.8亿元。其中，重大项目21个（86个子项），项目估算总投资412.9亿元，年度计划投资73.3亿元；重点项目57个，项目估算总投资233.2亿元，年度计划投资24.5亿元。竣工项目24个，加快推进项目8个，新开工项目15个，加快前期项目10个。1—12月，全县重大、重点项目完成投资76.4亿元，占年度计划的78.1%。其中，县重大项目1—12月完成投资58.5亿，占年度计划的79.7%；县重点项目1—12月完成投资17.9亿元，占年度计划的73.1%。

**【上争工作】** 2016年，承担上争项目资金任务的部门共15个，目标任务21.8亿元，其中有争取成分的政策性资金11.4亿元，政策性资金9.96亿元，乡镇4700万元。全年全县争取资金32.62亿元，占全年任务的149%，同比增长58.1%。其中有争取成分的政策性资金16.61亿元（完成任务的146%）；政策性资金11.42亿元（完成任务的115%）；乡镇3.28亿元（完成任务的698%）；非项目部门争取到资金1.3亿元，占比4.1%。

**【固定资产投资】** 2016年，全县完成全社会固定资产投资201.4亿元，增长18%。其中，基本建设投资160.4亿元，增长25.8%；技改投资26亿元，下降19.6%；房地产开发投资10.5亿元，增长65.4%；农户投资4.5亿元。

**【节能工作】** 2016年，全县万元生产总值综合能耗全面完成市上3.6%的目标任务。深入贯彻实施《中华人民共和国节约能源法》《四川省节约能源条例》和国家、省、市节能工作会议精神，2016年6月，县发展改革局牵头组织县委宣传部、团县委、教育局、环保局、卫生局、经商局等11个相关部门开展节能宣传周宣传活动，发放宣传资料1000余份，大力引导全民提高节能减排意识，营造节能减排氛围。积极组织企业参加全省碳市场能力建设培训会，协助2家企业接受第三方碳排放核查，通过市场机制，引导企业主动节能降碳。

**【行政审批】** 积极推动服务创新，精简材料，简化程序，优化流程，切实达到"转变职能、简政放权、优化流程、提高效率"的目标。压缩办件时限，重新修订完善《办事指南》，审批事项承诺时限比法定时限压缩70%。减少审批环节和要件，对条件成熟、资料不太齐全、项目建设符合国家产业政策和发展方向的项目，先行受理，限期补齐资料；对投资额较小、建设内容相对简单的政府投资项目，将项目建议书和可研报告合并审批。2016年，共接待群众咨询600余人次，接受电话咨询400余次，接受群众预约和延时服务55次。共审批项目（基础设施、民生、社会事业、产业、生态环保）486项，投资279.3亿元。其中备案108项，投资220.9亿元；立项378项，投资58.37亿元。

**【产业工作】** 面对古蔺县产业结构单一，经济社会发展对酒、煤两大产业依存度高的困境，产业股着力向上争取项目资金。2016年，共争取中央和省级各类资金28774万元（其中，争取中央和省级预算内涉农项目9个，资金7274万元），争取涉农专项基金项目7个，专项建设基金21500万元。同时编制完成《古蔺县岩溶地区石漠化综合治理工程2016年度实施方案和2017年石漠化实施方案及作业设计批复》，争取石漠化综合治理项目中央补助资金950万元，石漠化综合治理工作持续推进，基本形成治理一点带动一片的良好效应，古蔺县石漠化综合治理得到省发改委部门的高度肯定。2016年3月，在省发改委组织召开的2016年度岩溶地区石漠化综合治理工程交流会议上，古蔺县做了经验交流发言。

**【以工代赈】** 审核完善并上报审批以工代赈示范工程，完成《双沙镇东山村综合治理项目实施方案》《古蔺县箭竹乡以工代赈片区综合开发项目申报书》《古蔺县箭竹乡以工代赈片区综合开发项目实施方案》《以工代赈常规项目建议书》《古蔺县"十三五"易地扶贫搬迁实施方案》《古蔺县以工代赈"十三五"实施方案》《古蔺县易地扶贫搬迁2016年实施方案》；牵头组织实施2016年易地扶贫搬迁工作，完成3527户、13762人的目标任务，并顺利通过省、市的评估验收。2016年，下达古蔺县以工代赈资金1340万元，同比增长49%。其中，以工代赈示范工程项目540万元，以工代赈示范村项目200万元，以工代赈常规项目600万元。2016年，下达古蔺县易地扶贫搬迁工程中央预算内投资6288.8万元，省级筹资债务资金7217万元，国家专项建设基金19167.5万元。

**【价格管理】** 完成箭竹乡乐园电站、石屏镇磺厂电站等10个小水电上网电价核价工作；完成部分公司（古蔺县欣正摩托车检测有限公司、古蔺县佳信机动车服务公司）、卫生院（石屏镇卫生院、土城镇卫生院、皇华镇卫生院）、学校（古蔺县白沙中学校）、景区（大黑洞景区）等的调定价工作。2016年5月，经县政府常务会议通过，将道路班车客运价格（含农村道路客运）、公路客运站服务收费项目及收费标准、城市客运出租车运价和燃油（气）附加费、城市公共交通票价的定价管理权移交给交通部门。开展2015年度行政事业单位收费报送工作，并提前完成国家发改委网站收费单位收费信息录入、修改工作。全年应审核收费单位98个，实际审核单位98个，审验率达100%，全面完成省、市年审目标任务。

**【价格监督与检查】** 以教育、药品、资源要素、涉企收费四项专项检查为重点，有针对性地开展医疗服务、驾培机构、农资市场、农村客运、商品房销售价格以及节日期间市场综合价格等常规检查。2016年，共检查单位190个（次），同比增加114个（次），检查单位数量刷新了历史纪录；实现经济制裁25.74万元，其中没收19.46万元，罚款62805元，经济制裁总额创历史新高。2016年12月，省发改委在全省范围内对古蔺县的价格监督检查工作进行了通报表扬。

**【价格认证】** 完成各类价格鉴定、认证业务143件，标的金额122.07万元，其中完成公安价格认定123件，涉税价格认定1件，行政案件财物价格认定4件，社会个人财物价格认定2件，非法盗采矿产资源价格认定9件，私有电力资产价格认定4件。

（余　悦）

## 统　计

**【概　况】** 古蔺县统计局是县政府工作部门之一，负责组织、管理、协调全县统计工作。2016年内设办公室、国民经济综合统计股、政策法规股（挂行政审批股）、农村经济统计股、工交能源监测统计股，下设事业单位2个（普查中心、统计信息中心）。有行政编制9人，工勤编制1人，领导职数5人，全额事业编制3人，参公编制7人。

**【统计调查】** 认真贯彻“一套表”统计调查制度，加强业务知识学习，扎实开展综合、核算、农业农村、规模以上工业、固定资产投资、房地产和建筑业、人口、批发零售住宿餐饮业、规模以上服务业、劳动工资、社会科技、文化产业、物价、能源等领域的统计调查工作。积极做好限额以下商贸抽样、旅游监测、妇女儿童“两纲”监测、基本单位名录库维护、“三新”（新产业、新业态、新商业模式）和“四众”（众创、众包、众扶、众筹）统计、县域经济考核等工作。

**【统计基础工作】** 1.强化基本单位名录库建设。及时完成基本单位名录库单位清查、错误修改等维护更新工作，积极做好“四上”企业退出、单位名称变更、申报入库工作。2.加强统计信息化能力建设。带宽从原来10兆提速到70兆，接通4兆MSTP（多生成树协议）光纤专线，新增LED显示屏、电视机及音响、电脑等办公设备，更换和购买统计网络服务器、网络防火墙、正版杀毒软件，对局内服务器及个人计算机进行全覆盖安装，全面加强硬软件能力建设，安装视频会议系统，实现国家、省、市、县视频统计会议互联互通。3.统计规范化建设明显提高。全面加强县级统计局、乡镇、部门、“四上”企业统计基础规范化建设，统计基础工作取得了重要成效。古蔺县统计局被评为四川省“县级统计机构先进单位”，古蔺镇获得“四川省乡（镇、街道）统计工作先进单位”称号。

**【统计服务】** 针对当前经济出现的新情况、新问题，切实加强供给侧结构性改革的研究和分析。1.深入基层调查研究，积极抓好经济运行预警、预测及分析，及时为县委、县政府领导科学决策提供重要参考依据。2016年，共撰写《统计分析》33期、《统计调研》5期、《统计报告》4期，多篇统计资料得到县领导批示，并被省、市统计局网站全文采用。2.编辑出版各类统计刊物。及时发布《2015年古蔺县国民经济和社会发展公报》，出版2015年度《古蔺县统计年鉴》，编辑和发放

《古蔺经济动态》11期、《最新固定资产投资统计动态》11期、《最新规模以上工业增加值统计动态》11期、《最新社会消费品零售总额统计动态》11期、《最新农业和农村统计动态》3期。3.提供各类统计信息服务。为县委、县政府、社会中介组织和公众提供免费统计咨询1000余次，并积极向古蔺电视台、《新古蔺》、古蔺新闻网等新闻媒体提供统计数据信息，及时向社会宣传全县经济发展情况。4.统计职能进一步发挥。充分运用统计信息、咨询、监督职能作用。及时收集整理有关统计数据信息，积极协助县目标办共同做好经济发展目标管理工作，及时对主要经济指标运行中存在的问题形成统计资料与相关部门沟通和对接。

**【统计法制】** 1.加强统计法制宣传工作。通过工作会、年报会等会议，对县级部门、乡镇、“四上”企业统计人员及其他调查对象开展统计法律法规宣传和学习。以“12·4”法制宣传日等为契机，大力宣传《中华人民共和国统计法》（以下简称《统计法》）、《四川省统计管理条例》等统计法律法规，提高社会公众的统计法律意识。2.扎实推进统计执法检查。深入开展统计常规执法检查和专项执法检查，2016年对5家新入库“四上”企业进行了名录库专项检查，对26个乡镇、21个企事业单位进行了专项统计执法检查，对37家“四上”企业进行了数据平台巡查，对违反《统计法》行为的2个单位给予了立案处罚。

**【统计管理】** 1.加强“一套表”联网直报管理工作。印发《古蔺县部门和乡镇统计基础工作考核办法》《古蔺县“四上”企业基础工作考核办法》，严格按照考核办法对部门、乡镇、“四上”企业统计工作进行考核，基层统计工作得到进一步规范。2.开展统计业务培训指导。各专业人员充分运用各种形式，定期或不定期对部门、乡镇、企业统计人员开展统计知识培训，深入部门、乡镇和企业讲解统计指标、联网直报平台操作等方面的业务知识。按照市统计局统计教育培训安排，对全县统计人员开展岗位知识培训和继续教育。2016年，全县有7名统计人员报名参加全市统计职称考试，64人参加统计岗位知识培训考试，526人参加继续教育，全县统计队伍业务素质得到明显提高。3.统计工作规范有序。深入贯彻中央、省、市领导批示精神和省委、省政府办公厅，市委、市政府办公室《关于进一步加强和规范统计工作严肃统计工作纪律的通知》精神和《泸州市统计数据质量管理年活动实施方案》要求，全面规范各项统计调查工作，严肃统计工作纪律，确保统计工作依法依规有序进行。分阶段、分步骤开展数据质量提升活动，努力提升统计数据质量。

**【第三次全国农业普查工作】** 1.高度重视，加强组织领导。县政府、县农普办多次研究部署普查工作，将第三次全国农业普查工作列入全县综合目标考核，对各乡镇人民政府和县级相关部门实行目标考核管理。2.健全完善规章制度。制定《古蔺县第三次全国农业普查工作计划》《古蔺县第三次全国农业普查进度报送制度》。3.加强普查工作保障。充实县、乡农普办队伍，落实第三次全国农业普查县级普查预算经费，按时发放上级拨付的PDA（掌上电脑）、宣传画、抽纸等普查物资。4.加强宣传工作。及时开通手机彩铃和普查网站。充分利用古蔺电视台等媒体大力宣传农业普查工作。通过户外电子显示屏、标语横幅、群众会等形式，加大宣传力度，努力营造有利于农普工作开展的社会氛围。5.扎实推进普查业务工作。扎实开展“两员”选聘培训，科学划分普查区和绘制地图，顺利完成清查摸底工作。6.规范管理档案资料。落实专人负责收集、保存和管理普查工作中的文字、图表、声像、实物凭证、文件等资料。

（严　震）

## 国家统计局古蔺调查队

【概　况】国家统计局古蔺调查队是由国家统计局实行垂直管理的政府统计调查机构，是依照国家公务员制度进行管理的正科级单位。调查范围涵盖全县经济、政治、社会、民生，依法独立行使统计调查职能和统计调查监督职能，是国家权威专业调查咨询机构。2016年，有在编职工10人，下辖1个县属事业单位（古蔺县农业监测调查中心）。

【业务建设】调查网络建设是全部调查工作的基础，古蔺调查队始终把调查网络建设放在重中之重的位置，并贯穿于全年工作的始终，严格执行四川调查总队《调查工作规范化规程》和四川调查总队各调查专业考核评比办法。同时结合古蔺实际，制定具体的实施意见：1. 狠抓业务培训。根据调查专业要求，针对性地开展相关业务培训，做到调查座谈到点，培训到户，并结合四川调查总队相关要求，采取“以会代训”“现场示范”“走出去请进来”等形式多样的交流学习方法，加强基层统计人员的业务培训。2016年，共集中培训20余次。2. 严格调查方案。古蔺调查队始终坚持直接调查原则，全员出动，亲自组织，全程参与，总结推广“三访三查”，印制《住户调查访户表》，坚持干部职工每月不少于5天到点访户制度，确保了调查工作质量。3. 提高辅助调查员待遇，稳定网点调查人员。继续为辅助调查员购买赔付总额高达12万元的人身意外伤害保险，2016年，为双沙镇、石宝镇、桂花乡调查员发生的意外伤害报销2.5万余元，在一定程度上解决了调查员的后顾之忧，减轻了调查员的家庭经济负担，激励了调查员开展工作的积极性。

【队伍建设】为提高干部队伍素质，确保工作质量，古蔺调查队加大对县队人员的政务和业务培训。1. 积极参加地方组织的学习培训班，2016年，共选派2人参加地方举办的培训班，其中1人参加为期1个月的党校培训，1人参加为期1周的厦门大学培训。2. 积极参与四川调查总队组织的业务培训，全年共选派2人参加四川调查总队组织的干部培训班，为干部熟悉统计业务、锻炼成长搭建平台。3. 制定机关政治学习制度和党组中心组学习制度，坚持每月召开1次党组中心组学习会，每半年开展1次专题民主生活会。

【狠抓党风廉政建设】1. 加强党性教育。制定《“两学一做”学习教育实施方案》，组织开展上党课、专题学习讨论、“两重温、一重走”活动，完善党组中心组学习制度和党支部政治学习制度，结合“七一”建党节，到太平镇开展红色教育支部活动，以活动为载体，凝聚干部人心，为各项调查工作开展提供了组织保障。2. 认真落实党风廉政建设责任制。认真贯彻执行《统计法》《统计违法违纪行为处分规定》和中央关于反对和制止在统计上弄虚作假的各项规定和要求，严格履行“三重一大”工作程序。层层签订党风廉政责任书，领导班子成员严格按照“一岗双责”的要求，经常检查分管股室的廉政建设工作，开展廉政谈心谈话，教育下属廉洁从政。2016年，全队无违纪违规行为发生。

【服务工作】加强信息调研工作，古蔺调查队充分发挥调查队机动灵活、反映快捷的优势，围绕社会经济运行态势，积极开展工作，不断拓展调查服务面，提高服务能力和水平，提升调查工作品牌。2016年，撰写调查工作信息、经济信息和专项调研报告60余篇，其中，四川调查总队采用27篇，县委、县政府领导批示11篇；向县政府发出涉农监测调查预警预报6期。

【密切地方联系】在县委、县政府的关心下，古蔺县农业监测调查中心新增2名地方事业编制，在县级相关部门的支持配合下，较短时间内2名事业编制人员全面到岗。自行联系资助一名水口镇民心村精准扶贫户困难学生，在其学习期间提供基本的生活保障。积极参加地方相关保密工作培训，做到涉密文件收发、传阅和保管等符合《中华人民共和国保守国家保密法实施条例》，并硬化档案室设施，邀请县档案局进行专业指导，档案管理顺利通过省三级达标验收。

**【专项调查】** 古蔺调查队在全面做好各专业常规调查工作任务之余，精心组织开展法院工作满意度调查、“四川造”产品质量满意度调查。同时配合市政府开展文明城市测评、脱贫攻坚评估检查等专项调查，得到了地方党委、政府的高度肯定和评价，提升了古蔺调查队在地方的知名度和美誉度。农业调查、畜牧业调查、住户监测调查3个专业在全省调查系统被评为优秀。生猪调出大县监测调查工作、“三农普”遥感测量工作获全省通报表彰。

（罗　珊）

## 审　计

**【概　况】** 古蔺县审计局依法对县政府各部门、乡（镇）政府的财政收支、县财政、金融和国有企事业组织的财政财务收支的真实、合法和效益依法进行审计监督和评价。依照法律法规规定，独立行使审计监督权。2016年，有行政编制17人，工勤编制1人，领导职数3人。内设办公室、财政金融审计股、行政事业审计股、固定资产投资审计股、法制股、内部审计监督股、经济责任审计分局。下属事业单位1个（古蔺县投资审计中心），全额事业编制6人。

**【审计成果】** 2016年，实施各类审计和审计调查项目111项，其中计划内审计项目24个，包括财政审计4个，经济责任审计6个，固定资产投资审计10个，民生项目审计3个，稳增长、促改革、惠民生政策落实情况跟踪审计1个；计划外政府投资建设工程造价审核项目77个；开展在建项目观文水库、朝门水库等委托跟踪审计10个。审计查出计划内项目主要问题金额27.09亿元，提交审计报告和专项审计调查102篇，提出审计整改建议67条，向领导提供问题专报5篇、审计要情3篇，并配合审计署查处了一批违纪违法案件。

**【财政审计】** 完成财政审计项目4个，其中财政预算执行审计3个，部门预算审计1个。为促进预算管理规范和财政资金安全运行，2016年同级审计工作，县审计局以县财政预算的完整性和规范性、税收政策执行和税收征收管理情况、预算调整情况、预算批复及时下达和资金拨付情况、财政结余结转资金管理情况、财政转移支付情况、非税收入征管情况和财政资金的安全完整情况为关注重点，对发现的问题，依照有关法律法规分别提出建设性建议。

**【固定资产投资审计】** 加强固定资产投资审计，促进古蔺项目建设。完成固定资产投资审计87个，审计投资总额77089.16万元，审减工程造价8988.20万元，审减待摊投资539.23万元，综合审减率12.36%。对发现存在的问题提出审计意见和建议。要求被审计单位对发现的问题积极整改，完善相关制度，规范管理，确保国家资金合法、高效地运转，提高政府投资绩效。

**【经济责任审计】** 受县委组织部委托，完成对6名党政领导干部的任期经济责任审计。共查出被审计对象任职期间单位违规金额1128.2万元，查出管理不规范金额2337.4万元，责令上缴县财政金额3.2万元。向领导提供综合报告6篇、问题专报1篇，行政记过处分1人。根据被审计对象应承担责任，对其做出了客观公正、实事求是的评价。针对被审计单位财政财务收支及资产管理方面存在的问题和薄弱环节，上报审计结果报告6篇。

**【审计调查】** 对全县政策性农业保险、财政存量资金开展专项审计调查，形成审计调查报告3篇。

**【内审工作】** 充分发挥内部审计的监督和服务职能，加强对内审工作的监督指导，2016年，共开展对24个单位的内部审计工作，查出计划内审计项目问题总金额270919万元，提交审计报告和审计调查102篇，提出建议意见67条，向领导提供问题专报5篇、审计要情3篇，并配合审计署查处了一批违纪违法案件。为规范财政资金使用，加强内部管理，促进党风廉政建设发挥了积极作用。

**【其他工作】** 参与县委、县政府开展的督查、审计、巡帮工作，每月将审计巡帮工作开工情况向县委、县政府汇报；对重大项目实行全程跟踪审计；协助纪委监察局开展对各种专项资金的检查；扎实开展党的群众路线教育实践活动，并确保活动取得良好成效；开展对稳增长、促改革、调结构、惠民生政策落实情况的审计。

（刘　芳）

## 工商行政管理和质量技术监督

**【概　况】** 2016年3月15日，古蔺县工商行政管理和质量技术监督局由原古蔺县工商行政管理局和原古蔺县质量技术监督局合并成立，内设11个股室、1个直属机构、4个派出工商所、1个派驻机构、1个全额拨款事业单位、2个差额事业单位，即办公室、人事教育股、行政审批股、企业和商标广告股、政策法规股、市场监督管理股、网络商品交易监督管理股、消费者权益保护股（古蔺县消费者维权服务中心）、标准计量管理股、质量监督管理股、特种设备安全监察股，经济检查大队，城区工商所、二郎工商所、双沙工商所、石宝工商所，派驻监察室，古蔺县计量测试所和古蔺县产品质量监督检验站。全局共有在职干部职工92人，其中公务员78人，事业人员7人，工勤人员7人。

**【工作成效】** 古蔺县工商质监局打造的法治惠民商城——凤凰家居城作为泸州市依法治市工作现场会迎检点迎检，全市计量工作现场会成功在古蔺召开，企业、个体工商户、农民专业合作社年报公示工作获得省工商局通报表扬，牵头开展的质量强县工作荣获2015年质量强市优秀区县政府称号，牵头开展的民营经济发展工作被评为全市促进民营经济发展工作先进县，牵头开展的无传销城市创建工作获得认定，被评为全市“六五”普法先进单位，政务服务中心工商质监窗口被评为市“两学一做”共产党员示范团队。成功打造“古蔺面”地理标志证明商标，“古蔺牛皮茶”申报地理标志证明商标通过国家工商总局商标局初审公告，指导郎酒、潭酒的8个品牌成功申报四川名牌，指导“古蔺赶黄草”成功申报泸州市生态原产地产品保护。

**【深化改革】** 体制改革。按照县委、县政府要求，原工商、质监主动对接，快速行动，有效保障了人、财、物的平稳合并。商事改革。全面推进“五证合一、一照一码”“三证整合”，县政府下发《古蔺县人民政府关于实行“先照后证”改革加强市场主体后续监管的意见》，切实厘清市场监管职责，强化事中事后监管。2014年3月1日至2016年年底，共发展各类市场主体10681户，其中企业1751家，农民专业合作社530户，个体户8400户。

**【脱贫攻坚】** 改革扶贫。大力推进商事制度改革，指导建立“电商+农民专业合作社+农户”等发展模式，打通“古蔺产”供销渠道。全县共扶持发展涉农企业204家、农民专业合作社1287户、家庭农场258个。围绕古蔺农业特色，实施商标富农工程。截至2016年年底，全县共注册农产品商标123个，共打造涉农知名商标7个、著名商标3个、地理标志证明商标2个。建立合同帮农指导站，负责指导辖区内农户进行合同签订。2016年，新发展订单农业1620户，调解涉农合同纠纷27起。

**【易地扶贫搬迁建材质量保障】** 印发《易地扶贫搬迁工程建材质量安全保障工作方案》，构建易地扶贫搬迁工程建材质量安全保障体系图，明确工作目标，分解落实工作任务，保障建材质量安全。2016 年，共抽检建材产品 72 批，对 29 批次不合格产品立案调查。

**【精准帮扶】** 立足职能职责，强化帮扶指导，组织帮扶干部参加龙山镇、白泥乡扶贫精准识别工作，经过精准识别，菜板村的贫困户由 216 户、708 人调整为 110 户、512 人。

**【服务发展】** 充分发挥县民营经济工作领导小组办公室的综合协调作用，全面落实支持民营经济发展的各项优惠政策。2016 年，共发展各类市场主体 4247 户，其中，企业 919 家，农民专业合作社 178 户，个体工商户 3150 户，同比增长 23.35%。牵头完成市上下达的两项民营经济发展指标，古蔺荣获“2016 年促进民营经济发展先进县”称号。

**【商标兴县】** 指导企业和个人新申请商标 203 个，指导“蔺州 · 马蹄”商标成功申报省著名商标；指导“蔺瑞”商标成功申报市知名商标；指导“古蔺面”申报地理标志证明商标并获注册证，“古蔺牛皮茶”申报地理标志证明商标并获初审公告。

**【质量强县】** 修订完善《古蔺县质量强县工作考核办法》，把质量工作纳入目标考核。成立县政府领导小组，定期召开联席会议，形成合力，统筹推进质量强县工作。在全市率先推行首届县政府质量管理奖，县政府制发奖励办法和意见，助力古蔺企业走品牌发展之路。积极指导扶持企业提品质创品牌，郎酒集团、仙潭酒厂的 8 个产品成功申报四川名牌。古蔺县鑫鑫煤矸石建材厂通过市质监局效果评价，获得质量提升专项资金支持。2016 年 2 月，古蔺县获“质量强市优秀县政府”称号。

**【助企融资】** 优化服务，畅通银企对接渠道，做好信息互动互通，积极向银行推荐“诚信守法”和“守合同重信用”企业，推进动产抵押、股权出质、商标专用权质押融资，打破发展瓶颈。2016 年，共办理动产抵押登记 23 件，助企业融资 13 亿元；办理股权出质登记 10 件，助企业融资 5 亿元。

**【企业发展】** 2016 年，共办理个体户转型升级成企业 15 家。共引导企业和个体工商户申报冠县级行政区划名称 3635 户，冠市级行政区划名称 35 户，冠省级行政区划名称 45 户，不含行政区划名称 1 户。

**【标准认证】** 配合县委农工办进行有机产品示范县创建活动，起草《创建四川省有机产品认证示范县实施草案》。共督促 27 家企业完成了企业产品标准自我申明公开工作，公开企业执行标准 37 个。牵头开展“古蔺赶黄草”申报泸州市生态原产地产品保护，通过质检总局终审。

**【市场监管】** 不断强化依法行政，积极创建学法用法示范机关和普法先进集体，牵头打造的法治惠民商城——凤凰家居城作为依法治市工作现场会迎检点迎检。不断加强事中事后监管，企业、农民专业合作社、个体工商户年报公示工作获省工商局通报表扬，成功创建无传销城市，成功推动泸州市计量工作现场会在古蔺召开。

**【年报公示】**“全覆盖”宣传，“全方位”保障，“全过程”关注，推进年报公示工作。2016 年，全县企业年报率达 99.37%，个体户年报率达 98.93%，农民专业合作社年报率达 98.99%，均获省工商局通报表扬。

**【“红盾春雷行动 2016”】** 紧紧围绕“2+3”专项行动，深入开展治理“虚假宣传”“强化消费维权”“整治不正当竞争”“保护商标专用权”和“网络商品质量监管”专项行动。2016 年，共查处违法案件 50 件，受理和处理消费者申诉和举报 36 件。

**【生产流通质量监管】** 积极强化流通领域商品质量监管，强化重点商场、重点商品的集中整治，抽样检验重点商品 100 批次，立案查处不合格商品案件 29 件。落实工业产品定期监督抽查计划，共抽检产品 35 批次，办理案件 8 件。

**【计量器具监管】** 开展医疗计量器具普查，统计计量器具使用单位 373 家，计量器具 2399 台

（件）。加强计量执法专项检查，共检查集贸市场、超市、加油站等店铺（市场）25处（个），免费开展电子秤检定385台，抽查定量包装产品5批次，抽检加油机8台次，发现金银珠宝行业计量器具计量违规行为13处并责令改正，立案查处计量违法1起。2016年，全市计量工作现场会在古蔺召开。

**【合同、广告、商标监管】** 不断健全监管制度，细化监管标准，优化监管流程，规范监管程序。加大商标专用权保护力度，共立案查处各类商标案10件。加强广告监测监管，共办理户外广告登记14处，立案查处各类广告案件9件。强化合同监管帮扶，共调解合同争议8件，挽回经济损失19.36万元，指导修改格式合同条款15条。全面开展"守合同重信用"企业的复查和申报。

**【网络商品交易监管】** 2016年，共开展网络巡查226户次，检查网络经营主体274户次。其中"双十一"期间，检查监测网站网店48户。网络经济户口建档40户，省工商局网监系统下发数据建档率达100%。立案查处网络交易案件3件。推荐一家企业参加2016首届四川国际电子商务博览会。

**【消费维权】** 开展"法律八进"12次，发放相关宣传资料1万余份，接受法律咨询200余次，现场处理投诉5件，制作宣传展板27张，累计开展法律培训5次，接受培训人数400余人次。大力推进"12315"平台、"一会两站"建设，不断巩固和健全现有覆盖城乡的消费维权网络。加强行政调解与人民调解、仲裁、诉讼等多种维权方式的衔接，强化联动机制，切实提高维权实效。推行消费维权直通互动机制和"12315"诉转案机制，快速处理消费者投诉。2016年，共受理和处理消费者投诉176件，举报21件，办结率100%，为消费者挽回经济损失24.3万元。

**【部门管理】** 积极围绕"两个目标、三个增强、四项措施"，抓紧抓实"两个责任"的落实，不断推进党风廉政建设。古蔺县工商质监局连续13年获得古蔺县党风廉政建设工作一等奖。

**【新经济组织党建】** 加强"两支队伍"建设，确保"两个覆盖"提升。2016年，新组建企业党支部6个，乡镇个体党支部25个，企业团支部61个。县委命名1个"共产党员示范岗"、1个"共产党员示范团队"。8个单位和个人被泸州市新经济组织党委表彰。古蔺县新经济组织党委被县委评为"古蔺县优秀基层党组织"。

**【机关党建】** 2016年，新成立中共古蔺县工商行政管理和质量技术监督局机关党委，选举机关党委书记、副书记和委员。认真开展"两学一做"学习教育，政务服务中心工商质监局窗口被市委党建领导小组命名"两学一做"共产党员示范团队。

**【队伍建设】** 强化干部队伍培训教育，坚持正确的用人导向，工商质监合并后，合理分配全局人力，重新任命中层干部21人。

**【安全生产】** 制定《安全生产工作意见》，配合相关部门积极开展安全生产大检查、打非治违、隐患排查等工作。全面落实特种设备安全监察，强化隐患排查，加强应急管理，积极打好燃煤锅炉节能减排攻坚战、电梯安全监管大会战、管道隐患整治攻坚战"三大战役"。推进古蔺县在全市范围首先推行电梯强制安全保险，降低使用单位、维保单位的事故赔偿风险，保障全县电梯使用安全。

（汪　滔）

## 招商引资

**【概　况】** 古蔺县投资服务局是政府参公事业单位，现有编制7人，在编6人，其主要职能是为全县经济合作招商引资服务，包括招商引资政策调查研究，负责项目库建设，编制和组织实施招商引资发展规划和年度计划，承办对外经济合作和招商引资重要活动的组织和服务工作及其他招商引资服务等工作。2016年，县投资服务局以科学发展观为指导，坚持务实创新、开放统筹，树立全方位开放理念，围绕经济结构调整和产业升级的需求，深入实施招商引资攻坚行动。

**【引进资金】** 2016年，到位市外国内资金86.56亿元，年增长率15.5%，引进到位省外国内资金33.52亿元，新引进5亿元以上项目2个，全面完成省、市下达的目标任务。

**【引进项目】** 2016年，在省、市、县各大型招商活动上，古蔺县共签约项目14个，签约金额89.81亿元。水口旅游度假区、箭竹大黑洞景区、垃圾焚烧发电、黄荆综合旅游、青龙洞整体开发等重大项目有序推进，成效显著。

**【推动项目落地】** 明确将81个项目作为2016年古蔺县重点招商项目，将成渝经济区、北上广及港澳台等发达地区作为重点招商地区，将世界500强、中国500强、知名企业、上市公司作为重点招商企业，由县主要领导和分管县领导带项目带队伍外出上门招商。赴北京、上海、广州、深圳等地，与光和日升、广药集团、广东建设协会等大型企业（机构）就垃圾焚烧发电、赶黄草种植加工、中药材种植加工、大理石开采及加工等项目进行深入对接。

**【创新突破提升】** 1.推动工作思路突破，改变以传统产业、优势产业招商的旧模式，千方百计引进一批产业链长、带动性强、辐射面广的重大重点项目落户古蔺。2.推动项目包装突破，聘请有关专家，对项目的可行性进行科学分析，加强项目前期考察论证，大幅度提升了储备项目的质量和水平。3.推动宣传渠道突破，在与大型媒体合作、参加各级各类推介会的同时，全新改版古蔺招商引资网站，新增微信平台，更加快速便捷地更新招商信息及动态。4.推动招商水平突破，结合实际，建立健全合作开放领导小组运行九大机制，从项目包装宣传、对接洽谈、签约落地都明确了责任牵头单位和责任县领导，全方位提升招商引资工作水平。

**【基础工作】** 加快园区建设，推进园区路、水、电、通信等配套设施和服务平台建设；理顺园区管理体制，健全完善科学规范的运营机制；制定完善园区招商引资政策。加快制度建设，进一步建立健全、古蔺县招商引资工作运行机制、项目跟踪督办机制、协议会商拟定机制等制度，科学规范提升招商水平，合法公正保障客商权益。加快项目库建设，对2015年项目库进行完善提升，2016年，围绕全县资源特色、产业布局、发展方向近100个项目入库。加快招商平台建设，借助全国、省、市组织的各类大型节会平台，广交客商，力促合作；主动融入成渝经济区、泛珠三角等区域组织，互邀互访，共求发展；由县主要领导带队，赴深圳、北京、重庆、上海等地召开古蔺县投资说明会，对接古蔺籍成功人士300余人，向古蔺籍在外成功人士介绍古蔺发展情况，推介古蔺的投资项目，做好资金、人才回引工作；强化周边经济圈产业关联效应，助推动县内部分煤、酒企业转型升级。加快招商队伍建设，不定期到乡镇进行调查研究，结合当地实际，找准目标定位，提高乡镇招商引资工作的针对性和实效性；每年开展一次招商引资业务培训，提升招商队伍的整体理论水平。

**【招商重点领域】** 改变古蔺经济过度依赖煤、酒两大主导产业的困境，2016年，古蔺县以领域招商为工作重点：1.在新兴产业领域，突出发展大理石开发利用，全年引入两家企业入驻大理石开采及加工园区，加快培育新增长点。2.在新能源、新资源领域，加大与川能投、中石油、中广核的对接力度，煤层气、页岩气、风能发电等项目有序推进。3.在休闲度假旅游领域，针对黄荆整体打造提升、青龙洞溶洞开发盯牢成都锦里、中青旅等成熟公司，力争破局全域旅游招商。4.在生态农业领域，以特色生态农产品加工、农业产业孵化园、粮食仓储中心等项目为突破口，积极对接有投资意向的企业及潜在的台湾客商。5. 在生物医药类领域，重点针对赶黄草、杜仲等地道中药材种植加工项目，加速与同仁堂、新希望集团等知名企业的对接，有效推动项目合作进程。6. 在金融商贸物流领域，进一步加大与阿里巴巴、颐高集团、永辉超市、苏宁电器等有望到古蔺投资的企业高层的对接力度，加快推进古蔺金融商贸物流项目的招商工作。7. 在基础设施建设领域，重点针对高速公路建设、安置还房、棚户区改造等基础设施建设类项目开展招商，不断完善古蔺县基础设施。

（姚　瑶）

## 国土资源管理

**【概　况】** 2016 年，古蔺县国土资源管理工作在县委、县政府和市国土资源局的坚强领导下，紧紧围绕脱贫攻坚大局，以保资源、保发展、保权益、防地灾、促改革为工作主线，锐意进取，攻坚克难，各项工作均取得了新的成绩，为古蔺县社会经济的发展做出了新的贡献。

**【耕地保护】** 严格落实耕地保护责任制，严守耕地红线。2016 年，全县耕地保有量 134.17 万亩，基本农田保护面积 112.65 万亩。严格落实耕地占补平衡制度，全面提升耕地数量、质量，建成高标准基本农田 2.04 万亩，新增耕地 0.19 万亩。

**【用地保障】** 坚持主动服务，对重大重点项目用地提前介入，强化部门协调配合，不断提高征地报件质量，2016 年，共获得国土资源部、省政府批准建设用地 3624 亩。进一步健全完善征地工作机制，加强对各乡镇的政策业务指导，实施征地 2048.33 亩。

**【土地利用】** 坚持国有土地资产管理委员会、县政府常务会议等集体决策制度，严格执行工业项目用地投入、产出强度最低标准，严格落实净地供应制度。2016 年，出让土地 16 宗 566.365 亩，实现出让价款 12735.404 万元。深入推进国土资源节约集约模范县创建活动，古蔺县被四川省国土资源厅评定为省级国土资源节约集约模范县。

**【执法监察】** 加强执法监察共同责任机制建设，强化执法监察人、财、物保障，立足“打早、打小”。2016 年，共查处违法案件 36 件，收缴罚没款 272.6567 万元，其中调查终结并移送公安机关追究违法行为当事人刑事责任 2 件。

**【地质灾害防治】** 建立乡镇、村社排查，县级核查的地质灾害隐患排查机制，强化地质灾害应急队伍建设和应急物资调配管理，不断完善地质灾害应急救援工作机制。102 个地质灾害点落实专职监测员 205 人，并逐点开展防灾知识宣传和应急演练，共完成应急演练 202 次，发放宣传资料 22 万份。加快推进地质灾害综合防治体系建设，实施完成二郎镇黄金村红滩危岩治理、马蹄乡马岭村一社滑坡治理、古蔺镇火星村二社滑坡治理 3 处地质灾害工程治理；完成护家乡凤田村三社等 5 处排危除险工程；结合采煤沉陷区综合治理、易地扶贫搬迁、“双挂钩”等项目，完成 500 户农户地质灾害避险搬迁安置，实现地质灾害“零伤亡”目标。古蔺县国土资源局被省人力资源和社会保障厅、省国土资源厅表彰为四川省地质灾害防治工作先进集体。

**【矿政管理】** 坚持集体决策制度，依法规范推进矿权出让工作，共完成 3 宗市级采矿权出让，实现采矿权价款 571 万元；启动 17 个矿山资源增划工作；完成 15 宗矿权延续登记审批。加强对采矿权人开采活动的监督管理，全面实施矿业权人勘查开采信息公示制度。加快第三轮矿产资源规划编制，完成省、市规划的论证和上报送审。严守矿产资源开采环保红线，对新设和增划资源矿权一律落实环评前置审批。

**【土地整治】** 全面启动护家、太平、大寨、鱼化 4 个土地整治项目，实施完成东新、观文、金星 3 个土地整治项目和二郎、水口 2 个高标准基本农田建设项目。立项省投资土地整治项目7个，优选拟立项项目3个，入库13个。启动石屏工矿废弃地复垦二期工程和大寨、箭竹、桂花易地扶贫搬迁“双挂钩”项目；石屏采煤沉陷区废弃地治理“双挂钩”项目完成2个聚居点100户安置房主体工程建设，启动1个聚居点安置房建设，太平采煤沉陷区废弃地治理“双挂钩”项目完成聚居点征地54亩。

**【不动产登记】** 完成不动产登记数据库建设，完善登记流程，加强登记窗口建设，2016年，共办理不动产登记10040件。继续巩固和完善农村集体建设用地使用权、宅基地使用权土地确权登记发证，积极探索农村产权制度改革，古蔺县被确定为全国农村不动产确权登记示范点之一。

**【法治国土】** 全面履行行政诉讼应诉职责，参与行政应诉14次；严格履行法院判决、裁定事项，协助法院执行判决、裁定事项6件；依法接受司法监督，办理行政复议案件2件。进一步做好群众来信来访办理，畅通信访渠道，扎实开展走基层巡回接访活动，走访群众200余人次，妥善化解各类矛盾和纠纷50余件。坚持领导干部接访、约访、下访制度，累计接待群众来访1300余人次。严格落实信访维稳“一岗双责”，2016年，共办理上级交办、转办信访案件150件，受理群众来信来访26件。

（邓潇潇）

## 安全生产监督管理

**【概　况】** 2016年，古蔺县安全生产监督管理局（古蔺县煤炭管理局）内设办公室、综合股、行政审批股、非煤矿山股、煤矿安全监察股、煤炭运行股、危化股、职健股，下设安全生产执法大队、古蔺县矿山监督管理站、古蔺县安全生产监控中心。在编干部职工68人，其中公务员14人，机关工人2人，参公管理事业人员6人，全额事业人员45人，差额事业人员1人。

**【安全事故】** 2016年，全县发生生产安全事故12起，死亡11人，受伤2人，直接经济损失569.3万元，在统计口径扩大的情况下，三项指标均呈明显下降态势；地方煤矿、建设施工、危化品、烟花爆竹、水上交通等重点行业没有发生生产安全伤亡事故，重点消防场所、学校、食品卫生、旅游景点等没有发生群体伤亡事故，全县未发生较大及以上生产安全事故。

**【责任落实】** 2016年，县委、县政府高度重视安全生产，进一步完善“党政同责、一岗双责、齐抓共管、失职追责”和“党委政府属地监管，行业主管部门直接监管，安全监管部门综合监管”安全生产责任体系，县委、县政府“一把手”亲自主持研究、亲自安排部署、亲自带队深入一线检查安全生产；县委常委、县政府副县长按照“一岗双责”的要求，亲自带队检查安全生产，亲自研究解决分管行业（领域）安全生产的突出问题；县委常委会、县政府常务会坚持每季度听取一次安全生产工作汇报，县政府每季度召开一次安委会全体成员会，每月召开一次安全生产县长督办会，统筹安排部署安全生产工作。1月25日，县委、县政府联合印发《2016年古蔺县安全生产意见》，并与各乡镇、县级有关部门和重点企事业单位层层签订安全目标责任书。县安委会制定印发《古蔺县“安全生产责任落实”专项行动方案》，全面推动“五级五覆盖”和“五落实五到位”安全责任落实，并先后两次在太平镇召开安全责任落实现场会，责任体系建设进一步巩固和提升。

**【安全宣传】** 2016年6月，全县紧紧围绕“强化安全发展观念，提升全民安全素质”主题，坚持“三贴近”“三面向”，积极开展宣传教育活动。活动期间，共出动4台宣传车在县城巡回开展语音宣传，悬挂横幅标语30余条，制作安全警示展板挂图30余幅，发放各类宣传资料3.5万余份，发放安全知识提示卡2500余份，现场接待咨询群众8200余人。

【**依法治安**】 深入推进安全生产法制宣传教育，利用中心组学习、党组会和专题学法会等多种形式，累计学法11次，深入开展“法律七进”活动，组织安全生产行政执法业务培训会6次，以县政府安委会名义组织召开全县安全生产监管业务培训会1次，积极参加省、市两级安全生产执法比武活动各1次，参加泸州市案卷评审暨模拟听证会活动1次。通过开展安全生产月活动，向社会发放安全生产法律法规400余本、职业病防护宣传资料7000余份，开展安全生产知识竞赛活动1次，通过科林公司组织企业主和安全管理人员开展新《煤矿安全规程》培训活动1次，组织观看安全生产事故警示教育片6场次。组织开展专项检查720人次，随机抽查企业180家次，依法关闭251家烟花爆竹零售点，查处非法采石点6处，责令限期整改隐患568条，约谈企业主要负责人8人，责令停产停业9起，责令停止供电及火工用品2起，立案调查处理9起，累计罚款87.7万元。全县共发生生产安全事故10起（含市属国有煤矿2起，道路交通4起，工矿商贸行业4起），死亡9人，直接经济损失460.5万元，未发生较大及以上事故。

【**隐患治理**】 2016年，切实加强煤矿、非煤矿山、水陆交通、危险化学品和烟花爆竹、消防、建筑施工、人员密集场所、城镇燃气等重点行业领域的监管工作，共排查整治各类隐患9000余条。投入资金280万元，完成市政府下达的乡村道路安保工程目标，投入资金80万元，完成石屏镇磺厂幼儿园隐患治理，通过购买专家服务方式，指导煤矿和非煤矿山排查整改隐患、复工复产等工作。

【**煤矿攻坚**】 完善煤矿隐患排查治理长效机制，严格按照国家、省、市关于隐患排查治理要求，以《古蔺县煤矿生产安全事故隐患排查治理长效机制建设专项活动方案》为重要抓手，进一步建立完善三级责任体系。10个产煤乡镇根据县攻坚战方案，结合辖区煤矿情况，制定乡镇攻坚战实施方案，建立攻坚责任体系，县政府与各产煤乡镇分别签订攻坚责任状，县安监局（煤管局）同各矿签订攻坚责任状。组织全县煤矿安全监管和行业管理人员、煤矿业主及“五长、五科、五队”宣讲习近平总书记、李克强总理等关于安全生产的重要指示，《煤矿矿长保护矿工生命安全七条规定》，国务院安委办《关于50个煤矿安全重点县（市、区）遏制重特大事故攻坚战工作方案》等国家、省、市有关煤矿安全生产的重要文件、会议精神。改进驻矿安监员工作制度，落实驻矿检查20天，下井检查不少于15天等管理规定。落实县领导联系煤矿工作制度，15名县委、县政府领导，49名县级部门、乡镇领导挂包、联系了包括国有矿在内的22家煤矿。严格执行国家化解过剩产能政策，完成烂湾子和土城煤矿关闭工作，生产矿井全面执行“276个工作日”。县财政安排专项资金58万元，完成关闭煤矿水患调查工作，推进机械化、信息化和二级标准化建设，古蔺县榆新煤业有限公司（榆新煤厂）、古蔺县建兴煤业有限公司、古蔺县石宝镇隆石煤矿等煤矿企业完成二级质量标准化矿井年度考评工作。

【**非煤攻坚**】 2016年，开展遏制非煤矿山重特大事故攻坚战行动，以强基础、深治理、保安全为主线，全面推行安全风险分级管控，深入开展安全生产专项治理，严厉打击非法违法生产行为。县安监、国土、公安等部门联合行动，进一步细化标准，严控复产验收程序，深入一线，审查每个环节，严格打表，对不符合复工复产条件的6家企业责令其限期整改，确保复工复产企业安全达标。截至2016年12月，全县共有50家非煤矿山企业，已复工复产非煤矿山37家，其中恢复生产19家（砖厂8家，砂石厂11家），启动技改11家（砖厂4家，砂石厂7家），启动整改7家（砂石厂 4 家，砖厂进行平整场地 3 家）。另外，叙古高速公路 3 家取料场已停产待关闭，长期停产企业 10 家（砖厂 4 家，砂石厂 6 家）。2016 年 8 月，关闭 1 家非煤矿山，有效控制非煤矿山企业“散、乱”局面。

**【安全社区】** 全县认真贯彻全市安全生产基层基础工作会议精神，扎实抓好安全责任体系、安全社区和安全质量标准化建设。县、乡（镇）、村（社区）三级安全生产监管体系全面建成，全县 26 个乡镇、269 个行政村（社区）配备专职安监员 72 人、兼职安监员 26 人，设置安全劝导点 346 个、安全协管员 506 人，安全工作任务和责任进一步细化落实；桂花乡、大寨苗族乡安全社区创建工作已完成，等待省级验收，永乐镇安全社区通过省级复评，全县安全生产基础条件进一步改善，各项建设任务有序推进，管理水平进一步提高。

**【脱贫攻坚】** 围绕全县“集中四年攻坚，一年如期脱贫，一年巩固提升”的奋斗目标，县安监局（煤管局）党组成立帮扶领导小组，组成驻村工作组，选派一名干部到红响村担任“第一书记”，全面加强驻村帮扶工作，制定《2016 年驻村帮扶工作意见》，充分发挥工作职责，切实为民办实事。1. 积极帮助贫困户销售脆红李 2500 公斤，赠送贫困户鸡苗、树苗等累计折合人民币 5000 余元。2. 积极与移动公司协调，新建 4G 基站，让村民了解信息的渠道更为广泛。3. 积极整合社会资源，累计投入资金约 15 万元，修整红响村 6—7 组约 1.5 公里的通组公路。

**【队伍建设】** 认真落实党风廉政“两个责任”要求，建立一级抓一级、层层抓落实的党风廉政建设责任制，制定下发《安监局 2016 年党风廉政建设和反腐败工作要点》《2016 年党风廉政建设主体责任任务清单的通知》《安监局开展“积极预防 系统治理”实施方案》《安监局干部绩效考核办法（试行）的通知》等工作意见，加强巡视问题和发生在群众身边的“四风”问题整治，狠抓“四风”“五不”“庸懒散浮拖软”问题整治，办事效率明显提高，服务对象满意度有效提升。收集市、县、本部门近几年来的失职渎职、受贿等职务犯罪和违反党纪政纪典型案例和本单位职工的家风家教家训，编印《镜鉴》和《清风》廉政警示教育读本，组织职工认真阅读并撰写读后感；组织干部职工前往邑州监狱接受廉政警示教育。遴选 9 名安监人员充实到机关股室工作，强化机关队伍力量，继续选派 1 名年轻干部担任帮扶村“第一书记”。

（李　强）

## 食品药品监督管理

**【概　况】** 2016 年，古蔺县食品药品监督管理局有在职人员 49 人，其中公务员 27 人，参公人员 16 人，事业人员 5 人，机关工勤人员 1 人。内设办公室、政策法规股、食品生产监督股、食品流通监管股、餐饮服务监管股、药品器械化妆品监管股、应急股、行政审批股、监察室 9 个股（室）。

各乡镇食品药品监管所为行政派出机构，每所均配备 1—2 名行政编制人员专职从事食品药品安全监管工作。全县配备专职食品安全协管员 28 人。全力打造“以县为监管中心，以乡镇为监管前沿，向村、社区辐射延伸”的县、乡、村三级联动食药监管网络。有食品生产加工单位 664 个（获得生产许可证的食品生产企业 71 家，食品加工小作坊 593 个），农贸市场 10 个，食品经营户 4018 户（大中型超市 32 家），餐饮单位 1309 个（大中型餐馆 44 家，学校食堂 393 家），药品生产企业 3 家（医疗机构制剂 1 家），药械经营单位 259 个（批发企业 3 家，连锁公司 4 家，零售单位 252 个），药械使用单位 656 个（村卫生室 565 家）。

**【依法治理】** 1. 共清理出行政权力事项 501 项，

其中行政审批（行政许可）3项，行政处罚469项，行政强制10项，行政检查3项，行政奖励5项，其他行政权力11项。2.全面施行食品经营许可"双证合一"管理，全年办件1363件，其中餐饮服务399件（新办286件，延续112件，注销1件），食品销售850件（新办553件，延续267件，变更18件，注销12件），单位食堂114件（新办学校食堂含托幼机构85件，企事业单位食堂7件，延续和变更学校食堂22件），审批办结提速50%，办结率100%，评议率100%，群众满意率100%。

**【基层能力建设】** 全力开展基层监管所"两化"创建，积极争取市财政补助困难所开办经费20.8万元、县财政奖补资金补助132万元，发出基层所专业执法装备、快速检测装备约合136.72万元，共计投入资金289.52万元。截至2016年年底，全县11个乡镇标准化食药监管所、5个规范化示范所已全面完工，并通过市级验收。

**【食品药品市场监管】** 1.深入开展白酒日常监管工作。开展为期5个月的白酒质量专项整治，及时对乡镇监管所工作开展情况进行指导督查，共检查白酒企业和小作坊185家（小作坊177家，企业8家），责令整改165家，立案查处1家。对全县4家配制酒生产企业负责人进行约谈，督促落实主体责任，4家企业均按要求提交了落实主体责任自查报告。2.大力开展"利刃行动"。在全县范围内开展为期3个月的食品安全专项整治"利刃行动"。共检查食品生产单位1020家次、流通企业2530家次、餐饮单位3200家次，当场处罚1万余元，立案查处12起，责令整改6130家，食品市场突出问题和隐患得到有效整顿。3.扎实开展挂面专项整治。2016年，检查挂面生产企业和小作坊121家，抽检挂面24批次，抽检面粉3批次，检查发现问题6户，责令整改11户；大力服务企业发展，邀请行业专家对3家挂面企业生产工艺进行指导，指导企业完善内部管理体系。对公路边晾晒挂面的7家小作坊在古蔺县电视台、古蔺郎网等多家媒体进行曝光；依法对2家不符合生产条件的挂面生产企业的生产许可证予以注销；牵头成立古蔺县古蔺面协会，组织起草《古蔺面检测标准》。4.加强肉类及肉制品监管力度。共查处病死猪肉、未经检验检疫猪肉962.5公斤，当场处罚3起，移送公安1起。检查肉制品企业2家，抽检8批次；检查小作坊24家，责令整改22家，当场处罚2家。5.加强药品、医疗器械、化妆品日常监督管理。全年跟踪检查药品零售经营企业覆盖面达100%，完成GSP认证（药品经营质量管理规范认证）23家，检查各类药品生产批发零售单位447家次，责令整改110家，约谈5家，上报市食药监局吊销GSP认证资质单位1家。全力开展二、三类医疗器械监督检查，完善企业基本信息监管档案系统建设，共计检查医疗器械经营企业90余家次、医疗器械使用单位150余家次；大力整治美容行业非法制售和使用注射用透明质酸钠行为专项行动，检查23家；强化现场检查和三类医疗器械生产经营企业基本信息录入工作，完成录入9家。进一步规范化妆品生产经营秩序，严厉打击生产、销售和使用假冒伪劣化妆品行为。全年检查化妆品经营单位100余家次，责令整改40余家，清查下架不合格化妆品92批次。违规标示标签1家，索票索证管理制度不全或执行不到位56家。

**【食品药品违法案件查处工作】** 2016年，全局着重以案件查办为抓手，不断加强食品药品安全监管力度。在学校及周边、旅游景区、大型商超、场镇等重点场所，大力开展食品生产经营单位专项整治，针对麻辣鸡、月饼、白酒、火锅等特色食品，重点打击销售过期、冒用品牌等食品，严格落实产品下架、封存、召回、退市登记等程序，共计立案64件，结案50件，当场处罚128件，收缴罚没款47.3996万元。开展山东非法经营疫苗、非法制售注射用透明质酸钠、中药材专项整治“回头看”、美沙酮药物、婴儿培养箱和需冷冻冷藏医疗器械等专项整治。出动执法人员600人次，当场处罚12件，立案37件，结案35件，收缴罚没款38.2917万元。强化“两法”衔接力度，积极主动搭建“两法”衔接沟通平台，组织召开联系工作会4次，研究全县食药违法犯罪防范、打击措施，研讨疑难案件办理尺度，切实提高食药执法力度。2016年，共计移交司法机关案件2件，配合公安抓获犯罪嫌疑人1人。实行食品药品投诉举报制度，奖励投诉举报1起，发放奖金1000元。全年受理处置“12331”“12345”等各类投诉举报26件，其中食品类21件，药品类4件，医疗器械类1件，满意度达100%。

**【检验检测】** 2016年，完成食品监督抽检800批次，同比上升19%，其中餐饮环节84批次，流通环节267批次，生产环节209批次，食用农产品240批次。完成药品监督抽检51批次，超额提前完成市食药监局下达的48批次任务。完成食品快速检测1100批次，其中县食药监局完成400批次，乡镇监管所完成700批次。完成验收5个标准化食品安全快检室，其中农贸市场1个，大型超市4个。

**【党风廉政建设】** 切实把纪律和规矩挺在前面，坚持抓早抓小抓经常，运用好监督执纪“四种形态”，认真落实教育规范在前、约谈提醒在前、纪律处理在前，深化县食药监局廉政风险防控“三早三卡”机制，对党员干部存在的问题“早发现、早提醒、早纠正、早查处”，明确“三早三卡”的发放原则、发放权限、结果运用和台账管理，实现监督执纪问责常态化。2016年，分层分类进行廉政风险约谈79人，发放黄色提醒卡70张、红色纠错卡1张，通报处理1人。

**【食品药品产业发展】** 坚持监管与服务并重，积极规范行业行为，督促行业加强自律，通过抱团发展，推进地方特色产品不断发展，以行业发展倒逼责任落实，先后成功指导从业人员组织成立酒业协会、古蔺面协会、餐饮协会、古蔺麻辣鸡行业协会；指导上规模10余家挂面小作坊以专业合作社、入股等方式进一步整合力量，联合修建厂房，办理相关生产许可证，入驻“古蔺挂面工业园区一期”2家。“古蔺挂面工业园区二期”项目正在建设中，后期将进一步带动古蔺挂面行业自觉规范发展。

（邓　捷）

# 工 业

## 工业综述

**【概　况】** 2016年是国民经济和社会发展“十三五”规划的开局之年，为进一步适应宏观政策调整和市场形势变化，促进县域工业经济转型升级发展，县委、县政府狠抓乌蒙山（四川片区）连片扶贫开发、“一带一路”、中国制造2025、长江经济带建设等契机，持续深入推进“着力六个加快、推动六个转变”战略任务，坚持“稳中求进”的总体基调，深入研究工业经济发展中的难题，依托产业基础、资源和品牌优势，制定一系列促进工业经济平稳发展的政策措施，全县工业经济持续发展，为“决胜脱贫攻坚、实现撤县设市、同步全面小康”奋斗目标提供了强有力支撑。

全年全县实现工业总产值283亿元，同比增长13.2%；实现工业增加值（现价）66亿元，同比增长12.9%；实现工业主营业务收入191.6亿元，同比增长11.1%；实现利润总额12.4亿元，同比增长1.8%；实现入库税金13.2亿元，同比增长17%。其中，规模以上工业实现总产值216亿元，同比增长13.1%；规上工业可比价增加值增速11.6%，全市排名第四；实现主营业务收入131.3亿元，同比增长15%；完成利润总额7.6亿元，同比下降5%；完成入库税金12.6亿元，同比增长23.7%；工业产品产销率85.1%。全年完成工业投资30.5亿元，同比下降14.1%；完成工业技改投资26亿元，同比下降19.7%。

**【建材工业】** 2016年，全县建材工业经过2014—2015年深度调整期后，一方面，依托古蔺丰富的大理石资源，加快开放脚步，积极开展招商引资工作。引进皇华凤凰台、石门坎2家矿山企业入园，完成大理石板材加工60万平方米，实现销售收入3600万元。同时完成了龙山向田、皇华凤凰台、石门坎3处大理石矿权的设置批复及矿山出让和矿山建设用地租赁工作，矿山公路路基建设15公里，二期厂房及办公、生活大楼场地平整工作。全面推进大理石集中加工区道路、桥梁、河堤建设工程，至年底，全面完成鱼化河排水隧洞工程；完成皇华凤凰台、石门坎2家矿山引企入园工作；累计完成大理石产业项目投资25000万元。另一方面，依托古蔺县铁桥水泥厂等现有建材工业企业，根据国家相关产业政策指导调整结构，积极推广应用新型环保空心砖等生产工艺，全面推动水泥、石材等建材产业结构调整和转型升级。通过技术创新来改善产品结构，通过加强管理来培育和开拓市场。同时紧紧围绕交通、水利、易地搬迁等基础设施建设工程，不断供应市场需求，为全县发展和决胜脱贫攻坚对建材产品的需求提供强有力保障。

全年全县共有水泥厂1家，非煤矿山企业50家，大理石加工园区1个，入驻大理石园区企业

3家。全年生产水泥55.7万吨，同比增长110%；水泥制品38.1万立方米；机制砖6.6亿匹；石粉砂209万立方米；石料136万立方米。全年建材行业实现工业总产值14.3亿元，其中规模以上建材工业企业5家，实现工业产值2.2亿元。

**【制药工业】** 古蔺县特殊的气候、土壤和地理条件，适宜多种药用植物生长，是四川省重点药材产区之一。2016年年底，全县有中药材专业合作社59家，中药材种植面积合计6万余亩（百合15000亩，黄檗5000亩，杜仲3000亩，赶黄草2000亩），按照“突出特色、连片开发”的原则进行规范化种植，发展“企业＋基地＋农户”的经营模式，形成中药材产供销一体化。2011年，古蔺县启动申报古蔺赶黄草地理商标标志，于2013年3月经工商总局认证下发。2014年6月26日起，正式启用古蔺赶黄草地理商标标志以及防伪追溯体系。2013年，启动古蔺赶黄草“新食品原料”申报工作。2016年，已通过国家卫计委专家组的现场核查，完成申报资料补充上报等工作。

县内有赶黄草加工资质企业2家，古蔺肝苏药业有限公司是古蔺县医药企业的龙头企业，是集研发、生产、销售中成药为一体的现代化制药企业，主要经营以赶黄草为重点的中药制剂、化学药制剂生产、销售。公司以订单农业的生产方式发展赶黄草4000余亩，至2016年已拥有颗粒剂、片剂、丸剂等7个剂型，30多个中成药品种，40多个规格。公司正在开展赶黄草“新食品原料”申报工作，先后获得规模以上省“小巨人”“成长型”“专精特新”中小企业等称号。2016年，公司实现产值1.2亿元，实现销售产值0.95亿元。古蔺宏安药业有限公司以订单农业为主，发展赶黄草3000余亩，年产赶黄草1500余吨，主要加工赶黄草饮品、饮片，并成功注册“百宝康”“和谐君”等品牌。

（李　雄）

## 四川郎酒股份有限公司

**【概　况】** 2016年，郎酒集团在市委、市政府的领导下，股份制改造顺利完成，对公司进行了重大调整，将与酒有关的产业全部整合到四川郎酒股份有限公司。四川郎酒股份有限公司下设全资子公司四川古蔺郎酒销售有限公司、古蔺郎酒藏品有限公司、四川省古蔺郎酒厂有限公司、泸州郎酒浓香酿酒有限公司、古蔺郎酒兴正商贸有限公司、四川郎酒浓香包装有限公司、泸州市龙马潭区兴林酒类销售有限公司、泸州益和纸品包装有限公司、合江县华艺陶瓷制品有限公司、泸州隆生酿酒有限公司、四川博迅文化传播有限公司、古蔺二郎实业有限公司，控股子公司叙永郎酒东方玻璃有限公司、古蔺县久盛投资有限公司。

2016年，公司调整了事业部和产品结构，将老郎酒事业部并入红花郎事业部，对中低价产品进一步清理，整个公司单品控制在20个以内。坚持品牌化运作，坚持以消费者培育为核心，聚焦发展和恢复市场相结合，放权运作和规范管理相结合，整体呈现良性发展势头，中高端产品的销售上升趋势明显。包装各种出厂酒51600吨。白酒销售同比增长6%，上缴入库税收122240万元。

**【酿造生产】** 2016年，郎酒生产总投粮40002吨，累计产酒13470.92吨；高温曲投粮30100吨，产曲20800吨。

**【品牌建设】** 1. 2016年，在中央电视台及全国地面媒体投入6亿多元，继续加强品牌建设。继续在中央电视台开展品牌推广，独家特约中央电视台综合频道黄金档剧场，并连续第八年成为中央电视台军事频道顶级合作伙伴，继续在中央电视台向全国观众讲述“郎酒故事”。2. 品牌宣传与市场销售更加贴近，加大了地方卫视、高速公路路牌、城市LED、报刊及网络新媒体广告的宣传力度。3. 历经一年的“红花郎杯”全球汉语诗歌拉力赛于10月在成都举行颁奖仪式。

6月22日，由世界品牌实验室主办的“世界品牌大会”发布2016年（第十三届）“中国500最具价值品牌”排行榜，郎酒以448.59亿元的品牌价值位居第51位，连续8年居白酒行业品牌第3位。荣获“中国白酒行业十大影响力品牌”称号。

**【营销工作】** 2016年，郎酒销售公司事业部准公司化运行体系逐步成型，管理团队管理运作能力得到较大提升。销售质量有所提高，销售团队和经销商信心有较大恢复。红花郎社会库存进一步降低，价格有所提升；特别是郎牌特曲探索营销操作创新有亮点，销售同比实现较大增长；小郎酒运行平稳；新郎酒在餐饮及宴席渠道找到比较有效突破口。

**【酒体研发】** 1.稳步推进酒体优化与研发，提高产品市场竞争力。通过技术攻关，精心设计研发的金质郎酒、郎牌郎酒等12个产品，不断优化升级的小贵宾、金如意等9个产品均顺利推向市场；其中44.8度郎哥荣获中国酒业协会2016年度“青酌奖”酒类新品TOP10荣誉称号，产品质量得到行业内外一致认可。2.积极开展前置研究，拓展酒体研发种类。针对市场年轻化趋势，结合公司自身优势，前置开展了配制酒、果酒、发酵酒等酒种的预研工作，为未来多变的市场需求储备技术基础。3.继续加大激励力度，鼓励技术研究与创新。全年自主开展制曲技术试验8项、酿酒技术及装备试验7项，部分已取得一定成果，提升了曲药和原酒的质量；评审立项技术革新7项、合理化建议9项、“五小”成果11项，提高了生产和工作效率，促进了节能降耗工作开展。4.大力推动校企融合，加大产业科研力度。2016年，继续深化与四川大学、四川理工学院的战略合作关系，依托高校科研优势，推进产、学、研全面融合，促进传统产业创新升级。全年对外申报科研项目6个，争取国家资金支持279.2万元，其中“酱香型白酒酿造技术创新工程”荣获四川省科技进步三等奖。

**【质量监督】** 1.加强过程质量控制，推进全面质量管理。建立从包材、原料、制曲、酿造、储存到包装等全流程的监管体系，完善样品监测分析标准化建设，不断强化包材检验力度和产品分析检测能力，全年检验成品酒包装质量1828.37万件，检验进厂包装材料1.69万批，分析样品37048个，全面确保产品质量。2.强化食品安全监管力度，完善《食品安全监督检查方案》。开展月度、季度食品安全监督检查和白酒风险排查，不断强化食品安全管理主体责任，全年开展食品安全样品监测11343个。3.完成公司生产许可证的年度审核和换证申报，并取得新的生产许可证。4.获得48批次有机郎酒基酒认证证书。

**【知识产权】** 2016年，加大知识产权体系建设力度，开展知识产权相关培训，并顺利通过知识产权管理体系认证。郎酒集团全年申请国家专利5项，获得专利授权6项，参与国家标准修订起草2项，发表专业论文5篇。泸州益和纸品包装有限公司申请专利23项，已获专利证书11项，获授权1项，获受理11项，其中发明专利获受理3项。

**【人才建设】** 1.加大应届毕业生引进力度，强化人才队伍建设。组织招聘应届大学生1600余人，结合专业性质，实施双向选择，落实定岗、定向、定人的专项培养机制，力求人尽其才，为公司未来发展储备力量。2.推进人力资源开发与利用，注重培训质量和效果。2016年，组织各类培训460场次，覆盖人员26571人次。6月，公司第一期郎酒四川理工学院干部培训班结业，第二期顺利开班。通过贯彻落实“走出去、请进来”的培训模式，公司各级管理技术人员的综合素质正逐步提高。3.加大考核体系建设，激发干部队伍活力。建立干部管理考核体系，通过考核，落实“271”法则，努力实现能上能下的干部管理机制。

【郎酒公益】2016年，郎酒集团“中国郎·梦飞扬”义卖助学公益活动在全国各地持续开展，共援助500名学子续写求学梦。

【基础建设】1.二郎基地工程。天宝峰露天陶坛酒库一期平场、挡墙工程已完成80%，钢架棚已完成招标。天宝峰A8罐区已完成招标，于11月底进场施工。二郎镇背街道工程竣工，天宝峰A9、A10基本竣工，两河口沥青道路工程已竣工。制曲园区原旧厂房拆除工程完工。郎酒星级酒店平场施工设计图已完成。2.泸州浓香酿酒基地工程。4万吨罐区已完成并交泸州基地使用。208陶坛库已建成。污水处理厂一期（日处理500吨）已完成。1、2号桥梁工程已完成。2万吨罐区罐体土建基础已完成。新增河堤工程完工。环208陶坛库道路工程完工。202酿酒车间、粉碎车间、污水站管网施工设计图完成。一期及4万吨罐区绿化施工设计图完成。3.泸州包装基地工程。土地平场、涵管工程已竣工。完成二期200多亩土地摘牌。完成3.5万吨勾调区，大小酒2个包装车间、库房、纯水站、食堂、宿舍、道路管网的设计，完成公司审图和消防审图。4.合江华艺工程。厂房、宿舍、食堂全部完成主体工程，进入内外装饰、设备安装阶段，其他配套工程也陆续开工。完成研发楼设计方案。5.叙永东玻工程。完成喷涂车间工程、LNG站防雷工程和消防工程及脱硝工程。

【泸州益和纸品包装有限公司】现有员工751人。2016年，完成订单销售35100万元，同比增长61%。

【叙永郎酒东方玻璃有限公司】现有员工900人。2016年，贴花瓶成品产量1.41亿个，烤花瓶成品产量1.41亿个。半成品生产1.56亿个，其中，100毫升及158毫升长虹小酒瓶1.32亿个，流通产品0.13亿个，郎牌特曲及其他喷釉产品0.11亿个。

【合江县华艺陶瓷制品有限公司】1.2016年，共完成46项设备评标（含2项管道系统）、3项设备合同的变更、3条窑炉的新增采购等评标资料的备案和合同的整理，完成设备招标采购总金额9533万元。2.原辅材料的招标已完成供应商筛选及考察工作，各供应商样品试制已完成，并进入招投标流程。3.原料车间球磨机设备已经进厂安装完毕，佛山摩德娜科技股份有限公司6条窑炉已经进厂安装，德国LIPPERT公司石膏模具生产线已经到厂1条。

（胡基权）

## 国网四川省电力公司古蔺县供电分公司

【概　况】国网四川省电力公司古蔺县供电分公司2001年4月18日正式挂牌，是国网四川省电力公司与古蔺县人民政府合资组建的控股公司，国网四川省电力公司持股比例76.31%，古蔺县国有资产经营有限责任公司持股比例23.69%，注册资本2879万元。2014年1月完成上划县改制工作，2016年9月完成“子改分”工作，属国网四川省电力公司县级分公司。2016年，公司担负着古蔺县社会与经济发展及人民群众生产生活供电任务，供电面积3182平方公里，供电人口85万余人。公司本部设置10个职能部门、14个供电所、3个业务支撑和实施机构、7个专业车间生产班组、3个营销专业班组。

【电网建设】公司完成“十三五”电网发展规划和2015—2020年重点发展计划。成立电网建设工作领导组，为配合做好“十三五”期间电网建设奠定了基础。加强项目前期工作，二郎110千伏、城西110千伏输变电工程获国网四川省电力公司核准，35千伏石宝输变电及110千伏二郎配套工程完成可行性研究报告。争取电网建设投资5亿元，切实开展大修技改、低电压治理工程，35千伏椒园、邹家嘴输变电工程顺利建成投运。加大变电站自动化改造，35千伏箭竹、观文变电站实现无人值守。2013—2015年各批次农网工程顺利完工，2016年批次农网升级改造工程项目顺利推进。新建10千伏线路242.16公里、低压线路1445.2公里，新建配电变压器（以下简称配变）321台，改造户表24722户，完成37个行政村的全面改造。

2016年，公司所辖35千伏及以上变电站14座，总容量405.05兆伏安。其中，220千伏变电站1座（冯冲湾），主变压器（以下简称主变）2台，变电容量270兆伏安；110千伏变电站3座（古蔺、龙山、走马），主变4台，变电容量160兆伏安（4×40兆伏安）；35千伏变电站10座（城郊、香楠、观文、大村、二郎、双沙、白岩滩、箭竹、椒园、邹家嘴），主变14台，变电容量95.05兆伏安；35千伏及以上线路20条，总长490.8公里，其中，220千伏线路2条、107.5公里，110千伏线路6条、152.5公里，35千伏线路12条、230.8公里。公司各变电站农网10千伏出线52条，主干线路共计514.6公里。配变1707台，总容量241.14兆伏安，其中，城市配网10千伏线路14条，主干线路长度69.9公里；配变258台，总装接容量97.705兆伏安。农村配网10千伏线路38条，主干线路长度444.7公里；配变1449台，总装接容量143.435兆伏安。

**【经营管理】** 积极应对经济下行压力，努力增供促销，大力推进电能替代。争取补贴小水电供区排危消缺资金580万元。深化“电费包片”机制，全员参与欠电追缴工作，有效联动地方党委、政府、纪委、公安对恶意拖欠电费行为的打击，截至2016年年底，电费回收率99.99%，实收流程合格率100%。开展反窃电专项行动，追缴电费及违约金104.8万元。开展专用变压器（以下简称专变）客户专项检查，处理计量异常客户19户，涉及金额近290万元。组织专人集中开展营配数据贯通，致力于“五大”体系高效运转，再建一个新信息平台。积极开展“业扩报装环境整治百日行动”，精简报装资料，优化业扩流程，全年新增业扩报装12.81万千伏安。提升行风优质服务水平，以强化队伍建设为载体，成立“共产党员服务队”，加强窗口形象建设。主动响应县委、县政府稳增长和精准扶贫的决策部署，完成丹桂镇仙寺村精准帮扶172户。开展高危重要客户安全检查，共查出隐患148条，报政府职能部门备案148条。继续推进用电信息采集系统建设，完成31868个智能表换装及公变、专变和545家非统调电厂电能量采集工作。推广“掌上电力”，建立与农村商业银行合作缴费机制，不断拓宽销售和服务渠道。

**【安全生产】** 严格落实各级安全责任，切实开展安全生产风险“月计划、周安排、日管控”活动，扎实开展安全隐患排查整治，2016年，消除各类隐患61项。开展“通道清障年”活动，全年清理树竹障碍10万余棵，提高了供电可靠率。开展涉电鱼塘安全隐患排查整治专项行动，清理备案辖区内涉电鱼塘138处，整改138处。认真落实特高压属地运维责任，完成±800千伏宾金线属地运维工作。提升综合停电计划管理水平，严控停电节点，全年计划率、准确率同比提升12%。加强安全用电宣传，开展小水电供区乡镇安全宣传40余次，印发安全宣传手册及宣传画4万余份。积极开展安全月、安全日活动，组织举办安全知识竞赛、“安全之星”评选等活动，营造内部良好的安全氛围。精心做好电网调度，实现“迎峰度冬”期间11万千瓦统调最高负荷不拉闸限电，确保全县电力安全可靠供应。深化各类应急演练和“无脚本”演习，圆满完成了春节、“两会”、高中考等重要保电任务。

**【优质服务】** 广泛拓展售电市场，主动服务拉动内需，积极做好煤矿工业、西区开发、叙大铁路等重点工程用电服务，荣获古蔺县“新城建设”工作先进单位称号。以创建“国家电网县级一流供电企业”为突破口，强化“大服务”理念，以优化服务流程、提高服务水平为重点，大力推进营销专业化建设，不断提高服务水平和效益。深化“电力惠民”行动，主动上门服务，圆满完成“两会”、高考、国庆、迎峰度夏（冬）、抗冰保电、抗旱救灾等重要保电任务。

**【党的建设】** 扎实开展“三严三实”专题教育，认真贯彻市供电公司党委部署，持续深化学习教育，专题教育取得明显成效。公司领导班子认真开展专题学习研讨，高质量召开专题民主生活会，严肃认真开展批评与自我批评。严格落实“两个责任”，规范纪律检查工作程序，认真学习贯彻《中国共产党章程》《中国共产党廉洁自律准则》和《中国共产党党内监督条例》，有效提升了公司反腐倡廉工作水平。充分发挥基层党组织作用，分片分组开展“两代表一委员”走访，累计走访11人次。加强员工队伍素质建设，完善中层干部管理制度和考核机制，强化干部培养、锻炼和培训。注重先进典型培树，被评为泸州市“交通安全生产单位”、四川省“五四红旗团支部”、市供电公司“2016年度安全生产工作先进集体”。调度中心荣获“四川省电力公司调控先进集体”称号。王静波荣获“四川省劳动模范”称号，雷静荣获“醉美泸州，最美职工”称号，朱沙荣获“国网泸州供电公司劳动模范”称号。认真落实离退休人员“两项待遇”，关心关爱离退休人员生活。加强保密管理，强化信访维稳和舆情防控，确保企业和谐稳定。

（詹　浩）

# 农　业

## 综　述

**【概　况】** 古蔺县委农村工作领导小组办公室（以下简称县委农工办）是县委农村工作领导小组的办事机构，工作重点是对全县农业和农村工作方针、政策的调研、制定，对农业和农村重要工作的督促检查；指导、协调农业产业结构调整和农业产业化经营工作；指导农业农村改革工作；承担县委农村工作领导小组交办的事项。

县委农工办核定行政编制7人，机关工勤1人，核定事业编制3人。实有在编在职行政人员7人，机关工人2人。事业人员4人。内设机构3个（综合股、产业股、烤烟股），下属事业单位1个（古蔺县特色农产品产业发展服务中心）。

2016年，古蔺县坚持以脱贫攻坚统揽全年农业农村各项工作，围绕农业产业创新发展、现代农业转型升级两大主题，发展特色产业，建设乌蒙新村，夯实农业基础，深化农村改革，促进农民增收。全年实现农林牧渔总产值36.8亿元，同比增长3.7%；农村居民人均可支配收入10516元，同比增长9.5%。

**【农业特色产业】** 加快发展生态畜牧产业。按照“稳猪禽，兴牛羊”的总体发展思路，大力发展标准化规模养殖。投资2.56亿元，实施护家乡肉牛生态养殖科技园区、观文镇丫杈猪国家级保种场、古蔺县百亿肉牛产业全产业链三大重点项目建设，启动大寨富民、德耀燕岩、桂花香楠、黄荆原林、马嘶茶园等10个贫困村规模养猪场建设，创建省级标准化示范场1个、市级标准化示范场2个、县级标准化示范场10个。全县出栏生猪55万头、禽350万只、肉牛3.5万头、肉羊8万头，畜牧业总产值实现18.7亿元。

壮大优质果蔬茶产业基地。以基地建设为载体，因地制宜，突出特色，着力打造赤水河河谷地区特色产业。科学编制赤水河沿岸12个重点乡镇甜橙产业发展规划，启动古蔺镇王塘村海升集团千亩现代柑橘示范园项目建设，新增甜橙1万亩；新建马蹄乡出口甜橙质量安全示范区1个；发展古蔺镇芭蕉村等区域脆红李6500亩。以高山蔬菜基地建设和大寨苗族乡富民村蔬菜示范基地建设为重点，种植蔬菜21.2万亩，实现产量50.88万吨，产值7.12亿元。以马嘶乡、德耀镇产业基地带动引领，着力改造低产茶园，发展茶叶4000亩，其中德耀镇双凤村规范化茶叶核心区500亩。截至2016年年底，全县茶叶产业面积3.9万亩，年产量0.1万吨，产值0.84亿元。

稳固山地烤烟产业发展。夯实烤烟产业发展基础，切实推进现代烟草农业建设，全面实施规模化发展、规范化生产、精细化管理，提升烤烟产量、质量、效益。2016年，全县种植烤烟面积7.25万亩，完成收购15万担，实现产值1.87亿元。

规模发展道地中药材产业。以打造精品园区

和示范基地为载体，促进中药材产业化建设。以赶黄草、金银花、木瓜、三木药材四大优质品种为重点，在古蔺、德耀、桂花、黄荆、大寨、箭竹、双沙等10个乡镇建成木瓜基地6个、三木药材基地18个、赶黄草基地5个、金银花基地13个。2016年，全县新增中药材1.5万亩。

**【农业基础设施建设】** 新增有效灌溉面积0.52万亩，解决安全饮水21006人，2016年度提水保灌面积5万亩。新建通乡公路65公里，通村公路230公里，安保工程52公里。改造农村电网2010公里。建成高标准基本农田1.853万亩，新增耕地0.19万亩，占计划任务的100%。推广各类新机具859台，落实中央农机补贴资金74.24万元、县级配套补贴资金27.4248万元，开展机耕作业面积65万亩，主要农作物耕种收综合农机化水平达39%。实施农村贫困户危房改造975户，建农村生活垃圾处理厂（池）138个，建成新农村聚居点污水处理示范点3个。

**【现代农业经营体系建设】** 1.加大新型经营主体的培育和扶持力度。大力培育专业大户、农业产业化龙头企业，规范化发展农民专业合作社，创建示范性家庭农场，努力构建新型现代农业经营体系。2016年，成功申报省级龙头企业1家、市级龙头企业3家、市级示范农民专业合作社组织10个、示范家庭农场5个。

2.着力实施品牌战略。围绕县域品牌、企业品牌、产品品牌，大力实施品牌战略。2016年，古蔺面和古蔺牛皮茶获地理标志证明商标称号，天条面获四川省著名商标称号。积极组织农特产品参加中国品牌博览会、泸州市农产品交易博览会等展示展销，扩大特色农产品对外宣传和推广力度，提升产品知名度，促进销售。

3.大力发展农村电子商务。按照“政府推动、商务主管、供销主抓、部门配合、企业主体、市场运作”要求，大力发展“互联网+农业”，促进电子商务与农村实体经济深度融合。培育电子商务公司1家，建立电子商务平台1个，上线农产品58种，组建电子商务协会1个，新建电子商务运营中心1个，完成158个电子商务服务店（站）建设规划，建成80个镇（村）电子商务服务店（站）。

**【农业农村改革】** 积极稳妥深化农村各项改革事业，不断激发农村发展活力。加快农村产权制度改革，完成农村土地承包经营权确权登记，农村集体土地所有权、集体建设用地使用权确权登记颁证，开展集体林权制度改革“回头看”，新确权面积1.2万亩，修改林权证7000余本。农村小型水利工程确权颁证5890处。县级农村产权流转交易平台建设完成并挂牌运行。创新扶贫体制机制，建立完善精准扶贫责任体系、考核机制、干部驻村帮扶机制，落实扶贫开发责任、权力、资金、任务“四到县”制度，建立扶贫对象动态调整机制。全面深化供销社综合改革，新发展新型乡镇级供销合作社10个。经济林（果）权证融资贷款试点方案获省林业厅批复实施。颁证2000亩，完成贷款730万元。创新机制，推进水利支持新农村建设。全县先后成立37个农民用水户协会、264个用水分会，明确管护主体，制定工程管护标准，创新管护运行机制，保证水利建设与新农村建设同步推进。发展壮大集体经济，支持新型农村集体经济组织通过股份合作、集体自主、租赁托管等形式盘活农村闲置资产资源。2016年，22个预脱贫村实现集体经济收入达标，人均达7元以上。

**【新村建设】** 编制完成《古蔺县幸福美丽新村示范县规划（2016—2018）》，坚持“三新三建三创”（“三新”：新农村、新面貌、新生活；“三建”：建配套、建平台、建品牌；“三创”：创模式，创发展，创标杆）建设思路。结合全县四大特色产业“三线三片”布局划分，分步成片推进幸福美丽新村建设。2016年，整合各项涉农项目资金100755万元，以蔺郎路线和西部片区为重点，依托幸福美丽新村示范县、“两线两点两基地两龙头”、易地扶贫搬迁、幸福美丽新村基础设施建设等项目，打造双沙白马、桂花田坝、永乐麻柳滩等幸福美丽新村示范点40个，创建“四好”示范村48个。

**【脱贫攻坚】** 围绕“率先摆脱贫困、同步全面小康”的奋斗目标，坚持以脱贫攻坚统揽全县各项工作，按照“四年集中攻坚、一年全面实现脱贫、一年巩固提升”的思路，突出“八个精准”要求，以贫困村“一低七有”、贫困户“一高一低一无”为工作方向，持续深入推进“七大扶贫攻坚行动”。2016年，实现22个贫困村脱贫摘帽，1.946万名贫困人口脱贫。

（范永勤）

## 农业生产

**【概　况】** 2016年6月，县政府机构改革，将原县农机局、畜牧局撤并到县农业局，县农业局属县政府工作部门。全局设8个内设机构，即党政办公室（挂信访办牌子）、行政审批股、计划财务股、科技教育股、农村经济发展股、农业机械化发展股、农产品质量安全监管股（绿色食品管理办公室）、人事股。全局现有编制353人，其中行政编制14人，机关工勤人员控制数1人。全额事业编制338人，其中参照公务员法管理事业编制70人，其他事业编制268人。全县乡镇成立26个农业服务中心。

**【现代农业】** 1.优先发展粮食生产。2016年，种植粮食123万亩，总产25.505万吨，比上年增加0.51万吨，增长0.23%，粮食生产持续增产增收。2.强力推进特色产业。投资1.2亿元，在永乐、太平、二郎等乡镇栽植甜橙1万亩；投资580万元，新建马蹄乡出口甜橙质量安全示范区1个；新发展古蔺镇芭蕉村等区域脆红李0.65万亩；全县种植蔬菜21.2万亩，产量50.88万吨，产值7.12亿元；着力改造低产茶园，发展茶叶4000亩，全县茶叶面积3.9万亩，产值0.84亿元；种植高粱10万亩；发展中药材3000亩，规模达11万亩。3.大力提升养殖效益。全县出栏生猪55万头、禽350万只、肉牛3.5万头、肉羊8万头，总产值18.7亿元；成鱼起水1132吨，比上年同期增加53吨，增产4.9%，产值2134万元。4.不断扩大畜牧产业。启动古蔺县百亿肉牛产业全产业链项目建设，建成大寨富民、德耀燕岩、桂花香楠、黄荆原林、马嘶茶园等10个贫困村各1000头规模养猪场建设，创建省级标准化示范场1个、市级标准化示范场2个、县级标准化示范场10个。到2016年年底，全县建成适度规模养殖场（户）2692个、畜禽标准化规模养殖小区（场）696个。

**【重点项目】** 1.着力高产示范创建。实施小麦、高粱、水稻高产示范6万亩，建展示区8000亩。2.实施基本农田改造。完成丹桂、石宝、水口、太平等乡镇高标准农田建设2.2万亩，其中基本口粮田1.25万亩；投入中央及县财政配套资金240万元，完成龙山、护家两个乡镇2015年古蔺县岩溶地区石漠化综合治理田间工程，治理岩溶土地、石漠化土地面积54.5平方公里。3.改善农村发展环境。新（改）建农村泥结碎石路、硬化农村水泥路、乡村机耕道、生产便民道245.6公里；投资86.2万余元，建成护家镇农场村玉龙提灌站、观文镇永安村提灌站，新增灌溉面积3.1万余亩。4.加强农机推广示范。落实中央农机补贴政策，推广各类新机具859台，全年开展机耕作业达65万亩。

**【资源环境】** 1.实施测土配方施肥。推广测土配方施肥技术面积110万亩、配方肥施面积40万亩，化肥使用量年增长控制比例小于0.4%；完成2013—2015年地力培肥物资采购900余吨，建立试验示范片14个，示范面积2.4万亩。耕地保护与质量提升，推进古蔺县土壤改良、地力培肥。2.综合利用畜禽粪污。有效处理肉牛排放的

3.8万立方米粪污，转运沼肥2.56万立方米，沼肥还田0.8万亩，沼肥还田量占畜禽粪污总排放量的67.3%。3. 抓好秸秆焚烧治理。明确目标任务，做好技术指导，全县农村秸秆资源化利用率82%。

**【上争外引】** 1. 主动上争资金。多次向上对接争取资金和政策支持，2016年，上争到中央、省、市农业支持保护补贴、粮食生产能力配套措施建设、中央购机补贴等各项资金9436.4万元，为全县农业加快发展提供资金保障。2. 招商外引项目。引进古蔺县源丰农业科技开发有限公司，投资建成大寨苗族乡食用菌生产基地，引进成都华军食品有限公司和东懋农业发展有限公司，采取“公司+农户”发展模式订单种植辣椒，引进古蔺县红光现代农牧科技有限公司，投资建设德耀镇红光村集农业观光、种植、养殖等为一体的农牧科技示范园，引进四川原野生态发展有限责任公司，投资建设桂花乡田坝村生态农业示范园，引进贵州源泉实业有限公司入驻椒园乡，投资建设水田村生态农业示范园区。

**【农村改革】** 1. 转化土地确权成果。全县农村土地承包经营权登记成果通过省上验收并被评为优秀，确权成果得到有效转化。全县规模流转土地10.1万亩，培育农业龙头企业28家，家庭农场、农民专业合作社、专业大户等新型经营主体1214家。以规划为指导、以政策为保障、以投入为支撑的现代农业发展新格局逐步形成。2. 壮大农业经营主体。2016年，指导发展农民专业合作组织28个、家庭农场13个，全县注册登记农民专业合作社1136个、家庭农场187个；推荐申报省级农民专业合作示范社3个，获得市级农民专业合作示范社命名5个，推荐省级家庭农场示范场3个，获得市级家庭农场示范场命名5个。3. 规范农村“三资”管理。全县269个行政村均实行会计委托代理制，在大寨富民、箭竹富强、德跃红光、马蹄马岭、马嘶茶园5个村成功试点农村“三资”清理登记工作。

**【产业扶贫】** 1. 落实产业扶贫。整合资金4700余万元，在全县34个贫困村栽植甜橙2480亩、脆红李6500亩、茶叶1000亩，种植蔬菜1.8万亩、优质稻3万亩、酿酒高粱2万亩。2. 实施科技扶贫。引导农民投资50余万元，在12个贫困村修建养鸡场12个，开展养殖技术培训15场次，带动农民养鸡1.65万余只，实现增收30万余元。3. 开展驻村扶贫。向全县117个贫困村派驻农技人员和科技特派员，全年三分之二时间驻村指导帮扶产业脱贫工作。

**【农业安全】** 1. 整顿农资市场。对全县农资市场经营种子、农药、肥料、兽药、饲料等开展多次专项治理，办理行政执法案件17件，案值10余万元，行政复议率为零。2. 加强检测防疫。农产品农残安全抽检合格率为99.5%，高密度免疫猪、牛、羊口蹄疫，猪瘟、猪蓝耳病、禽流感等病疫。3. 狠抓案件查处。查处经营病死牛、生猪定点屠宰企业违反生猪定点屠宰相关规定等案件6起，无害化处理病害生猪和不可食用生猪215头。

**【自身建设】** 进一步增强全县农业干部队伍加快农业发展的责任感和使命感，不断创新工作理念和方式方法，提升农业农村经济工作指导能力和水平。坚持管行业必须管行风，深入推进农业系统强农惠农资金使用突出问题整治，严格落实党风廉政建设“两个责任”，从教育、制度、监督入手，加强廉政教育和推进惩防体系建设，牢固树立农业系统的良好形象。

（杨俊奇）

## 水务

**【概　况】** 古蔺县水务局现有干部职工103人，其主要职能为：贯彻执行国家有关水行政管理工作的方针、政策和法律法规；统一管理全县水资源合理开发、利用，节约和保护水资源，防治水害；组织编制全县水利工作的中长期规划；组织编制全县重要流域综合规划、防洪规划等重大水务规划；按规定制定水利工程建设有关制度并组织实施，负责全县水政监察、水土保持和水政执法工作；承担县政府防汛抗旱指挥部日常工作；承担县政府公布的有关行政审批事项；承办县政府交办的其他事项。

2016年，县水务局在县委、县政府的坚强领导下，在行业主管部门的关心支持下，紧紧围绕“苦干三年，脱贫摘帽”奋斗目标，切实履行“发展水利、改善民生、助力脱贫”的工作宗旨，统筹推进古蔺水利健康快速发展，圆满完成各项目标任务。一年来，水利脱贫攻坚精准施策，基础设施持续加强，资金投入大有增长，水事秩序明显改善，机关效能全面提升，改革发展不断深化，为古蔺县决胜脱贫攻坚提供了有力的水利支撑和基础保障。

**【重点水源工程建设】** 1. 龙爪河引水工程竣工验收。在省水利厅及各级、各部门的关心支持下，龙爪河引水工程顺利竣工验收并投运，为全县引来了“生命之水”，结束了县城无可靠饮用水源的历史，并有力促进了区域农田灌溉、产业发展和生态环境改善，为区域决胜脱贫攻坚提供了坚实的水利保障。2. 重点水源工程迎来“四座水库同时在建”的喜人局面。观文水库完成大坝整体填筑37米（至1084米高程），完成填料27.1万立方米，占总工程量（30.5万立方米）的89%，累计完成总工程量的86%；干渠工程完成明渠开挖及全部隧洞掘进，完成底板浇筑4520米，边墙浇筑3310米，完成总工程量的85%；完成大坝枢纽、干渠及库区永久性征地1580亩，临时征地360亩，移民搬迁138户684人，基本完成征地移民工作。朝门水库全面完成坝体填筑，开展大坝附属工程建设；渠系工程完成总体工程量的60%。其中，总干渠完成明渠道开挖5.3公里，隧洞掘进483米，混凝土浇筑580米；右干渠完成平台开挖6.08公里，混凝土浇筑1.6公里，隧洞掘进787米。征地移民工作共完成工程永久征地933亩，临时征地350亩，移民搬迁18户97人。石梁子水库完成大坝基础处理工作，大坝主体填筑至10米。刘家水库完成大坝及溢洪道土石方开挖7.4万立方米，完成取水兼放空隧洞开挖支护196米；完成大坝基础处理，大坝填筑黏土料0.8万立方米；灌区主干渠工程全面动工；完成工程建设征地161亩，移民安置5户；总体形象进度达62%。3. 省级小农水项目如期完工。古蔺县2016年省级小型农田水利重点县项目建设在太平镇走马村、九龙村、城伍村、高笠村，永乐镇麻柳滩村实施。建设任务为新建渠道（含管渠）80.87公里，整治渠道11.50公里，整治山坪塘25座，整治石河堰4座，新建蓄水池81口。项目投资1544.96万元，其中中央和省级财政补助1200万元，市级财政补助50万元，县级地方财政配套220万元，群众投劳折资74.96万元。截至2016年年底，已全面完成工程建设任务并进行验收。累计完成山坪塘整治25座（永乐镇麻柳滩村7座，太平镇走马村5座，城伍村3座，高笠村2座，九龙村8座）；完成渠道新建整治93.87公里，超计划1.5公里（管渠82.37公里，混凝土浇筑渠道11.5公里。麻柳滩村实施管渠9.6公里，混凝土浇筑渠道6.5公里；走马村实施管渠21.1公里，混凝土浇筑渠道0.9公里；九龙村实施管渠17.19公里；高笠村实施管渠18.4公里，混凝土浇筑渠道4.1公里；城伍村实施管渠16.37公里）；整治石河堰4座（城伍村3座，走马村1座）；新建蓄水池82口，超计划1口（麻柳滩村16口，走马村9口，城伍村18口，高笠村17口，九龙村22口）。4. 水土保持项目快速推进。2016年，国家水土保持重点工程鱼塘河项目区古蔺县马蹄河小流域项目总投资1873.2万元，其中，中央资金1100万元，省级资金470万元，县级配套108.55万元，群众投劳折资194.65万元。项目涉及马蹄乡土关村、康田村、马岭村、石田村4个村，规划治理水土流失面积472.5亩。该项目共实施梯田工程1195.35亩（石坎681.3亩，土坎514.05亩），水土保持1492.05亩，经济果木林8468.7亩，封禁治理27577.65亩，保土耕作8468.7亩。修建小型水利水保工程，塘坝整治2座，修建蓄水池86口、沉沙凼97个、截排沟15.25公里、生产道路15.36公里。工程于2016年10月动工，已实施完成梯田工程建设1077亩，修建蓄水池12口、沉沙凼8个、截排沟3.2公里、生产道路5.5公里，塘坝工程完成70%。完成土石方开挖4.8万立方米，表土剥离1.2万立方米，砌石3.5万立方米，完成投资940万元，整体形象进度达82%。预计2017年1月底完成主体工程，3月底全面完成建设任务。5.中小河流治理有序推进。该项目包括古蔺县桂花乡、黄荆乡、鱼化镇、丹桂镇4个乡镇中小河流整治，批复总投资8302.58万元（2016年度完成投资6332万元），综合治理河道24.5公里。工程于2015年1月开工，2016年全面完成工程建设任务。通过整治，提高了防洪标准，增强了行洪能力，保护了两岸的村庄和农田，实现了河畅、水清、岸绿、景美。6.农村饮水安全巩固提升建设助力脱贫。2016年，农村饮水安全巩固提升项目通过易地扶贫搬迁项目、整合项目、饮水安全专项项目等方式，共解决4万余人饮水安全问题，其中解决贫困人口饮水安全19538人。该项目工程的实施被纳入脱贫攻坚专项行动进行管理，落实“点线面”工作责任，精准到户，实行“一户一策”，全面解决2016年脱贫人口9690人饮水安全。至年底，工程建设全面完工并投入运行，为贫困人口脱贫提供坚实的饮水安全保障。7.病险水库除险加固全面完工。累计投入3510万元，完成天星、胜利等16座病险水库除险加固，恢复蓄水能力218万立方米，有力保障辖区群众的防洪安全和1.2万亩耕地灌溉。8.大力实施抗旱应急水源工程。投入1390万元，大寨、水口等4个乡镇建成水源1处，完成打井2处，建成应急提水泵站1座，有效解决了干旱地区5000余人的饮水困难和2000余亩耕地灌溉。

**【党建、综治维稳、效能建设】** 2016年，县水务局以“两学一做”学习教育为契机，牢固树立“四个意识”，全面落实从严治党政治责任，紧紧围绕水务工作要求，坚持把纪律和规矩挺在前面，持之以恒抓好作风建设，切实加强机关效能、党风廉政和干部队伍建设，服务水平和质量显著提高。1.深入开展“两学一做”学习教育。结合水务工作实际，开展“在建水利工程回头看”、“三会一课”、正风肃纪等一系列专项活动，进一步强化工程建设监督管理，不断转变工作作风，加强机关效能建设。以县政协民主评议水务工作为契机，深入到22个乡镇、17个县级部门，多渠道面向群众、乡镇和部门机关干部以及水务系统干部职工征求意见建议，共征求到意见建议69条，已整改48条，其余21条拟订方案限期整改。不断完善行业制度机制建设，提高服务质量与水平，进一步强化县水务局全局干部职工的纪律意识、责任意识、服务意识和效能意识，保证水务系统各项工作有效开展。抽调配合县纪委、监察局办案3次；开展专项作风整治2次、专项督查2次、日常重点督办检查若干次，发现和查处违反工作纪律2人次，发出效能通报1期，做到发现问题及时通报处理并确保整改到位。使机关效能和作风建设明显改善，服务水平和质量显著提高。2.加强党风廉政建设。县水务局按照县委党风廉政建设工作要求，拟订《古蔺县水务局2016年党风廉政建设和反腐败工作意见》，对党风廉政建设重点工作进行责任分解，强化职能职责，明确目标任务；签订《党风廉政建设目标管理责任书》，并召开党风廉政建设工作会，局党组班子成员、各股室责任人代表进行勤政廉政公开承诺；严格实行“三重一大”事项集体讨论制度。全年召开党风廉政建设工作会议11次，开展中心组学习12次，廉政研判4次，签订责任书52份、各类承诺书300余份，诫勉谈话1人，抽调配合市、县纪委办案4次，开展工程建设领域廉政培训教育60余人次。3. 扎实开展综治维稳信访工作。结合“两学一做”学习教育，县水务局以服务群众“最后一公里”活动为着力点，深入开展涉水矛盾纠纷排查和信访积案化解。建立信访问题台账，及时调查，客观处理，对发现的苗头性、倾向性问题，早提醒，早纠正，防止小错酿成大错；对反映失实的及时澄清，及时处理，及时回复，做到信访问题件件有回复，件件有落实。全年共办结“12345”信访件21起、网络问政3件，协助办理人大代表、政协委员提案3件，组织班子成员下基层共60余人次。通过不断密切群众关系，2016年，全县涉水矛盾纠纷明显减少，全年无重大上访、无群体性事件和重大涉稳事件发生。

**【防汛、抗旱和安全生产工作】** 1. 抓紧抓实安全生产工作。2016年，县水务局按照县安委会目标任务，建立完善安全生产监督管理机制，加强安全生产督查，认真研究安全生产形势，部署安全生产相关工作。共召开专题安全生产会议4次、安全生产例会12次，下发安全生产文件35个；开展检查26次，联合执法4次，组织开展专项整治3次，排查出安全隐患183处，其中已整改182处，限期整改1处，开展专项督查2次，发出限期整改通知书168份；投入安全隐患整改资金36万元，全年实现安全生产“零”事故目标。2. 防汛工作。及时调整充实防汛领导小组，完善县、乡、村、点的四级指挥、监管体系。按照防汛抗旱指挥部文件要求，明确各乡镇、各成员单位的职能职责，对全年防汛抗旱工作做好安排部署；指导完善各类防汛预案和度汛方案44个；及时开展汛前安全大检查，对全县主要河流、水库、低洼场镇、山洪灾害点等重点防汛部位进行全面检查，对存在的问题发出整改通知书，要求各乡镇汛前整改完善，确保全县度汛安全。由于准备充分，措施得力，有效应对了“6·18”洪灾的侵害，保障了人民群众生命财产安全。7月29日，中央电视台二套《经济半小时》正面报道了古蔺县永乐镇山洪沟治理防患于未然；8月8日，中央电视台二套《经济半小时》正面报道了古蔺县桂花乡山洪预警系统发挥大作用。2016年，县水务局荣获四川省防汛抗旱先进集体称号。

**【水资源管理与水行政执法】** 1. 狠抓依法行政工作。2016年年初，充实水政监察执法队人员2人，配备执法记录仪等装备，多举措建立完善水行政执法体系。全年通过法制宣传月、水法宣传周、世界水日、城乡环境综合整治宣传等开展宣传活动7次，出动宣传车辆21台次，印发宣传资料3000余份，积极营造良好的法治氛围。全年开展涉水执法检查100余次，下达责令停止水事违法行为通知书60余份，处理水事纠纷2起，发出责令停止违法行为通知书6份、清障通知5份。全县用水秩序明显改善，涉水违规违纪行为得到有效抑制。2. 加强水资源管理工作。充分发挥“三条红线”的约束作用，进一步完善“三条红线”制度、水功能区分类管理制度，落实建设项目节水设施与主体工程“三同时”制度等6项制度。将水资源管理和水土保持工作纳入乡镇年度目标考核任务，有效遏制水资源无序无度使用和对水土保持的随意性破坏，切实提高了水资源的有效使用率。全年受理水资源行政审批33件，其中保留审批6件，暂停审批23件，正常审批办结4件，完成水保两费征收23万元。编制完成《古蔺县水利发展“十三五”规划》。全年争取到中央和省级各类水利资金2.4715亿元，完成目标任务的115%。同时，在县委、县政府的大力支持下，古蔺县成功争取到四川省第二批节水型社会建设重点县建设项目。

**【脱贫攻坚】** 县水务局认真贯彻中央、省、市、县脱贫攻坚工作部署，围绕“苦干三年，脱贫摘帽”的攻坚目标，立足“补短板、强基础、增后劲、求实效”，坚持问题导向，强化精准施策，扎实推进水利脱贫攻坚各项工作，水利扶贫实现良好开局。1. 聚焦饮水安全，精准施策。牢牢锁定“贫困村退出、贫困户脱贫有安全饮水”这一核心目标，逐村逐户排查核实，建立 3.6488 万名贫困人口饮水巩固提升台账。采取“一户一策”解决模式，全面解决 2016 年脱贫人口的饮水安全。2. 聚焦帮扶村，助力群众脱贫。县水务局联系帮扶水落、寨坪 2 个重点贫困村，按照“五个一”帮扶工作要求，派出贫困村“第一书记”1 人，落实结对帮扶干部 47 人，县水务局主要领导及班子成员到村开展脱贫调研指导帮扶工作近 20 次。同时，落实帮扶项目资金 50 余万元，解决 2 个贫困村饮水安全、产业发展等困难，助力群众脱贫。3. 聚焦产业发展，增强脱贫后劲。围绕“水安全有保障、水生态有保护、水文化有底蕴、水景观有特色”的建设目标，集中水利资金，助推贫困村乡村旅游、优质果蔬茶、山地烤烟、地道中药材等特色产业发展，实现助农增收。通过实施“小农水”重点县建设，打造烤烟、脆红李等贫困村脱贫支柱产业配套用水，推进水生态文明建设助力绿色发展等措施，加快脱贫步伐，增强脱贫后劲，取得了较好效果。9 月 22 日，全省水利脱贫攻坚和支持幸福美丽新村建设现场推进会在广安市召开，古蔺县应邀在会上交流古蔺水利扶贫经验。

（叶　翔）

## 林　业

**【概　况】** 2016 年，古蔺县林业局内设股室 5 个，分别是办公室、发展规划与资金管理股、造林绿化股、行政审批股（林业资源管理股）、森林防火指挥部办公室。直（下）属单位 16 个，其中直属行政机关 1 个（森林公安局），参公事业单位 1 个（林业综合执法大队），全额事业单位 13 个（病防检疫站、造林科技推广站、木材检查站、森林消防队和 9 个中心林业管理站）。下属国有单位 3 个，分别是古蔺县林场（自收自支）、古蔺县笋子山林场、飞播造林管理站。

2016 年，古蔺林业工作以“生态田园，红色古蔺”为引领，以“建设民生林业，打造绿色党建”为工作核心，围绕“一河、二区、三路、四库”，实施生态修复，发展绿色产业，各项目标任务均圆满完成。全年完成营造林 15 万亩，巩固退耕还林成果 15.8 万亩，新增森林面积 1.61 万亩，森林覆盖率新增 0.34%，截至年底，全县森林覆盖率达 50.62%。全年实现林业总产值 24.1 亿元，农民人均林业收入 1400 元。古蔺县箭竹森林派出所获全国一级公安派出所及国家级执法示范单位荣誉称号；古蔺县森林公安局获全省森林公安机关执法示范单位荣誉称号，被市森林公安局记集体嘉奖一次；古蔺县林业局荣获川黔渝三省（市）八县（市、区、局）护林联防协作先进集体、2016 年四川省林业宣传工作先进集体、泸州市 2016 年度森林防火先进单位、2016 年古蔺旅游产业发展先进集体等荣誉称号。深化集体林权制度改革、新一轮退耕还林 ARCGIS 应用、利用国内银行贷款开展国家储备林基地建设等多项工作在全省林业会议进行先进经验交流发言。

**【森林资源保护】** 2016 年，完成国有林管护 25.55 万亩，补偿集体公益林 122.27 万亩，并于年底对生态效益补偿金进行下放兑现；森林采伐消耗控制在 7.74 万立方米以内，占控制指标的 60%，严格控制在省控指标内，未发生大的滥砍滥伐；森林火灾损失率控制在 0.1% 以内，全年未发生影响较大的森林火灾；林业有害生物普查工作完成率 100%，林业有害生物成灾率控制在 3% 以内，全年未发生大的森林病虫灾害；扎实开展野生动植物保护工作，全面保护野生动植物生存环境，加强执法打击，确保了野生动植物安全。

【林业产业建设】 2016年，实现林业总产值24.1亿元，其中林业旅游和休闲服务产业11.5亿元，农民人均林业收入1400元；完成短周期木质原料林新建2.4万亩，完成中药材产业建设0.5万亩；承担中央财政林业科技推广示范项目1项，建立汉源葡萄青椒（花椒品种）示范基地500亩；选育当地核桃良种“拇指蔺核”，通过四川省林木品种审定委员会良种认定；推进顺家山现代林业产业示范园建设：完成1000亩核桃丰产培育，林下养鸡3000只，林下种植500亩，完成省级森林食品基地申报，并通过相关部门考察、鉴定；启动“四川黄荆老林国家森林公园”申报，于2016年8月完成《黄荆老林国家森林公园可行性研究报告》编写和《黄荆老林国家森林公园摄影集》《黄荆老林国家森林公园宣传片》制作，并上报国家林业局。

【林权改革】 利用“农村产改”的有利时机，不断推进、完善集体林权制度改革，林权流转、森林保险、林权抵押、纠纷调处等工作进展顺利。1.按照不动产登记的最新要求，全面做好林权登记的移交。2.配合农村土地纠纷调解办公室，做好林权纠纷调查、协调、处理、回复等工作。3.完成经济林（果）权改革试点工作。制定《古蔺县经济林（果）权抵押贷款改革实施方案》，并上报四川省林业厅审批；制定《古蔺县经济林（果）权证管理暂行办法》《古蔺县经济林森林资源评估咨询管理办法》以及森林资源收储、经济林商业保险、经济林抵押贷款补贴等改革配套措施；对相关工作人员进行业务培训，与金融、保险等部门进行工作对接。4.完成改革试点乡镇（龙山镇）的经果林颁证，完成颁证面积2000亩，林权抵押贷款730万元。5.创新生产经营机制，新发展家庭林场及种植大户17户，鼓励林地流转，创建家庭林场，持续增强林业经济实力，有效提高林农收入。

【党风廉政建设】 致力于找准基层党建工作的重心，县林业局党委成员定期到护林站所、产业园区开展专题调研，结合行业实际，确立“发展民生林业、打造绿色党建”的工作思路，明确“绿色党建”建设内涵为“团结协作、运作规范、运转高效、凝聚力强”的绿色班子，“乐学、勤学、求真、务实”的绿色学风，“民生、民心、民稳”的绿色品牌，“清正廉洁、务实为民”的绿色队伍。

（陈　洪）

# 交通　邮政

## 交　通

**【概　况】** 古蔺县交通运输局是古蔺县人民政府组成部门，主要职责为：贯彻执行国家和省、市有关交通行业的方针、政策和法律法规；根据国民经济和社会发展需要，制定全县公路和水路交通行业发展战略、方针、政策和规定，并监督实施；根据国家和省、市的总体布局，组织编制全县公路和水路交通行业发展规划、中长期计划和年度计划，并监督实施；负责交通行业统计和信息引导；负责全县公路和水路交通运输（含客货运输市场、汽车维修市场、运输服务市场、汽车驾驶学校和驾驶员培训工作）行业管理；培育公路、水路运输市场，维护交通运输行业平等竞争秩序；指导城乡客货运输的衔接协调工作，引导交通运输业优化结构，协调发展；对关系救灾、抢险、战备等的紧急客货运输进行必要的调控；负责全县公路、水路交通建设（含客货运输和旅游运输场站建设）行业管理，维护交通建设行业平等竞争秩序；组织实施国家、省、市、县重点公路、水路工程建设；监督全县地方交通建设项目实施；负责全县公路、水路设施的维护、管理以及路政、运政管理和规费稽征的行业管理；负责全县公路收取通行费、站卡设置的协调和管理；负责水上交通安全监督、船舶及水上设施检验、救助打捞的管理；负责港口、航道、港航设施建设使用岸线布局的行业管理；负责技术船员培训和发证的归口管理等。

**【机构编制】** 2016年，县交通运输局内设办公室、财务股、计划工程管理股、安全法规股、物流运输管理股、行政审批股6个股室。下辖古蔺县路政管理大队、古蔺县公路运输管理所2个参公单位，古蔺县公路养护一段、古蔺县公路养护二段、古蔺县渡口管理所3个全额事业单位和古蔺县汽车客运中心站、古蔺县公路工程测量队2个自收自支事业单位。有行政编制15人，行政工勤编制1人，参公人员编制43人，事业人员编制250人。

**【重点项目】** 叙古高速公路项目：计划总投资79.7亿元，累计完成投资68.9亿元。2017年1月1日零时，叙古高速公路古蔺县城至太平镇段正式面向社会开放通车，古蔺完成从不通高速到累计高速通车里程56公里的历史性转变。

**【港区建设】** 财湾码头项目：经省发改委以川发改基础〔2011〕1268号文件批准，总投资估算11236.41万元。2016年，码头占用岸线长512米，陆域面积115.9亩，码头泊位数9个，V1级进出港航道，设计年货运吞吐量80万吨。

**【农村公路建设】** 古府办函〔2016〕121号文、〔2016〕78号文、〔2016〕194号文共下达通村水泥路项目计划102个，里程588.72公里，计划投资29651.15万元。2016年，脱贫村34个项目，里程157.15公里，计划投资7896万元；面上村39个项目，里程276.3公里，计划投资14491万元；续建项目25个，里程111.77公里，计划投资5739.15万元；中央财政补助资金项目4个，里程43.5公里，计划投资1525万元。按县政府要求，2016年，需完成脱贫村项目和续建项目计划共200公里路面及50公里安保工程任务。至12月底，已完成硬化路面300公里、安保工程59公里。

**【公路养护】** 养护一段：2016年，水毁路基5660.49立方米、挡土墙432.7立方米，塌方8191立方米，损失达300万余元。恢复水毁路基、挡土墙100%，水毁塌方清理全面完成，水毁恢复率达95%。完成国道321线大纳路，县道石鱼路、古金路安全标志牌10块，投入资金3.2万元；完成县道0123线（古习路）桥梁公示牌安装，投入资金3.6万元；完成其他安全警示标志牌安装58块，投入资金6.62万元，合计13.42万元。更换和新安装波形护栏1517.5米，投资30.35万元。春节前完成石鱼路（石亮河至鱼化）K1+200—K1+280路基下沉应急处置工程，计划投资17.58万元。完成丹桂大桥维修加固应急工程，投资85万余元。完成红龙湖专道隐患整治工程，计划投资163万元。完成古金路（大田拗口）K31+150排危1100立方米，完成预算投资22.5万元。完成省道309线K129+900、K117+800、K127+900、K128+955路基挡土墙垮塌应急处治工程，计划投资93.23万元。完成县道013线（古习路）K12+390应急处治工程，计划投资10.12万元。

养护二段：先后完成了太石路石梯岩危岩处置工程，古金路K7+500路基修复工程，省道309线石宝至水口段路面修补工程，省道309线古蔺至护家路面修补工程，光明路大修工程，护家、水边道班维修工程，协助完成头道河大坍方清运工程，累计完成投资895万元，灯桂路（乌龙沟经大寨苗族乡至富民村）第一期中修工程正在施工，截至2016年年底，已完成投资120万元。除开展正常养护工作，全年共完成补栽行道树2800株，种植绿化带56公里，刷白行道树15200余株，修补沥青路面4644平方米，简易修补12681平方米，灌缝40米，更换新增百米桩41公里，清理粉刷防撞墙油漆11529米。

**【水路运输】** 2016年，全县水上交通安全形势保持稳定，未发生一起水上交通事故和航道堵塞事件，太平港区实现安全作业，完成港口吞吐量99.2079万吨，货物周转量16865.3830万吨公里；渡口渡船安全监督管理措施扎实有效，辖区内17道渡口安全摆渡，安全运送旅客9.9297万人次；船检质量稳步提高，全年共检验船舶73艘、3554总吨、3278千瓦，未发生一起船舶检验质量安全责任事故；船舶专项整治效果明显，销毁脱管船舶60艘。培训教育工作扎实推进，举办全县乡镇渡工安全培训班4期，参训人员113人；乡镇监管员安全培训2期，参训人员39人；乡镇管船员安全培训2期，参训人员20人。开展普法宣传11次，未发生1起行政复议、投诉案件和行政诉讼案件，无1起错误行政审批事项。

**【公路运输】** 2016年，累计开行客运车辆410辆，共有客运站5个，其中二级站1个，四级站4个。全年新增客运班线4条，新增车辆1辆，下线更新车辆18辆，农村客运车辆341辆，26个乡镇、245个行政村实现通班车。全年累计开行公交线路7条、公交车70辆。截至12月底，全县完成道路运输客运量779.134万人，客运周转量52471.702万人公里；货运量340.299万吨，货运周转量57285.917万吨公里。

**【路政管理】** 2016年，开展法律安全教育，出动执法宣传人员350人次，设置宣传横幅标语39幅，散发传单6500余份，接受现场咨询290人次。检测货运车辆1.43万辆次，查处超限运输车辆48辆，其中一般处罚超限车辆15辆，冲关逃避检测车辆9辆，卸载超限运输货物248吨；

及时查处损坏公路路产案件12起，公路建筑控制区内违建案件25起；及时清除堆物占道等影响公路通行安全路障175起，发现其他安全隐患2起。

**【安全管理】** 水上交通运输安全：加大水上交通安全巡查和对有船乡镇的指导力度；深入开展“救生衣行动”，对各乡镇船管站专兼职工作人员、监管人员和渡工的业务知识进行现场培训；实行特殊时段重点监控；巩固水上交通安全预警制度；积极开展水上应急演练。2016年，共开展水上交通安全检查351次，参加检查人员955人次，检查船舶534艘（次）、渡船525艘（次），船头教育534艘（次），受教育906人次。行政处罚8起，罚款2500元，船员扣分10分，销毁脱管船舶15艘。

道路交通运输安全：严把驾驶员从业资格关、车辆安全性能状况关、市场准入关；客运站严格执行“三不进站、六不出站”、“三品”检查和车辆安全例检等制度；大力开展“安全带—生命带”、驾驶员安全承诺、安全告知等相关工作；充分运用GPS等科技手段，增强动态监控；全面推进客车发动机舱专用灭火装置工作。2016年，共出动执法人员426人次，检查道路运输企业102家次，查出安全隐患35起，消除安全隐患35起。客运中心站开行班次57128次，平安输送旅客942803万人次。例检车辆59648辆，其中存在隐患车辆77辆次；报班车辆58067辆，不合格47班次。检查旅客行李包877577件次（人工抽查5659件），查出“三品”1229件。

工程建设安全：始终坚持“安全第一”的原则，坚持在施工现场督查；与项目业主单位签订安全生产目标责任书，督促其认真落实安全生产主体责任，严格执行各项安全生产规章制度和操作规程，积极开展“平安工地”创建活动；定期组织现场工人开展安全教育培训会，加强安全知识教育和宣传力度，提高安全防范意识；对安全员、特种作业人员和车辆机械资质进行清理，对不具备相关资质以及证照不齐的人员、车辆，一律不准参与工程施工。2016年，共检查在建项目施工现场20次，发现并督促整改隐患56起，现场责令整改53起，限期整改3起。对叙古高速公路建设共开展安全检查61次，查出问题213起，现场责令整改115起，限期整改98条，整改率100%。

道路安全隐患整治：道路安全隐患巡查62次，维修波形护栏1228米，新建波形护栏164米，新设立安全标志牌482个，清除枯死行道树87株，清理塌方7500余立方米，清理各路段边沟2540公里，清理涵洞5道，完成挡土墙20余处共计1万余立方米，新建防撞墙181米，补修路面坑槽约1640平方米，粉刷行道树13085棵，清理结冰积雪路面45.6公里。

（袁婷婷）

## 中国邮政集团公司四川省古蔺县分公司

**【概　况】** 中国邮政集团公司四川省古蔺县分公司（以下简称古蔺邮政分公司）现有在岗职工133人（其中劳务工29人）、退休职工（含内退）66人，下设3个职能部门（综合办公室、市场经营部、监督检查与安全保障部）。辖14个邮政支局（所）、26个乡镇邮政代办点、88个农村电商服务站、7条城市投递段道。农村投递路线总长（单程）11010公里，服务面积3183.91平方公里。

2016年业务收入4632万元，完成年计划4524万元的102.39%。在岗职工劳动生产率实现35.36万元/人。

**【企业内部管理】** 1.强化人力资源管理。坚持客户导向、扁平化和精简高效的原则，做好组织架构优化工作。2.强化财务管理。推进预算管理，抓好预算执行的均衡性，推进企业管理的标准化、规范化和精细化。3.强化安全管控。建立常态化目标管理制度，层层签订安全责任书，进一步提升干部职工的安全意识和责任意识。4. 强化服务管控。牢固建立事前防范、事中控制、事后处理的全过程运营服务监管机制，强化各类时限指标管控和服务投诉。

**【企业自身建设】** 1. 通过网点转型实现效能提升，促进金融业务高效发展。2016 年，新增转型网点 7 个，导入转型模式网点 14 个，覆盖率 100%。2. 加速网点装修改造。2016 年，古蔺邮政分公司完成大村支局、观文支局、皇华支局 3 个邮政局（所）的改建、装修工程。3. 快速推进农村电商。古蔺邮政分公司结合地方特色产业，开展脆红李、马蹄甜橙线上、线下服务，实现了农产品进城。4. 对邮路进行优化调整。为加快邮件的传递速度，缩短全程时限，2016 年，古蔺邮政分公司对德耀、大寨、箭竹、桂花、黄荆、丹桂邮路实行外包，由一周三班频次改为逐日班频次，并延伸了双沙至马蹄的邮路。邮政服务群众能力获得较大提升，企业形象进一步得到改进。

**【服务质量】** 1. 积极开发社会揽投渠道。扩大乡邮揽收、场镇揽投点，新建社会揽投点 11 个、智能包裹柜 5 个。2. 狠抓寄递上门揽收。成立专职揽投队伍，设立专职揽投人员 2 人。3. 加大宣传力度。制作车身广告，利用网点 LCD、LED 进行宣传。4. 开展服务质量检查。贯彻新邮政普遍服务标准，加强业务培训及规章制度学习。5. 加强指标管控。全县配置 PDA 设备 37 台，加强投递管控，提升服务质量。

**【党风廉政建设】** 古蔺邮政分公司把党建工作摆在突出位置，按月开展、扎实推进“两学一做”学习教育活动，加强党风廉政建设，落实“两个责任”，严明党的政治纪律和政治规矩，充分发挥党支部的政治堡垒作用和党员干部的先锋模范作用。

（车　燕）

# 信息产业

## 中国电信股份有限公司古蔺分公司

**【概　况】** 中国电信股份有限公司古蔺分公司（以下简称古蔺电信分公司）位于古蔺县古蔺镇金兰大道230号，设1个农村中心（下设乡镇支局12个）、1个渠道分局、4个城市分局、1个网运分局、1个综合办，有员工65人。

2016年，古蔺电信分公司坚定党建引领，认真落实对口扶贫龙山镇双河村的脱贫工作，派驻“第一书记”踏实干事，完成该年扶贫攻坚工作，并荣获先进表彰。

**【网络能力】** 至2016年，全面完成光网城市建设。县城城区、26个乡镇所在地及150个行政村通光纤宽带，实现100兆宽带到户，继续保持光纤到户的绝对优势。骨干光网进一步夯实，建成多通道的路径，保障为全县人民和党政军、企事业单位提供高效、优质、安全的网络服务。2016年，古蔺电信分公司抓住发展机遇，高速、高效建设了80个800兆基站，解决了乡镇、村（社区）用户互联网应用的需求，为“互联网+生活”提供了高速通道。

**【社会责任】** 2016年，古蔺电信分公司积极主动、高效支撑经济建设，特别是在扶贫异地搬迁和赤水河沿线公路建设中，搬迁了杆路、光缆设备上百处，为项目进度赢得宝贵时间；在扶贫攻坚工作中，努力向省、市公司争取资源，为贫困户和广大群众争取到基本上是免费使用的“扶贫卡”业务，切实解决了他们的通信问题。争取到100余万元网络建设资金，充分保障了异地搬迁户的互联网使用需求。坚决执行国家的提速降费惠民政策，在降费的基础上，把家庭带宽提速到100—200兆，让客户享受到了优质、高速的互联网生活。

（张　强）

## 中国联合网络通信有限公司古蔺分公司

**【概　况】** 中国联合网络通信有限公司古蔺分公司（以下简称古蔺联通分公司）组建于1999年，即中国联合通信有限公司泸州分公司古蔺经营部。2004年5月，经商务部批准，改为中国联合通信有限公司古蔺分公司。2008年10月，与中国网通合并，即中国联合网络通信有限公司古蔺分公司。2016年，有编制30人，下设综合支撑中心、公众业务中心、集团业务中心和建维支撑中心。

**【网络建设、运维】** 2016年，完成4G基站建设28个，4G基站累计达110个。全面开展乡村宽带建设，搭建信息新农村，现已完成85%的乡村覆盖。与当地通信运营商合作，在基站建设、杆路、管道方面全面实施共建共享。完成重点区域、叙古高速公路等网络覆盖优化工作。与县交通局及泸州驻军部队等多部门合作，加大“三电”护线宣传，为更好应对发生灾害时的通信保障，积极参加县政府组织的演练。全年网络运维指标总体达标，网优参数准确率保持在100%，全网覆盖率达98%。

**【市场营销】** 1. 全面开放“智慧沃家”100M，截至2016年年底，“智慧沃家”用户已达3.5万户。2. 继续开展宽带乡村计划，全面打造智能家居生活，沃家电视、沃家空调、沃家监控、沃家爱车等走进千家万户。3. 全面开启联通老用户专享优惠。4. 快速落实“智慧城市”建设战略，全面开启智慧旅游、智慧农业、智慧医疗、智慧教育新时代。5. 完成“雪亮工程”与“智慧校园”的勘查及“班班通”校园的建设并投入使用。

**【客户服务】** 1. 网络NPS评价27.61分，环比提升7.12分，高于当地网平均分值。2. 科学制定服务能力提升目标，打造大服务体系，持续深化开展本地化自评自愈工作，提升用户满意度。3. 开展内部触点跟踪闭环制度，完善内部服务体系。4. 建设并完善俱乐部服务平台，组织客户参加“沃”的下午茶活动，通过会员俱乐部、手机俱乐部等加强客户对行业优秀产品应用的体验。5. 全面落实服务保障工作措施，强化服务意识，针对话务忙、闲适时全面整合当地服务热线资源综合利用。

**【内部管理】** 1. 组织开展节能利旧工作，从采购源头控制库存。2. 强化各项成本费用的明细管理，保证费用开支的有效性，确保经营效益的最大化。3. 开展人力资源整合与优化，深化网络公司管理体制改革。4. 2016年，开展安全生产大检查6次，组织消防演练2次，全年未发生重大安全责任事故。5. 实施“三重一大”投资决策，抓好惩防体系建设。开展营收资金、日常物资管理专项风险评估及4G终端清理专项监察，共计发现风险问题6项，提出管理改进建议5条。

**【精神文明建设】** 1. 2016年，以“为民服务创先争优”活动为主线，积极开展党建工作，对古蔺联通分公司党支部进行调整及分类定级，建立健全党永葆先进性的长效机制。2. 配合政府的各项扶贫工作，积极参加各种社会活动。3. 举办党建知识竞赛，发挥党员、团员模范带头作用，古蔺联通分公司多名员工在泸州联通及中国联通举办的各类技能竞赛中获奖。公司还积极参加县综治办组织的宣传活动，创建平安月宣传活动，与社区联合开展防洪抗灾演练、消防自救演练。

（张家维）

## 中国移动通信集团四川有限公司古蔺分公司

**【概　况】** 中国移动通信集团四川有限公司古蔺分公司（以下简称古蔺移动分公司）隶属泸州市移动公司，设后勤支撑中心、销售中心、网络维护中心、政企中心、胜崗营业部、德耀营业部、太平营业部、二郎营业部、双沙营业部、龙山营业部、石宝营业部11个二级机构，共有员工83人。2016年，古蔺移动分公司紧紧围绕市公司“以奋斗者为本”总体要求，坚定信心，攻坚克难，创新发展，追求卓越，始终保持健康发展态势，收入稳步提升至2.65亿元，实现了整体稳中有进，稳中向好，保持了内顺外和的可喜局面，为服务古蔺人民群众生活、促进地方经济建设、助建和谐社会做出了积极贡献，为公司发展再上新台阶打下了坚实基础。

**【网络能力】** 古蔺移动分公司网络部门以打造精品网络、服务市场的原则，不断在基站建设、家庭宽带、集团专线等领域加大投入，为客户提供更加优质的移动网络。2016年，移动G网基站达360多个，TD基站80多个，LTE网络基站540多个，增长约74.19%，传输线路总数达8000余皮长公里，行政村小区宽带覆盖率达100%，集团专线新建560余条，完成天网三期工程239个点的建设。同时大力发展家庭宽带，实现城镇、乡镇、农村三位一体的网络覆盖。2016年，实现2个重大突破。1. 地区移动基础通信网络实现全覆盖，城区LTE网络覆盖率达100%，乡镇LTE网络覆盖率达98%，继续保持移动网络覆盖的绝对优势。2. 持续提升家庭宽带业务发展，尤其在农村实现了从无到有的突破，家庭宽带市场占有率接近32%。

**【业务与服务】** 1. 订购收费清晰透明。一系列订购透明消费服务举措保障了客户增值业务消费知情权和选择权，恶意扣费举报100%查证和回复，退还因恶意软件而被扣的信息或功能费，对违规方严厉处罚。2. 不良信息严厉打击。大力治理垃圾信息，推出针对集团行业端口信息的“0000”查询退订和“00000”屏蔽服务；严查狠打手机淫秽色情网站和信息，努力保障网络一片蓝天。3. 实名登记严格落实。严格落实电话用户实名制，确保新增客户实名登记率100%，大力开展存量客户实名制登记工作，客户可通过电子渠道、营业厅等便捷渠道进行信息补登记。4. 收费误差双倍返还。持续开展“收费误差、双倍返还”，对于多收的各类业务费用（包括移动信息服务费用）予以双倍返还。5. 48小时内首次回复客户投诉。100%回复客户投诉，首次回复客户时限不超过48小时。

**【企业文化建设】** 古蔺移动分公司积极开展生产的同时，注重员工幸福感提升，以“五力班组”建设为导向，从文化、关爱、激励、管理4个方面为员工提供广阔的发展空间。成立篮球、足球、羽毛球、乒乓球、徒步、烹饪、电影、登山等协会，开展丰富多彩的协会活动，以工会和班组建设凝聚团队力量，结合各项业务开展，建立QC小组、文体兴趣小组，创建“职工模范小家”等，强化班组基础管理，开展各类文娱活动，对员工进行关爱。借助公司文化宣传专栏，宣传党的方针政策。开辟习近平总书记系列讲话学习专刊、“廉洁教育学习”宣传专刊，打造古蔺移动分公司“党建工作园地”，为公司特色文化注入新的内涵，为企业发展注入持久活力。

**【社会责任】** 古蔺移动分公司时刻不忘善尽企业公民责任，投身慈善公益事业，关注弱势群体，推动就业和扶贫助困；面对洪灾、旱灾、冰灾、震灾等各类自然灾害和疾病疫情，第一时间搭建起灾区与外界的沟通之桥；通过开展村通和信息化建设，不断缩小城乡数字鸿沟，开发环保和低碳信息化应用，促进了企业与社会、环境的和谐共生。至2016年，古蔺移动分公司响应政府号召，对口帮扶护家乡兴阳村、红响村，投入大量人力、物力、财力，建设兴阳村小学，帮助83户贫户走上脱贫致富的道路。

（姚　聪）

# 城乡建设　环境保护

## 住房和城乡规划建设

**【概　况】** 古蔺县住房和城乡规划建设局（以下简称县住建局）承担贯彻执行国家、省关于住房保障、城乡规划和建设、城市管理和维护、城乡环境综合治理、建筑业、房屋装饰装修业、住宅和房地产业、建设工程勘察设计咨询业、市政公用事业、园林绿化风景名胜事业、建设工程造价咨询管理、建设工程质量监管、建设工程质量检测、建设科技推广运用管理、城建监察管理的法律、法规、规章和方针、政策；组织拟定相关的规范性文件，负责该系统、部门依法行政工作，落实行政执法责任制。

2016年，县住建局办理建设工程规划许可75件，办理建筑工程施工许可22件。总建筑面积42.26万平方米，县城建成区达8.9平方公里，比2015年增加0.4平方公里；建成区绿地率达36%，比2015年增长0.5%。城镇化率达28.56%，比2015年提高1.5个百分点。

**【规划设计】** 2016年，完成总体规划实施评估县级评审，启动古蔺县城控制性详细规划更新；古蔺县撤县设市提升发展全域战略研究规划、中心城区总体概念规划、城市核心区城市设计及墨宝寺二期城市设计完成初步方案评审；完成全县82个易地扶贫搬迁新村聚居点规划（实际实施71个）；完成古蔺县西区农贸市场概念建筑方案设计、古蔺县高速公路收费站建筑方案设计、古蔺县高速公路连接线及门户节点概念规划设计、古蔺滨水游步道概念规划、古蔺主题雕塑设计、奢香公园概念规划、小礼堂停车场概念设计、古蔺镇便民服务中心概念设计规划、火星山提升改造概念规划、古蔺县9号桥主题雕塑广场建筑概念规划10项规划设计。

**【项目建设】** 2016年，县住建局共实施加快城乡提升项目86个，包括重大项目、重点项目、一般项目和规划项目4类。其中重大项目19个，估算总投资62.55亿元，年度计划投资15.9亿元；重点项目21个，估算总投资19.76亿元，年度计划投资8.92亿元；一般项目24个，估算总投资34亿元，年度计划完成投资4.87亿元；规划项目22个，总投资1870万元。

竣工了一批。兰西大道一期实现通车，县城二通道一期竣工验收，黄泥磅安置还房及附属景观工程竣工验收，综合服务中心外部装修完成，政务中心东侧16米道路工程完工，石屏乡保障性住房主体完工，映月1社安置还房主体完工。

加快建设了一批。墨宝寺棚户区改造安置还房一期工程（土建）主体工程完成60%；长沙2社、4社安置还房主体工程完成70%；第五期廉租房（望城路）主体工程完成20%；东城创业园区安置还房基础完成40%；东城创业园区24米主干道路面工程全部完成水稳层铺筑，初步具备通车条件。

开工了一批。开工西区停车场（西区农贸市场）、民生广场、墨宝寺市政道路、二郎镇红花苑至天宝洞路段道路改造工程、火星山改造二期工程、县城步游道建设、西区主次干道绿化景观工程、南国雅苑至兰尊世家道路工程、兴龙公园周边市政道路、古蔺城西110千伏变电站、污水处理厂二期等项目建设。

储备了一批。九号桥停车场建设、其他停车场、墨宝寺棚户区改造工程（二期）、兰西大道二期工程、县城二通道二期、石屏工矿棚户区改造（2014）、2015—2016年石屏镇工矿棚户区改造、县城垃圾焚烧发电等项目前期工作进展顺利，2017年开工建设。

重点项目进展情况。1. 乡镇便民服务中心、职工周转房建设项目。2016年，全县计划新建乡镇便民服务中心8625平方米，职工周转房1290套、25800平方米，食堂3680平方米；维修加固乡镇便民服务中心2842平方米，职工周转房2670平方米，食堂340平方米。26个乡镇建设项目2016年年底建成竣工。2. PPP项目情况。古蔺县于2015年被列入深化县城基础设施投融资体制改革试点县，县政府组织成立了古蔺县推进PPP项目招商融资工作领导组，在领导组的指导下，县住建局开展PPP项目的前期工作，包装县城西区路网、县城通道建设等7个项目。经过多次座谈，2016年5月11日，古蔺县与中建交通建设集团有限公司签订《古蔺县基础设施项目投融资建设工程PPP合作框架协议》。古蔺县基础设施项目投融资建设工程包含县城第三通道、西区客运站、二郎市政道路及安置房、县城西区路网建设4个项目，总投资17.5亿元，太平镇获得省级小城镇建设专项资金500万元。

**【住房保障】** 坚持以人为本、民生优先，加快提升城镇居民住房水平。1. 推进保障性住房建设。县住建局把保障性住房建设当作一项重要惠民工程，加大建设力度，五期廉租房（大巷子地块），长沙二、四社保障性住房，石屏乡保障性住房等项目建设加快推进。2. 加快危旧房和棚户区改造。重点实施了墨宝寺一期、墨宝寺二期、商业街棚户区改造工程，至2016年，墨宝寺棚户区改造安置还房一期工程正在建设，墨宝寺二期征拆基本完成，商业街征收工作启动实施，实现棚改融资16亿元。3. 抓好农村危房改造。2016年，县住建局共分两批实施农村危房改造任务970户，完成中央资金投资939万元，完成总投资2540余万元。4. 推动公租房和廉租房并轨运行，将之前列入廉租房年度计划的在建项目，建成后统一纳入公租房管理，优先用于解决低收入家庭住房问题，分类实施租赁补贴，2016年，共完成800户租赁补贴发放。

**【市政建设】** 实施农村生活垃圾治理提升工程。积极争取省级财政资金64万元，在永乐镇永乐村、马蹄乡马岭村等7个乡镇8个村实施农村垃圾治理项目。新建垃圾库28座、垃圾池56座。实施农村污水治理提升工程。推进赤水河流域环境综合整治，积极构建赤水河流域水质保护协调机制。加快污水设施建设，新建、改建黄荆乡、水口镇、石宝镇3个污水处理厂（站）；新增污水收集管网4公里，共计投入资金1548万元。实施农村环境综合整治提升工程。深化农村生活环境连片整治，加强对农村工业固体废弃物生产单位监督管理，坚决查处农村非法倾倒、堆置工业固体废弃物的行为。实施农村面源污染治理提升工程。2016年，全县规模化养殖场配套建设废弃物处理设施比例达80%以上，秸秆综合利用率达82%以上，残膜从耕地移除比例达50%以上。实施场镇综合实力和承载服务能力提升工程。深化“五乱”治理，持续深入开展城乡环境综合治理“月检查、月通报、年考核”工作机制，注重治理向社区院落、背街小巷、城乡接合部、农村延伸，实行规范化、精细化、常态化、科学化管理，提升人民群众对城乡环境工作的满意度。

【**城市管理**】强化建筑市场管理。严格执行《中华人民共和国城乡规划法》《四川省城乡规划条例》和《城市测量规范》，根据城市规划制定的指标要求和审定的建筑方案，认真落实建设工程开工放线验线、竣工验收制度。进一步规范建筑市场各方主体行为，严把市场准入、招标投标管理和施工许可等各个关口。加大建筑市场行为监管，积极开展违法转包、分包等违规行为查处。查找薄弱环节，进行专项整治，有计划、有步骤地开展建设工程施工质量和安全生产、专项施工方案落实等专项检查。狠抓建筑施工安全生产监管中企业主体责任的落实，对危险性较大的分项工程开展专项治理，保证古蔺县建筑工程施工未发生较大以上安全事故。强化物业服务管理。制定《古蔺县住宅小区物业管理工作考核办法（试行）》，首次开展物业小区管理综合考核，推进物业公司提升管理服务水平；出台《古蔺县住宅专项维修资金使用办法（试行）》，明确维修资金的使用范围和流程，强化维修资金使用管理；加大对物业小区的监管，针对小区普遍性、易发性的事项进行跟踪督查督办。强化城乡环境综合治理。强势推进城乡突出问题专项治理工作成效显著，"三乱"问题得到有效遏制，人居环境舒适、公共设施便利、环境卫生整洁的城乡面貌逐步形成。城区内管控违法建设407起，各乡镇共管控违法建设257起，管控面积共计7.5万平方米，拆除违法建设133起，拆除面积1.7万平方米，实现违法建设零增量、减存量的既定目标。整治市容市貌，共发出《限期责令改正通知书》121份，出动7200人次、车辆820台次，暂扣物品5902多件、僵尸车13辆、占道物品40余吨，劝导坐商归店16500余户、游商游贩36300人，取缔摊位35个。制止未审批装修门头12起，处罚15起。与交警联合整治三轮车，出动人员110余人次，暂扣占道经营三轮车8辆，劝离36处。违法建设和工地乱象得到有效遏制，城市管理日趋规范，城乡市容秩序明显改观，城镇清扫保洁水平得到较大提升。

【**脱贫攻坚**】做实帮扶联系村工作。对大村镇新场村和皇华镇大坝村302户贫困户实施"一对多"帮扶，严格要求每位干部职工必须下村，深入了解帮扶村及帮扶对象的家庭情况，分析贫困原因，帮助制定帮扶规划和措施，建立帮扶联系卡。派驻"第一书记"，充分发挥"第一书记"职能，为帮扶村提供产业指导，联系基础设施建设项目等；邀请县农业局专家、大村职业中学校教师对贫困户进行种植、养殖技术培训，提升贫困户的科学种植、养殖水平；筹资2万元，为皇华镇大坝村黄莺小学维修入校道路，方便师生出行；投资11万元，为新场村老年活动中心进行绿化美化，改善了老年人活动场地条件，提升了新场村文娱水平；筹资2万元，为帮扶村贫困儿童购买乒乓球、篮球、文具等物品。做实农村住房安全保障工作。对2016年全县预脱贫户安全住房情况、建房能力等相关情况开展摸底调查，2016年，全县预脱贫户总数为4752户，其中有安全住房3405户，无安全住房1347户。无安全住房户已全部纳入政策并解决。危房改造的418户（C级293户、D级125户）已全部开工，完工331户，在建87户；纳入易地扶贫搬迁的825户全面开工，完工252户，在建573户；纳入地灾搬迁的4户全部完工；其他措施解决的100户，落实户数100户。做实易地扶贫搬迁工程建设工作。2016年，全县实施易地扶贫搬迁贫困户1749户6422人，其中集中安置点71个，1650户5653人（县住建局具体负责66个安置点，1465户，指导5个安置点），分散安置229户875人。划分为7个战区，在总的作战指挥体系的领导下，采取包片责任制，每个战区搭建一套"管理+技术班子"实施。截至年底，安置点贫困户总计1465户，已开工1403户。

【房产市场】 全县房地产开发企业共完成投资9.15亿元；新开工商品房建筑面积35万平方米，竣工建筑面积19万平方米；办理商品房交易1395宗、16.58万平方米；审批办理商品房预售许可证6件，批准商品房预售面积19.29万平方米。

【行政管理】 1.加强组织领导。坚持一把手负总责，分管领导各负其责的工作机制，对工作任务进行分解，明确领导人员和具体任务，认真抓好工作落实。2.划分一般工作和重点工作，对重点工作项目，做到“有计划、有安排、有落实”，认真组织开展工作，确保各项任务落实到位。3.制定各项工作任务的目标和完成任务的具体时间，要求在规定的时限内完成工作。4.加强住建部门干部队伍的思想政治建设、业务能力建设、工作作风建设，高效开展城乡建设工作。5.对群众加强爱护城市公共设施的宣传，不断提高群众建设城市和爱护城市公共设施的意识，共同建设和管理好城市。6.对重点工作进行督查，建立项目建设责任机制、效能建设机制、责任追究机制、协调督查机制四项机制，实行“三卡”提醒制度、“绿色通道”两大制度，对进度迟缓的工作要求限期完成，确保按时完成任务。7.重点下移，完成城管巡查执法机制改革。通过多项机制创新，确保城市建设工作的顺利进行。

（张　灿）

## 环境保护

【概　况】 古蔺县环境保护局成立于2006年11月，属县政府组成部门。2016年，内设党政办公室、污染防治与总量控制股、行政审批股、农村环境与生态保护股、监察室5个职能股室，下属环境监察大队、环境监测站和黄荆自然保护区管理所3个事业单位。人员编制46人，现有职工46人，其中临聘人员7人。在岗人员中，研究生1人，全日制大学本科11人，专科14人，其中环境类专业10人。

【污染防治与总量减排】 严格按照国家、省、市要求，持续减少行业污染物排放总量。2016年，削减化学需氧量511吨、氨氮27吨、二氧化硫59.53吨、氮氧化物185.91吨。

【环评审批】 严格按照法律法规和相关政策审批、验收建设项目，及时公开建设项目审批情况，未出现违规审批、越权审批、违规验收及项目审批未公开等现象。2016年，共审批各类建设项目47个，完成66个建设项目竣工环保验收。清理环保违法违规建设项目268个。

【环境监察】 以贯彻落实新修订的《中华人民共和国环境保护法》（以下简称《环境保护法》）为契机，狠抓环境违法案件查处工作。2016年，巡查企业300余家次，下发环境监察通知书30份，立案17件，结案13件，共处罚金58万余元。加大信访办理工作力度，全年共接到群众来访、来信、来电110余起，办结率99%，群众满意率99%。加大排污费征收和稽查力度，共征收排污费128万余元。

【农村环境与生态保护】 认真组织开展土壤污染风险源排查，扎实开展农村面源污染防治工作。印发《古蔺县畜禽养殖禁养区限养区划分方案》，联合县畜牧局等相关部门对全县禁养区限养区进行调查汇总。验收规模化畜禽养殖场6家，建成农村面源污染评估与信息平台。

【环保基础设施建设】 多措并举，全力推进环保基础设施建设，黄荆自然保护区动植物标本馆综合楼主体工程基本完工。双沙、德耀、黄荆、石宝、水口等乡镇污水处理站已完工，正在进水运行。石屏土壤修复治理工程正在开展施工、监理招投标工作。

【环境监测】 按照《2016年泸州市环境监测工作实施方案》要求，完成辖区内各项环境质量监测和污染源监督性监测工作，并及时上报监测结果，监测报告质量符合要求。2016年，可吸入颗粒物（PM10）均值为68微克/立方米，完成省控目标任务。

**【脱贫攻坚】** 按照县委、县政府安排部署，扎实开展扶贫攻坚工作，安排专人，会同省、市帮扶单位长期蹲点大寨苗族乡富民村，推进帮扶工作，不定期安排全局干部职工深入帮扶户开展对口帮扶。结合“两学一做”干部集中帮扶月、群众体验日、学雷锋志愿活动等，集中开展帮扶活动，共种植经果林2亩，捐赠帮扶联系点富民村贫困户水桶270个、钢化盆135个，捐赠大寨小学学生衣物124套。先后投入帮扶资金38.5万元，建设生活污水处理池1个。帮扶工作得到省、市、县领导的充分肯定，帮扶点大寨苗族乡富民村多次作为迎检点，并在该村多次召开脱贫攻坚现场会。

**【党风廉政】** 认真落实党风廉政建设责任制。明确党组主体责任和纪检监督责任，狠抓机关效能建设，强化机关作风整治，层层签订目标责任书，及时开展约谈提醒和发放提示卡，开展廉政警示教育活动，设置机关廉洁文化长廊，不断强化干部职工勤政廉政意识。

**【环保宣传】** 组织辖区企业专题宣贯新修订的《环境保护法》《中华人民共和国大气污染防治法》《中华人民共和国水污染防治法》等法律法规。以“六五”世界环境日为载体，组织集中宣传教育活动，发放各类宣传资料6000余份。投入经费10万余元，开展“改善环境质量，推动绿色发展”主题宣传活动及“环保知识有奖问答”游园活动；举办“生态、文明、团结、创新、拼搏”为主题的职工运动会。

（熊　座）

# 商业　贸易

## 综　述

**【概　况】** 2016年，全县商贸工作牢牢把握“稳中求进、进中求好、好中求快”的工作总基调，主动适应县域经济发展新常态，始终坚持把发展现代服务业作为县域经济转型发展主要抓手，始终抓住服务业发展的项目支撑引领关键，在商贸流通、电子商务等方面重点规划、夯实基础、精准发力，全县现代服务业发展重装启航，呈现出新气象。

**【农特产品销售】** 元旦、春节等节假日期间，县委、县政府大力支持和鼓励商家采取积极措施，刺激餐饮、娱乐、商贸等民间消费大幅增长。积极组织企业参加“迎春购物月”、泸州酒博会、泸州商博会、中国西部国际博览会、“川货全国行”等各类大型展会，全年共组织展会11次，累计参加企业70余家。古蔺农特产品在北京物美联想桥专营店设置专柜，上柜产品90种，提升了古蔺特产的知名度。

**【电子商务发展】** 成立以县长为组长的电子商务发展工作领导组，科学编制电子商务发展规划，将电子商务发展与精准扶贫工作相结合，积极开展电子商务进农村工作。电子商务协会组建成功，郎网商城和兴达网城两个本土电商平台及由古蔺供销联社和企通宝联合开发的“乌蒙蔺州”电商平台上线运行。成功培育1家电子商务公司——古蔺县供销电子商务有限公司，新建一个电商运营中心，完成158个电子商务服务店（站）规划（其中贫困村117个），已建成电子商务服务店（站）80个。同时，积极申报国家级、省级电子商务进农村示范县项目，全力争取中央、省、市扶持帮助，被评为中国西部电子商务十强县之一。

**【企业建设】** 制定“四上”企业培育工作方案，将限额以上商贸流通企业培育工作纳入目标考核。对新开业企业和规模较大的企业进行跟踪指导，确保达到规模后能及时入库。2016年，新增限额以上商贸企业13家，规模以上服务业企业5家。

**【重点服务业】** 充分利用古蔺县区位、生态、产业基础等优势，大力推进服务业重点产业发展。1. 做大旅游经济板块。积极培植生态旅游，开展双沙菜花节、马嘶茶文化节、脆红李采摘节、马蹄甜橙节等生态旅游文化活动，拉动古蔺经济发展；加快旅游项目建设，在太平古镇整体开发项目、双沙“田园花镇·画里乡村”旅游景区基础设施建设项目、青龙洞旅游开发项目、箭竹大黑洞旅游开发项目、世界酒城宫旅游度假区建设一期项目上倾注人力、财力，做好景点扩建和配套设施建设，全力打造旅游品牌，把资源优势转化为经济优势。2. 推动交通运输发展。对县内物流企业进行全面摸底，并按经营规模大小进行分类管理，引导企业进一步扩张经营范围。

2016年，全县完成社会消费品零售总额62.3亿元，增幅13.7%；第三产业增加值36.8亿元，增幅10.3%，占全县GDP总量140.1亿元的26.27%。

## 粮　油

**【概　况】** 2016年，古蔺县粮食局在县政府领导下，负责全县粮食宏观调控，确保区域粮食安全；指导全县粮食产业化，促进农民增收致富。主要职能是贯彻《粮食流通管理条例》，负责辖区内粮食流通的行政管理和行业指导；负责审核企业、个体粮食收购资格并办理“粮食收购许可证”，对粮食流通市场进行监督检查，对粮食违法案件进行查处；负责粮油食品安全监管和粮食流通统计工作；负责提高农户科学储粮水平、粮食产业化和政策性用粮的组织工作，维护地方粮食市场的稳定、和谐，推动粮食行业的发展、繁荣。

2016年，古蔺县粮食局有编制14人，在职职工11人，其中局领导4人。县粮食局下设三股一室：行政办公室，调控股、行政管理股、政策法规股。

县粮食局下辖古蔺县开元粮食有限责任公司和古蔺县恒通粮油购销有限责任公司。古蔺县开元粮食有限责任公司主要对原粮食企业改制留下的国有资产实施管理，对县级储备粮3400吨（稻谷2000吨，小麦1000吨，小包装大米300吨，折合稻谷400吨）进行管理，负责粮食系统改制遗留问题的调处，负责实施古蔺现代粮食物流工程项目的实施。古蔺县恒通粮油购销有限责任公司主要负责管理6000吨省级储备粮（稻谷1000吨，小麦5000吨），负责粮油购销经营、粮油订单发展，尤其是粮食产业化基地建设等工作。

**【粮油购销】** 2016年，全县完成粮食、油料收购20382吨，其中油菜536吨。粮油购销继续以龙头企业为主体，以购销企业网点为辐射，以连锁配送经营为纽带，进一步扶持壮大乡村粮油超市和连锁店，充分激发粮食企业仓储、购销网络优势，持续开拓村级服务领域，建立和完善村级购销网络体系，均衡全县粮油供需，保障全县粮油市场平稳健康发展，为全县经济社会更好更快发展服务。

粮油购销网络体系建设。2016年，县粮食局充分发挥58个城乡粮油超市和连锁店（古蔺城区有8个，乡镇、场镇28个，村、社社区22个）的作用，进一步完善城镇粮食购销服务体系，县城升级改造放心粮店1个，积极推进放心粮油活动向深层次发展；会同卫生、食药监等部门，加大对粮油安全的检查力度。通过组织开展放心粮油创建活动、放心粮油宣传月活动、放心粮油“五进”（进超市、进军营、进院校、进社区、进农村）活动、放心粮油信用体系建设和放心粮油名牌建设等，加快了放心粮油从加工、供应到消费等环节质量安全机制的建立。

完善和健全粮油配送中心。健全“58个粮油销售网店+一个配送中心”模式，充分发挥由古蔺县恒通粮油购销有限责任公司牵头，兴业大米加工厂、双沙油菜专合社联合建立的古蔺县粮油配送中心的优势，按照统一配送、统一经营、统一标识、统一招牌、统一服务的“五统一”标准和“谁投资、谁所有”“谁经营、谁受益”的办法，为全县26个乡镇提供以米、面、油为主，其他日用品为辅的粮油消费品，极大地方便了全县广大群众。截至2016年12月，取得粮食收购许可资格的58个粮食经营单位经营粮油及其他商品4.01万吨，占计划任务4万吨的100.25%。

**【粮油产业化发展】** 2016年，完成粮油订单面积20万亩，完成任务17万亩的117%，其中水稻5万亩，小麦5万亩，油菜1万亩，玉米4万亩，其他作物5万亩。

**【粮食仓储体系建设】** 2016年，县粮食局把古蔺县粮食现代物流中心项目作为重要工作之一。该项目的建成将提高古蔺县粮食储备能力，有力保障全县粮食安全。粮食仓储物流中心建设项目责任单位为古蔺县开元粮食有限责任公司，于2016年11月16日正式动工，年底前修通入库公路便道。

【**储备粮管理**】由县粮食局牵头，古蔺县开元粮食有限责任公司、古蔺县恒通粮油购销有限责任公司具体负责，进一步提升储备粮的科学管理水平，加强粮温和虫害监测，确保粮食储备数量真实、质量良好。恒通公司按时完成轮换省储小麦1500吨、省储稻谷1000吨的任务。2016年4月，省、市粮食局组织对全县粮食库存情况进行检查。经检查，古蔺县开元粮食有限责任公司、古蔺县恒通粮油购销有限责任公司储存的各级储备粮质量良好、数量充足。

【**粮食行政执法**】1.加强执法人员的法律和业务培训。2016年，县粮食局共计举办了4次专题培训，培训达55人次，培训内容包括公务员职业道德、《中华人民共和国行政处罚法》、《中华人民共和国食品安全法》以及国务院《粮食流通管理条例》和《粮食流通管理条例》宣传提纲、《四川省〈粮食流通管理条例〉实施办法》、《四川省粮食收购资格审核管理办法》。2.强化粮食安全宣传。2016年，县粮食局发放宣传资料1500余份，悬挂布标2幅，发放安全知识小册子500余份，大力普及粮食流通管理条例、优质粮油的鉴别等相关知识。3.抓好粮食收购资格审核和办证工作。本着"受理、审核、公示、审批"办证程序，规范运作、依法行政，为粮食收购户新办粮食收购许可证3个，年检21户，有效地打击了违法经营，确保了合法经营者的权利和义务。4.积极开展粮油执法检查工作。2016年大春、小春收购和重大节假日期间，开展4次安全排查、8次食品安全检查，出动20多人次，深入产粮乡镇古蔺、永乐、太平、双沙、二郎等地进行执法检查，对58个粮食个体经营户、粮店加工厂、粮油超市进行抽样检查，检查粮食购销企业和个体粮油收购点40余个，有效保障全县食品安全，创造良好的粮油收购秩序，促进放心粮油工程的发展。

【**农户科学储粮工程**】2016年，四川省粮食局、省财政厅下达农户科学储粮专项计划1000个，总投资42万元，其中，中央补助12.6万元，地方财政资金12.6万元，农户自筹16.8万元，于6月底前完成。

【**安全维稳**】对全县26个乡镇的粮站进行隐患排查，对存在安全隐患的仓房或办公房进行加固维修整治，2016年，企业投入整治资金19.8万元，排查整治隐患2处。同时狠抓食品安全工作，完成市、县下达的食品安全监督任务，实现安全生产无事故。县粮食局高度重视领导接访和干部下访工作，及时进行工作通报，严格执行24小时值班制和零报告制。2016年，县粮食局协助90名粮食系统下岗职工落实再就业，接访24人次，下访28人次，积极参与棚户区改造矛盾纠纷协调，有效缓解了越级上访和重复上访现象，保证了全局各项工作的正常开展。

【**双拥工作**】成立双拥工作领导小组，将双拥工作纳入目标考核，做到领导重视、责任落实。坚持采取多种形式开展拥军工作宣传活动，有针对性地开展以弘扬爱国主义精神和拥军优属光荣传统为主题的国防教育，提高广大职工对双拥工作重要性的认识。县粮食局与古蔺武警中队、石宝驻军开展共建，签订共建协议，坚持抓好重大节日走访慰问部队活动，开展军地互帮、互促和互助活动，结合实际做好军粮供应工作，竭力为驻古蔺官兵提供优良的粮油等食品，为做实做好双拥工作奠定坚实基础。

（杨　筱）

## 酒　业

【**概　况**】2016年，按照省委、省政府关于促进白酒产业转型升级健康发展和市委、市政府加快建成千亿白酒产业的要求，古蔺县紧紧抓住全省打造四川长江上游白酒经济带和建设“中国白酒金三角”发展机遇，围绕全市加快建成千亿白酒产业发展思路，充分发挥古蔺赤水河谷不可复制的酱酒资源优势，以加速发展、加快转型、推动跨越为主基调，突出郎酒龙头引领，整合有发展潜力的中小酒企业，集中资源要素，提升质量品牌，拓展销售市场，强化内招外引，进一步巩固和提升全县白酒产业优势，以全力建设中国酱香酒谷核心区为发展目标，酒业发展取得重大突破。

**【酒业基本情况】** 1. 持证酒企情况。全县持证酒企 26 家，其中规上酒企 8 家（郎酒、仙潭、红军杯、金美、巷子深、源河、奢王府、美酒河），省“小巨人”企业 2 家（仙潭、红军杯），市“小巨人”企业 3 家（仙潭、红军杯、金美），省“成长型”企业 3 家（仙潭、红军杯、金美）。2. 窖池建设情况。全县持证企业拥有生产窖池 4529 口，经全面普查并实行了统一挂牌。3. 生产储存。2016 年，全县生产白酒 10 万吨，酒企库存优质原酒约 22 万余吨（含瓶装酒），其中郎酒 13 万吨，仙潭 5 万吨，其他酒企约 4 万余吨。4. 红粮种植。2016 年，全县红粮种植 2 万亩，比往年有所下降。5. 品牌建设。2016 年，全县酒企拥有商标 334 个，其中中国驰名商标 6 个（郎牌、红花郎牌、潭牌、仙潭牌、赤渡牌、新郎酒）、四川省著名商标 9 个（郎牌、红花郎牌、红运郎牌、仙潭牌、潭牌、赤渡牌、喜双双牌、古蔺牌、红赤渡 1935）、泸州市知名商标 14 个。郎酒获得中华老字号称号，郎牌郎酒、郎牌特曲、老郎酒、贵宾郎、新郎酒、福郎酒、赤渡牌红赤渡酒等获得四川名牌称号。2016 年，新培育商标 8 个。6. 人才培养。2016 年，4 人获得品酒大师、评酒师称号。7. 安全执法检查。2016 年，全县未发生安全生产事故，无人员伤亡。全年按照计划开展安全隐患大排查 12 次，查出隐患 356 个，整改 356 个。郎酒、仙潭两家企业试点开展安全生产规范化达标建设，并经县安监部门初步验收合格。

**【酒业销售】** 2016 年，全县实现白酒销售收入 140 亿元，同比增长 6%，占全年目标任务 162 亿元的 86%；实现入库税金 10.5 亿元，同比增长 52.7%，占全年目标任务 7.61 亿元的 152%。其中，郎酒集团实现销售收入 96.7 亿元，同比增长 14.1%，入库税金 9.7 亿元，同比增长 49%；仙潭集团实现销售收入 25.1 亿元，同比增长 17.5%，入库税金 0.26 亿元，同比下降 18%。

**【企业融资、上市】** 2016 年，郎酒集团启动上市工作。截至年底，全县 26 家持证酒企，除郎酒集团外，全县酒类企业负债总额约 11 亿元，同比增长 10%。

**【酒业发展措施】** 1. 把握会展经济。坚持让古蔺酱酒走出去，成功组织郎酒集团、仙潭集团等酒企参加中国（泸州）第十届国际酒业博览会、贵阳酒博会。组织酒类企业参加北京、深圳、重庆三地古蔺重点项目推介会，古蔺酱酒的知名度和影响力进一步得到提升。2. 积极开展招引。重点支持四川发展酒业投资公司与仙潭集团、红军杯酒业的投资合作，完成茅溪老窖和沈酒集团招商合作工作。积极推进金美酒业与中国金融租赁投资公司、国仁酒业与韩中总商会的战略合作。重点扶持金美、奢王府、国仁等有发展潜力的酒类企业，做响品牌，做大市场，做强企业。积极通过兼并、重组、收购、合作等方式，实现各中小酒类企业产能资源整合，打造白酒中小企业联盟。3. 做强品牌品质。围绕“传统工艺，纯粮酿造”，推进白酒产业技术创新。完成全县 4529 口历史窖池挂牌管理，开展酒类溯源体系建设，抓好企业质量安全和产品质量监管，确保古蔺酱酒的品质与信誉。注重抓好国家级、省级、市级商标品牌创建工作。4. 开展酱酒资源普查。组织市、县相关部门及属地乡镇会同规划设计、酱酒生产专家，对古蔺酱酒生产适宜区资源进行普查，准确掌握区域内资源状况，为酱酒园区（古蔺）产能区规划编制、发展定位、功能布局、保护开发等提供了准确数据和决策依据。

**【酒业重大项目建设】** 二郎名酒名镇项目。总投资120亿元的郎酒天宝峰自动输酒管线全面建设完工，天宝洞陶坛景观项目主体工程完工，郎酒黄金坝35千伏输变电扩能技改工程完工投运，天宝峰露天陶坛景观工程、包装物流中心、郎酒黄金坝制曲园区等一批重大工程开工建设，天宝峰、吴家沟等项目按计划正常推进。

永乐酱酒园区项目。计划总投资60亿元，主要建设红军杯、金美、奢王府等酒业生产、包装、储存基地以及园区基础设施。至2016年，完成投资约30亿元，红军杯、金美、奢王府等企业主要项目基本建成，部分企业项目受当前酒业行业的影响，暂缓建设或取消建设。

中国酱酒文化主题公园项目。启动规划建设工作，酱香型白酒对于酿造环境有着非常苛刻的要求。全国适合酿造顶级酱香型白酒的地区唯一集中在赤水河流域。2016年6月，古蔺县完成全县酱酒资源普查，决定在水口镇建设中国酱酒文化主题公园，并得到市委、市政府的大力支持，明确为全市产业扶贫重点项目。中国酱酒文化主题公园与茅台镇一河之隔，地理、气候、水质、土壤、环境如出一辙，同属中国酱酒“圣地”，具有不可复制的稀缺性、独特性、唯一性。同时，贵州已具备良好的交通、产业、旅游基础，有利于古蔺县利用其独特的区位优势，与贵州互融互通、共建共享、优势互补，把酱酒文化主题公园打造成川黔合作桥头堡、赤水河西岸新中心、国酒茅台后花园、脱贫致富样板区。县委、县政府将聚力酒业供给侧改革，创新酒业发展模式，以中国酱酒文化主题公园建设为龙头，实现原产地、文化、品牌“三集中”。主动加强与国酒茅台合作，坚持差异化发展理念，突出特色，以酱酒生产为主业，以“五个赤水河”建设为重点，充分利用赤水河原产地战略优势，大力开发赤水河干热河谷马蹄甜橙、水口杨梅、土城香桃、丹桂脆红李等特色农产品资源。充分利用赤水河两岸高品质自然山水和国酒茅台、遵义会议、赤水丹霞品牌效应，以世界酒城宫旅游开发为龙头，沿岸建设一批风情小镇、酒村酒庄，沿河发展漂流、攀岩、溯溪，全面建设集酱酒文化、旅游休闲、健康养生为一体的赤水河精品旅游线路。酒业带动，一业多产，推动一、二、三产业全面发展。

**【重点企业发展情况】** 1. 四川仙潭酒业集团有限责任公司、中国四川仙潭酒厂位于四川、贵州边界赤水河畔，与贵州茅台酒厂毗邻，是全国著名的浓香、酱香型酒生产基地，拥有总资产7.5亿多元，年生产能力2万余吨。占地700余亩，职工2000余人，其中高、中、初级专业技术人员250人，具有雄厚的经济实力和物质、技术基础。被四川省人民政府授予“2009年四川省白酒制造工业企业最大市场占有份额前10强”荣誉称号，历年被评为省、市“销售大户”“纳税大户”企业。

四川仙潭集团是集酱香型和浓香型白酒研发、生产、销售为一体的大型企业。其下属仙潭酒厂位于川、贵边界赤水河畔古蔺县太平镇，与贵州茅台酒厂、郎酒酒厂毗邻，深处中国地理酒核中心峡谷中，常年日照充足，无风无雨，有着酝酿好酱酒的庞大微生物群、湿热稳定气候条件，从而保障其常年10万余吨库存量，为赤水河酱酒核心产区老牌传统酱香酒厂。

2. 古蔺县红军杯酒业有限责任公司前身为成立于1980年的镇办企业郎渡酒厂，位于二郎镇。于2007年改制，组建为古蔺县红军杯酒业有限责任公司。经过多年艰苦努力，现已建设成为一家集酱香、浓香、五粮兼香型白酒生产和销售于一体的非公有制企业，跻身四川省“小巨人”企业。

为积极响应四川省打造中国白酒“金三角”

的战略部署和泸州市打造“中国特色酱香酒谷”的发展规划，2012年永乐镇投产，年生产能力达6000吨，储存能力2万吨。公司原来以基酒销售为主，2014年受市场影响，根据储酒情况，及时调整生产布局，全面停止生产，转入全员销售和创牌为主，2015年实现销售收入1亿元，上缴税金1000余万元。

3. 泸州蔺郎酒业集团有限公司是一家集酱酒生产、成品酒销售、农业发展和项目投资建设为一体的集团有限公司，由古蔺金美酒业有限公司、四川蔺郎酒业股份有限公司、四川金蔺农业发展有限公司、泸州七建蔺郎建设投资有限公司等企业组建而成。公司坐落在古蔺永乐酱酒工业园，是四川省农业产业化龙头企业、四川省“小巨人”企业、四川省工商局“重合同守信用”企业、四川省白酒优秀企业、四川省“成长型”企业、四川省农产品加工示范企业。蔺郎集团所生产的系列产品均与名酒茅台、郎酒共享赤水河得天独厚的酿酒地理资源和传统酿造工艺。

公司已经形成年产8000吨酱香型白酒生产规模，储酒能力达18000吨，2016年库存原酒14000吨，建成全自动包装线6条。公司旗下“蔺郎·典藏”“蔺郎·窖藏”“蔺郎·国花”“蔺郎·小苹果”“蔺郎·金龙”“蔺郎·银龙”等系列产品，其中“囍双双”“福双双”酱香型白酒品牌被评为四川省著名商标，并列入《四川省地方名优产品推荐目录》。

（李　雄）

## 供销合作经济

**【概　况】** 古蔺县供销合作社联合社位于古蔺镇商业街，属参照公务员法管理的事业单位，编制8人。县供销联社机关内设4个职能股室，即党政办、财会股、业务股、资产安全股。县供销社实行一套班子、两块牌子。

**【农民专业合作社】** 县供销联社依照《中华人民共和国农民专业合作社法》，积极在全县指导发展农民专业合作社。2016年，县供销社拥有直属企业1家，加盟公司6家，经营服务总额5416.95万元，累计发展专业合作社1206个，其中种植专业合作社584个，养殖专业合作社600个，加工业专业合作社7个，植保专业合作社9个，农机专业合作社3个，联合社3个（脆红李联合社1个、烤烟联合社1个、肉牛联合社1个），社员125716人，注册资金105832万元。有国家级示范社2个，省级示范社10个，市级示范社45个。升级改造庄稼医院73个，新建规范农村社区综合服务社133个，其中农村社区综合服务中心48个。规范县级农村合作经济组织联合会1个。新建、规范专业行业协会2个。新建、规范县及县以下经营服务网点446个，县级再生资源分拣加工中心1个，回收网点50个。新建、改造各类配送中心26个，辐射全县26个乡镇。

**【队伍建设】** 县供销联社拥有直属企业4家，分别是全资企业古蔺县供销有限责任公司、股份企业古蔺县泰安烟花爆竹专营有限责任公司、加盟企业古蔺深山农业开发有限公司和古蔺县供销电子商务有限公司。自改制以后，基层社空白，按照“1+N”模式，组建新型基层社，“1”即以县级供销社作为出资人注册登记乡镇级供销合作社，乡镇级供销合作社为集体企业；“N”即乡镇级供销合作社注册登记后，根据为农服务的需要，通过合同、协议形式，吸纳农民专业合作社、家庭农场、种养殖大户等新型农业经营主体、农村经纪人、农村经济能人、村“两委”负责人、农民等加入乡镇级供销合作社，开展资本、劳动、土地等多种合作为农服务，密切同农民在组织上和经济上的联结。截至2016年年底，全系统已完成2个新型基层社组建。

**【产业发展】** 1. 创建为省级电子商务示范县。县供销联社荣获四川省供销社电子商务示范县称号、四川省商务厅供销联社授予的“2016年四川电商+强县”称号。2.加强农特产品品牌建设，积极引导农民专业合作社组织的发展。由县供销社牵头，创建有机认证专业合作社2个，注册水果专业合作社商标2个，成功申报市级以上示范社13个。同时坚持“一求数量、二求质量、三求效益、四求带动”原则，落实世界银行第六期扶贫项目精神，通过不断提高农民组织化程度，推进农业产业化经营，推动农民专业合作社持续健康发展。全县第六期世行贷款10个精准扶贫村，完成10个村专业合作社建设。3.认真做好项目申报工作，促进产业发展。2016年，申报成功农业综合开发项目1个（主要是土地托管项目），争取中央财政资金300万元，省级财政资金120万元，合计420万元。该项目已启动实施。4.狠抓电子商务进农村工作。根据总社“五个一”要求，认真落实各项工作。至2016年，已完成培育电子商务公司1家，建立电子商务平台1个，组建电子商务协会1个，新建电子商务运营中心1个。按照“六统一”要求，2016年，乡（镇）、村电子商务服务站店80个，供销社举办为期十天的农村电子商务培训班，共计60余人参加。

**【精准扶贫】** 县供销联社全体干部职工深入到二郎镇卢山村，对结对帮扶的80户贫困户，采取“因地制宜，因户施策，因人而异”的方法，在了解贫困户实际困难和生产生活状况的基础上，根据各户实际，宣传精准扶贫政策，逐户制定精准帮扶措施，明确帮扶内容，认真填写帮扶联系卡，有序推进精准扶贫工作。种植脆红李500亩，开挖田间便道8公里，慰问困难党员和农户20户。

县供销联社党委和对口帮扶的二郎镇卢山村党支部举办庆祝建党95周年活动，慰问困难党员5人，表彰先进党员5人，勤劳致富户5户，遵纪守法户5户，孝老敬亲户10户。

**【安全监管】** 抓好2016年冬及2017年春安全生产，县供销联社成立了由主要领导为组长的安全工作领导组，将全县的资产安全分为3个片区，县供销联社领导及干部职工分为3个小组，于2016年12月16—17日对全系统开展了元旦、春节节前大督查。1.对重点烟花爆竹经营单位安全生产进行督查。2.对大型经营商场（门市）安全生产进行督查。3.对系统内年久失修的房屋安全进行排查。4.对系统内边角、死角进行拉网式排查。5.对冬季易发生煤气中毒的住户进行检查。

**【党风廉政建设】** 1.按照县委、县政府的统一部署，认真落实党委的主体责任和纪委的监督责任，实行县供销联社领导班子成员分工负责制，健全和完善《党风廉政建设和反腐败工作的组织领导和责任分工》，加强对党建及党风廉政建设工作的力度，认真开展“三严三实”工作，及时发放“三早三卡”提醒警示，通过党风廉政建设责任制“标准化、规范化、制度化”建设活动，认真查找和防控廉政风险点，观看廉政专题片，组织全体党员干部集中到红色基地学习。2.认真开展“两学一做”工作。认真组织职工学习党章、学习习近平总书记系列重要讲话。采取会前集中学习“两学一做”文章，班子成员到联系村、红色教育基地组织党员干部讲党课，接受红色教育，认真撰写心得体会和调研文章等方式，提高全体党员干部的政治意识、责任意识、纪律意识。3.扎实开展“走基层”活动。利用元旦、春节期间，深入到联系村开展送温暖、走基层、听民意活动，慰问困难党员、困难群众，走访老党员、老干部。

（李亚莉）

## 盐　政

**【概　况】** 四川省盐业总公司古蔺支公司位于古蔺镇金兰大道远通花园，内设办公室、业务股、财务股，在岗职工9人。与泸州市盐政市场稽查处古蔺稽查所实行一套班子、两块牌子。

【法律法规宣传】 2016年，古蔺支公司和盐政稽查所积极开展盐政法律法规宣传，利用“3·15”“5·15”宣传活动日，发放宣传资料1000多份，制作宣传标语26幅，张贴宣传画100多张，在全县范围以乡镇医院为主，开展以“科学补碘，建设健康中国”为主题的宣传活动，大力宣传盐政法律法规知识和碘缺乏病危害，提高全县人民群众自我保护意识，坚持食用加碘食盐，自觉抵制非碘盐。不需要碘盐的少数群众，可以凭医学证明到古蔺县太平、石宝、双沙、古蔺支公司营业大厅等食盐专营店购买无碘盐。

2016年，积极配合县疾控中心开展全县加碘食盐抽查工作，碘缺乏病在古蔺县基本消除。在全县26个乡镇开展5个乡镇食盐抽检，共抽检300多户，碘盐合格率达100%。碘盐覆盖率100%，合格碘盐食用率达100%。

【业务发展】 2016年，古蔺支公司单一加碘食盐走向多品种经营，如绿色加碘盐、低钠盐、腌制盐、精纯盐。全年调入食盐3729吨，销售食盐3484吨，多种经营商品有酒、梅花味精、洗衣粉、菜油和大豆油等产品，销售营业额95万元。

【案件查处】 2016年，盐政稽查所有稽查人员6人，全年共出动稽查人员225人次，共查获盐政案件6件，结案6件，查获违章盐9.78845吨，罚款1825元，保障了全县人民群众吃上放心合格的加碘食用盐。

（张德元）

## 烟 草

【概 况】 古蔺县烟草专卖局暨四川省烟草公司泸州市公司古蔺分公司下设10个科室，即综合办公室、政工人事科、安全保卫科、财务科、烟叶生产科、烟叶基础设施建设办公室、专卖管理监督科、专卖稽查大队、烟叶生产技术推广站、法规（内管）科；7个烟站，即箭竹烟站、鱼化烟站、金星烟站、观文烟站、双沙烟站、水口烟站、石宝烟站；4个卷烟营销片区，即城区卷烟营销片区、太平卷烟营销片区、观文卷烟营销片区、大村卷烟营销片区；4个专卖稽查中队，即城区专卖稽查中队、大村专卖稽查中队、观文专卖稽查中队、太平专卖稽查中队。2016年，共有在岗职工290人。

【经营业绩】 2016年，古蔺县烟草行业实现销售收入7.15亿元，比2015年下降28.79%。其中，卷烟实现销售收入4.27亿元，比2015年下降2.36%；烟叶实现销售收入2.88亿元，比2015年下降49.22%。实现税利2.45亿元，比2015年下降11.47%。其中，实现税金1.08亿元，比2015年增长15.01%；实现利润1.37亿元，比2015年下降25.09%。

【烟叶生产】 按照“夯基础、精管理、严规范、提质量、树品牌、增效益”的总体要求，坚持“压面积、提单产、保质量、增效益”的烟叶发展思路，实施户籍化网格管理，推进烟叶生产发展。2016年，古蔺县发展种烟乡镇17个、村116个，烟农3709户，划分网格118个，落实烟叶种植面积6.25万亩，户均种植面积16.85亩。

推广先进生产技术。大力推广“321”小苗轻简移栽、三角定植、波尔多液统防、机械化高培土、半斩株采烤技术，有效提升了烟叶移栽质量、田管质量和采烤质量；应用浅水育苗、有机肥施用、深沟高垄、水施追肥、成熟采烤、分类编杆等多项适用技术，提升烟叶生产技术水平。

强化烟叶站点硬件建设。在41个烟叶收购点100%安装标准光源，改善了收购点分级、评级的光源条件；100%配备除湿房，有效预防了烟叶受潮发霉变质；全面实施“大麻片”工程，防止烟叶受潮霉变；积极开展“青瓦房改造工程”，为推进专分散收夯实了硬件基础。

加强烟叶收购管理。整合“烟叶收购远程高清视频监控”和“积分制”管理，全面加强视频监控，严格收购管理，规范管理水平不断提升；全面推进专业化分级散叶收购，结合实际形成并推广“站点一体化、联岗一体化”两种专业化分级散叶收购模式，优化了收购流程，提高了烟叶纯度，增加了烟农收益；实行分部位、分阶段限量收购，落实质量管理、反馈、巡查、追溯“四项制度”。

2016年，古蔺县收购烟叶14.61万担，上中等烟比例98.85%，均价25.67元/公斤，比2015年提高1.05元，实现收购总值1.87亿元；古蔺县烟农直接收入达2.20亿元（含补贴），烟农户均年收入达5.92万元，比2015年增收0.22万元，实现了烟农增收的目标任务。

**【激励政策】** 县委、县政府及烟草行业实施多项激励政策，在育苗、贷款购肥、农膜、农药、灾害保险、烟叶税返还等方面给予种烟农户补贴。

实行补贴政策。育苗物资由烟草行业统一采购、统一供应，全新漂盘按1元/张供应给合作社，由合作社统一开展专业化育苗服务；大田物资包括肥料、地膜、大田期农药，按面积配套、捆绑收费、分次供应的原则向烟农提供，供应价格为285元/套（经收购站点划定区域，确不需覆盖地膜的按260元/套供应），收购结束后，烟草行业根据烟农实际交售量，按上中等烟收购量给予30元/担补贴；由烟草行业补贴，合作社专项开展烟草病虫害统防统治工作。

实施激励政策。继续执行烟叶税的12%返还烟农，10%作为烤烟产业发展资金。

建立救助机制。实行风险救助，由烟草行业和县财政共同出资购买烤烟灾害保险，对烟农因灾受损给予救助，其中每亩烤烟保费60元，县财政补贴38元/亩，烟草行业补贴22元/亩。

**【烟基工程】** 烟水烟路项目。2016年，箭竹乡富强村烟水烟路工程已完工。同时，烟草行业计划投入资金157万元，在双沙镇普庆村实施精准扶贫烟水烟路工程。

土地整理项目。双沙镇白马新村土地整理项目完成合同总工程量的57.5%。

水源工程项目。截至2016年12月31日，国家烟草专卖局援建的朝门水库，共投入资金11529.4万元，实际支付8688.1万元，其中烟草援建资金使用3688.18万元，政府配套资金使用4999.92万元。水库建成后，受益烟田可达2.55万亩，解决烟区近2万农村人口用水。

小农机建设。行业补贴资金145.97万元，购置272台烟用农机具，推进减工降本。

**【卷烟营销】** 古蔺县共有卷烟零售户1600户，已开展电子结算1599户，占经营户数的99.9%。2016年，卷烟总销量略有下降，卷烟总销量达1.71万箱（5万支箱，下同），比2015年减少6%，完成年度销售计划的98%，在泸州市烟草行业排名第三；重点品牌娇子完成1346箱，其中一类娇子销售45.75箱；销售一、二、三类烟1.395万箱，合计占总销量的82%；实现单箱销售收入2.92万元，比2015年增长4%，在泸州市烟草行业排名第二；单箱卷烟人工费用、单箱卷烟管理费用、卷烟人工费用占销售收入比重、高级营销人员岗位技能鉴定持证率4个指标在泸州市烟草行业排名第一。

**【专卖管理】** 2016年联合县公安、交通、工商等部门，分别开展非法流通专项行动、“酒城雷霆”专项整治行动、川渝边界地区打击非烟联合专项行动、“天府金叶2016”专项整治、零售许可证专项清查等专项整治行动，进一步加强源头部位监管，深化联席协作机制，加大打假破网力度，治理边界卷烟市场，切实维护和规范了两烟生产经营秩序。2016年共查处案件142起，其中大要案件76起，占总案件的53.52%，其中5万元以上案件3起，移送公安机关案件4起；涉案真品卷烟68.18万支，涉案假烟50.67万支，涉案走私卷烟2.98万支，涉案总案值107.48万元；罚没款15.05万元，同比上升39%；在侦一起二类网络案件，协助市局侦破2起一类网络案件；刑拘7人，在全市居第一。全年无错案、无行政复议或诉讼案件发生。

**【廉政建设】** 执行中央八项规定、六项禁令、《党政机关厉行节约反对浪费条例》、《党政机关国内公务接待管理规定》，规范行业公务接待、公务用车和工程投资、物资采购流程。2016年，业务招待费、会议费、办公费、差旅费四大费用总额比2015年下降17%。

**【企业管理】** 强化安全管理。执行月安全例会、月安全培训、月安全检查、月安全考核的“四个一”安全管理工作制度，层层签订安全生产责任书。2016年，开展安全培训1245人次，举办安全知识竞赛1次、驾驶员岗位技能大赛1次，制作安全生产月专题展板8期，开展安全检查165次，发现安全隐患42起，投入整改资金17万元完成安全隐患整改。

加强队伍建设。组织开展烟叶专卖、营销、安全、企业管理等员工教育培训14次；鼓励员工参加技能培训，截至2016年12月31日，取得行业技师证书7人，高级技能证书74人，中级技能证书93人，初级证书81人。

**【社会公益】** 开展精准扶贫工作，向帮扶贫困村普庆村先后捐赠资金5.8万元购置番薯（又称红薯）种子，修建粉条加工厂，扶持发展红薯种植产业，带动普庆村脱贫致富；捐赠近5万元，帮助普庆村修建饮水工程，解决了普庆村历年来的饮水难题；向普庆村白堡小学的学生捐赠价值4.8万元的校服和书包，关注学生健康成长。

（刘　驾）

# 财税　金融　保险

## 财　政

**【概　况】** 古蔺县财政局是综合管理古蔺县财政收支，贯彻执行财税政策，实施财政监督，对全县国民经济进行宏观调控的政府职能部门。2016年，县财政局内设办公室、综合股、预算股、国库股、行政政法股、经建投资股、社会保障股、农业股、财法监督股、教科文股、金融企业国资股、票据中心、政府投资项目评审中心、国库集中支付中心等15个职能股室，有在职人员55人。

**【财政收支】** 2016年实现公共财政总收入25.78亿元，同比增长13.39%，其中，上划中央级收入9.44亿元，增长38.48%；上划省级收入0.19亿元，下降29.18%。完成地方公共财政预算收入16.1526亿元，同比增加4991万元，增长3.19%。实现一般公共预算支出463100万元，同比增加37322万元，增长8.85%。完成税收收入78064万元，同比增加9773万元，增长14.31%，税收占比48.33%，同比上升4.7个百分点。八大民生支出总额363807万元，比上年增加42681万元，增长13.29%，占公共财政支出比重78.56%。

**【财政支农扶贫】** 2016年，全县农业农村发展项目投资累计8.7亿元，中央、省、县下达各类农村安全饮水工程等资金9900万元；其他农业支出17630万元，支持农村产业发展、专业合作社建设等。

全面完成农村支持保护补贴资金试点工作。足额、及时将2016年农业支持保护补贴资金6665.4万元发放到农户手中。

全年筹集下达财政扶贫资金15109万元，其中，以工代赈资金812万元，扶贫产业发展资金905万元，其他扶贫项目资金13392万元。

**【城市建设资金】** 城乡社区支出预算指标4115万元，按规定用于城建的项目支出。累计土地出让金收入3.47亿元。2016年支出3.47亿元，主要用于名酒名镇、城区、东西区的征地拆迁补偿、土地开发，补助被征地农民，安置还房工程，新增建设用地有偿使用费、基础设施建设等支出。保障性住房建设资金2016年收入0.4亿元，按规定全部用于保障性安居工程支出。

**【政法部门专项经费】** 按照落实科学发展观和构建和谐社会的要求，坚持“一保工资、二保运转、三保稳定、四保改革”和“有保有压”的支出安排原则，转变理财思路，加强预算管理，合理调度资金，统筹兼顾，确保工资性支出和政权运转支出。2016年下达政法部门专项资金2682.48万元，提高了政法部门装备水平和全县基层政权执政能力，为构建“阳光、活力、和谐、美好”新古蔺提供资金保障。

**【社会保障经费】** 安排落实各级财政补助资金，实施古蔺县社会保障制度的全覆盖。其中，2016年古蔺县城乡居民养老保险参保294236人，基金收入 1.1573 亿元；符合法定养老年龄人数（60 周岁以上）86317 人，发放养老金 9045 万元。2016 年，古蔺县城镇职工医疗保险参保 42117 人，基金收入 15039 万元，城镇职工医疗基金支出 11088 万元。城乡居民基本医疗保险参保 730554 人，基金收入 43439 万元，基金支出 31162 万元，报销人次 385764 人 / 次。2016 年，古蔺县机关养老保险参保 11569 人，基金收入 48678 万元，基金支出 47171 万元，领取养老金人数 4887 人。

**【社会救助资金】** 落实下达古蔺县残疾人保障金 75.15 万元，用于残疾人的民生工程、康复工作、社会保障、就业扶贫、事业宣传、组织建设、残疾人建房补助及其他项目七大项 22 个小项。

**【教育经费】** 继续加大力度支持和保障基础教育均衡发展，全面实施农村义务教育经费保障机制改革。认证执行农村义务教育阶段中小学中央、省、县补助预算内公用经费保障政策。古蔺县农村义务教育阶段中小学公用经费水平均已达到省定标准，小学和初中的预算内生均公用经费标准分别为 620 元和 840 元（包含了县级配套的小学生均 20 元和初中生均 40 元）。2016 年，中央、省补助预算内公用经费 6801.33 万元。每月按支出进度实行资金划拨。

**【教师待遇】** 巩固和完善义务教育中小学教师工资保障机制，全县认真执行中央、省的农村义务教育阶段教师绩效工资二步提标政策以及普遍提高干部待遇工作。全县教师实行工资直发，教师的“三金”（失业保险金、医疗保险金、公积金）足额预算，有力保障了教师的合法利益。为进一步推进偏远乡村学校师资队伍建设，优化教育资源区域配置，2016 年，落实下达农村教师生活补助 2946.42 万元。

**【教育费附加】** 县财政 2016 年教育费附加专项投入 3730.52 万元，其中地方教育附加 2218.74 万元，教育费附加 1511.78 万元。1. 营养午餐。县财政在中央每人每天补助 4 元的基础上，全年再补助 1087 万元，主要用于学校食堂耗材（水、煤、电及人工工资）等费用。2. 安排用于高考标准化建设 100 万元。3. 教育质量综合评估费奖励经费 100 万元。4. 其他教育专项支出。

**【文体工作经费】** 加大对文化事业的投入力度，2016 年，县财政安排文化专项资金 427 万元，用于古蔺县文化建设，主要用于脱贫村文化体育活动条件改善（345 万元）、脱贫县级应急电视平台建设（50 万元）、古蔺县第二届老年人运动会及川黔第四届老年乒乓球比赛（18 万元）、非物质文化遗产保护专项（5 万元）。2016 年，中央、省下达资金 146.77 万元，继续保障农村广播电视“村村通”工程；下达资金 15 万元，确保中央电视节目无线覆盖工程的运行维护；下达资金 251.41 万元，继续实施农村文化建设工程；下达资金 198.64 万元，用于古蔺县公共文化服务体系建设。

**【职业教育、普通高中工作经费】** 1. 加大财政投入，完善多渠道筹措办学经费的机制。2. 认真执行中等职业学校家庭经济困难学生资助政策。2016 年，全县发放中职学生助学金专项资金 734.57 万元，按每年 2000 元 / 人标准发放中职学生助学金，享受补助学生人数 7423 人次（春季学期 3325 人，秋季学期 4085 人）。截至年底，已经全部发放到享受补助的学生手中。3. 认真落实免学费补助政策。全年补助免学费专项资金 1042.82 万元，享受学生人数 10496 人次（春季学期 4855 人，秋季学期 5641 人），确保了古蔺县职业教育的正常运转。

2016 年下达普通高中助学金 829.6 万元，享受学生人数 8296 人（春季学期 4049 人，秋季学期 4247 人），每人每年补助资金 2000 元，全年按 10 个月计算，全部实行学生资助卡结算。

**【计生工作经费】** 1. 高度重视，狠抓落实，把财政对计划生育的投入提到落实基本国策的高度来认识，足额安排各项计生工作经费。2. 规范计划生育社会抚养费征收管理工作，严格收支两条线管理。3. 切实保证人口和计划生育经费足额到位。4. 继续按政策做好计划生育奖励扶助金、特别扶助金的拨付工作。5. 做好古蔺县试点孕前优生健康检查经费的保障工作。2016 年，返还计生社会抚养费 924 万元，全面落实计生工作。

## 金　融

**【概　况】** 截至 2016 年年末，贷款余额 106.01 亿元，比年初增长 22.71 亿元，增速 27.26%；中长期贷款 46.38 亿元，比年初增长 12.03 亿元；存款 139.9 亿元，增长 38.17 亿元，增速 37.52%，其中居民存款 76.4 亿元，增长 13.63 亿元

（李　磊）

## 国家税务

**【概　况】** 古蔺县国家税务局（以下简称县国税局）组建于 1994 年，隶属于四川省泸州市国家税务局，内设 10 个科室：办公室、政策法规科、收入核算科、纳税服务科、征收管理科、税源管理一科、财务科、人事教育科、监察室、机关党委办公室，1 个直属机构：稽查局，5 个派出机构：城区税务分局、德耀税务分局、二郎税务分局、双沙税务分局、石宝税务分局，1 个事业单位：信息中心。现有在职职工 101 人，其中中共党员 53 人；在职本科以上学历 69 人，研究生 2 人；注册税务师 6 人。

县国税局负责全县 26 个乡镇的税源管理，支柱税源以酒、煤、烟、药、电为主，其中以酒、煤两大行业为重点，占税收总收入的 78% 以上。截至 2016 年 12 月 31 日，纳税户数共 1674 户，其中单位纳税人 574 户，报验登记纳税人 365 户，个体工商户 735 户。

**【税收收入】** 2016 年，县国税局本着忠诚尽责、追求卓越的古蔺国税精神，以全面加强税收业务建设为主线，主动作为，努力奋进，全年实现入库税收 12.5928 亿元，县本级收入完成 3.8541 亿元，税收收入取得较大增长。

**【税收征管】** 打牢征管基础，平稳推进税制改革。1.“营改增”工作稳步推进。确认接收 926 户纳税人，100% 完成税种认定和票种核定。抓住 2016 年 5 月“营改增”全面上线契机，积极发行增值税发票新系统，实现一般纳税人发行面 100%，达起征点的小规模纳税人发行面 70% 以上。开办纳税人业务培训 13 期，培训纳税人 1200 余人次。对样本企业和重点税源企业做到“一对一”上门辅导，取得了首个申报期零通报的好成绩。2. 跨区域征管合作纵深发展。联合习水县国地税开展习水·古蔺跨区域国地税征管合作，在征收管理、信息共享、风险管理、大企业管理等方面开展合作，在国家税务总局《征管科技动态》第 26 期上，作为年度风险管理的成果予以充分肯定。

**【纳税服务】** 纳税服务提质增效。1. 国地税合作不断深化。2016 年 1 月 7 日，在全省率先开办国地税联合导税台，联合财政、地税打造“税声嘹亮”税宣品牌。2. 推进山区税收现代化服务。开通掌上微服务、网上办税“财税库银”横向联网电子缴税，探索山区远程协助办税等快捷办税服务形式。3. 深化银税互动，落实税收优惠。联合四川省农商行，发行“蜀信·银联”信用卡，纳税人缴纳税款的方式更多样。小微企业增值税优惠共计 1439 万元。

**【税务稽查】** 切实加强税收检查和发票专项整治工作，加大稽查查处力度，着力打造“以查促收、以查促管、以查促查”。完成稽查收入 1293 万元，完成市局下达的年度稽查收入计划 107.75%。

**【依法治税】** 规范和改进行政审批，完成涉及县国税局行政许可审批事项 1 项，即最高开票限额行

政许可的审批，共审批76件。严格执行税收裁量权，行政处罚案件876件，其中简易处罚834件，一般程序处罚42件（含不予处罚的24件），处罚金额9.568万元。全省依法行政示范复评验收合格。

**【队伍建设】** 1. 深入开展"两学一做"教育实践活动。结合"两学一做"教育活动，抓好党组中心组理论学习。2. 人才队伍素质不断提升。新增初级会计师3人。在全省"岗位大练兵业务大比武"活动中，职工向博川获得征管类第一名，并入选省国税局"素质提升'115'工程——专业骨干项目"。3. 扎实开展驻村帮扶和干部教育培训。上派干部到省、市国税局锻炼学习，下派驻村"第一书记"到贫困村开展帮扶工作。

**【税务文化】** 1. 税务文化品牌凸显。道德讲堂被泸州市精神文明办表彰为示范"道德讲堂"，并在泸州电视台录制播放。"税声嘹亮"宣传品牌取得较好的社会反响。2. 各项指标均居全市前列。连续三年获得全市国税系统绩效管理先进单位荣誉称号，被授牌表彰为全市首批绩效管理示范单位。

**【党建工作】** 1. 扎实开展结对帮扶。按照开展帮扶工作的要求，利用春节、儿童节，组织职工募集善款，到帮扶村看望留守儿童和贫困群众。2. 持续深入开展党建工作。开展重走长征路主题活动，并同省国税局所得税支部、市国税局机关支部、龙马潭国税局机关支部、贵州省习水县国地税党支部开展党建交流活动。全县"两学一做"现场会在古蔺县国税局召开。

**【党风廉政建设】** 1. 切实推动全省国税系统党风廉政建设"两个责任落实年"活动的开展，进一步强化党风廉政建设监督责任，突出纪检监察主责主业。2. 建立完善《党风廉政建设监督责任纪实工作手册》，得到县纪委书记批示肯定。制定《古蔺县国税局关于印发〈开展约谈提醒工作方案〉的通知》，全局自上而下完成约谈100余人次，共发放纪律提醒卡93份。3. 积极打造"互联网+廉税郎乡"平台和县国税局五楼廉政文化阵地。

（施　爽）

## 地方税务

**【概　况】** 古蔺县地方税务局组建于1994年，隶属于四川省泸州市地方税务局。2016年，古蔺县地税局内设8个机构：办公室、机关党委办公室、监察室、人事股、收入核算与财务股、政策法规股、综合税政股、服务征管股，1个直属机构：稽查局，11个派出机构：第一税务所、第二税务所、第三税务所、第四税务所、第五税务所、第六税务所、第七税务所、第八税务所、第九税务所、第十税务所、第十一税务所。有在职职工124人，退休职工39人。在职职工中，公务员115人，事业人员2人，机关工勤人员7人；男职工89人，女职工35人；共产党员85人，其中退休党员26人，共青团员7人。

**【组织收入】** 2016年，古蔺地税面临严峻考验，面对宏观经济持续下行，酒业税收增长乏力，煤炭企业持续低迷，房地产业、建筑业、金融业、生活服务业全面实施"营改增"等多重因素叠加的影响，古蔺县域经济发展遭遇瓶颈，地方税收形势异常严峻。古蔺县地税局冷静分析当前形势，积极探索对策，对全县重点行业和重点企业进行排查和梳理，筛选出有挖掘潜力的税源，组织队伍进行清理和征收，确保应收尽收。根据全县税源发展变化情况和上级下达的税收任务，在充分调查研究的基础上，分月下达税收收入计划，切实做到早计划、早落实、早安排，坚持对税收计划执行情况进行督查和考核，全面落实税收计划考核责任制，确保了按月按季税收均衡入库。截至2016年12月31日，县地税局组织入库地税收入52311万元，完成年度任务的102.47%，扣除"营改增"因素，同口径增长

9.02%，其中税收收入47956万元，完成年度任务的100.74%；地方公共财政收入完成43008万元，完成年度任务的100.02%，扣除“营改增”因素，同口径增长6.49%。完成市地税局和县委、县政府调整后下达的全年收入任务。

**【税收征管】** 多措并举，应收尽收得以贯彻落实。1.确保“金税三期”工程顺利上线。成立“金三”应急小组，进驻政务中心办税大厅，及时解决问题，防止大厅因为系统操作原因造成办税拥堵，确保了“金税三期”顺利投入使用。2.积极应对“营改增”，加大营业税清收工作。“营改增”全面实施前，加大营业税、企业所得税清收力度，加强重点行业、重点税源、重大工程项目的税收管理。按月召开专题税收分析会议，层层分解任务，专项部署营业税、企业所得税、房地产行业、建安行业专项巡查工作。2016年5月1日前，完成对全县营业税、企业所得税纳税人（尤其是建筑业和房地产业）的全面巡查工作，征收营业税11965万元、企业所得税1538万元。3.保障“营改增”试点工作全面推进。认真贯彻落实中央和国家税务总局关于“营改增”工作的会议精神，按照上级要求，制定各种预案和措施，加强与国税沟通合作，于5月1日正式开出第一张增值税代开发票。4.率先完成2015年纳税信用等级评价工作。为进一步规范纳税信用管理，促进纳税人诚信自律，推进社会信用体系建设，县地税局严格按照省地税局、市地税局工作部署，联合古蔺县国税局率先完成2015年纳税信用等级评价工作。参与评定共管户纳税人391户，经初评、复核、终评，评定A级纳税人55户、B级纳税人111户、C级纳税人195户、D级纳税人30户。5.加强税种管理。加强残保金、工会经费及教育费附加、地方教育费附加的征收管理。开展对房地产、建安行业的专项清理工作。6.深化资源税改革。7.全面开展日常纳税评估。结合纳税申报和巡查巡管，全面分析疑点，开展企业约谈和实地评估工作。积极开展项目评估，利用国税增值税、消费税缴纳信息，组织开展国、地税信息对比专业纳税评估。开展对“营改增”纳税人的专业纳税评估工作，保证税款足额清收。开展对重点行业、重点税务和重点项目评估。自2016年9月1日挂牌成立专职纳税评估的第五税务所以来，已累计开展纳税评估11户次，其中，日常评估8户次，专业评估3户次，评估税款1006万元，已入库评估税款、滞纳金503万元，移交稽查2户，涉税金额503万元。8.规范税收征管秩序，加大税收稽查力度。以查处税收违法案件和开展税收专项检查为重点，更新稽查理念，完善体制机制，规范执法行为，创新工作方法，加强队伍建设，积极开展工作，充分行使稽查职能。加强与县公安、国税、国土、住建、工商、经商局等单位的协作，定期沟通工作信息和情况。对全县重点行业进行重点稽查，实现了“查前预警，查中跟踪，查后回访”的新举措，强化了对稽查案件的分析和回查工作，进一步规范了税收征管秩序，促进了地方税收的有序发展。2016年，组织检查企业立案15家，结案21家（其中完善以前年度结案6家），组织企业自查8家，共入库税款26671693.94元，其中稽查入库7973434.42元（其中滞纳金94591.45元，罚款1313780.80元）；自查入库18698259.52元。

**【纳税服务】** 提高服务质量，税收优惠政策在各行业落地开花。1.按照市地税局《“便民办税春风行动”工作任务分解表》的工作要求，县地税局开展“问需求、优服务、促改革”为专题的便民春风行动，完成《古蔺县地方税务局权力责任清单》清理上报工作、发文贯彻落实《重大税务案件审理办法》、优化大企业服务、完善多元办税、推行网上办税服务厅业务培训等。2.深入开展国地税合作。增设国地税联合办税窗口6个，方便纳税人办税；大力推行财税库银一体化缴税、POS 机刷卡缴税及自助办税终端，减少纳税人办税时间和手续，提高办事效率；严格审核纳税申报表，防止漏征、少征或多征税种、税款，切实把好税收最后一道关；推行“三证合一”和“三证整合”，与国税开展联合为纳税人办理设立登记、变更登记、注销登记，实现基础数据共享，2016 年 12 月 1 日起，按照要求，全面推行个体工商户“三证整合”工作；签订古蔺县“银税互动”战略合作协议，发行“蜀信·银税”卡，更好助力古蔺小微企业的发展；推进办税无纸化、免填单，切实减轻了纳税人的办税负担，得到广大纳税人的一致好评；深入落实“问需求、优服务、促发展”，同县国税局联合深入全县“营改增”纳税人中，主动上门走访，共走访企业、个体工商户、人大代表、政协委员等 482 户次，现场答复问题 666 个，联合开展“营改增”纳税人专项培训 3 次，参加培训的纳税人达 470 余户次；进一步贯彻落实中央和省《深化国税、地税征管体制改革方案》《国家税务局地方税务局合作工作规范（3.0 版）》，与古蔺县国税局召开联席会议 2 次，着重解决“营改增”后的税收征管工作衔接、数据交换、票据传递等问题，达成对房地产、建安行业的税收管理，“一人一机双系统一 POS”等方面的共识；与叙永县地税局开展税收征管、税务稽查等方面的交流和合作；与习水县国税局、习水县地税局召开赤水河流域跨区域税收征管合作会，在酒类企业税收管理、风险防控数据交换、数字人事等方面开展交流学习，切实提高纳税服务水平，提升税收征管质效。3. 推行“全市通办”。2016 年 12 月，成功测试“全市通办”五大类共计 27 项涉税业务，12 月 28 日全面推行。4. 全力落实税收优惠政策，支持大众创业万众创新。县地税局认真落实税收优惠政策，特别是小微企业和特殊困难群体的税收优惠。农林牧渔业免税 1 家，减免企业所得税税款 14.12 万元；享受西部大开发税收优惠政策 1 家，减免企业所得税税款 16.03 万元；享受小型微利企业优惠政策 18 家，减免企业所得税款 17.09 万元；符合条件的居民企业间的股息红利等权益性投资收益 1 家，优惠企业所得税税款 4.5 亿元。房产税优惠 1 家，减免税款 8 万元；城镇土地使用税优惠 4 家，减免税款 35.86 万元；车船使用税优惠 1 家，减免税款 3.56 万元；印花税优惠 1 家，减免税款 1 万元；契税优惠 1 家，减免税款 2.37 万元，减免税款共计 50.79 万元。按照《财政部关于调整房地产交易环节契税、营业税优惠政策的通知》文件精神，2016 年，落实税收优惠减免存量房税款及附加共计 2092.25 万元，其中契税 1934 套 926.13 万元，营业税、增值税及附加 1166.12 万元。

**【改革创新】** 建立健全各项机制，征管体制改革稳步推进。1. 全面推行绩效考核管理系统，加强督查督办和结果运用。古蔺县地税局成立绩效办公室，配备 3 名工作人员，其中专职 1 人，兼职 2 人。根据市地税局考核指标逐一分解细化，结合古蔺实际情况，制定翔实的考核内容，对县地税局各股室和各单位日常工作进行评估，并依据完成情况进行打分。对平时工作中出现的拖拉推诿现象，加强督查督办，限时办结，有效地杜绝了“不作为、慢作为、乱作为”现象，将考核结果运用到个人年终评先选优上，作为提拔任用的主要依据，让“有为”之人“有位”。

**【干部队伍建设】** 1. 强化县地税局领导班子核心作用，不断加强班子自身建设。第一，始终把思想政治建设放在首位，讲政治、有信念，不断提升履职尽责能力。以建设学习型班子为目标，严格落实中心组学习制度。第二，严明党的纪律，做到讲规矩、有纪律，重申领导班子要遵守政治纪律、组织纪律、廉洁纪律、群众纪律、工作纪律、生活纪律。第三，坚持民主集中制，坚持团结协作与分工负责相结合，坚持“三重一大”集体研究决定，广泛开展交流谈心活动，坦诚交换意见，构建和谐共事的良好氛围，不断提升领导班子驾驭全局工作的能力。2. 加强干部队伍建设，完善干部培养制度。加大对干部队伍的培训力度，科学制订培训计划，突出干部教育培训的针对性。2016年，共组织所得税汇算清缴业务培训、资源税业务培训、“金三上线”业务培训、“营改增”业务培训等综合业务培训300人次，组织参加网络学院培训114人次，公务员初任培训5人次，“岗位大练兵、业务大比武”活动培训学习50人次，税务干部知识更新培训41人次，每周五综合业务培训累计400人次。加强对党员干部的管理教育，签订《领导干部廉政承诺书》，严格落实领导干部首问责任制和“一岗双责”，把管党建党抓紧抓实，坚持党管干部的原则，坚持每周三政治理论学习制度，提升干部职工的政治素养，开展职工廉政谈话，沟通思想，加强交流，保证系统工作高效运转，加强机关效能建设，提高干部队伍整体素质。为迎接省地税局开展的“岗位大练兵、业务大比武”活动，组织全局中青年干部进行业务知识培训，全面提高综合素质，培养合格的后备人才。认真执行干部选拔任用规定，按程序作好干部选拔任用。根据《党政领导干部选拔任用工作条例》的规定，选拔任用领导干部和考察后备干部都严格按规定程序进行操作，职位补充或调整干部坚持党组集体研究决定。

**【党风廉政建设】** 1. 加强党风廉政建设，确保干部队伍廉洁稳定。根据“分片派驻，集中管理，统一考核”的思路，认真落实纪检监察管理工作，把党风廉政建设工作作为全局性基础工作常抓不懈，并将其纳入年度目标管理，层层落实好党风廉政建设责任制，与干部职工签订2016年党风廉政建设目标责任书，做到“层层签订，全面覆盖”。2. 积极推进党组主体责任和纪检组的监督责任“两个责任”的落实，县地税局中心组坚持季度专题学习廉洁从政相关文件，增强班子成员廉洁自律意识。3. 积极开展警示教育。组织51名干部职工到泸州市党员干部法纪教育中心接受警示教育，使干部职工受到了一次生动的思想教育和“灵魂”的洗礼，组织全局干部职工观看警示教育片《忏悔》，用身边人、身边事教育大家要牢固树立廉洁奉公的理念，邀请纪委干部讲授如何做一名清正廉洁的税务干部，让党风廉政建设工作靠前站位。4. 规范机关内务管理，严控“三公”经费开支，杜绝超预算和超标采购，加强会计核算和决算管理，加强固定资产管理，推进后勤管理规范化，促进节约型机关建设。5. 组织开展税收执法督察工作。按照省、市地税局文件要求，积极组织开展2016年税收执法督察工作，印发《古蔺县地方税务局关于开展2016年税收执法督察工作的通知》，要求各基层税务所按照《税收执法督察规则》规定的程序和方法，对照督察项目进行全面、深入、细致地自查自纠。由政策法规股牵头，统筹安排，县地税局抽调税政、计财、征管、监察和法制部门7名业务骨干组成督察组，从7月30日至8月10日，对全县4个基层税务所进行全面税收执法督察，针对4个税务所在税收执法过程中存在的问题，严格按照《泸州市地税系统税收执法过错责任追究实施办法》进行了责任追究，并予以全局通报。

**【机关党建】** 1. 加强机关作风建设，抓好党员干部思想教育。进一步抓好党员干部的思想教育工作，2016年年初，制定了党组中心组学习计划，有目的、有步骤地开展一系列学习活动，并以红军长征胜利80周年为契机，组织开展纪念活动，弘扬伟大长征精神。加强机关作风建设，健全组织机构，落实工作责任，通过抓思想观念转变、抓工作作风、抓工作执行力，比作风、比学习、比实干的“三抓三比”工作方法，细化措施，促进党建思想政治工作与业务工作深度融合，把业务工作作为作风建设的具体体现，促进业务工作实现质的提高。2. 认真开展“两学一做”学习教育实践活动。全面贯彻落实中央、省、市、县关于“两学一做”学习教育的要求。通过悬挂标语、制作展板、发放“两学一做”学习资料等方式营造氛围；通过开展学习《中国共产党章程》《中国共产党廉洁自律准则》《中国共产党纪律处分条例》《关于新形势下党内政治生活的若干准则》《中国共产党党内监督条例》及习近平总书记系列重要讲话等读书活动，提高干部职工政治思想觉悟；通过开展“重走长征路”活动，坚定干部职工理想信念；通过开展庆“七一”系统职工运动会，增强队伍的凝聚力和战斗力，激发全体干部职工以旺盛的斗志、充沛的精力、进取的精神全力投身到古蔺地税事业中去。3. 扎实抓好精准扶贫工作。按照要求，选派干部到村担任“第一书记”，在东新乡呐喊村开展精准扶贫工作，认真开展“部门帮村、党员帮户”结队帮扶工作。2016 年，县地税局共慰问困难群众 104 户，留守儿童 13 人；慰问社区居民 14 户，医疗救济扶贫款 1.04 万元，化肥 7.5 吨；慰问资金 2.3 万元，扶贫个人捐款 1.3 万元，单位捐款 1 万元；为呐喊村小学捐赠 0.6 万余元的体育用品；为失学儿童、“栋梁工程”捐款 3 万余元，此外还捐献各种衣服、被褥等 500 余件（套）。全力协助市地税局对太平镇城伍村的精准扶贫工作，至 2016 年，城伍村整村脱贫已通过省级验收。4. 加强税务文化建设。把长期税收实践活动中形成的行为规范、管理制度、价值观念等纳入税务文化建设，深入开展“交心谈心”活动，促进干部之间、干群之间的沟通交流，营造民主、团结的融洽氛围。积极改善职工食堂、图书阅览室、健身室等，为干部职工提供更好的精神物质条件，通过健康高雅的文体活动，丰富干部职工业余文化生活，寓教于乐，使干部职工在愉快的环境和气氛中受到感染和启迪，培养积极向上的精神风貌。始终坚持高度的政治责任感，充分在政治上尊重、思想上关心、生活上照顾老干部和广大退休人员，并围绕工作目标为退休职工组织了丰富多彩的活动，推动退休干部管理工作的开展。

（刘红利）

## 古蔺县国有资产经营有限责任公司

**【概　况】** 古蔺县国有资产经营有限责任公司是古蔺县政府授权的国有资产运作机构，县政府直属的国有独资企业，综合职能是承担实施经营城市，基础设施、市政公用设施建设以及发展基础产业、支柱产业的投融资公司，具备独立的法人资格。公司成立于 2002 年，注册资本 800 万元，2015 年增资至 38000 万元。公司位于古蔺县古蔺镇金兰大道财政综合楼，经营范围为在县人民政府授权范围内从事国有资产、国有股权和其他国有存量资产、新增国有资本的投资运作和产权经营；从事水利建设，重点建设项目的投资建设；土地整理、土地开发、城乡建设用地增减挂钩项目；土特产品销售。公司根据《中华人民共和国公司法》和《章程》设立董事会、监事会，实行董事会领导下的总经理负责制。公司设办公室、财务部、项目部、业务部三部一室，现有职工 18 人。国资公司旗下有古蔺县振兴水务投资有限责任公司、古蔺县路港交通投资有限公司、古蔺县兴城城市投资建设经营有限公司、古蔺通衢高等级公路开发有限公司、古蔺县地明土地整理有限公司、古蔺天香文化旅游发展有限责任公司、古蔺县农业和中小企业融资担保有限公司、古蔺县恒瑞保安服务有限责任公司、古蔺县山态农业发展有限公司、古蔺县金港物流有限责任公司、古蔺县恒盛建设投资有限公司、古蔺县祥昇机动车检测有限公司、古蔺鼎欣公共客运有限公司、上海蔺融实业有限公司 14 家全资子公司以及控股企业二郎仁和医院。2016 年，公司总资产 1176165 万元，负债 549869 万元，所有者权益 626296 万元，实现经营收入70393万元，实现利润22469万元。

【基础管理工作】 始终坚持把加强内部管理、提高职工队伍素质作为公司经营管理的基础工作和重要工作。1.严格按县委、县政府的工作部署，大力开展学习科学发展观、机关效能建设、党风廉政建设及干部作风建设等活动，每月召开工作推进会，研究和部署工作，解决工作中存在的问题。2.不断健全各项规章制度，完善国资公司内部管理制度以及具体、详细的管理和约束制度，包括文书、担保业务、资产管理、项目建设等各个方面，为公司各项管理工作的扎实开展和良性循环奠定了坚实的基础。

【国有资产经营管理】 为充分发挥国资融资平台，完善国有资产抵押手续，公司将所辖资产的两证等手续进行清理，对手续不齐的资产极力进行完善，增加国资贷款抵押物，加大国资融资能力。定期对所辖资产进行安全检查，对存在问题的资产，会同相关部门制定危房整治方案，并张贴警示牌。加大房租催收力度，2016年实现房租1040万元，创历史新高。

【工程项目建设】 2016年，公司作为业主，新建的民生工程、环保工程主要有吴家沟安置还房及绿化景观工程、2011-30号宗地建设安置还房及绿化景观工程、古蔺县污水处理厂二期及配套管网工程、古蔺县公安交通管理“三个中心”建设工程。1.县城2011-30号宗地建设安置还房，2016年完成项目主体工程施工、设计装饰装修、附属基础设施工程、道路工程，并通过竣工验收交付使用及审计报送工作。2.吴家沟安置还房，2016年完成项目主体工程施工、设计装饰装修、附属挡墙工程、道路工程，并通过竣工验收交付使用及审计报送工作。3.古蔺县公安交通管理“三个中心”建设工程，2016年完成勘察、设计、编制预算、财政评审，施工现场打围、施工、监理招标，截至年底，该项目正在实施基础施工。4.古蔺县污水处理厂二期及配套管理工程，完成处理池、氧化沟基础挖方、配套设施基础开挖。5.永乐温泉于2016年5月取得“矿产资源勘查许可证”，并已投入资金122.338万元。6.完成政务中心遗留问题的处理工作。

【投资融资工作】 规范了业绩管理和考核，以经营业绩为抓手，以生产经营、财务管理为重点，完善了投资监管体系；积极开展投融资方面的前期工作。

2016年，公司成功将51%股权上划市国资委，跻身市级平台，信用等级提升为AA级。2016年，以年利率4.18%的低利率成功发行全国首支贫困县企业债10亿元，全年获批授信融资规模75.04亿元（实际到位45.94亿元，其余按工程进度用款），完成融资储备项目85.32亿元，其中拟于2017年1月到位9.62亿元。

【易地扶贫搬迁工作】 2016年，古蔺县以恒盛公司为投融资主体，实施易地扶贫搬迁3527户13762人（不含泸州488户2067人），项目总投资102441万元，资金来源51935.17万元，其中中央预算内投资6288.8万元，省级地方债务7217万元，专项建设基金6597.5万元，长期低息贷款31831.87万元，资金缺口50505.83万元。在此期间，公司始终遵循易地扶贫搬迁资金使用管理“专款专用、封闭运行、上下联动、协同监管”的原则。在时间紧、任务重、资金缺口巨大、人手少的情况下，想方设法调度资金确保工程进度，截至12月30日，支付比例居全省前列。制定专门资金管理考核、管理办法，确保资金支付及时、合规，成功迎接国家审计署，省、市相关资金审计。

【担保贷款工作】 担保公司为支持古蔺县域内中小微企业的发展，发挥担保平台的力量，站在企业的角度为企业解决问题，2016年，成功为28家企业的34笔业务转贷31210万元，新增创业就业贷款271笔，金额4862万元；加强银担对接，为金美酒业、蔺源酒业等8户守信客户协调降息事宜，降幅均在10%左右。

**【其他工作】** 在做好本职工作的同时，公司努力发挥自身优势，积极参与全县的其他各项工作，全面完成综治维稳、综合治理、思想宣传、廉政教育、防邪信访、保密工作、党报党刊、政务公开等各项重大工作任务。1.宣传动员，扎实开展脱贫攻坚工作，严格按县委、县政府的工作部署，切实开展帮扶工作，统一思想意识，明晰目标措施，凝聚工作合力。2.狠抓安全，确保社会稳定。认真贯彻落实县委、县政府重要批示及工作会议的精神，坚持“安全第一、预防为主”的方针，将安全生产工作放在工作的首位，扎实开展安全工作，对所辖资产进行安全隐患大排查，对所管工程项目进行严格控制和把关，确保无安全事故发生。3.规范管理，加强对统计信息和档案工作的领导，确定专人负责，及时上报相关数据和资料，继续加强档案规范化管理，落实省一级档案规范化管理要求。4.积极开展对土城乡堰塘村的“领导挂点、部门包村、干部帮户”帮扶活动，对联系村老党员、困难群众发放生活物资等。

（夏　晶）

## 中国人民银行古蔺县支行

**【概　况】** 中国人民银行古蔺县支行是中国人民银行分支机构，履行中央银行职能。2016年，有在职职工15人，其中中共党员10人。内设办公室（监察室）、金融管理部、国库会计部。截至2016年年末，古蔺县金融机构人民币存款余额139.90亿元，比年初增加38.17亿元，增长37.52%；贷款余额106.01亿元，比年初增加22.71亿元，增长27.26%。

**【金融扶贫惠农】** 1.深入推进“金融扶贫惠农示范县”创建工作，做好金融助推脱贫攻坚工作。积极协调县委、县政府、有关主管部门和金融机构，建立起上下联动、各方配合、齐抓共管的金融支持集中连片特困地区的领导机构和工作机制，按季召开金融扶贫工作座谈会，推动金融扶贫惠农有效落实。2.加强支农再贷款、扶贫再贷款使用管理，积极支持建档立卡贫困户发展产业，农商行使用扶贫再贷款余额2.9亿元，支持建档立卡贫困户11163户。3.推动专项信贷政策落实，改进和完善民生金融服务。加强与县委、县政府沟通，推动《古蔺县扶贫小额信贷管理办法》《古蔺县财政专项扶贫产业扶持周转金管理暂行办法》《古蔺县贫困户住房建设贷款工作方案》有效落实。加强与县财政局、就业局、妇联的沟通协调，继续积极稳妥推进妇女小额担保贷款。加强对金融机构的指导，督促其制定、执行上级行“扶贫惠农工程”的配套实施意见和工作措施，重点支持易地扶贫搬迁、小额扶贫贷款、创业、就业、助学等民生工程。2016年，易地扶贫搬迁贷款余额50000万元，扶贫小额信贷余额28417万元，创业促就业小额担保贷款余额6080万元。4.加强信贷政策指导，进一步增强实施效果，完成县域金融机构涉农贷款增量奖励、农村支付结算环境建设财政奖补、信用贷款风险补偿、小额担保贷款财政贴息等审核工作，引导金融机构加快推进农村基础设施建设和“三农”建设。5.扎实开展精准扶贫，统筹协调古蔺金融机构扎实做好定点帮扶工作，成功帮助支行定点帮扶贫困村丹桂镇普安村实现2016年整村脱贫目标，支行派驻的“第一书记”庞杰分别被古蔺县和丹桂镇评为优秀“第一书记”。

**【金融服务】** 高效履行经理国库职责，加强管理，切实防范国库资金风险，未发生任何核算差错或事故。积极推进银联POS，努力实现刷卡缴税直接入库。继续大力推动“迅通工程”建设，古蔺县各乡镇设立ATM机184台，行政村设立助农取款点410个，实现了金融服务行政乡镇、村全覆盖。加强征信宣传服务，推进信用体系建设。推进中征应收账款融资服务平台的运用，注册金融机构10家、企业54家，个人信用报告查询5099次，企业信用报告查询99次。

**【代理发行库】** 中国人民银行古蔺县支行代理发行库是中国人民银行成都分行重点打造的、全国首例由政府全额出资开办的代理发行库，于2月24日开始试运行，3月8日正式运行。2016年，代理发行库取得了良好的经济和社会效益，获得了上级行、地方政府、金融机构、社会四方满意的效果。

**【"金惠工程"】** 深入开展农村金融教育培训工作，提高全县农村金融机构从业人员素质和广大基层干部、农民金融知识水平，提升金融支持古蔺县扶贫开发效能。全县已发展"金惠工程"志愿者24人，2016年，累计开展各类金融知识宣传普及活动18次，培训16800余人次，发放宣传资料12万余份，志愿者累计服务时间1035小时。

**【金融稳定】** 1. 推动县域金融生态环境建设，着力打造金融生态环境示范县。实施农村信用示范村（户）创建工作，推进以中小企业信用体系和农村信用体系为重点的社会信用体系建设，大力开展金融知识宣传，进一步提高社会公众的信用意识和金融意识，不断改善县域金融生态环境。2. 强化各类金融风险监测、预警和处置工作。密切关注县域经济金融运行趋势和宏观政策对地方经济的影响，重点加强对民间借贷、地方法人金融机构的监测分析，及时做出风险预警和提示。密切关注金融机构不良贷款变动情况，重点关注古蔺房地产、酒类企业融资风险，协助县政府做好巷子深等酒类企业不良贷款化解工作，切实维护金融稳定。

**【金融环境建设】** 1. 加强开业管理，促进金融机构依法合规经营，不断提高开业管理工作效率，受理古蔺农商银行酒街支行开业备案。2. 扎实做好综合评价工作及评价台账管理，开展综合评价动态跟踪管理，积极探索综合评价结果与地方政府部门和央行履职挂钩相结合的有效方式。3. 依法开展执法检查，有效履行金融管理工作职责，依法对金融机构开展金融统计执法检查、征信管理现场核查、重大事项报告制度执行情况现场核查等。4. 扎实开展金融消费权益保护工作，防范和化解金融消费纠纷，开展"金融消费者权益日"宣传活动，受理投诉1起，有效维护金融消费者的合法权益。

**【货币金银】** 加强人民币收付业务的监督管理，推进堵截假币专项治理。加强对银行业金融机构现金业务办理情况的日常监督管理，指导银行机构认真受理群众对现金业务的投诉；完成对金融机构柜面一线人员反假货币知识的培训考试，进一步提升金融机构堵截假币的能力；完善反假货币联席会议机制，形成反假货币工作合力；创新反假币宣传，借助助农取款服务点，将宣传工作深入老百姓生活中，继续推进反假货币进校园、进社区、进车站、进农户，扩大宣传的覆盖面。做好小面额现金供应和回收管理。进一步加强小面额人民币供应长效机制建设，全面落实小面额现金备付金、主办网点、主办银行三项制度，推广实施小面额现金需求预约供应，督促金融机构履行社会责任，满足社会发展对现金的需求；进一步强化人民币流通管理，促使金融机构执行好人民银行货币发行各项规章制度和工作要求，提升货币金银工作水平；加大残损人民币回收工作力度，强化对金融机构残损人民币回收管理，拓宽残损人民币回收渠道。

（何　伟）

## 中国工商银行股份有限公司古蔺支行

**【概　况】** 2016年，中国工商银行股份有限公司古蔺支行有内设机构2个，下辖营业网点2个，即支行营业部、东城支行，自助银行3个，即金兰大道天立一期自助银行、酒街自助银行和顺秋亭自助银行，人员39人。2016年年末，各项存款余额22.59亿元，比年初增长2.94亿元；各项贷款余额22.28亿元，比年初下降1.22亿元。实现拨备后利润6551万元。

**【公司银行业务】** 2016年，公司存款余额14.61亿元，较年初增长2.36亿元；公司贷款余额15.78亿元，比年初下降6276万元。

**【个人银行业务】** 2016年，储蓄存款余额7.99亿元，比年初净增5756万元；个人贷款余额6.49亿元，比年初下降5947万元。

**【中间业务和新兴业务】** 2016年，中间业务收入实现508万元。个人寿险完成1868万元；个人财险完成424万元，理财产品完成17687万元；借记卡完成9727张；信用卡完成1070张；ETC新开172张。

**【内控案防】** 强化内控案防工作，加强风险防范。按照一岗双责的履职要求，开好案防分析会，加强对异常人员的排查，扎实开展“一守三防”主题教育活动和各项专项排查活动，及时将相关规定、案例和禁止性要求传达给每一位员工，把合规管理、合规经营、合规操作落到工作实处，层层签订案防承诺书，加强业务培训和柜面监督，2016年未发生重大差错和案件事故，内控评价保持二级。

**【企业文化建设】** 强化员工思想教育，认真执行中央八项规定、反对“四风”等相关规定制度，积极做好员工工作，开展“工行企业文化”活动，举办知识竞赛、演讲比赛，鼓励职工参加地方和上级文体活动，有效地增强了员工团队意识。

（李　虎）

## 中国建设银行股份有限公司古蔺支行

**【概　况】** 2016年，中国建设银行股份有限公司古蔺支行有在职员工26人，其中合同制员工20人，外包业务用工6人。合同制员工中，大专以上文化程度达20人，比例占100%。设有综合部、业务部和营业部。

**【业务经营】** 2016年年末，建行古蔺支行一般性存款余额12.48亿元，比年初新增1.5亿元；各项贷款余额12.77亿元，比年初新增6.8亿元。利润实现4545万元。

**【内控管理及安全保卫】** 坚持依法治行和合规经营，加大法规执行力度，层层落实岗位责任制，开展季度风险案件和员工行为排查，加强内部管控和系列专项治理，内部管理井然有序。以安全生产为重点，突出抓好安全保卫和综合治理工作，严格执行安全管理制度、月度安全例会和季度应急方案演练，把人防与技防有机结合起来，实现了2016年无安全责任事故、重大业务风险和各类案件“三无”目标。

**【精准扶贫】** 贷款支持高速公路等基础设施建设，助力古蔺县脱贫攻坚和经济发展。持续推进皇华镇共裕村精准扶贫工作，在建档立卡、一户一策基础上，继续对口帮扶50户贫困户，创建“互联网+金融+农户”扶贫模式，通过建行善融商务助销44万元农产品，引进并培训养殖技术，号召员工踊跃捐资扶贫，走访贫困户并发放2.1万元慰问现金和价值9650元食品。通过汇报争取，建行泸州分行把微党校建在共裕村。捐赠价值20余万元的“母亲健康快车”及配套设备，捐赠现金5万元支持发展养殖业，携手杭州集云汇文化创意有限公司捐赠价值3万元的夏衣。

**【党风廉政建设和精神文明建设】** 开展“两学一做”学习教育和法纪条规学习，按照地方政府、监管部门和上级行相关要求，全体员工层层签订了遵章守纪承诺书、履岗责任书、保密责任书等，全面落实各项廉政制度和反腐措施，党员廉洁奉公，员工廉洁从业，全行无违反廉政法纪案件发生。同时，推进精神文明建设，加强员工职业道德、社会公德教育，牢固树立社会主义核心价值观，提高员工综合素质，强化员工敬业精神、工作责任心、服务意识和风险意识，重视服务环境和设备设施建设，持续推行规范化服务，优质服务水平和客户满意度不断提升。

（周怀秋）

## 中国农业银行股份有限公司古蔺县支行

**【概　况】** 2016年，中国农业银行股份有限公司古蔺县支行有员工63人，内设综合部、客户部和财会运营部。坚持“稳中求进、进中求好、好中求快”的指导思想，围绕“两个从严”，抓实“两个责任”，精准发力、降本控险，比学赶超、转型升级，在困境中逆势而上，促进了各项业务经营健康有序发展。

**【业务经营】** 2016年，农行古蔺支行各项存款余额较年初增加9250万元，各项贷款余额比年初增加10816万元，实现账面利润5382万元。风险管控能力进一步加强，资产质量继续提升，持续保持农行四川省分行内控综合评价一类行称号，全行不良贷款余额696万元（含信用卡透支不良），不良率0.28%，完成全年计划的137.93%。实现不良贷款现金收回88.48万元；到期贷款现金收回率100%，完成农行泸州市分行计划的100.2%。

**【“三农”服务工作】** 1. 稳步推进城镇化业务开展。面对同业竞争激烈、楼盘稀缺现状，紧抓县域农业规模化、现代化和城镇化的大好机遇，在加强培训和产品宣传前提下，重点推广运用“农民安家贷”，切实帮助农民改善居住环境，共享经济发展成果。2016年，共投放长期个人一手房农民安家贷542万元。2. 持续推进“银讯通”，代理项目取得实效。通过与移动公司建立战略业务合作关系，在乡镇移动代理点择优完成“银讯通”服务点布局35个，并取得社保局养老金代理发放资格。3. 提前布局农村互联网金融平台。为贯彻落实服务“三农”战略，加快农村电商金融发展步伐，结合县域及农行实际情况，按照“先易后难，分步推进”的原则，组织部门和网点对辖内“E农管家”适用商户全部进行了前期摸底调查，并认真做好产品宣传、商户甄选、资料收集、商户培训工作。2016年共发展“E农管家”上游特约商户16户，下游终端商户159户。4. 扎实做好信贷风险防控。开展巷子深、红军杯、宁发集团等敏感不良客户风险化解工作，在加强风险监测和预测的同时，逐户建立客户风险处置方案制定。同时，采取督促落实还款计划、帮助风险客户销售产品、紧盯同业处置信息、协调担保公司及捕捉企业并购信息等方式，取得一定进展，较好地完成了风险类指标。

**【基层党组织建设】** 以“两学一做”学习教育为抓手，提升基层党建工作。1. 坚持“三会一课”制度，扎实开展专题学习讨论，各支部定期开展支委会、党员大会开展学习，党委书记带头讲党课，并以普通党员身份参加支部学习，真正将“两学一做”延伸至每位党员。2. 以学习促行动，夯实支部建设，继续开展“三亮四比三评”活动，引导广大党员在“比学赶超”中建功立业。开展纪念中国共产党成立95周年暨“两先一优”表彰活动并重温入党誓词。农行古蔺支行一人被省分行评为“优秀党务工作者”，有两名党员分别被市分行评为“优秀共产党员”和“优秀党务工作者”，营业部支部被市分行评为“先进基层党组织”，为全行党员起到了先锋模范作用。

（张大明）

## 中国农业发展银行古蔺县支行

**【概　况】** 中国农业发展银行古蔺县支行（以下简称县农发行）是在古蔺范围内的唯一一家农业政策性银行，其主要任务是支持农业和农村经济发展，服务“三农”和建设社会主义新农村。主要开办的业务有粮棉油购销贷款、仓储实施贷款、农林牧副渔贷款、产业化龙头企业贷款、粮油加工企业贷款、农业科技贷款、化肥货款、肉储备贷款、农村基础设施贷款、农业小企业贷款和专项土地整理贷款等业务。主要开办的中间业务有代理财政支农资金拨付、开办企事业单位结算、代理保险、代理资金结算、代收代付等中间业务，经国务院或中国人民银行监督管理委员会批准的其他业务。

2016年，县农发行内设一室两部，即办公室，信贷业务部、会计结算部。在岗人员15人，其中本科学历12人，专科学历3人。

**【业务发展】** 2016年，县农发行以中共十八届五中、六中全会为指导，在市分行和县委、县政府的领导下，坚持“两轮驱动”发展战略，以“稳中求进，协调发展”为工作基调，以稳健发展、深化管理、严控风险为工作重点，夯实内部基础管理，为地方经济发展做出贡献。

2016年年末，各项业务指标持续增长。各项贷款余额147305万元，比年初增加88403万元。日均贷款比上年增加20964万元，完成计划任务数的116.98%；各项存款余额104761万元，比年初增加67475万元；日均存款余额比年初增加72388万元，完成计划任务数的427.91%；中间业务收入4.3万元，完成计划任务数的14.30%；实现账面利润3711万元，同比增加2400万元，完成计划任务数的127.96%；无新增不良贷款。

**【政策性粮油信贷业务】** 2016年，县农发行充分发挥政策性金融支农骨干作用，全力确保国家粮食安全，积极营销政策性业务，确保国家粮食宏观调控政策的实施，切实保护种粮农民利益。2016年，县农发行办理省级储备贷款2笔，金额594万元。

**【服务“三农”工作】** 2016年，积极做好项目贷款的营销、已批待放项目贷款的发放以及项目储备工作，以易地扶贫搬迁和新农村建设项目为业务重点，围绕“服务于国家战略”，强有力推进农业发展重点建设基金业务工作。1.积极做好项目营销及贷款投放工作，截至2016年年末，县农发行共营销贷款项目4个，项目金额93110万元，已经全部实现投放。其中，易地扶贫搬迁贷款5亿万元，农村人居环境改善贷款19000万元，农村土地整治贷款18500万元，水利建设中长期贷款5610万元。2.全力做好重点建设基金工作。县农发行严格按照上级行相关文件精神，深入项目地实地调查，严把准入关，做到有序推进。截至年底，县农发行基金项目共计10个，金额合计49500万元，已使用资金20877.01万元，资金使用率42.17%。3.全力做好扶贫攻坚工作。与县级相关部门密切对接合作，完成5亿元棚改项目、20亿元农村通乡通村公路项目申报工作，积极突出农发行在老区扶贫攻坚中的优势作用。

**【企业贷款续贷工作】** 2016年，县农发行全力做好商业性流动资金续贷工作。按商业性流动资金贷款管理的相关规定，对辖内商业性客户及时收集信息资料，开展信用等级评定，到期前的续贷工作准备。截至12月底，县农发行投放商业性流动资金续贷3笔，金额36230万元。

**【存款组织和中间业务】** 2016年，县农发行以“存款立行、存款兴行”为工作重点，加大对政策性支农资金的营销力度，优化负债结构，实现各项存款的稳步增长。年末，各项存款余额104761万元，比年初增加67475万元；日均存款比年初增加72388万元，完成计划任务数的427.91%；中间业务收入4.3万元，完成计划任务数的14.30%。

（彭良永）

## 四川古蔺农村商业银行股份有限公司

**【概　况】** 2016年年末，四川古蔺农村商业银行股份有限公司（以下简称古蔺农商银行）有对外营业机构32个，其中1个营业部、16个支行、15个分理处，在岗员工257人，劳务派遣人员28人。

古蔺农商银行是古蔺县服务客户最广、网点和员工最多的金融机构，为“省级文明单位”、“省级卫生先进单位”、“省级守合同重信用企业”、“泸州市创业服务十佳单位”、“泸州市用户喜爱的质量服务创新金融单位”、“泸州市五一劳动奖状”获得单位、“古蔺县大众喜爱的质量服务双优示范单位”。

**【业务经营】** 2016年年末，各项存款余额40.29亿元，比年初净增9.65亿元，增幅31.50%；各项贷款余额22.79亿元，比年初净增4.22亿元，增幅22.72%。信贷规模增长为历史最好水平，信贷（存贷款）余额续居县域金融机构之首。年末，总资产51.01亿元，负债额47.84亿元，分别比上年增长2.82%、20.09%。全年实现拨备前利润1.34亿元；资产利润率1.23%，资本充足率12.84%，拨备覆盖率240.72%。

2016年，古蔺农商银行被省联社授予全省农信系统“目标考核十佳单位”“存款营销十佳单位”“贷款营销十佳单位”“风险管理十佳单位”“电子银行业务发展十佳单位”5项荣誉称号。同时，获得省联社办事处表彰的“综合先进单位”等7个奖项，为古蔺农信历史上年度工作获得行业省级、市级奖项最多的一年。

**【信贷服务】** 2016年累计投放各项贷款18.92亿元，同比多放2.93亿元，比年初净增4.22亿元，净增额度创历史新高。其中，投放“三农”贷款15.86亿元，投放中小微企业贷款3.06.亿元，有力地支持了县域经济发展。

1.以“卡贷通”、小额信用贷款为抓手，全年投放个人贷款10.63亿元，助推农村经济持续发展。2.支持辖内农民专业合作社、家庭农场、涉农龙头企业等新型农业主体，推进农业产业化和现代化。一次性投放70万元，支持丹桂镇普安村仙台辣椒种植专业合作社，解决种植1000余亩辣椒的种子、肥料等生产困难；投放100万元，解决太平镇走马村土草坊农民专业合作社甘蔗收购资金；向古蔺金芒面条加工有限责任公司发放信用贷款260万元，向古蔺镇彰德专业大户投放信用贷款110万元，解决了“公司+基地+农户”模式下古蔺面加工龙头企业、专业大户购置机器设备和生产原料的资金短缺困难。3.针对县域主导产业持续低迷现状，综合运用社团贷款、银团贷款、信贷资产转让、贸易融资、直接融资等多种产品服务手段，满足客户融资需求。2016年，中小微企业贷款比上年净增1.4亿元，推动企业转型调整。4.积极投放民生政策类贷款。坚持普惠金融方向，继续做好“保本微亏”民生政策性业务。2016年，累计发放下岗失业人员再就业，妇女、退伍军人创业贷款16723万元。并扩大消费类贷款，拉动经济增长，缓解就业压力。5.创新信贷产品。根据全县农村住房消费特点，创新推出农民买房、自建房贷款产品——惠农居农民住房建设贷款；针对城区居民信贷需求，开办二手房按揭贷款业务；开办个人汽车按揭贷款业务；为解决县中小企业融资难，根据中小企业的纳税申报信用等级进行授信，推出“蜀信·税金贷”产品；针对有16岁及以下子女的家庭，发行“至爱宝贝—成长之星”主题卡产品。

**【扶贫攻坚】** 1.县农商银行三农金融部副总经理刘伟继续驻石屏镇茅坝村担任“第一书记”，蹲点帮扶。2.总行对口帮扶德耀镇集美村，由总行副行长罗勇牵头、德耀支行客户经理赖义方蹲点实施帮扶，总行班子成员人均在集美村结对帮扶3户贫困户，全行中层干部（含副职）每人结对帮扶2户贫困户，并对101户贫困户授信300万元，发放扶贫贷款198.5万元，确保集美村101户贫困户实现如期脱贫。3.总行机关党支部和集美村党支部结对，以党建带扶贫、扶贫促党建。4. 2016年，总行为集美村帮扶农户捐赠了价值16万元的实用物资。5.各支行和分理处按照各乡镇政府安排，分别结对帮扶3—5户贫困户。6.古蔺农商银行承担代理发放全县精准扶贫贷款任务。2016年，累计为全县117个贫困村的24193户（10.5万人）贫困户建立了信贷档案；为20146户建档贫困户评级，评级面83.27%；为18856户贫困户授信46497万元，授信面93.59%，发放扶贫小额信贷11291笔，贷款余额28427万元。各支行和分理处在门市设立扶贫贷款发放专柜的同时，另组织客户经理和大堂经理带上办公机具下乡到贫困村（组）办理扶贫贷款资料，为贫困户提供上门服务。由于扶贫贷款投放快，服务周到，2016年9月14日，在市政府主持召开的金融精准帮扶融资对接会上，古蔺农商银行就金融扶贫工作作经验交流。

**【渠道建设】** 1.电子银行。2016年，古蔺农商银行强化“蜀信e”新一代电子银行平台及“蜀信e·惠生活”O2O社区服务平台的建设推广，丰富业务产品，提升自助渠道效率。累计安装电话支付终端321台，实现行政村100%覆盖率；累计安装自助银行设备107台，其中自动取款机27台，存取款一体机80台，乡镇覆盖率达100%；发展特约商户，安装POS机96台；手机银行、网上银行客户持续上升。年末，电子交易业务替代率达86.17%，居全省农信系统前茅。2.网点建设。在县城新区新设酒街支行（全功能网点），搬迁打造新体育中心精品网点（城郊支行），新设立天成名都“1+N”社区银行，在县政务大厅前设立古蔺县唯一的银亭式自助银行；打造双沙、永乐、箭竹等6个标准基础网点。

**【社会责任】** 1.专门出台《茅坝村扶贫攻坚小额贷款管理办法》，对茅坝村、集美村农户给予贷款利率、期限、授信额度优惠；除贷款利息外，对借款客户未收取其他任何费用。2.参与全市农信无偿资助360万元，帮助石屏镇茅坝村进行硬化公路、安装饮用水等便民基础设施，在2016年年末精准帮扶工作中，古蔺农商银行单独为茅坝村、集美村在校儿童添置冬衣，购买米、油等物品慰问困难农户，向帮扶农户赠送肥料，价值21万余元。3.继续为蔺阳中学优秀贫困学生提供奖学金4万元，为贫困学生提供助学贷款服务。4.“六一”儿童节，向部分小学赠送价值3万余元的文化用品。5.资助“唱响蔺州”歌唱大赛、水口杨梅节、“万人马拉松”等活动。6.全年缴纳各种税收3342.2万元，支援国家建设。

**【党风廉政建设】** 强化党委一把手和成员“一岗双责”的职责落实，做到党建、业务工作并重，增配了党务工作力量。党委和各支部对照“七抓七查”，认真整改党建存在的问题，落实“三会一课”，党建日常管理基础和阵地建设、细胞建设进一步加强，党员身份亮证制度得到落实。古蔺农商银行三农金融部副总经理刘伟蹲点帮扶茅坝村，担任“第一书记”表现突出，被四川省委授予“优秀共产党员”称号。城郊支行与古蔺镇建国村开展共建活动，将党建工作与惠农兴村工程、精准扶贫工程相结合，为农村产业发展做出了贡献。

党委严格压实两个责任，强化责任追究，推进党风廉政建设和反腐败斗争，与各部门、支行签订《党风廉政建设和反腐败责任书》，认真落实中央八项规定，省委、省政府十项规定，省联社十五项规定精神，持而不息反对“四风”，强化干部队伍建设，不断转变工作作风，2016年未发生腐败案件。

**【企业文化】** 1.围绕古蔺农商银行价值体系27条，打造“激发向心力、提升凝聚力、提高执行力、增强战斗力”的“四力”文化建设，持续推进“出彩农商”及楷模示范引领，凸显“风清气正，干事创业”的团队正能量。2.通过员工写作竞赛、业务技能竞赛、演讲比赛，提振员工上进心。3.开展“思想品德、职业道德、社会公德、家庭美德”教育，推进精神文明建设，总行顺利通过了省级文明单位复检验收。4.持续办好《蔺州农情》杂志，推行“金点子”谏言，通过展板流动宣传、体育赛事宣传、特色活动宣传，加强金融知识、反洗钱、电信安全、信用生态等金融消费者权益保护。

（熊发登）

## 中国人民财产保险股份有限公司古蔺支公司

**【概　况】** 中国人民财产保险股份有限公司古蔺支公司属于中国人保财险基层分支机构，于1984年12月经国家保险监管部门批准依法设立，在古蔺工商、税务、质监部门依法注册登记。2016年，人保财险古蔺支公司有员工36人，保险营销员300余人，有300余人的“三农”保险服务队伍。公司内设经理室、综合部、个人业务部、团体业务部、车商业务部、非车险部、农村保险事业部/普惠金融事业部、社会保险部、理赔分部、出单分中心，设立太平、石宝、双沙、龙山、观文、德耀营销服务部，在古蔺26个乡镇建立“三农”保险服务站，269个村建立“三农”保险服务点，形成县、乡、村三级保险服务网络，为“三农”提供面对面的保险保障服务。

**【业务发展】** 人保财险古蔺支公司是县城内最大的财产保险公司，其机构和服务网络辐射到全县的城镇和农村，形成较为完整的服务体系，开发的保险品种近1000余个，涵盖财产保险、责任保险、信用保险、意外保险、车辆保险等诸多领域，能全方位地满足不同群体及各行各业的保险需求，其业务的发展已经涉及古蔺社会经济和人们生产生活的方方面面。在理赔服务方面，始终坚持“忠诚服务、笃守信誉”的宗旨，做到热情周到、准确合理、方便快捷、求真务实。1. 狠抓车险业务发展，实现车险保费近3600万元。2. 拓宽非车险业务渠道，创造非车险业务潜在发展基础。3. 依法合规，倾力稳定抓好农业保险。4. 深化改革，全面提升“两个能力”建设。围绕全面提升“两个能力”建设，公司按照省、市公司的安排部署，积极开展改革工作，首先是根据县域经济发展情况，合理有效建设布局古蔺县的农村保险服务网络，全县改建成县支公司成立农村保险事业部/普惠金融事业部，8个营销服务部分片管理26个乡镇农村保险服务站、269个村保险服务点，改造升级石宝、双沙营销服务部，加强农村保险队伍建设，配备7名营销部经理，调整充实乡镇农险站站长和村协保员，增加92支农村保险营销员队伍，开展1238人次农网人员业务培训，农网产能得到较好的提升。2016年，公司全年实现保费收入8000多万元（含医保），完成全年计划任务的101.25%。

**【党建工作】** 扎实开展“两学一做”活动，加强党支部建设和员工队伍建设。2016年，人保财险古蔺支公司党支部按照上级党委的安排，认真开展“两学一做”活动，组织党员认真学习党章党规，学习习近平总书记系列重要讲话，在党员队伍中开展争先创优做合格党员活动；公司党支部、工会还组织开展“三八”“七一”“职工运动会”“上党课”“道德讲堂”“交通安全宣传”等活动，有效提升了党员、干部队伍的政治理论水平和各方面素质，加强了组织建设。

**【精准扶贫】** 人保财险古蔺支公司在抓好业务经营的同时，响应县委、县政府号召，积极与马蹄乡环路村党支部开展对口精准帮扶工作。2016年，按照上年制定的扶贫计划和帮扶措施，依照县政府统一安排部署，公司帮扶工作组从思想、教育、科技、保险、产业等方面对环路村的贫困户进行了帮扶。以召开群众会形式向贫困户宣传党的方针政策、法律法规知识、科技咨询服务，对贫困户中的在读高中生、大学生给予学费赞助、免费赠送学生保险，对贫困农户住房实施保险保障，积极向栋梁工程寒门学子捐款。

2016年11月，公司党支部带领工作组人员一行向对口帮扶村——马蹄乡环路村村委会免费送去“云视泸州”电视机，完善村委活动室的硬件设施，解决帮扶村的实际困难。公司的扶贫工作产生了良好的社会效应。

（段克红）

## 中国人寿保险股份有限公司古蔺县支公司

【概　况】中国人寿保险股份有限公司古蔺县支公司属于中国人寿保险股份有限公司的基层分支机构，实行“一级法人，统一核算，分级管理，授权经营”的管理体制。2016 年，中国人寿古蔺支公司下属 10 个营业网点，现有员工 28 人，保险营销员 160 余人。公司内设经理室、综合部、个险销售部、团险销售部、客户服务中心。

【业务经营】2016 年，总保费收入 4500 万元，其中，长期险首年保费收入 1200 万元（含续收保费），团险保费 350 万元，银邮保费 2500 万元。全年共计赔款 720 万元，上缴税收近 130 万元。

【内部管理】内部管理工作是保险行业的重中之重，中国人寿古蔺公司自觉遵守行业自律公约，积极维护良好的保险市场秩序。始终坚持发展是第一要务，管理是第一责任，将两者放在同等重要的位置上。1. 运用专业化制度管理，明确各岗位工作职责。2. 加强重要岗位的检查制度，追踪落实，强化推进执行效果。3. 强化监督风险管控点，落实责任，明确奖罚。4. 加强从业人员业务学习和规章制度教育，防范化解经营风险。5. 服务到乡镇，提升服务水平，体现公司诚信经营理念。对违规行为严肃处理，决不姑息，坚决做到合规经营。

【队伍建设】注重员工队伍建设，提升队伍专业化能力，加强员工培训教育力度，创造良好的学习氛围，带动员工的学习热情，提高员工队伍的政治思想和业务素质，使公司整体文化、业务素质得到全面提升。2016 年，中国人寿公司开展各项精神文明创建活动和企业文化建设，大力开展多种形式的诚实守信、爱岗敬业、优质服务等教育活动，营造良好的工作环境，纯洁员工队伍思想，增强公司凝聚力和战斗力。

【惠民帮扶】在 2016 年的精准扶贫中，帮扶大村镇菜田村 30 户，派出“第一书记”到乡镇驻点。主动与当地党委、政府及相关部门沟通联系，积极向上级公司争取资金捐款捐物。同时，响应开展“捐资助学”和“每日一捐”活动。公司坚持对“5・12”汶川地震中未满 18 岁的地震孤儿每月每人定时发放 600 元的生活费，每年节假日公司都会派人去了解和关心其生活情况，并及时向当地政府反馈信息，以确保他们生活有保障，精神有依托。

（苏　华）

# 教育　科技

## 教育行政管理

【概　况】2016年，全县有各级各类学校440所，其中幼儿园131所，小学263所，初级中学38所，高级中学2所，农村完全中学1所，中等职业教育学校2所，特殊教育学校1所，教师进修学校1所，民办小学1所。在校学生147263人，其中在园幼儿25499人，小学生71724人，初中生32103人、普高学生10960人、中职学生6903人，特殊教育学生74人。教职工7493人，包括幼儿教师958人，义务教育阶段教师5540人，高中教育阶段教师744人，中等职业教育教师232人，特殊教育学校教师19人。其中专任教师7047人，包括幼儿教师652人，义务教育阶段教师5487人，高中教育阶段教师890人，特殊教育学校教师18人。

【学校建设】积极争取上级各类资金2.9亿元和国开行“校安工程”贷款资金4.8亿元，改善办学条件。投入资金16000万元，大力实施义务教育薄弱学校改造，新建校舍7万平方米、运动场4万平方米，建设教师周转房390套，完成5所寄宿制学校和5所乡镇中心幼儿园建设。蔺阳中学综合楼、中城中学运动场建成投入使用。对2016年规划脱贫的22个脱贫村和达到“七有”标准的12个贫困村的13所学校投入资金804万元，建设教师周转宿舍114套、教学综合用房300平方米，改建食堂200平方米，完善运动场1500平方米。

【教育信息化】投入资金1756万元，新建计算机网络教室22间，配置计算机856台，配备“班班通”多媒体设备105套，购置课桌凳6380套。在宽带网络“校校通”的基础上，整合三大网络运营商在全县各乡镇的不同优势，投入260万元，实施宽带网络“班班通”建设。

【均衡发展】以泸州市义务教育均衡验收为契机，按照“先达标，再均衡”要求，结合实际，坚持硬件建设和软件配套同步推进，合理布局乡镇寄宿制学校，适度整合教育资源，注重较大规模学校的硬件配套和信息化投入，按计划、有步骤、分进度达标一批，持续推动教育均衡发展，石屏、龙山等8个乡镇顺利通过市级教育均衡评估验收。为了迎接省政府的均衡检查验收，同时启动了教育均衡发展迎省检工作。

【队伍建设】通过公招、直签等方式，招聘中小学教师500人。修订完善《古蔺县中小学教师管理办法（试行）》，深入开展“重师德、正师风，做合格人民教师”和“弘扬师德正师风，从严治教树行风”主题教育活动，进一步规范教师从教行为，树立行业新风。按照“倾斜农村，突出骨干，全员参与”的要求，全面启动四川省中小学教师信息技术能力提升工程培训、团队置换脱产研修、送教下乡和“线下集中研讨”4个子项目的“国培计划”培训，培训学员涉及47个乡镇中心校及初级中学，4000多名乡村教师参与培训。

**【教育质量】** 2016年，全县义务教育学校办学水平进一步提高，高考成绩再创新高。本科硬上线1609人，比2015年增加376人，增幅30.5%，全县本科录取人数达2236人，140余名学子考取中国人民大学、南京大学等“985”“211”重点高校，蔺阳中学张旭被清华大学录取，圆了贫困山区学子近30年的清华梦；古蔺中学陈锐刚被录取为中国人民解放军空军飞行员，打破了恢复高考制度39年来古蔺本土培养空军飞行员的零纪录。本科及重点本科上线人数创历史新高，实现泸州市普通高中教育质量综合评估七连冠。成功组织古蔺县代表团参加泸州市第七届运动会，380名青少年运动员参加田径、篮球、武术、幼儿体操等7个大项比赛，获得25枚奖牌。组织学生参加泸州市中小学生运动会，7个团体竞赛项目获得前三名的佳绩。

**【教育扶贫】** 建立班级、学校、乡镇、教育局四级信息台账，确保建档立卡贫困户学生信息100%准确。落实教师与学生“一对一”或“1+N”结对帮扶措施，随时掌握贫困学生生活、学习情况，及时跟进帮扶措施。精准发力，建立完善教育局、乡镇、学校、家长“四位一体”控辍保学工作责任体系，对义务教育阶段未按时入学的建档立卡贫困户子女摸清情况，查明原因，针对性开展入学动员及劝返复学工作。经反复劝说仍未入学的，通过乡镇人民政府利用司法程序介入强制入学，实现建档立卡贫困户子女义务教育有保障。

**【教育资助】** 按照应免尽免、应补尽补原则，确保所有建档立卡贫困生享受保教费减免、“三免一补”、高中减免学费、大学生资助金、生源地助学贷款等助学政策。2016年，发放各类资助经费1.2亿元，大学生生源地助学贷款工作在全省作经验交流发言；在全国率先启动中职学生助学贷款，为226名中职学生办理贷款108.85万元。学校对所有建档立卡贫困户学生的教辅资料费、校讯通、校服和商业保险等费用全额补助，切实减轻建档立卡贫困户的经济负担。

**【校园安全】** 进一步完善各项规章制度和安全预案，全面落实“党政同责，一岗双责”，建立校长主管、分管领导主抓、专人负责的安全监管责任体系。通过“百日安全”“安全生产月”等活动，加强安全教育、安全管理培训和安全应急演练，加强学校安全人防、物防、技防建设，强化安全隐患排查、整改，全县2016年未发生一起安全责任事故。及时排查调处矛盾纠纷，全年共办理各级信访件125件，办结121件，满意度达91%；排除化解矛盾纠纷25起，满意度达90%以上；开展下访10余次，成功化解3次集体上访，有效保障了教育的和谐稳定。

**【教育改革】** 进一步理顺教育管理体制，建立初高中学校协同发展机制，通过现场研讨会、交流观摩、课题研究等方式，大力推进中小学教育质量综合评价改革和以“三开减负三开放”“两增两减一提高”为核心内容的素质教育综合改革。古蔺二小等12所项目学校中小学生综合素质评价取得初步成效，古蔺二小在教育部中小学教育质量综合评价改革泸州实验区调研与培训会上作经验交流发言，中城中学、回龙小学荣获泸州市教学结构改革先进学校称号，复陶中学课改吸引双流、富顺等省内外学校交流学习，全县教育发展活力显著增强。

（王　伟）

## 古蔺县教师进修学校

**【概　况】** 古蔺县教师进修学校位于古蔺镇环城西路69号。1963年秋成立，“文化大革命”开始后停办，1979年10月恢复办学，曾举办小学教师轮训班、教材教法研讨班、中师函授班、大专函授班等。1985年7月，经省教育厅验收合格。1986年，经泸州市人民政府正式批准为具有师范性质的中等专业学校。2003年8月，县教师进修学校、教研室整合，形成研训一体化的教师培训机构，是四川省合格的县级教师培训机构，集全县教师教育中心、资源中心、教育科研中心、教学质量监控中心和教育咨询服务中心于一体。内设行办室、培训部、综合室、中学室、小学室、教科室、总务处。2016年，有在编在岗教职工44人，其中高级职称17人，中级19人，初级6人，管理人员1人，工人1人。学校办有刊物《古蔺教育》，每季出版（内刊）。主要职能：1. 承担对全县义务教育阶段教师、幼儿园教师和小学校长、幼儿园园长的继续教育工作。2. 为全县中小学校开展教师校本培训提供指导和服务。3. 指导中小学教师在教学实践中学习和行动研究。4. 为中小学教师提供网络研修和远程学习服务，帮助中小学教师充分利用各种信息资源开展自主学习。5. 了解掌握中小学教师队伍情况，开展教师队伍建设研究，为教育行政部门提供有关政策咨询服务。6. 在县教育行政部门领导或委托下，参与制定本地中小学教师继续教育规划和教师全员培训的分类计划；管理教师继续教育学时审查登记、考核和认定工作。7. 为社会其他行业和社区人员继续教育服务。8. 负责指导、管理、服务全县中小学教研科研工作。

**【师资培训】** 1. 按照省、市、县有关教师教育要求，立足县情、校情和师情的实际，初步形成了规范培训和校本研修培训相互支持、相互补充、相互贯通的师资培训工作新格局。2. 采取“集中培训、网络培训、校本研修、返岗实践”等多种形式，2016年共组织国培送教下乡活动60余科次，参训教师达2790人次；组织乡村教师能力培训11科次，参训教师达1206人；组织中小学校长进行任职轮换培训，参训学员52人；组织中小学教师心理健康教育能力培训，参训教师200人；组织外出提升培训，参训教师196人（143名优秀教师参加置换脱产培训，53名优秀村小教师参加泸州市乡村学校骨干教师培训）；配合组织2988名教师积极参加四川省中小学教师信息技术应用能力提升工程培训，其中学校教师参与率100%，完成率100%，优秀率100%。每次培训做到活动前有方案、有计划、有详细安排，组织严密；培训过程中做到严格考勤、有监督、有巡视、有安全保障、有考核细则、有培训简报，件件工作有落实；培训后有总结、有表彰、有学员心得体会汇编，力求每次培训都有提升。3. 完善继续教育适时登记制度，对全县6446名教师进行了继续教育审查，完成率、合格率均达100%。4. 组织完成奥鹏新招生113人。

**【教学科研】** 1. 扎实开展课题研究，做好课题过程管理工作，把课题研究与课堂教学结合起来，教研与科研结合起来，使课题研究真正为教学服务。国家级课题“大面积提高贫困地区义务教育质量和缩小校际差距的有效途径研究”即将结题；省级课题“农村县域中小学教育科研管理研究”、市级课题“农村初中语文群文阅读实践与研究”和“农村中小学有效课堂高效合作学习方式及策略实践研究”取得阶段性研究成果；市级课题“贫困地区义务教育质量均衡发展策略研究——以古蔺县为例”结题；“高考改革背景下农村高中学生综合素质评价体系研究”立项为省级课题，“农村高中德育主题活动层级研究”等11项课题立项为市级课题；县级立项课题46项；形成《中小学课堂教学结构改革推进情况调研报告》1篇；完成《实施发展性教育督导评估，促进贫困地区学校自主性内涵式发展》研究报告1篇。二郎镇复陶小学等学校的群文阅读研究富有特色。在“泸州市小学语文群文阅读优秀论文案例评选活动”中，全县参评论文和案例获3个市级一等奖，20个二、三等奖。全县群文阅读活动得到省、市专家的充分肯定。2. 培育典型，以评促改，全面深化教学结构改革工作。以教学结构改革合格学校创建为抓手，规范中小学教学结构改革工作，培育教学结构改革先进学校，在全县教学结构改革中发挥典型示范作用。配合县教育局，先后在二郎中学、回龙小学、河屯小学召开教学结构改革推进会，对蔺阳中学等 6 所学校开展“县级教学结构改革合格学校”的评估验收工作，推荐中城中学、回龙小学创建“市级教学结构改革优秀学校”。3. 建立课堂教学结构改革指导帮扶制度，对河屯小学等 24 所学校推进教学结构改革进行帮扶指导。4.“参与式”双视、双诊有效教学视导富有特色。扎实开展“参与式”双诊断有效教学视导，组织专兼职教研员 300 多人次，开展教学视导 40 多校次，涉及所有普高、职高和部分初中、小学与公办民办幼儿园，编发《学科视导通报》40 余期，深入解剖 3 所初中学校和 2 所乡镇中心校。5.“一师一优课、一课一名师”活动。全县有 6 人获国家级优课奖，10 人获省级优课奖，19 人获市级优课奖，县教师进修学校获市级组织奖。6. 积极组织开展各种教研活动。组织参加省级活动 4 次，市级展评等活动 25 次；开展县级教材教法培训、研讨课、展评课等 17 科次，共计 894 人次。编发《教研通讯》20 余期、《教研工作简报》30 余期。7. 实施初高中协同发展模式。自实施初高中协同发展模式以来，全县初中学生综合评价成绩明显提升，高考成绩再获佳绩。县教育局、古蔺中学、蔺阳中学、古蔺职高均获泸州市高中教育质量综合评价一等奖。8. 积极开展教育教学监测评估工作。全年撰写教学质量分析材料 33 期，召开教学质量分析会 6 次。监测命题质量逐年提高，教学成绩提升明显。9. 积极组织参加省、市的论文评选等工作。全年向市级推荐 100 篇教育教学优秀论文，其中获得市级一等奖论文 7 篇、二等奖论文 23 篇、三等奖论文 36 篇，评选出县级一等奖论文 85 篇、二等奖论文 106 篇、三等奖论文 164 篇。

**【项目管理】** 截至 2016 年年底，完成枣林小学异地迁建项目的实施工作。已完成 1 号教学楼主体框架封顶，3 号综合楼主体框架即将封顶。开展基础性服务工作，如原文印厂职工遗留问题的处理，与龙坪、映月村谈判土地的租用，项目设计、立项、招投标、财评工程、占地拆迁等，在项目实施过程中注意加强施工安全管理、质量管理和监督管理，编发项目《简报》19 期（下半年）。

**【服务管理】** 1. 总务后勤工作在管好用好学校物资财产的同时，及时为研培工作提供所需物品，保证参加培训学员的食宿服务及时到位。2. 结合学校教职工在泸州等经常出差地有住房以及大部分教职工有自己车辆的实际，学校制定《关于使用教职工车辆的规定》，修订《后勤财务管理规定》及出差补助补充规定等，充分调动全体教职工的工作积极性。3. 严格规范学校财务管理，保证经费开支符合国家法律政策要求。厉行节约，把有限的资金最大限度地用在研培工作上。4. 充分发挥教职工民主监督和参与管理作用。每年召开全校教职工大会（教代会），审查学校财务，讨论通过学校工作报告和各项重大改革方案，充分听取教职工的意见、建议，为学校党政决策提供可靠依据；学校党政支持并配合工会做好退休教职工、困难党员职工和妇女工作，认真落实各项政策，坚持每年教师节、敬老节、中秋节和春节对离退休教职工进行慰问，建立了对教职工的走访和生病住院看望制度；每年给予退休教职工适当的活动经费补助；配合工会组织开展健康有益的文体活动。

**【国培工作】** 1. 国培计划实施以来，学校按照“统筹协调，精心组织，明确职责，严明纪律，跟踪考核评估，全程监管，确保培训实效”的指导原则，同时注意结合学科特点，不断创新，切实抓好辅导培训和班级管理，注重项目成果的推广与辐射。创办《国培简讯》62 期，选编学员心得体会 300 余篇。2016 年，全县通过省级评估考核，获得省级先进集体称号，学校承担的国培项目实施绩效考评结果为“优秀”。2. 素质建设。针对全县乡村教师综合素质整体偏低、数量短缺、信息闭塞、现代信息技术应用能力较差的实际，组织对 2016 年 1 月 1 日以来未参加过县级及以上培训的乡村教师进行全员全覆盖培训，涉及 11 科次，1206 名教师参训，这些教师在返岗实践中综合能力大幅提升，教学水平进步明显，反馈效果良好。3. 组织对全县 200 名心理健康教育教师进行专题提升培训。培训时间 6 天。整个培训过程组织严密，主管部门和学校领导高度重视，培训中把部分教师对心理健康教育还存在的一些误区以及如何提高和培养学生的心理素质作为重点内容进行专题讨论。培训实效性强，效果反响好。4.“参与式”双视、双诊有效教学视导富有成效。通过近 3 年多来持续坚持开展“参与式”双诊断有效教学视导，有效规范了基层学校教学常规管理制度，树立起学校以提高教育教学质量为中心的管理意识，成效明显。5. 实施初高中协同发展模式。改变县内初级中学点多面广，办学类型杂乱，办学效益整体较差，学校发展差异较大，学校办学意识故步自封，县内初中与高中学校教育教学管理脱节、各自为政的局面，学校配合县教育局狠抓落实环节，加强指导、督查，初步实现初高中学校协同发展目标。初中学生综合评价成绩逐年稳步明显提升，高考成绩再获佳绩，继 2015 年 1 名考生考入北京大学之后，2016 年再创辉煌，1 名考生考入清华大学。县教育局、古蔺中学、蔺阳中学、古蔺职高均获泸州市高中教育质量综合评价一等奖。6. 新建网站功能齐全、资源丰富、实用有效、服务面广。针对过去网站内容单一、功能少、资源少等问题，学校不断总结经验，改进完善后新网站访问量增大，功能更多，有利于提升外宣形象和服务基层一线学校和教师。

**【“两学一做”学习教育】** 学校党支部严格按照党中央、省、市、县委和教育主管部门的要求，结合实际，认真组织全校教职工深入认真学习贯彻落实中共十八大及十八届三中、四中、五中、六中全会精神和习近平总书记系列重要讲话精神，开展“两学一做”学习教育和强化“四型”（学习型、服务型、创新型、研究型）组织建设为主要内容的教育活动，深入开展解放思想大讨论和任务目标承诺、倒逼和问责等一系列活动。深刻领会县委和主管部门有关文件精神和要求，正确认识教育改革发展的新形势，充分发挥学校党支部的战斗堡垒作用和党员的先锋模范作用，全面推进学校各项工作健康发展。

**【精准扶贫】** 按照县委、县委组织部要求，学校负责对口帮扶土城镇土城村，党员干部结对帮扶贫困户 54 户。通过召开动员大会、组织教职工捐款捐物、送温暖、深入贫困户实地帮扶等多种形式，学校先后投入资金 5 万余元，教职工捐款 8000 多元，组织帮扶责任人深入贫困户 200 多户次，宣讲扶贫惠民政策，帮助制定脱贫措施，解决实际困难。派驻学校党支部书记甘宗林任土城村“第一书记”，学校领导作为县级联系领导，帮助协调土城村向上争取项目 8 个，资金 1500 余万元，有效改善或解决了土城村通村通组公路硬化升级、农网改造、安全饮用水（自来水管网延伸工程）、田间生产便道建设、村级卫生室新建、村级文化室完善、易地扶贫搬迁、贫困户危房改造等帮助贫困户脱贫的民生问题，协助土城村“两委”在规划与计划制定、引导村民参与村务管理、村务公开、矛盾纠纷排解、档案规范管理等方面做了大量细致的工作。土城村精准脱贫工作于 12 月 15—17 日顺利通过省级检查组和第三方评估组验收，脱贫成效名列全县第一名。

（邓盛波）

## 古蔺县中学

**【概　况】** 古蔺县中学校始建于1933年，已有80余年的办学历史，首任校长邓希尧（邓苓）。1934年，中共地下党古蔺县委书记、创造社创始人之一、著名诗人邓均吾（成均）就任古蔺中学校长，为学校撰写校歌，提出办学的“十大信条”，确立办学思想。2001年12月，古蔺中学通过“四川省示范性普通高中”评估验收。2002年4月，四川省教育厅确认古蔺中学为“四川省示范性普通高中”。2011年11月，古蔺中学通过“四川省现代教育技术示范学校”评估验收。2012年11月，古蔺中学通过“四川省实验教学示范学校”评估验收。

2016年，古蔺中学有教职员工320余人，在校学生5000余人，教学班90个。

**【学校荣誉】** 古蔺中学作为古蔺唯一一所四川省二级示范性普通高中，先后被评为全国中小学图书馆先进集体、国家级俱乐部学校、国家级少年电子技师认证单位、四川省实验教学示范学校、四川省现代教育技术示范学校、四川省体育传统项目示范学校、四川省校风示范学校、四川省阳光体育示范学校、泸州市高中新课程改革样本校、泸州市艺术教育特色学校、泸州市环境优美示范学校、泸州市最佳文明单位。

**【办学思想】**

校风：和善　和乐　和淳

教风：精心　精修　精纯

学风：自尊　自悟　自强

校训：学养至纯　立己兼善

办学目标：办川南黔北高中强校，创山区教育名片

办学特色：以蔺中学生信条为核心的养成教育

古蔺中学学生信条：

一、养成健全的体格　二、养成卫生的好尚

三、养成科学的头脑　四、养成纪律的行为

五、养成公民的道德　六、养成自治的能力

七、养成生活的技能　八、养成耐劳的习惯

九、养成互助的精神　十、养成快乐的情感

**【机构设置】** 古蔺中学设校长1人（兼党总支书记）、党总支副书记1人、副校长3人，下设办公室、教务处、德育处、教科室、总务处、体卫艺术处、宣传招生办公室、工会、校团委9个处室。学校以年级组负责制为基本管理形式，实行管理下移、管理前移，副校长联系年级，中层领导负责年级的管理体制。

**【教育设施】** 古蔺中学占地130余亩。现有启慧楼、启智楼（教学大楼）、笃行楼（科技楼）、多功能礼堂（体育馆）、勉仁楼（办公大楼）、馨宁楼、馨静楼（女生公寓）、心致楼、心远楼、心正楼（男生公寓）、千禧堂（学生食堂）等教学和教学辅助用房。

古蔺中学建有均吾广场、沐晨广场2个休闲文化广场，1个300米8道塑胶田径运动场，4个塑胶篮球场、4个环氧树脂漆面篮球场、1个室内塑胶篮球场共计9个篮球场，6个羽毛球场，16个乒乓球场和1个器械场。

古蔺中学建有物理实验室4间（2间电学实验室和2间力学、光学实验室），化学实验室4间（2间通风实验室和2间普通实验室），生物实验室3间（观察实验室），数字化实验室1间，每间实验室按28组配备，实验桌、凳和演示桌按标准配置；有计算机房3间，配置有学生用机180余台；有通用技术实践室1间、设计室1间，器材室1间；图书馆有藏书室、学生阅览室、教师阅览室等；有多媒体学术报告厅1间、视频会议室2间、多媒体合班教室5间、录播教室1间、音乐欣赏室1间、电子钢琴教室1间、琴房8间、美术室4间；有校园卫生室1个，设施配套，功能齐备。全校所有教室均配备课堂演示系统（含电子白板、短焦投影仪、视频展示台、蓝牙系

统、多媒体计算机等），极大改善了学校的办学条件。

**【队伍建设】** 古蔺中学通过多渠道吸纳师资，配齐各科教师。通过从院校直接引进本科大学优秀毕业生和区、乡考调优秀教师等方法，合理配置学科教师，解决教师缺编问题。学校教师编制基本保证，年龄梯度合理，学科配备均衡；多管齐下，加强校本教研，促进教师专业化发展，通过强化教务处、教科室、德育处对教师的培养工作，促进教师队伍素质的提高。

**【教育科研】** 古蔺中学通过“青蓝工程”“名师工程”“继续教育工程”，以老带新，以新促老，共同发展。以教学中面临的问题为课题，加强校本教研，加强教学反思，促进教师专业化发展。2016 年，学校共有在研县级课题 6 个、在研市级课题 5 个。先后有近百位教师的论文在省级、国家级刊物发表。

**【办学成效】** 2016 年，在全校师生的共同努力下，学校高考成绩再创辉煌。在 2016 年泸州市高中毕业班质量综合评估（A 类学校）中荣获一等奖，截至 2016 年，全校已连续六年获此殊荣。

（晋晓铭）

## 古蔺县蔺阳中学校

**【概　况】** 古蔺县蔺阳中学校位于古蔺县古蔺镇陵园路 44 号，始建于 1972 年 5 月，原名古蔺五中。1985 年，定名为古蔺县蔺阳中学校。1999 年 10 月，验收后成为四川省合格高完中。2005 年 7 月，创建成泸州市示范性普通高中。

2016 年，蔺阳中学有教学班 81 个，学生 5300 余人，教职工 313 人，其中特级教师 2 人，正高级教师 1 人，高级教师 72 人，中级教师 90 人，省级优秀教师 5 人，省级骨干教师 8 人，市级名师 4 人，市级学科带头人 8 人，市级骨干教师 12 人。

**【学校荣誉】** 蔺阳中学是泸州市校风示范学校、泸州市中小学素质教育示范学校、四川省青少年篮球训练点、泸州市体育传统项目学校、泸州市现代教育技术示范学校、泸州市实验教学示范学校、泸州市科普教育示范基地、泸州市德育教育实验基地、泸州市依法治校示范校、泸州市阳光体育示范学校、泸州市环境优美示范学校、四川省五四红旗团委、泸州市文明单位、清华大学 2016 年生源中学。

**【办学思想】** 蔺阳中学以“团结奋进、勇攀高峰”为学校精神，坚持“亦竞亦和、至善至美”的办学理念，遵循“精细、人文、高效、创新”的管理理念，秉承“学行深秀、竞和致远”的校训，以“竞进不息、和韵蔺阳”为校风、“教学相长、协作育人”为教风、“志远行笃、和学共进”为学风。形象定位为“蔺域文渊、学府翘楚”，文化主题为“骏马奋蹄”。

**【内设机构】** 蔺阳中学属全额事业单位，由古蔺县教育局主管，校级领导职数为校长兼党总支书记 1 人、副校长 3 人、党总支副书记兼纪检组长 1 人、工会主席 1 人。学校内设办公室、教务处、安保处、德育处、综改办、教科室、总务处、体卫处、后勤监管处、校团委 10 个处室。内部管理按照“分级管理、分工负责”的原则，在校长的领导下履行工作职责。年级主任由中层正职兼任，年级副主任分别由教务处副主任、德育处副主任和教科室副主任兼任，进一步完善“以年级为板块、部门为线条、整体融合、和谐发展”的管理运行机制。

**【内部管理】** 秉承“精细、人文、高效、创新”的管理理念，细化“以年级为板块、部门为线条、整体联动、和谐运作”的管理体系。实现“精细管理促进内涵发展，人文管理构建和谐校园，高效管理提升教学质量，创新管理形成学校特色”的目标。

**【队伍建设】** 实施师资队伍建设“1234”发展战

略，“一个中心”，即全面提高教育教学质量；“两大工程”，即强师工程和名师工程；“三项建设”，即领导班子建设，师资队伍建设，校园文化建设；“四个提高”，即提高教师综合素质，提高校园环境建设质量，提高学生行为习惯和精神文明建设的档次，提高学校管理的效益。2016年，蔺阳中学校团委被评为“四川省五四红旗团委”。2016年，蔺阳中学在泸州市赛课活动中，高考所有学科皆获得二等奖以上奖项。

**【教育设施】** 蔺阳中学占地近120亩。2006年，学校开始实施学校后勤社会化，引进资金1200多万元，建成学生公寓13000多平方米，能容纳住校生3700人左右，学生食堂4500平方米。2008年秋季学期起，投资1000多万元，新建教学楼致远楼8500平方米。2010年秋季学期，新教学楼全面投入使用。学校有教学大楼3栋（致远楼、励志楼、知行楼），共有规范教室95间，另有阶梯教室3间、教师办公室20间和行政后勤人员办公室16间，能满足教师和行政人员的办公需要。2012年，全校实现“班班通”电子白板全覆盖教学，教师充分利用网络资源实现教学资源共享，大大提高了课堂效益。

学校有光明公寓、春晖公寓、朝阳公寓、淑德苑、静秀苑，供学生住宿。

古蔺县青少年校外活动中心由蔺阳中学托管，活动功能室有劳动技术室4间、图书室（包括图书保管室和阅览室）2间、科技展览馆1间、科技活动室1间、计算机室2间、音乐室1间、美术室1间、体育室1间、化石馆1间。

2016年，按照工程项目建设要求，严格运作程序，加强监督管理，推进项目工程建设。新运动场、知行楼和静秀苑女生公寓项目投入使用；实验室功能用房、可容纳374人的阶梯教室建成并投入使用；新男生公寓、校园景观打造工程如期推进。

**【助学措施】** 蔺阳中学与多个单位和社团建立长期定点帮扶关系，广泛争取资金为贫困学生提供生活补助，开通国家开发银行·新长城高中自强班、香港小平教育资金、体育彩票、福利彩票、马来西亚星洲媒体集团、香港惠英、嘉宝莉、美国科技少年、久久助学等救助通道，帮助众多的蔺阳学子顺利完成学业。

2016年，助学项目有国家助学金、减免学费、蔺阳中学助学、后勤服务中心助学、兴蔺建筑谢河灵、国开行·2014级自强班、国开行·2015级自强班、国开行·2016级自强班、县农商行助学、广州基金助学、中央福利彩票公益金、工会金秋助学等，春季学期、秋季学期资助共10284人次、729.48万元。

**【教育科研】** 定期召开课题推进会，课题研究工作取得一定成效。泸州市2012年度普教科研资助金项目重点课题“提高薄弱高中办学水平策略研究”准备结题，并为进一步申报获奖做准备；“新课程下高中语文课堂灵活应对策略研究”“关于校本教学资源库建设的研究”“农村薄弱高中课堂教学结构改革的策略研究”等课题研究推进顺利；作为国家级课题“欠发达地区教育现代化实施途径与模式研究”的参研单位，学校制定了实施方案，积极探索欠发达地区教育现代化的实施途径与课改模式。学校教师孙燎“薄弱高中数学校本教材开发策略研究”、缪洪青“新课改背景下农村高中学生地理实践能力培养研究”被确立为2016年度古蔺县普教科研资助金项目课题，校长龙骏主研的“高考改革背景下农村高中学生综合素质评价体系研究”被确立为2016年度四川省普教科研资助金项目省级课题。

在“新华文轩杯”系列评选活动中，蔺阳中学被评为“书香单位”“书香校园”；在普通高中首届“高三优秀微成果”评选中，蔺阳中学获一等奖2个、二等奖6个、优秀奖12个。

**【办学成效】** 蔺阳中学秉承“团结奋进、勇攀高峰”的精神，狠抓教学管理，加速内涵发展，提高办学效益。

截至2016年年底，蔺阳中学获全市普通高中教育质量综合评估“十二连冠”。2016年，蔺阳中学高考再创新高，本科硬上线728人，享受政策加分后有843人被本科院校录取；张旭同学被清华大学录取。因张旭到清华大学后表现突出，蔺阳中学被清华大学授予“清华大学2016年生源中学”称号。

（龙永丽）

## 古蔺镇第一小学

**【概　况】** 古蔺镇第一小学位于古蔺镇高小巷，2016年有教学班43个，教师137人，学生3000人。其中教研组14个，党支部小组1个，党员23人。

**【办学理念】** 古蔺一小是一所历史悠久的学校。创建于1905年，历经百年风雨，百年砥砺，而今已是古蔺发展的人文符号。

古蔺一小是一所文化厚重的学校。余辉等革命先行者把一小作为传播革命真理的摇篮。邓均吾两度担任一小校长并为一小奠定了“学做人，勿玩忽，学学学、乐乐乐”的文化基因。

古蔺一小是一所现代新型的学校。设施齐备的一小代表着古蔺县小学教育的高度，引领着古蔺小学教育的潮流。面对崭新的形势，百年一小紧紧围绕“百年名校，雅实教育，追求卓越，止于至善”的办学思想努力前行。

**【课改理念】** 根据学校校情，面对亟待改革的先教后学教学模式，结合雅实教育的办学理念，以新课程标准中“把课堂还给学生，让课堂焕发出生命的活力”的理念为准绳，贯彻以人为本的教育发展观，树立课堂教学中学生是成长的生命、发展的主体，唯有和谐有效的教学活动才能够“唤醒沉睡的潜能，激活封存的记忆，开启幽闭的心智，放飞囚禁的情愫”的课堂教学观，为学生个人自主、全面、和谐发展提供平台。

**【教研动态】** 促进“雅实小班，生态课堂”教学改革，进一步锻炼教师队伍，打造一流的师资力量，促进教师梯队建设，古蔺一小开展了一系列教研、课改活动。2016年9月下旬，学校举行了新教师“秀我风采”展示课；11月，开展了“雅实小班，生态课堂”课改展评课，全校40名老师参加了赛课，评出了一等奖、二等奖和最佳团队奖；小学语文、数学国培在古蔺一小举行，开放课堂40余节；12月中旬，学校承担了全县小学语文、数学、英语、思品等学科的教师工作坊集中面授，全县170余名教师参加了培训，王芳、金萍、李春来等讲展示课，罗敬、陈刚、贺应军等做专题讲座，马叙、陈刚、姜越、李骥担任班主任。

**【研修发展】** 古蔺一小秉承“校本研修铸就儒师雅韵”的理念，形成“扎实研修、儒师雅韵”的特色，建立“教海探航”孵化出儒师雅韵、“四校联盟”锤炼儒师雅韵、“宣传激励”升华儒师雅韵、儒师名师工作室展示儒师雅韵、“儒师雅韵”梯队推进一小发展的研修模式，确立校本研修的方法，即制度规范、入轨定格，明确方向、目标牵引，加强学习、内外兼修，名师带头、榜样示范，立足课堂、上好五课，校际交流、丰富载体，评选表彰、形成氛围，认真总结、积极反思，多元学习、创新载体。在校本研修活动的促动下，古蔺一小的常规教研和教育科研形成了自己的特色和品牌。多个课题获各级奖励，学生综合素质得到发展，屡获省、市各级大奖，充分彰显了校本研修为学校雅实教育带来的正效应。

**【素质教育】** 关注孩子的主体性和主动精神，注重开发孩子的智慧潜能，注重孩子形成健全个性。学校组织国际数棋训练，到泸州参加国际数棋竞赛；承办全县小学生篮球运动会；参加全县小学生田径运动会；到泸州参加校园足球比赛；

编排的节目《闹花灯》参加省、市、县各级演出，学校因此被中国民间艺术家协会评为民间文化教育示范学校；由王靖、林倩等教师编导的节目《路有多长，情有多远》在金兰广场、泸州交警大队演出。

**【社会主义核心价值观进校园】**“雅实童心绘蔺州”的主题绘画，进一步践行了社会主义核心价值观，激发了孩子们热爱生活、热爱家乡、热爱祖国、做雅实少年的美好情感和社会责任感。

**【立德树人】**“晒家风、传家训”主题教育活动，使社会主义核心价值观教育从学校延伸到了校外，从校园辐射到了家庭。为追寻英雄足迹，弘扬民族精神，践行社会主义核心价值观，学校开展了“缅怀革命先烈”清明扫墓活动。

**【荣　誉】**近年来，古蔺镇一小教师300余人次在国家、省、市、县竞赛中获奖，学生近2000人次在各级各类参赛中荣获佳绩，学校30余次受到国家、省、市、县的表彰。

（姜　越）

## 科　技

**【科技创新】**2016年，向省、市科技主管部门申报科技计划项目15项，其中重点科技计划项目3项，科技成果转化项目1项，科技扶贫项目3项，川大—泸州战略合作1项，争取省、市科技主管部门立项科技计划项目资金430万元，有力推动了古蔺县生物发酵技术、中药材、水果和畜牧等特色产业发展。郎酒集团浓酱兼香型白酒的生产方法专利组合被省知识产权局立项，获得2016年专利实施与促进专项资金20万元。2016年，全县实现高新技术产值6亿元。

**【知识产权战略】**2016年，全县申请国家专利132件，其中发明专利70件；专利授权58件，其中发明专利3件。全县实施专利实施和促进项目18项，实现新增产值3.29亿元。

**【科技人才】**全县从农业、林业、烟草等县级部门选派科技扶贫特派员123人到26个乡镇117个贫困村开展实用技术培训和指导工作，实现科技人员一对一帮扶，为脱贫工作做出了积极贡献。

全县接纳省科技厅选派四川大学、四川农业大学、四川省农科院水稻研究所等高校科研院所“三区”科技人员4人。科技人员分别与桂花乡山桐子种植专业合作社、县经商科技局、县农业局等签署“三区”人才选派三方协议，分别深入桂花乡山桐子专业合作社、护家镇脆红李基地、椒园镇甜橙基地、金美酒业、仙潭酒厂等相关企业开展山桐子、脆红李、甜橙、酒业等产业指导培训和技术研究，促进当地优势特色产业的发展。

**【科技兴企】**2016年，郎酒厂、仙潭酒厂、肝苏药业、路德生物环保（古蔺）公司、宏安药业、马蹄甜橙专业合作社、建兰生态公司等22家企业被认定为泸州市科技型企业。

**【科技成果】**2013—2016年，四川古蔺肝苏药业有限公司“赶黄草整合式全产业链综合开发研究”项目争取省科技厅科技计划立项资金300万元，用于古蔺县赶黄草新食品原料的开发和研究。2016年7月，国家卫计委专家组一行到古蔺县开展赶黄草新食品原料核查，走访食品超市和农贸市场，核查种植基地并走访农户，完成现场调查问卷。截至年底，古蔺县赶黄草新食品原料申报已通过国家卫计委食品安全评估，待国家卫计委最终审批。

**【科技扶贫】**全县建立省、市、县、乡（镇）、村、户六级科技扶贫示范体系，有2个省级科技扶贫示范村、4个市级科技扶贫示范村、4个县级科技扶贫示范村，每个科技扶贫示范村有5户科技扶贫示范户，着力发展种养殖特色产业。争取省级科技扶贫项目资金130万元。

（李　雄）

## 气 象

**【气象服务与防灾减灾】** 1. 决策气象服务工作。2016年，成功预报“6·29”“7·14”“8·1”强降雨天气过程。重要转折性天气过程中，县气象局领导现场指挥，业务人员坚持24小时跟踪服务，预报发布及时，应急响应迅速。发布和更新预警信号41期、雨情现报30期，向古蔺县政府和有关单位报送《重大气象信息专报》1期、《专题气象信息》14期、《气象信息》12期、各类气象预报情报资料上传343期，为县应急办、县防汛办、县地灾办传送雨情800余期，通过气象短信平台向决策用户下发各类重要天气预报、预警信号、实况通报等500余期。2. 专题气象服务工作。2016年，联合县农业部门将种粮大户12户、农机大户6户、植保专业合作社845个、家庭农场128个、龙头企业12家纳入直通式气象服务对象，及时提供农业气象信息服务，指导新型农业经营主体合理安排生产，提高防灾减灾水平，减轻灾害影响损失，提升生产经营效益，确保粮食和农业生产安全。同时为“双沙菜花节”活动、“黄荆老林英雄会”活动、“箭竹苗家情人节”活动、中高考等提供专题气象服务，为各项活动的顺利进行保驾护航。3. 公众气象服务工作。充分利用气象信息移动平台发送未来24小时天气预报、未来天气趋势预报、转折性天气预报、重要天气消息、各种预警信息短信60余万条，制作电视天气预报332期，每天及时为古蔺新闻网、“蔺州学苑手机报”提供天气信息。4. 防雷减灾工作。2016年，加强防雷装置常规检测、设计审核、新房验收等强雷电防护工作。开展新建建（构）筑物防雷设计审核13项；防雷竣工验收项目18项；开展工矿企业防雷安全检查4家，易燃易爆场所防雷检查55家；机关企业单位防雷检查62个，下发整改通知书11份。5. 人工影响天气。2016年，全县7个炮点在县人影办指挥安排下，适时进行了人工防雹作业，对古蔺县烟区防雹起到了明显效果。全年共开展防雹作业51炮次，消耗弹药1307发，最大限度地减轻了冰雹、干旱带来的不利影响。

**【气象现代化建设】** 完善气象防灾减灾指挥中心业务平台，MICAPS（现代化人机交互气象信息处理和天气预报制作系统）平台，古蔺县公共气象服务平台，综合气象观测平台，省、市、县三级预报平台，人工影响天气指挥平台，中小河流洪水和山洪地质灾害预报和风险预警平台建设，26个乡镇44个自动气象观测站和2个土壤墒情观测站等气象现代化建设。采取电视、网站、电子邮件、报刊、手机短信、电话、纸质材料报送等多渠道发布的公共气象服务方式。气象信息网络涵盖县、乡（镇）、村三级防汛责任人，气象信息员，交通、水务、林业、国土、学校、电力等部门安全负责人，气象信息覆盖率明显提升。

**【精神文明建设】** 在巩固市级文明单位的基础上，2016年7月，古蔺县气象局成功创建市级最佳文明单位。全局每周至少组织1次职工羽毛球、乒乓球等体育项目锻炼。每周向职工推荐一部电影，每月推荐一本好书，丰富职工的精神生活。每季度至少开展1次“道德讲堂”活动，引导职工“积小善为大善”“积小德为大德”，自觉成为道德的传播者和践行者。

（赵玉林　杨　伟）

# 文化　体育　旅游

## 文化　体育　广播电视　旅游

**【概　况】**古蔺县文化体育广电旅游局属县政府工作部门，2016年内设办公室、纪检监察室、文化股、体育股、广播电影电视股、旅游股、行政审批股（政策法规股）、文化遗产保护股、产业发展股，下辖广播电视台、体育运动产业发展服务中心、创意文化产业发展服务中心、旅游产业发展服务中心、文化市场综合执法大队、旅游执法队、文物保护管理局、图书馆、文化馆、博物馆，其中广播电视台属正科级全额事业单位，文物保护管理局、体育运动产业发展服务中心、创意文化产业发展服务中心属副科级全额事业单位，文化市场综合执法大队、旅游执法队属副科级参公管理单位，旅游产业发展服务中心、图书馆、文化馆、博物馆属股级全额事业单位。

**【文　化】**免费开放工作。2016年，县文化馆免费开放项目已增至12项，全年接待入馆参加培训、辅导的群众、学生、机关干部职工1万余人次；县图书馆全年免费接待各类读者约41000人，外借书刊17836次，新办有效读者证882个，完成270个基层公共图书室"一卡通"建设和全县共享工程基层站点宽带接入；古蔺县红军长征四渡赤水博物馆共接待全国各地包括香港、台湾游客36万余人次。全年深入乡镇综合文化站、村（社区）文化活动室监督指导免费开放工作，受众10万余人次。

群众文化活动。2016年，组织文艺队伍深入观文镇、丹桂镇、双沙镇等10个乡镇开展大型送文化下乡10场；开展"群众春节联欢晚会""元宵音乐晚会"；元旦、春节、"五一"等节假日期间开展迎新摄影展、百姓大舞台、兰花艺术节、庆祝建党95周年活动等活动9次；组织文艺小分队深入22个贫困村开展文艺"进农家、进学校"演出、培训等；举办大寨踩山节、双沙菜花节、黄荆老林英雄会、箭竹苗家风情节等地方特色文化节庆活动60余场。

文艺精品创作。2016年，舞蹈《赤水河赞歌》荣获泸州市第十五届"劳动者颂歌"职工文艺会演一等奖及最佳创作奖；节目《酒阵兵魂》《踩山》参加泸州市第六届舞蹈大赛并分别获得一等奖、二等奖；选送摄影作品《红红火火苗乡情》一组参加四川省第二届残疾人艺术节；古蔺原创歌曲《青山绿水》作为泸州市唯一一首入选"唱响四川"百姓喜爱歌曲，并获三等奖；选送歌曲《灯闹古蔺》《梦回彝乡》《故乡是古蔺》《叶黄金海》参加泸州市第六届群众文化旅游展示活动暨原创歌曲大赛并获得2个一等奖、2个二等奖；音乐节目《梦回彝乡》参加川、滇、黔、渝十市原创歌曲邀请赛获得一等奖，《灯闹古蔺》获得二等奖；选送歌曲《灯闹古蔺》获第二届西南民歌展演活动"天籁之音、石海之约"优秀创作奖；小品《衣锦还乡》获泸州市第六届旅游文化艺术节戏剧小品比赛二等奖。

文化市场治理。2016年，开展文化市场专项治理行动11次，检查经营单位1148家次，出动执法人员3447人次，排查整治安全隐患64处，责令改正18家次；开展“扫黄打非”专项检查5次，没收非法出版物243件。全年办结行政处罚案件18件（一般程序10件，简易程序8件），其中网吧8件，歌舞娱乐场所2件，卫星地面接收设施1件，印刷复制企业7件，责令整改18家次，收缴非法物品100件，没收组装电脑42套，罚款6000元。全年开展文化市场经营业主集中培训教育活动5次，其中安全工作培训会4次，法律法规培训会1次，参训人员达354人次。恢复互联网上网服务营业场所技术监管平台运行，启动歌舞娱乐场所专项整治三年攻坚行动。

行政审批版权登记。2016年，新审批文化市场经营单位9家，新闻出版类企业6家；完成新闻出版类企业年审92家，其中印刷企业6家，出版物零售23家，打字复印40家，音像制品经营单位23家；完成文化市场换证工作，包括上网服务场所经营单位51家、歌舞娱乐场所29家。扎实开展作品版权登记工作，全面完成市局下达任务。

文化遗产保护。2016年，完成《古蔺县红军四渡赤水战役遗址总体保护规划》征求意见稿，编制完成《茶马古道——二郎驿道工程立项报告》《鱼化红军村维修工程立项报告》《双沙总司令部旧址维修工程立项报告》并报送国家文物局；完成中国传统村落——二郎镇红军街文物保护工程一期工程文物本体维修；投入经费15万元，开展红军长征四渡赤水转战古蔺路线调查，编写的红色读物《图说长征》《四渡赤水故事续编》初稿进入审核阶段。与市博物馆创新开展“国际博物馆日”系列活动，精心策划了以“我是抗日小战士”为主题的练兵拓展，并组织青少年开展“穿越1935”活动。邀请权威专家对全县可移动红色革命文物开展鉴定，经鉴定，全县收藏数量共计227件（套），其中一级3件（套），二级14件（套），三级95件（套），一般革命文物115件（套）。积极开展非物质文化遗产保护传承，古蔺花灯代表性传承人到校园课堂授课，古蔺县姚家班花灯公司走进双沙、国家AAAA级旅游景区太平古镇开展义务演出活动；建立《古蔺县非物质文化遗产档案库》，将古蔺32个项目分级、分类别整理，充实每个项目的资料档案，使古蔺县非物质文化遗产档案库健全、高效；完成古蔺《黄家扬琴》书籍编写及MV制作。

**【体　育】** 体育赛事。2016年组队参加泸州市第七届运动会，获得足球项目乙组男子金牌、甲组女子银牌、丙组男子银牌，田径项目5金、4银、2铜，幼儿体操项目甲组规定操银牌、甲组自编操银牌、甲组礼仪操银牌，羽毛球项目甲组男双铜牌、甲组男团铜牌、甲组男单第六名，武术项目3枚铜牌、6个第四名，篮球项目男子丙组银牌、男子乙组铜牌、女子乙组铜牌。古蔺籍运动员钟晓倩在2016年全国田径大奖赛（郑州站）获得女子1500米第一名、女子3000米障碍赛第一名。

体育活动。2016年，组织开展“迎新春”万人长跑、纪念“三八”国际妇女节106周年暨妇女趣味运动会、2016年瑜伽专场展示活动、2016古蔺黄荆半程马拉松赛等活动等9场；承办云贵川三省六县（市）第二轮第二届门球联赛，川黔毗邻八县市区第四届老年乒乓球协作赛等大型赛事活动；指导组织2016教职工运动会、全县中小学生田径运动会、全县中小学生篮球比赛等运动会5次；协助各乡镇、机关企事业单位和协会组织各单项体育活动共计37次。

基础设施建设。调整场馆管理模式，全年累计免费开放33.6万人次。整合场馆资源，举办幼儿体操、羽毛球、篮球、足球等业余训练培训班14班次，培训600余人，输送到市体校5人。引导健身站点创新健身方式，开展健身操、健身腰鼓等健身活动，发展县内社会体育指导员150余人。同时，鼓励、引导、发展单项和行业体育协会等群众体育组织5个，新增会员650人。

**【广播电视】** 舆论宣传引导。2016年，古蔺广播电视台共完成专题节目30期;《古蔺新闻》播出新闻报道3130条。外宣方面，上送市台新闻210条、省台26条、中央电视台8条，超额完成县委宣传部下达的外宣任务。拥有“古蔺电视台微生活”用户13万人，通过上传《古蔺新闻》到微信平台，实现传播渠道的突围，为全县群众了解政府的工作重点、惠民政策、相关法律法规、增进理解打开窗口。

复播广播电台。古蔺人民广播电台复播1年以来，开办《早间路况播报》(路况播报＋主题脱口秀节目)、《1076早间嘉年华》(脱口秀节目)、《古蔺生活通》(生活服务类节目)、《蔺州新闻快车(午间档)》(路况播报＋新闻资讯类节目)等9档节目，平均日播自制节目5小时；策划冲关竞技类节目《沫明其秒》，启动“电台造星计划”，开通路况服务类节目《早、中、晚路况播报》，通过每周一至周五上午8:20、中午11:30、下午5:30连线古蔺县交警大队高速交警中队、城区交警中队，每日零误差播报县城及高速公路路况，听众还可拨打直播热线“7721076”爆料路况。

**【旅　游】** 旅游经济发展。2016年，全县游客同比增长31.4%，主要来自成都、重庆、自贡、内江及泸州市周边地区，以自驾游为主要出行方式，体验和度假成为新的消费增长点，占游客量的70%以上，旅游综合收入51.7亿元，同比增长27%。

招商引资。2016年，黄荆老林旅游开发项目与国旅、川铁投、重庆渝江公司及泸州兴泸集团等企业展开多次对接。与泸州兴泸集团达成合作，合作开发黄荆老林旅游项目，已完成公司注册并入驻黄荆；先后到深圳、北京、重庆、上海等地开展旅游招商推介，重点推介古蔺县的旅游资源以及重点旅游开发项目；与蔺川生态开发有限责任公司、古蔺别有洞天旅游开发有限责任公司和贵州建新岩土工程有限责任公司等达成合作，合作开发箭竹大黑洞、东新青龙洞和水口龙塘瀑布等，实现协议引资74.3亿元。

项目建设。2016年，完成太平古镇老街配网改造工程，古镇夜景灯光完工，古镇旅游设施及美化优化工程完成招投标工作；完成黄荆老林旅游度假区八节洞验票处、停车场、环岩游步道及八节洞观景台建设，启动黄荆金鱼溪旅游度假新村项目建设；完成大黑洞洞内灯光、游客中心、踩山广场、滑草场及玻璃营房等建设，景区已投入运营；启动青龙洞洞内灯光工程、游步道和旅游公路建设；启动水口世界酒城宫酒神宫及游客中心土地流转工作；完成双沙“田园花镇、画里乡村”旅游规划方案；完成富民新村景观道路及上岬广场铺装；完成灯桂路、古赤路、叙古高速公路等旅游公路建设，启动黄荆快速通道、古仁高速等项目前期工作。完成年度投资8亿元。

规划体系建设。2016年，按照科学规划、有序开发的原则，编制完成《古蔺县乡村旅游发展示范片总体策划》《古蔺县“十三五”旅游发展专项规划》2个县级规划，完成《大寨乡富民村旅游扶贫策划方案》《水口酒城宫旅游综合开发策划》《青龙洞盐井峡旅游开发规划》《大黑洞旅游区旅游开发总体策划》《双沙田园花镇画里乡村旅游区旅游总体策划》《中华石林盆景园旅游资源开发策划》6个规划策划，全县旅游开发规划体系基本形成。

**【脱贫攻坚】** 文化扶贫。2016年，完成22个村文化室建设，室内外硬件设施、标识标牌均达到退出机制的要求；建成22个贫困村的应急广播系统，实现广播全覆盖；利用有线、无线、直播星三种方式，完成4753户贫困户广播电视信号覆盖；电视台平均每月播出脱贫攻坚稿件35条，全年在《古蔺新闻》播出新闻报道近500条，并推出“精准扶贫在行动”“第一书记”“旅游脱贫见实效”“两个责任在基层”等系列报道10余个；围绕旅游扶贫、依法治县、异地扶贫搬迁，制作《生命工程润泽蔺州——古蔺县龙爪河饮水工程汇报》等专题10余期。

旅游扶贫。制定完善旅游扶贫攻坚方案，建立旅游扶贫开发项目库，坚持大景区开展带动、乡村旅游开发带动、旅游商品开发带动、旅游线路统筹带动“四个带动”，结合“省旅游扶贫示范区”创建目标，扎实推进省级旅游扶贫示范村（大寨苗族乡富民村、黄荆乡原林村）及省级乡村民宿达标户创建工作，同步推进特色乡镇、精品村寨等特色业态经营点精品创建工作，完成12家星级农家乐/乡村酒店评定验收。

（陈　菊）

## 古蔺县新闻中心

**【概　况】** 古蔺县新闻中心设综合协调科、编辑科、网络舆情科、互联网不良与违法信息管理科4个科室，属正科级财政全额拨款事业单位。2016年，古蔺县新闻中心有全额事业单位编制12人。古蔺县新闻中心始终围绕县委、县政府的中心工作，坚持“高度服务决策、深度参与生活”的办报办网理念，构建《古蔺通讯》、古蔺新闻网、“蔺州学苑手机报”、“多彩古蔺”微信公众订阅号“四位一体”宣传格局，努力建设全媒体中心，使报纸、网络、手机报、“多彩古蔺”微信公众订阅号、外宣工作都取得了良好成绩。全年共采写、编排出版《古蔺通讯》51期，约130万字。2016年，“多彩古蔺”微信公众订阅号被市委宣传部、市互联网信息办公室、市人民政府信息公开办公室评为“微政务优秀账号”。

**【宣传报道】** 古蔺县新闻中心牢牢把握正确的舆论导向，坚持团结、稳定、鼓劲和正面宣传为主的方针，紧紧围绕县委、县政府的中心工作，服从和服务于全县经济社会发展大局。为了使《古蔺通讯》更加贴近基层，2016年开展媒体记者乡镇行集中采访活动，深入基层，深入一线，推出系列乡镇重点宣传报道，培训乡镇通讯员，为乡镇发展营造了良好的氛围；开辟《出彩古蔺人》《蔺州视觉》等新栏目，丰富了报纸的内容；克服困难，认真策划好《八革除八倡导助推脱贫攻坚》系列评论员文章，得到好评；精心策划，加班加点，在党代会、“两会”等重要节点推出特刊，为全县重大活动营造氛围。

古蔺县新闻中心主办的古蔺新闻网，已成为全县最权威快速的主发布平台。2016年，古蔺新闻网及时、权威发布县内重大消息，深度服务民生，全年刊登稿件3500余条，影响力日益提升。同时，古蔺县新闻中心还承担着向古蔺党政网、县人民政府公众信息网报送县内重大信息的任务，成为县内新闻信息的主要提供者，并在多个网站开通《古蔺通讯》数字报纸。

古蔺县新闻中心主办“蔺州学苑手机报”。2013年6月1日，“蔺州学苑手机报”正式开通。“蔺州学苑手机报”实行周一至周五每天18时向订阅用户发送手机报信息。主要开设国内新闻、川内新闻、要闻聚焦、蔺州扫描、乡镇传真、外宣看点等栏目。各乡镇、各部门踊跃报送手机报信息，“蔺州学苑手机报”已成为广大干部学习的重要媒体平台，2016年出刊230余期。

**【出版发行】**《古蔺通讯》，新闻纸印刷，一周一期，由泸州日报印刷厂承印。

**【对外宣传】** 2016年，古蔺县新闻中心积极向人民网、中国新闻网、凤凰网、网易、新浪、《四川日报》、《四川农村日报》、《泸州日报》等媒体投稿，推出《古蔺县：2015年实现2.6万贫困人口脱贫》《古蔺设1000万元旅游发展专项基金》《泸州山区绽放巨型生态大字　让人震撼》《春风化雨润心田——古蔺县大力发展民生事业侧记》《四川古蔺县：600余亩红叶石楠层林尽染 如红色海洋》《古蔺县独有睡莲叶杜鹃迎风怒放》《古蔺举办“黄荆老林英雄会”公益晚会 募集善款146万》《古蔺叙永农村扶贫公路开工》《叙古高速正东至古蔺县城段贯通 泸州又多一条出川通道》《主打全域旅游牌 古蔺建国家级休闲度假目的地》《古蔺第十二次党代会召开：决胜脱贫攻坚，实现撤县设市》《古蔺县：2015年实现2.6万贫困人口脱贫》《古蔺县生命工程——龙爪河引水工程通过竣工验收》等外宣稿件1200余条，成为古蔺对外宣传的“主力军”之一，为古蔺“决胜脱贫攻坚、实现撤县设市”营造良好氛围。全年在“酒城学苑手机报”上推出615条外宣稿件。

（苏海鹏）

# 卫　生

## 卫生和计划生育

**【概　况】** 2016年，古蔺县卫生和计划生育局内设办公室、规划财务股、行政审批股、应急办公室、疾病预防控制股、基层卫生和妇幼健康服务股、医政股、中医股、计划生育家庭发展股、计划生育基层指导和流动人口服务股、爱国卫生股、信息化管理股、人事股13个股室，另设置党办、监察室2个办公室，机关行政编制21人，实有领导5人。

**【卫生机构】** 全县有医疗卫生机构642个，其中医院13个（县人民医院、县中医医院和11个民营医院），专业公共卫生机构2个（县疾病预防控制中心、县妇幼保健计划生育服务中心），基层卫生医疗机构626个（含26个乡镇卫生院、1个社区服务中心、537个村卫生室、3个社区服务站、12个门诊部、2个卫生院分院、45个诊所及医务室），其他卫生机构1个（县卫生计生监督执法大队）。县健康教育所并入县疾病预防控制中心。

县、乡镇公立医疗卫生机构有编制内医务人员1311人、临聘人员611人。县域内注册的执业医师686人、执业助理医师371人，每千常住人口执业（助理）医师1.53人。执业护士1241人，每千常住人口执业护士1.76人。注册乡村医生1213人。全县副高以上职称65人，中级职称184人。

**【服务能力】** 全县有床位2428张，其中县级940张，乡镇卫生院1033张，民营医院455张，每千常住人口床位3.45张。县级医院床位使用率96%，乡镇卫生院床位使用率92%，县域内就诊率91%。转诊病种主要有恶性肿瘤、新生儿疾病、肾功能不全、脑血管意外、严重外伤等。县人民医院业务收入18622万元，县中医医院7326万元，县妇幼保健院430万元，疾控中心580万元，乡镇卫生院（社区服务中心）医疗业务收入8891万元。乡镇卫生院门急诊35.72万人次，住院3.75万人次；县级医疗机构门急诊36万人次，住院4.16万人次。

**【疾病防控】** 免疫规划疫苗接种率99%，发生乙、丙类传染病14种1791例，发病率246.6/10万。治疗艾滋病310人、结核病549人，成功创建四川省结核病防治综合示范区。2016年无较大以上突发公共卫生事件发生。

**【卫生应急】** 完善卫生应急组织体系和预案体系建设，推进区域卫生应急层级响应机制建设，加强卫生应急队伍建设和培训演练，提高现场处置能力，医疗机构应急培训率95%。

**【妇幼保健】** 孕产妇住院分娩率99.86%，死亡率0/10万，婴儿、5岁以下儿童死亡率分别为4.28‰、6.17‰，新生儿疾病筛查率93.93%。孕产妇艾滋病、梅毒和乙肝检测率为93.30%。开展免费婚检6594人，孕前优生健康检查6258人。

【全民预防保健】 整合资源，推进全民预防保健扩面提质。加强基层医疗机构设施设备配置和卫生信息化建设，按“一站一馆三区”功能分区进行打造。建立符合古蔺县实际的新型农村预防保健服务体系。体检群众38.9万人，建立健康档案38.9万人份，个性化中医药服务34.8万人。对慢性病例按照“一人一策”的原则，制定个性化的管理方案。

【医疗管理】 强化医疗机构管理，医疗质量和水平稳步提升。完善医疗服务监管机制，严格机构准入、人员准入、技术准入。以整治促规范为重点，提升医疗质量，保障医疗安全。健全中医药服务体系，加强内涵建设和专科专病建设，推进基层中医药服务能力提升工程、传承创新人才工程，创建全国中医先进县工作有序推进。

【医疗改革】 基本医疗保障制度全面加强，国家基本药物制度稳妥实施，公立医院改革深入推进，县级公立医院、乡镇卫生院、村卫生室、社区卫生服务站全部执行药物零差率销售，群众“看病贵”得到进一步缓解，就医负担进一步减轻。分级诊疗工作扎实开展，100%的基层医疗机构与县级医疗机构签订协议并实现双向转诊，跨县域上转住院患者91%通过双向转诊渠道就医。

【民生工程】 抓实公共卫生服务项目。居民电子健康档案建档率97%，重症精神病检出率44.5%。高血压、糖尿病患者管理率分别达56%、30.44%。完成白内障患者免费复明手术120例。马蹄乡、大寨苗族乡、观文镇、永乐镇卫生院，44个村卫生室建设工程完工。

【脱贫攻坚】 22个贫困村卫生室建设全面达标，每千人口有1.2名乡村医生执业，卫生室配备35套基本医疗设备，达标率100%。建档立卡未脱贫人口实行“先诊疗后结算、一站式”报销服务，实现县域内看病就医费用“零支付”。

【爱国卫生工作】 强化全国爱国卫生工作，成功创建省级卫生乡镇4个（马蹄镇、皇华镇、黄荆乡、桂花乡），省级卫生先进单位6个（县政府办、县教育局、县林业局、县环保局、县妇幼保健计生服务中心、县疾控中心），省级无吸烟单位3个（县委组织部、县卫计局、县交运局），省级卫生村20个（古蔺镇枣林村、长沙村、映月村，二郎镇文明村、复陶村，太平镇高笠村、太平村，永乐镇麻柳滩村、水落村，石屏镇扎山村，大村镇中乐村、苏坝村，水口镇怀场村、水口村，护家镇兴阳村，龙山镇吉龙村、双河村，东新镇李家寨村，双沙镇小堡村、万寿村）。

【行政权力运行】 抓好权力运行和清单清理，深化行政审批制度改革。清理后，全局涉及的行政许可8项、行政处罚238项、行政征收1项、行政强制16项、行政确认4项、行政给付2项、其他行政权力6项。2016年办理行政处罚25项，群众评议满意度、按时办结率100%。饮用水卫生监督监测、学校卫生和传染病防治监督率、医疗机构依法执业日常监督覆盖率100%。

【人才建设】 利用各项优惠政策，引进卫生专业技术人才116人，其中公开招聘51人，考核直签61人，签订农村订单医学生4人，卫生人才紧张局面逐步缓解。

【计划生育】 稳定生育水平，促进人口均衡发展。人口自然增长率4.75‰，符合政策生育率96.21%。落实好计划生育奖励扶助政策，奖扶2891人，独生子女奖励5578人、特别扶助815人。

【行风建设】 严格落实党风廉政建设责任制，坚持积极预防，推进源头治理；狠抓省委巡视组、省纪委暗访组反馈问题的整改落实，开展以医药购销领域、药品回扣、大处方、乱收费为重点的专项整治，督导县、乡级医疗机构35个，下发督查通知书50余份，完成项目建设审计3个、收支审计1个、经济责任审计1个。严格执行行风“九不准”规定，深化岗位廉政风险防控机制建设，培育和塑造风清气正行业。

【创先争优】 龙山镇卫生院、水口镇卫生院、石屏镇卫生院、大村镇卫生院、古蔺镇卫生院、丹桂镇卫生院被评为2015—2016年度群众满意乡镇卫生院。

（常廷宣）

## 疾病预防控制

【概　况】 古蔺县疾病预防控制中心始建于1956年，其前身为古蔺县卫生防疫站。2004年后，更名为古蔺县疾病预防控制中心（以下简称中心）。中心位于古蔺镇西城街7号，占地面积4571.25平方米，工作用房2258.41平方米，其中实验用房560平方米，门诊用房180平方米。2016年9月，与原健康教育所合并，有编制53人，在编职工49人，其中研究生1人，大学本科19人，大专23人，高中及以下6人。卫生技术人员41人，其中高级职称1人，中级职称15人，初级职称25人；管理人员3人；工勤人员5人。中心内设10个科室：党政办公室、疾控科、重传科、卫生监测科、检验科、财务后勤科、预防体检门诊、慢病科、质控科、健教科。

【计划免疫管理】 1.麻疹。2016年共监测疑似麻疹18例，经泸州市CDC（疾病预防控制中心）检测，麻疹风疹均为阴性，18例疑似麻疹病例均排除。2. AFP（急性弛缓性麻痹）。2016年共监测AFP病例11例，经省CDC检测，脊髓灰质炎病毒均为阴性，排除脊灰诊断。异常反应处理：2016年，全县共监测AEFI（疑似预防接种异常反应）29例，其中一般反应28例；1例偶合症，县疾控中心对1例偶合症开展规范流调和处置。3.脊灰替换。按《国家卫生计生委关于停用三价脊髓灰质炎减毒活疫苗的通知》要求，于5月封存和销毁三价脊灰减毒活疫苗20639个，顺利完成销毁任务，同时做好二价脊灰减毒活疫苗替代准备工作。4.查漏补种。全县在3—4月开展了麻疹和脊灰疫苗查漏补种工作，接种率均达95%以上；于11—12月在全县开展了水痘疫苗查漏补种工作，共补种3149人（份）。5.开展疫苗管理专项治理。加强疫苗采购管理，严格执行主渠道供苗，二类疫苗严格执行全省阳光采购。加强冷链管理，中心冷库引入温度自动监测报警系统，对温度实时监控；对接种单位供苗采取冷链车运送，保证冷链温度，对疫苗计划、采购、库存、运输、使用和信息上报等环节精细化管理。完成接种人员上岗证换发：8月29日，对全县范围内的预防接种人员进行培训考核，对培训后考试合格有资质人员发放预防接种上岗证。6.免疫规划信息化建设。积极践行“互联网+预防接种新模式”，实现了接种单位和家长实时对接沟通，提高了家长对预防接种工作的满意度。截至12月22日，全县共绑定手机APP 7567人，完成了省、市下达的关联目标任务数。7.乡镇督导。积极开展乡镇卫生院、社区卫生服务中心、产科医院预防接种工作督导，全年共完成季度督导4次、专项督导6次，指导接种单位规范开展预防接种工作，保证全县顺利完成上级下达的目标任务。

【传染病管理】 1.截至2016年12月22日，共报告发生法定乙、丙类传染病15种1895例，发病率262.04/10万，死亡17例（艾滋病16例、肺结核1例），无甲类传染病。2. 2016年，预警系统共发出传染病预警信号131起，排除131起，发出预警到处置平均时间0.92小时，及时处置率100%。全年共开展传染病管理季度督导4次、专项督导5次，对全县26个乡镇医院、1个社区卫生服务中心、3个县级公立医院及部分学校的传染病管理情况进行了检查。3.全年完成51期周分析、11期月分析，及时分析近期的疫情动态，避免出现大规模的暴发疫情。完成突发公共卫生事件风险评估12期，2016年无传染病引起的突发公共卫生事件发生，3起毒蕈中毒引起的突发公共卫生事件均在规定的时间内完成报告和处置，现已顺利结案。4. 2016 年 7—10 月，全县各乡镇卫生院和各县级医疗机构对乙脑病例进行主动搜索，实行“日报告制”“零报告制”，共报告 122 天，未发现发热伴脑膜刺激征患者；开展流行季节前后健康人血清和动物宿主乙脑抗体监测，共采集健康人血清 200 份、猪血清 100 份，送省 CDC 检测，顺利完成监测任务。

**【卫生监测】** 1. 公共场所监测。2016 年共接受 76 户公共场所经营客户的委托，进行申办卫生许可证预防性卫生检测。中心全年共计监测 77 户次，合格 76 户次，合格户次率 98.7%。2016 年共检测 1079 项次，合格 1078 项次，合格率 99.9%。2. 饮水卫生监测。2016 年，受金池供排水公司、古蔺郎酒厂有限公司等 62 家企事业单位委托，共采集水样 98 份，其中水源水 6 份，合格 6 份，合格率 100%；全年水质监测 2088 项次，合格 2008 项次，合格率 96.2%。62 个企事业单位委托检测水样中，只有 47 个企事业单位委托的水样全部合格，合格率 75.8%。全年中心分别于枯水季节和丰水季节对全县城市饮水（12 份水样）及农村饮水（104 份水样）进行了水质卫生监测，并在规定时间内将 116 份水质报告以网络形式上报中国疾病预防控制中心网络系统。3. 食品卫生监测。高考期间，对城区两所高中及一所职高进行餐具消毒效果监测，共检测餐具 200 件，合格 182 件，合格率为 91%。对全县的医疗卫生单位进行消毒效果检测。医院污水（霍乱弧菌）检测 5 家，共检测 40 户次；供水站霍乱弧菌检测 1 家，共检测 8 户次；涉水产品霍乱弧菌检测 3 家，共检测 24 户次；鲜鱼店 2 家，共检测 16 户次；县城污水处理厂 1 家，共检测 8 次；县城屠宰场 1 家，共检测 8 次；头道河鱼池 1 家，共检测 8 次；猪市场污水 1 家，共检测 8 次；井水 1 家，共检测 8 次；堰塘水 1 家，共检测 8 次；门诊检测大便人数 40 人次，所检样品均未检出霍乱弧菌。对全县肉及肉制品（卤肉及卤制品等八类食品）进行了采样、检测、网报，截至 2016 年年底已全部完成。4. 学校卫生监测。2016 年，对全县 31 所学校进行督察。高考期间，中心对考试指定住宿点和考点周围的餐饮业组织了专项检查，共监测餐具 200 件，合格 182 件，合格率 91%；共监测水样 36 份，合格 33 份，合格率 91.7%。全年对全县 24 所中小学的管网末梢水及二次供水进行监测，合格 17 份，合格率 70.8%，其中末梢水 22 份，合格 15 份，合格率 68.2%；二次供水 2 份，合格 2 份，合格率 100%。

**【艾滋病防治】** 1. 2016 年，全县新增抗病毒治疗人数为 104 人，抗病毒治疗比例为 91.15%（309/339），完成艾滋病自愿咨询检测 468 人次，检出 HIV 抗体阳性 11 例，已确证 7 例；艾滋病初筛检测 44695 人次，检出 HIV 抗体阳性 75 人次，确证 53 人；监管场所筛查 302 人，检出 HIV 抗体阳性 1 人次，确证 1 人。2. 全年开展专业技术培训 4 次，各医疗机构艾滋病防治人员共计 236 人次参加了培训。利用艾滋病日、结核病日、禁毒日等各类宣传日，宣传艾滋病防治知识。全年共下沉艾滋病病人 / 感染者 273 人，占 81.25%（273/336）。3. 全县社区药物维持治疗门诊运转正常，共用药 243778 毫升，治疗人次 5819 人，新入组 14 人，转入 5 人，在策治疗 29 人，咨询者及家属 52 人次。完成泸州市经异性性行为感染 HIV 病例感染的原因和进一步扩散风险调查项目古蔺调查部分，共调查病人 25 人，及时完成数据录入工作。

**【结核病防治】** 1. 2016 年 11 月 24—25 日，全县顺利通过四川省第二轮结核病综合防治示范区创建考评验收。2. 为可疑肺结核病人提供基本的 X 线检查 749 人，自带胸片 489 人，痰涂片检查 1646 人，发现活动性肺结核病人 572 例；免费发放抗结核药品异福胶囊 11870 盒，乙胺吡嗪利福异烟片 1176 盒。每两个月对乡镇、村结核病防治工作督导及病人访视 1 次。3. 加强乡镇、村防痨医生对肺结核病人的 DOTS（督导短程化疗）管理，2016 年，县对乡镇督导 162 次，对村级督导 162 次，访视肺结核病人 301 人次。利用肺结核网络专报系统，对各乡镇授权，快速及时开展肺结核病人追踪 894 例，共追踪 2748 人次，并以文字资料反馈追踪情况。4.2016 年 8 月 11—17 日，中心组织大村镇苏坝村 15 岁以上居民进行免费 X 胸片检查，检查共完成 1226 人，检查出肺结核确诊病例 6 人，新发现 6 人，痰片阳性 1 人，对可疑或确诊的病人进行相应的临床治疗并享受国家减免政策。

**【丙肝、梅毒防治】** 2016 年，全县报告丙肝 61 例，皆为临床诊断病例，其中本地病例 58 例，外地病例 3 例；报告梅毒 38 例，其中确诊病例 32 例，疑似病例 6 例。

**【健康体检】** 1. 从业人员健康体检工作。自 2015 年 12 月 11 日至 2016 年 12 月 10 日，从业人员健康体检共体检 6355 人次，其中所有体检项目均合格的人数为 6317 人次，予以发放健康证，占从业人员健康体检总人数的 99.4%；体检不合格 38 人次，未予以发放健康证，占从业人员健康体检总人数的 0.6%。与上一年度相比较上升了 812 人次，上升幅度接近 15%。2. 职业性健康体检工作。自 2015 年 12 月 11 日至 2016 年 12 月 10 日，预防性健康体检科室共对辖区内 64 家具有粉尘类职业性危害因素的用人单位职工进行了职业性健康体检，共有工人 2802 人次参加了职业性健康体检，其中体检正常合格 2551 人次，占体检总人数的 91.04%；体检发现的职业禁忌证人数为 251 例，占体检总人数的 8.96%，未发现疑似职业病病人。与上一年度相比较下降了 246 人次，下降幅度约 8.1%。3. 辖区内重点职业病防治项目工作。2016 年度，64 家有毒有害作业企业组织了 2802 名可能接触重点职业病危害因素的劳动者到职业健康检查机构进行了职业性健康体检，经体检未发现疑似职业病病例，无需要进行职业病报告的病例。

**【地方慢性病防治】** 1. 全民预防保健工作推进。截至 2016 年 12 月 6 日，全民预防保健工作有序推进，累计体检 380010 人，占户籍总人口的 43.78%，占在家人口的 89.21%；建立纸质档案 379698 份，建档率 99.9%；建立电子档案 368160 份，建档率 97%；体检结果反馈 358981 人，反馈率 94%；34724 人纳入精准管理，占疾病人群（77462）的 44.83%。2. 居民健康档案管理。截至 2016 年 11 月 30 日，全县在管居民健康档案 701672 份，其中纸质档案 700323 份，规范化纸质档案 692630 份，规范化管理率 98.90%；电子档案 675027 份，规范化电子档案 653340 份，规范化管理率 96.78%；有动态使用记录的居民健康档案 279839 份。3. 老年人健康管理。截至 2016 年 11 月 30 日，全县累计管理 65 岁以上老年人 59243 人，管理率 76.35%；老年人体检 55985 人，体检率 72.15%。4. 慢性病健康管理。截至 2016 年 11 月 30 日，全县高血压患者管理 58126 人，管理率 63.24%，规范管理 52143 人，管理率 89.71%；糖尿病患者管理 16264 人，管理率 34.29%，规范管理 14463 人，管理率 88.93%。5. 死因监测网络报告管理。根据人口死亡信息登记管理系统，按照报告地区与终审日期 / 常住人口统计，截至 2016 年 11 月 30 日，全县网报死亡人口 4517 人；粗死亡率为 6.24‰（已换算为年死亡率），达到 6‰的标准；累计户籍死亡报告率 5.21‰，未达到目标要求。6. 肿瘤随访登记工作。截至 2016 年 11 月 30 日，报告的肿瘤发病人数为 1187 人，报告肿瘤死亡人数为 550 人，发病死亡比 2.16，报告审核率 95%，编码准确率 92.3%，诊治病例病理组织学诊断所占比例 56.8%。

**【检验检测】** 2016 年，中心检验室通过检验检测机构资质复评审；接受国家地病中心尿氟盲样考核 1 次，省盐碘盲样考核 1 次，省 HIV 盲样考核 1 次，省 TP（血常规检测中的总蛋白）盲样考核1次，扶贫工作水质检测230份，HIVCD4数值检测200份，食品安全检测工作2次，高考前水质安全检测21份及餐具检测20份，霍乱检测280份，丰水期与枯水期水质检测72份，尿氟检测150份与盐碘检测300份，公共场所检测110份。

**【脱贫攻坚】** 2016年，组织全体帮扶责任人到丹桂镇香元村下乡扶贫走访共4次，共计走访100余户，单位领导班子轮流调研4次，中心集体讨论扶贫工作会议一次，派驻贫困村“第一书记”驻村工作共计200多天，共计走访慰问香元村建档立卡贫困户285户次，开展基层组建工作，召开全村党员、村民代表大会16次，宣讲习近平总书记系列重要讲话精神，踏实认真开展每一项扶贫工作。做实做细，扶贫攻坚工作稳步推进。

（白江艳）

## 古蔺县人民医院

**【概　况】** 古蔺县人民医院始建于1944年，位于古蔺镇东新街马厂头1号。其前身为古蔺县卫生院，1950年更名为古蔺县人民政府卫生院，1956年正式命名为古蔺县人民医院。医院占地面积26108平方米，建筑面积35775平方米，编制床位500张，实际开放床位700张。设有临床科室18个、医技科室11个、行政职能科室14个。2016年有职工578人，其中在编职工311人，编外人员267人；卫生技术人员468人，其中正高职称8人，副高职称32人，中级职称68人，初级职称314人；取得研究生学历2人，大学本科学历179人，大学专科学历172人，中专及其他学历227人。医疗护理技术始终处于全县领先地位，是全县唯一集医疗、急救、教学、科研、培训为一体的国家二级甲等综合医院、爱婴医院，也是泸州市最佳文明单位，服务范围为全县26个乡镇及贵州部分毗邻地区。

**【业务开展】** 医疗与护理、医科院校学生临床实习、卫生医疗培训、卫生技术人员继续教育、保健与健康教育。2016年，门诊接待199152人次，住院32679人次，病床使用率150%，平均住院日6.5天。总收入2.42亿元，其中业务收入1.88亿元，完成各类手术6564台次，“120”实际出车926次，实施院前急救987人次；派出100余名医务人员参与并完成了二郎红花郎小区维稳、拆迁、审案、高考、黄荆老林英雄会公益慈善晚会、公安局老人上访、古蔺安全生产现场会、古叙高速公路通车仪式等各类政府指令性医疗保障任务18次；筛查白内障患者6000余人，确定初筛手术363人；圆满完成22个单位及各类人员12383人次的健康体检工作。

接收医学大专院校实习生138人次，接收乡镇卫生院进修人员15人次，选送人员120余人次到上级医院进修。全年共编印《医院工作简报》127期，县卫计局网站和微信平台登载15篇，四川新闻网登载21篇，首页推荐阅读3篇。发放文件135期，各类信息通知通报200余件。

**【医疗技术】** 2016年，引进和开展的新技术有外三科新开展双镜联合保胆取石术、一次性直肠粘膜切除吻合术、外伤性颈椎椎间盘突出拆除术、cage植入、内固定术、立体定位微创脑内血肿穿刺引流术、凸面脑膜瘤切除术；骨科新开展膝关节镜手术；外一科新开展经腹腔镜胃穿孔修补术、经腹腔镜精索静脉曲张高扎术、急性胆囊炎腹腔镜切除术；妇科手术室联合开展无痛人流术。外一科成功抢救了一例RH阴性患儿；骨科成功为1名94岁高龄男性患者实施微创右股骨闭合复位PFNA（新型股骨近端内固定系统）内固定手术。新技术、新项目的开展，逐步满足了广大病人的就医需求。

**【科室建设】** 改建新生儿科，使其规模更大，仪器设备更先进，布局流程达到规范要求。神经外科、妇产科通过了市级重点专科复审，心血管内科、骨科已通过市级重点专科评审。通过加强专科建设工作，更好地推动全院医疗质量改进，营造浓厚的学术氛围。

**【人才引进】** 为满足医院学科建设需要，2016年共引进专业技术人员32人，其中护理专业本科生1人、大专生20人，医学本科生11人，为医院发展注入了活力。

**【医院改革】** 2016年6月，与华西医科大学附属医院建成医疗联合体，共接受上级医院下派医务人员19人到院开展对口指导工作；继续扩大临床路径试点面，在2016年的基础上增加了新生儿黄疸和宫外孕，增至19个病种，开展临床路径病例893例，缩短了患者平均住院日，降低了患者的医疗费用；坚持药品零利润销售，全年药品让利901万元，对减轻病人负担做出了应有的贡献；认真落实双向转诊工作，完善转诊流程。与华西医科大学附属医院等4家三级医院签订了双向转诊补充协议，继续与全县26个乡镇卫生院履行双向转诊协议。全年共转上级医院1055人次，接收下级医疗机构患者2500余人，回转下级医院43人次，方便了群众的转院就医。

**【惠民帮扶】** 2016年，派驻42名医技护人员到鱼化、马嘶、水口、观文开展对口支援工作。继续选派一医一护到凉山州会东县大桥乡卫生院开展为期半年的帮扶工作，落实6万元的资金援助，落实全县建档立卡贫困人口医疗扶贫救助政策。对全县建档立卡贫困户实行“十免四补助”优惠政策及“一站式服务”，全年共收治精准扶贫户3000余人次，减免费用25万余元，实施精准扶贫白内障免费手术20余例。组织义诊医疗队到对口扶贫村椒园乡苏门村开展大型义诊及送温暖活动。并向当地农民收购农副产品，缓解当地销售压力，对村25名困难党员和群众发放慰问金5000元，选派医院行政副院长全脱产到苏门村担任驻村“第一书记”，与当地村干部共商发展计策，结合当地自然条件，种植核桃700亩、脆红李1500亩、辣椒200亩。抽调医务人员200余人次组成义诊咨询服务队，分别到椒园、德耀、观文、马蹄等11个乡镇，为村民义诊，共义诊群众2000余人，向困难群众免费发放价值约5500元的药品，发放各类健康宣传资料1000余份。组织全院党员、干部职工、志愿者到玉田乡敬老院、小学开展爱老助老、关爱弱势群体知识讲座和体检等活动。组织职工向栋梁工程捐款27950元，单位捐款1万元，合计38050元，解决了部分贫寒学子的学费难题；向苏门村扶贫项目捐款29400元，医院捐款600元，共计捐款3万元，用于苏门村基础设施建设改造。慰问医院困难党员和职工18人，为每人发放慰问金600元，共计10800元；医疗救助五保户、“三无”人员18人次，共减免医疗费用64650.96元。

（唐成毅）

## 古蔺县中医医院

**【概　况】** 古蔺县中医医院成立于1984年，位于古蔺镇滨河路56号，是国家二级甲等综合性中医医院，也是全县中医药医、教、研指导中心和医疗急救中心，服务范围为全县26个乡镇及贵州部分毗邻地区。

医院占地面积8151平方米，业务用房面积17926平方米。编制病床位400张，实际开放300张。2016年，编制人数288人，实有职工302人，其中在编职工193人，临聘109人（含借调和返聘人员）。拥有正高职称3人、副高职称27人、中级职称46人，中医类别中医医师比例在60%以上。有四川省名中医2人，四川省拔尖中青年中医师1人，泸州市名中医4人，泸州市科技拔尖人才1人，县科技拔尖人才1人。

医院科室完善，开设有病区科室8个、医技科室7个，综合门诊部、急诊科（二级急救站）、门诊科室有中医专科（专病）诊断室21个。有省、市中医重点专科3个，其中骨伤科为省中医重点专科，妇产科是省中医重点专科建设单位，针灸康复科为市中医重点专科。2016年11月，医院省重点专科骨伤科、在建省重点专科妇产科顺利通过了省中医药管理局专家组的检查督导，有力推进了省重点专科骨伤科向国家级中医重点专科建设进程，加强了在建省级中医重点专科妇产科的中医药特色优势建设，使专科建设又上一个新台阶，为通过省重点专科评审验收奠定基础。

**【业务发展】** 不断巩固二甲创建成果，并按照三级中医医院标准和要求全面推进医院各项工作，坚持以中共十八大，十八届三中、四中、五中、六中全会精神和习近平总书记系列重要讲话精神为指导，牢固树立全心全意为人民服务的思想，着力提高医疗质量、改进服务流程、方便病人就医、落实便民措施、杜绝不合理收费、规范内部管理、加强行风建设等工作，全院职工团结一心，真抓实干，奋力拼搏，使医院在各方面取得了较好发展。

2016年，诊治门诊病人134378人次，收治住院病人10346人次，治愈好转率98.15%，危重病人抢救成功率94.66%。全年手术2314例，“120”出诊1005次，实施院前急救941人次，完成政府指令性任务52次。

**【中医药特色】** 医院中医药特色科室中医馆，有副高以上职称，古蔺最高水平的省、市名中医坐诊，内、外、妇、儿各有所长，为病人提供高质量的中医专科专病诊疗和中医治未病服务。

中草药标本展览室是泸州市第五批科普教育基地，该馆全面展示了历史悠久、名人辈出的古蔺中医发展史和古蔺地区得天独厚自然条件孕育的丰富的中草药资源，共展出中成药样品、中药浸制标本、中药饮片标本、药用动物标本等3500余份，是医院中医药特色和中医药文化的重要组成部分，是传承、弘扬祖国传统医学，保护、开发、利用古蔺地区中草药资源的宣传阵地。2016年共接待参观人员500余人次，为推动古蔺县中医药事业的发展发挥积极推动作用。

**【医院改革】** 积极探索医院内部改革，逐步完善绩效分配改革制度和干部任免制度；继续扩大临床路径试点，2016年开展临床路径病例795例；全面实行药品“零差价”销售，全年让利286万元，群众“看病贵”得到进一步缓解，就医负担进一步减轻；继续选派1名业务骨干到盐源县中医医院及12名医护技人员到白泥、箭竹、大寨卫生院和古蔺镇社区开展对口支援工作。

**【精准扶贫】** 医院认真贯彻落实中央、省、市、县关于打赢脱贫攻坚战的决策部署，为定点帮扶的石宝镇可贝村引进种植中药材辛夷花200亩，其中医院出资为贫困户种植100亩。2016年，医院在辛夷花种植项目上共出资42000元，出资5850元为村委会配置办公电脑和智能电视各一台，捐资1万元修建可贝村委会至泸荫公路，慰问金及慰问品30278元，共计88128元。

**【项目建设】** 根据省、市发改委，省、市中医药管理局等文件精神要求，经县委、县政府及卫生主管部门多次协调，医院门诊综合大楼项目被纳入“十二五”规划中央预算内资金投资重点项目。医院得到中央预算内划拨资金4000万元，用于医院门诊综合大楼项目建设。

2016年8月25日，国家中医药管理局科技司司长李昱副、科技处处长王思成，省中医药管理局局长田兴军、副局长杨正春，市卫计委副主任王建伟等一行在县政府副县长林燕、县卫计局局长何永忠、机关党委书记徐怀凯等陪同下到医院考察、调研指导工作。重点对中医药人才、中医药文化建设、中医重点专科建设及院内制剂等情况进行了调研。

**【职能业务工作】** 1. 狠抓医德医风，树立医院良好形象。医院进一步健全完善了“精神文明和医德医风建设考核标准”，形成了加强医德医风考核、投诉举报、激励和惩戒等长效机制；医院定期组织并邀请社会各界人士参加医院行风建设评议座谈会，征求意见建议并针对大家提出的各项问题逐一进行解决，大大提高了患者的满意度。2. 加强业务学习，重视人才培养。医院始终坚持“走出去，请进来”的人才培养制度，全面提高队伍质量。2016 年，选派 10 名青年骨干到省、市级医院进修，选派 83 人次外出培训学习，聘请上级医院专家到院培训 6 次，技术指导 8 次。全年在省级以上刊物发表医学论文 4 篇。3. 增加医疗设备，在改善民生上增添新动力。2016 年，医院投入资金 280 万元购置更新仪器设备。其中投资约 14 万元装备检验科；投资 13 万元装备手术室；投资 15 万元装备儿科；投资 27 万元装备放射科；投资 300 多万元新建血透室，其中 200 万元购置仪器设备，填补了古蔺县辖区内未开展临床血液透析的空白，解决了长期以来困扰全县肾功能不全病人需要外出到泸州等地进行透析治疗的不便和患者因外出就医导致医疗费用较高带来的经济负担。4. 鼓励新技术、新项目的开展。将现代医学技术与传统中医药技术融汇一体，中医药特色优势明显，竭诚为广大群众的身体健康服务。2016 年，古蔺县中医医院引进和开展的新技术有复杂型胫骨平台骨折内外侧手术切口切开撬拨复位双钢板固定术，胸腰椎骨折伴不全截瘫患者行椎板减压术后人工椎板置换术，腹腔镜下经腹肾囊肿切除术，六合丹外敷腹部治疗小儿不全性肠梗阻，新生儿腋下静脉穿刺置管术，腰椎间盘突出症硬膜外神经阻滞术，中医药治疗痤疮、黄褐斑等新技术新项目。新技术新项目的开展，方便了群众就近就医，提高了疾病的诊疗水平。5. 打造优质服务，提高中医护理水平。开展“优质护理服务示范活动”，对各科室开展优质护理示范病房，让患者明明白白看病，明明白白消费，使护患沟通保持通畅、和谐；加强中医护理工作，开展辨证施护，将拔罐、针灸、刮痧等 15 余种具有中医特色的护理项目融汇于临床护理工作中，护理人员能运用中医护理方法及中医专病常规知识，为患者提供中医药特色的健康指导。6. 下基层走村入户，宣传中医，服务群众。医院党总支、团支部积极组织青年志愿者开展送药到农村、到学校活动。分别组织参加县妇联举办的庆“三八”趣味比赛活动、“反对家庭暴力”维权宣传活动、县精神文明办组织的“践行雷锋精神、共建文明古蔺”学雷锋志愿服务宣传活动等，利用节假日、纪念日，举办无偿献血、戒烟、打击非法行医、“120”急诊急救等宣传活动等宣传教育，并派出医务人员 70 余人到石宝、丹桂、皇华、水口等 11 个乡镇开展帮扶基层医院、服务百姓健康走基层活动，为 150 名基层医务人员开展业务培训，为 1600 多名群众提供咨询义诊活动，发放宣传资料 4000 余份。

（姜雪丽）

## 古蔺县妇幼保健院

**【概　况】** 古蔺县妇幼保健院始建于 1952 年，是一家集保健、医疗、科研、培训为一体的国家一级甲等妇幼保健院，是全县妇女儿童保健技术指导和孕产妇急救中心。1998 年，被卫生部评为“爱婴医院”，先后获得市级“卫生先进单位”称号和县级“综治模范单位”“文明单位”“巾帼文明示范岗”等多项荣誉称号。2012 年创建为“泸州市园林式单位”。2015 年 12 月，县妇幼保健院与县计生指导站整合，成立了古蔺县妇幼保健计划生育服务中心，并保留了古蔺县妇幼保健院牌子。重点开设有妇科、产科、内科、儿科、计划生育技术服务科等临床科室及检验、B 超、彩超、心电、放射、麻醉等医技科室。2016 年年底，有编制床位 20 张，职工 67 人，卫技人员 48 人，其中副高职称 4 人，中级职称 12 人，初级职称 32 人。

**【房屋及仪器设备】** 县妇幼保健院综合楼位于古

蔺县古蔺镇迎宾路19号，占地11亩，总建筑面积4300平方米。综合楼环境优雅，布局合理，功能完善，设施齐全，拥有儿童体格发育分析评估系统、儿童智力（智商）测试仪、全自动血液分析仪、彩色超声诊断系统、视力测定系统、耳声发射仪、婴儿抢救台、心电监护仪、酶标仪、心电图机、空气消毒机、电子阴道镜、微量元素检测仪、全自动生化分析仪等设备。

**【妇幼保健工作】** 推行住院分娩，做好孕产妇系统管理，降低孕产妇死亡率，巩固县、乡、村三级网络建设，是妇幼保健工作的基础。2016年，全县有孕产妇7968人，保健管理7953人，孕产妇保健覆盖率99.81%；住院分娩活产数8013人，住院分娩率99.76%，新法接生率100%；产后访视7944人，访视率99.70%；系统管理7914人，系统管理率99.32%；剖宫产活产数1345人，剖宫产率16.75%；筛查出高危孕产妇1333人，高危管理率100%，高危住院分娩率100%；低出生体重儿148人，低出生生率1.84%，早期新生儿死亡15人；孕产妇死亡1例，孕产妇死亡率12.45/10万。

2016年，全县7岁以下儿童67981人，保健管理66381人，儿童保健覆盖率97.65%；3岁以下儿童32014人，系统管理31153人，3岁以下系统管理率97.31%；5岁以下儿童死亡56例，5岁以下儿童死亡率6.97‰；婴儿死亡39例，婴儿死亡率4.86‰；新生儿死亡21例，新生儿死亡率2.61‰；5岁以下儿童检查47700人，发现低体重人数467人，生长发育迟缓281人，血红蛋白检测46252人，贫血患儿306人。

**【重大公共卫生项目】** 1.叶酸项目。免费增补叶酸预防神经管缺陷项目工作规范实施。2016年，目标人群发放9814人，完成目标人数130.85%；定期进行随访及发药，服药率96.00%，依从率72.40%。2.孕产妇“三病”筛查。2016年，孕期“三病”同检11383人，早检8535人，早检率74.98%；检出HIV阳性孕产妇3例，对检测阳性感染孕产妇在知情同意下给予干预。检测梅毒阳性孕产妇1例，对梅毒感染孕产妇给予治疗及随访管理。乙肝表面抗原阳性孕妇定期进行肝功能检查，对乙肝阳性孕产妇所生儿童及时注射乙肝免疫球蛋白及乙肝疫苗。“三病”所有阳性对象均建个案追访，网络直报完整、及时。3.农村孕产妇住院分娩救助项目。2016年，全县共有7416名符合补助条件的农村孕产妇领取住院分娩补助，救助资金370.8万元，完成计划救助率95.08%。预防出生医学缺陷项目（新生儿疾病筛查与听力筛查）。2016年，全县完成新筛8131人，新筛率96.3%；完成听筛7377人，听筛率87.4%。

**【临床工作】** 为提高妇幼保健工作的服务能力和管理水平，加大临床工作力度，根据医院的工作性质、人员状况，本着培养人、锻炼人、管理人的精神，加强技术队伍建设，鼓励技术人员参加上级业务部门组织的培训班及各类专业函授以及业务讲座；坚持每年选送一批技术人员到上级医院进修，提高了业务人员的整体素质。2016年，完成业务总收入428.4万元。

（欧 燕）

# 社会生活

## 民政工作

**【概　况】** 2016 年，古蔺县民政局有机关行政编制 16 人，参公事业编制 7 人，机关工勤编制 1 人，全额事业编制 12 人。内设局办公室、计划财务股、救灾救济股、优抚安置股、救助股、社会事务股（行政审批股）、政策法规股，下属古蔺县革命烈士陵园管理所、古蔺县社会救助福利中心两个事业单位和古蔺殡葬改革执法监察大队一个参公管理单位。古蔺县老龄办、古蔺县双拥办和古蔺县新社会组织综合委员会办公室设在县民政局。

2016 年，全县民政工作坚持“以民为本，为民解困，为民服务，力办实事”的民政宗旨，以改善民生、推进民主、维护民权、服务社会为根本着力点和落脚点，添措增力，知难而进，各类民政惠民政策落实到位，有效保障困难群众基本生活。

**【城乡医疗救助】** 全县城乡医疗累计救助 42533 人次，累计救助支出 2545.62 万元，其中建档立卡贫困救助 10356 人次，救助支出 337 万元（其中重特大疾病救助 485 人次，支出 179.7 万元；孤儿、五保户和“三无”人员救助 1537 人次，支出 148 万）。从 2016 年 1 月 1 日起，全县建档立卡贫困户实现了就医零负担的目标。

**【城乡低保救助】** 1. 扎实开展低保精准识别。识别后，全县城镇低保 3279 户 4376 人，较精准识别前减少 52%；农村低保 22939 户 33342 人，其中建档立卡贫困户 6982 户 11308 人，2016 年预脱贫人口 4030 人，较精准识别前减少 2%。全县城乡低保累计 43.4047 万人次，累计发放低保金 8653.08 万元（建档立卡贫困户 1.2093 万人次，支出 2583 万元），月人均救助分别为 346 元、167 元。2. 对建档立卡贫困户中的农村低保对象，按低保标准与国定扶贫线的差额发放特殊生活补贴和 2016 年增发差额的 50% 的要求，为 6876 人次发放补贴 110.2 万元。3. 对 2016 年脱贫人口中的农村低保对象 3371 人，根据国定扶贫线与农村低保保障标准的差额发放兜底补差金额 156.4 万元。4. 按照每人 200 元的标准对城乡低保对象 34953 人发放一次性生活补贴 699.06 万元。

**【孤儿救助】** 严格落实孤儿基本生活保障政策，做好孤儿的登记、确认和保障工作，按照集中供养孤儿 2 人，供养标准每人每月 1246 元，分散供养孤儿 495 人，供养标准每人每月 748 元的供养标准，2016 年发放生活补助金 469.3296 万元。

**【农村五保供养】** 全县 26 个乡镇建有敬老院 27 个，集中供养 1352 人，分散供养 2332 人，分散供养每人每月 300 元，集中供养每人每月 400 元，2016 年发放供养金 1272.85 万元。

**【养老体系建设】** 加快社会养老服务体系建设步伐，维修改造公办养老机构床位 100 张，建设城市社区日间照料中心 6 个、农村社区日间照料中心2个。建成农村区域性养老服务中心2个，改造床位36张，服务区域老人118人。

【优　抚】认真落实优抚政策，全县享受抚恤补助金的重点优抚对象2805人（伤残军人407人，复员军人233人，带病回乡退伍军人876人，“三属”89人，参战人员1142人，参核人员58人），发放抚恤补助金2764.1150万元。按每户1.5万元的标准，帮助5户重点优抚对象解决住房难问题。核查重点优抚对象1072人。

【安　置】接收2016年退役士兵、转业士官278人。安置15名退役士官到14个乡镇事业岗位。实施自主就业263人，发放自主就业经济补助669.59万元。开展退役士兵职业技能宣传和培训，参训退役士兵毕业证书和职业资格证书获取率98%、就业率100%。义务兵家庭优待金严格按2015年农村居民人均纯收入9604元发放，共发放优待金、现役军人立功奖金、大学生入伍奖励金719.7236万元。

【烈士褒扬】加强烈士陵园管理，组织开展全国公祭日活动，组织各单位开展烈士陵园扫墓和各种祭奠活动。2016年接待机关单位81个、群众13万人次，完成15名伤残人民警察伤残换证工作。

【双　拥】落实领导联系双拥工作责任制，全县建立拥军优属服务组织286个，部队建立拥政爱民小组4个，有双拥工作专（兼）职人员110余人、双拥志愿者330人。全面落实优抚安置政策，开展双拥宣传教育，在城区、交通要道等设置固定宣传标语10处，组织国防教育80余次，中小学开展双拥国防宣传教育专项活动70余次，军民受教育面达95%。全县58个县级部门、7个非公组织和3个社会组织与驻古蔺部队结成共建对子，共建率达92%。投入经费80余万元，开展元旦、春节、“八一”期间的拥军优属慰问活动。驻古蔺部队积极开展助学兴教、扶贫帮困活动和城乡建设工作，建立贫困学校援建点1个、扶贫帮困联系点1个、新农村援建点1个、城市社区援建点1个，走访慰问100余名困难退伍军人，与3个乡镇开展军民共建新农村等活动。

【社会福利】全县收养性单位30个，其中，农村五保供养服务机构27个，县级儿童福利中心1个，民办养老机构2个；开展2016年度“慈善福彩”帮困助学活动，出资12.2万元，资助21名贫困大学新生和10名贫困高中新生梦圆大学、高中。

【新社会组织】加强新社会组织的监督管理，依法登记的民间组织139个，其中社会团体56个，民办非企业83家，对全县新社会组织开展年检，年检率达98%，对发现的违法民间组织查处率100%，非法民间组织取缔率100%；开展自律诚信建设活动，建立完善的内部规章制度，完成社区社会组织的备案工作；加强新社会组织党建工作，全县有新社会组织党组织54个，其中挂靠建45个，独立建9个。

【基层政权和社区建设】大寨苗族乡富民村、桂花乡新市村、黄荆乡黄荆村、箭竹苗族乡富强村、永乐镇永吉村、太平镇走马村开展农村社区试点工作。古蔺镇胜蔺街、城北街社区开展社区志愿服务品牌创建。大寨苗族乡被命名表彰为“四川省村民自治模范乡”。完成26个乡镇、292个村（社区）村规民约（居民公约）的完善上墙。

【区划地名】完成鱼化乡、东新乡、马蹄乡、椒园乡4个乡撤乡设镇工作；完成全国第二次地名普查专家评审阶段工作；完成城区街道的清理命名及街牌设置工作，新命名街道4条，安装街牌7块；完成川黔线（244.4公里）和古叙线界线（146.6公里）的界桩数据采集、定位及上报工作，确保边界线平安稳定。

【社会救助】对处于低保边缘和因灾因病造成的突发性困难群体512户次进行临时生活救助，累计支出救助金67.74万元。促进社会力量参与流浪乞讨人员救助，救助126人次，支出救助金50

余万元。全面开展对非建档立卡贫困户的受灾群众、五保户等7类特殊困难户6126户“送温暖”活动，共发放棉被6126床、棉衣6126件。

**【社会事务】** 开展农村留守儿童、妇女、老人摸底排查工作，排查清理出留守儿童11088人、留守老人17740人、留守妇女10984人，建立了人员信息台账。规范开展婚姻和收养登记工作，办理结婚5098对、离婚1256对，补领结婚证721对、离婚证66对，出具婚姻证明1225对，收养登记3件。建立定期殡葬执法巡逻制度，强行执法3起，强行关闭1家未经民政部门批准私自建立的殡仪服务站。开展殡仪馆项目选址调研，启动城区殡仪服务站的搬迁工作。

**【社会工作】** 加强社工人才建设工作，开展社工人才培训，开展本土化社工人才队伍建设，组织18人报名参加社工人才职业资格考试，取得助理社会工作师4人、中级职业资格1人。督促各乡镇、社区成立社会工作领导小组，结合实际分别设置了社会矫治、公共卫生、社会救助、治安调解等不同的社会工作岗位。

**【救灾救济】** 制定《古蔺县自然灾害救助物资储备规划（2016—2020年）》，建立健全《救灾资金和物资使用管理办法》，建立救灾物资储备点，规范救灾资金和物资管理。组织参加省、县培训3次，培训灾害信息员104人。完善落实救灾物资应急管理工作预案，落实1名人员专门对救灾物资进行管理和发放。下拨自然灾害补助金251万元，帮助解决受灾群众基本生活困难。

（罗　佳）

## 扶贫和移民工作

**【概　况】** 古蔺县扶贫和移民工作局成立于2016年3月，为县人民政府工作部门。内设5个科室：办公室、扶贫开发股、移民安置管理股、扶贫项目管理股、外资项目管理股，1个事业单位：古蔺县扶贫移民服务中心。有在职职工16人，行政人员7人，机关工勤人员1人，事业管理人员8人。

2016年，古蔺县扶贫和移民工作局紧紧围绕“苦干三年、脱贫摘帽”攻坚目标，认真贯彻中央扶贫开发工作会议和省、市脱贫攻坚大会精神，抓紧抓实脱贫责任，分类落实攻坚举措，顺利完成了2016年度脱贫任务。

**【精准减贫】** 2016年，省下达古蔺县贫困人口脱贫任务19460人。全县始终保持“脱贫摘帽”的力度不减、节奏不变，昼夜兼程、挂图作战，严格对照脱贫退出标准，逐项落实措施，全力补齐短板，全面完成22个贫困村退出、19460名贫困人口减贫，完成省下达计划的100%。

**【脱贫规划】** 紧密结合“十三五”规划，科学编制《古蔺县“十三五”农村扶贫开发规划》和《古蔺县2016—2018年脱贫规划实施方案》；认真对照省级17个、市级18个专项扶贫2016年工作计划，精心编制《古蔺县18个专项扶贫2016年工作计划》，并出台《古蔺县2016年脱贫攻坚工作意见》和《古蔺县2016年脱贫攻坚实施方案》。

**【分类帮扶】** 认真落实“四个一批”行动计划（古蔺无“灾后重建一批”），将73410名贫困人口逐一细化分类，其中生产发展和就业扶持41988人（占57.2%），移民搬迁安置38335人（占52.2%），低保政策兜底31578人（占43%），医疗救助扶持21456人（占29.2%）；深入研究上级扶贫政策，结合全县实际，制定产业发展、就业促进、易地搬迁、医疗救助、低保兜底、教育扶持6个帮扶行动方案，确保上级扶贫惠民政策精准落地。

**【项目建设】** 1.整合资金，加快基础建设。2016年下达财政专项扶贫资金7001万元，整合交通、水务、农业、卫生、文化、电力、通信等部门资金6.8亿元，加快改善贫困村基础条件，计划建成贫困村通村水泥路125.7公里，建成贫困村安全饮水工程37处，解决10780名贫困人口饮水安全问题，完成67个贫困村电网改造升级，建成贫困村卫生室12个、文化室34个，实现贫困村宽带全覆盖，完成13个贫困村“乌蒙新村”建设，加快推进34个重点贫困村达到“七有”标准，确保22个贫困村“摘帽”。截至年底，已完成通村水泥路路基加宽50公里，24个贫困村宽带网络工程，12个贫困村农村电网改造，1个贫困村安全饮水工程，新建3个贫困村卫生室，改建10个贫困村卫生室，建成34个贫困村文化室。

2.精准施策，确保脱贫成效。全面梳理产业、就业、搬迁、医疗、低保、教育六大行业20条扶贫政策，并汇编成册印发给各级各部门，采取部门“配菜”、干部“做菜”、群众“点菜”的“厨房式套餐”工作法，逐户编制脱贫计划，满足贫困户脱贫需求。实施产业扶贫精准到户项目，覆盖贫困人口20457人，不断发展壮大“生态畜牧、山地烤烟、优质果蔬茶、道地中药材”四大特色农业产业，建立“企业+支部+专合社+基地+贫困户”的工作联动及利益链条机制，帮助贫困户通过进企务工、土地流转等渠道获得收入，确保2016年预脱贫人口人均可支配收入增加1500元；整合各类培训项目经费，落实培训补贴政策，围绕全县重点产业发展需求，推行“创业+X”培训模式，开展贫困人口劳动技能培训，计划对5786名预脱贫人口进行实用技术培训，力争每户预脱贫户接受技能培训1人次以上、掌握1门以上致富技术，积极与成都市双流区开展劳务输出合作，实施农业技术培训5786户，劳务转移就业3952人，开发公益性岗位安置2273人；深入乡镇、村组、农户开展政策调研，制定《古蔺县2016年易地扶贫搬迁实施方案》《易地扶贫搬迁督查工作实施细则》《易地扶贫搬迁考核办法》《易地扶贫搬迁工程验收办法》等制度。2016年，4684户脱贫户中有安全住房3325户，无安全住房1359户。无安全住房脱贫户全部落实解决措施，其中农村危房改造420户，易地扶贫搬迁826户，地质灾害搬迁4户，其他措施解决109户。截至年底，1359户无安全住房脱贫户均达到入住条件，全面实现住房安全有保障，达标率100%。严格落实贫困户基本医疗保险参保率、商业附加险参保率、应救必救救助面、全民预防保健覆盖面4个100%，实施基本医疗保险、医疗机构减免5%、重特大医疗救助、医疗附加保险、特困贫困户专项救助基金五级保障，实现贫困户县内医疗机构就医零负担；将符合低保条件的贫困人口全面纳入农村最低生活保障，2016年，低保标准由2500元提高至3200元，实现“低保线”和“贫困线”两线合一，确保脱贫不落一人。截至年底，已完成15815名贫困人口低保审核评定。实施贫困户子女教育资助行动，就读公办幼儿园免除保教费（民办幼儿园按同类公办幼儿园减免），就读小学、初中住校期间享受“一补”生活费（小学每人每年1000元，初中每人每年1250元），就读普通高中和职业高中均免除学费，并补助生活费每人每年2000元。截至年底，已全面完成“雨露计划”申请学生的贫困资格审核、学籍审核工作，补助资金的发放等工作。

**【社会扶贫】** 开展“扶贫日”系列活动，通过募捐，共捐赠物款250万元，通过层层推荐和网络评选，最终评选出10名“蔺州扶贫好人”、7名“蔺州扶贫好人”提名和5个“先进集体”。县慈善总会建立专户，通过财政投入、社会捐赠等渠道，设立2000万元特困贫困户救助基金，重点解决特困贫困户在县内医疗机构就医时产生的所有费用，实现特困贫困户就医就诊零支付，帮助特困贫困人口恢复劳动力、摆脱长期贫困。全面启动4个乡镇10个贫困村世行扶贫项目建设，下达资金计划1696万元。

**【移民安置】** 观文水库淹没区应征地1239.53亩，已完成征地1234.53亩，完成目标进度99.5%；应签订搬迁移民安置协议129户，签订129户，完成目标任务100%。朝门水库应征地878.5亩，已完成征地835.5亩，完成目标任务95.1%；应签订搬迁移民安置协议30户，签订30户，完成目标任务100%。石梁子水库应征地395.4亩，完成征地390亩，完成目标任务98.6%；应签订搬迁移民安置协议15户，签订15户，完成目标任务100%，拆迁7户。完成观文水库截流阶段移民安置自查验收和市级初步验收。在征地移民安置过程中调整搬迁移民安置方式和移民生产安置方式。

**【外资项目】** 2016年8月、11月，省扶贫移民局项目中心先后下达古蔺县世行第六期扶贫项目2016年度、2017年度（第一批）实施计划，总投资2188.54万元。

1.合作社发展方面。2016年，计划建设专业合作社办公用房10个，在建6个，其余4个村正在挂网招标；配齐9个专业合作社办公桌椅，办公设备按程序进行采购。

2.主导产业发展方面。计划种植核桃385公顷，已完成332公顷；计划种植甜橙342公顷，已完成椒园镇犀牛村、玉河村、石口村和白马村147公顷的种植。

3.公共基础设施方面。计划新建通村硬化路8公里，已完成设计预算；计划整治村内道路7.5公里，已挂网；计划修建生产便道10公里，已挂网；计划修建60立方米蓄水池80个，正在建设32个，其余48个正在开展前期工作；计划新建灌溉渠道10公里、灌溉管道4.4公里，正在按程序确定施工单位。

4.技术服务支持方面。已开展专业合作社组建培训、辅导员管理业务、产业发展培训。

（曾　川）

## 老龄工作

**【概　况】** 古蔺县老龄工作委员会办公室属参照公务员法管理的全额事业单位编制，有专职工作人员2人。主要承担《中华人民共和国老年人权益保障法》的贯彻实施，老年人维权保障，老年人优待，老龄宣传、文体，老年人教育，指导基层老龄工作、老年协会建设和老龄调研统计等工作。

截至2016年年底，古蔺县80—89周岁以上老年人口16342人，90—99周岁以上老年人口809人，100周岁以上（含100周岁）高龄老人23人。

**【老龄工作网络】** 全县26个乡镇均设有老龄委和办公室及乡镇老年人协会，有专职或兼职人员。全县有老年人协会329个、会员17790人，其中村（居）老年人协会285个、会员12185人，乡镇老年人协会26个、会员3584人，县级老年人协会18个、会员1573人，老年社团组织6个、会员3107人，老年学校14所、学员1348人。

**【养老救助体系】** 全县26个乡镇建有敬老院27所，集中供养1352人，分散供养2332人，分散供养每人每月300元，集中供养每人每月400元，发放供养金1272.85万元。为16610名困难家庭失能老人和80周岁以上老人提供居家养老服务工作。全县有老年法律援助中心26个，援助涉老案件29件，维权协调组织数38个。

**【老年优待】** 认真落实高龄老人补贴政策，2016年发放高龄老人补贴37.25万元，其中100岁以上23人，补贴金额10.48万元；90—94岁684人，补贴金额20.52万元；95—99岁125人，补贴金额6.25万元。全年办理老年优待证2000余本。

**【阵地建设】** 多方调研、广泛征求意见，决定将老年大学办公室搬迁到县民政局原救灾物资仓库（烈士陵园内），县财政解决资金10万元用于搬迁后办公楼的维修改造。2016年12月，古蔺县被全国老龄办抽中为中国城乡老年人生活状况监测调查样本县。

（罗　佳）

## 残疾人事业

**【概　况】** 古蔺县残疾人联合会（以下简称古蔺县残联）是经县委、县政府批准，于1990年正式成立的县级残疾人事业团体，为中国残疾人联合会的地方组织。古蔺县残联由古蔺县人民政府领导，业务上接受泸州市残联的指导，履行代表、服务、管理三大职能。2016年，内设办公室、康复教育股，下设古蔺县残疾人劳动就业服务站。有正式在职职工9人。

古蔺县人民政府残疾人工作委员会（以下简称县政府残工委）是古蔺县政府常设议事协调机构。县政府残工委主任由分管副县长兼任，委员由民政、教育、公安、工商、税务等22个残疾人事业发展相关部门分管领导担任，主要职责是综合协调古蔺县残疾人事业的方针、政策、法规、规划、计划的制定和实施工作，协调解决残疾人工作中的重大问题。县政府残工委秘书处设在县残联，其日常工作由县残联承担。

古蔺县现有各类残疾人6万余人，约占全县总人口的7%，90%以上的残疾人居住在山区农村。截至12月31日，持第二代残疾人证23705人，残疾人办证率为40%，其中一级1862人，二级3313人，三级4525人，四级14005人。

**【"量服"工作】** 以"贵在精准、重在实效"为要求，为残疾人提供"量体裁衣"式个性化服务（以下简称"量服"）。2016年，个性化服务落实2.99万人（持证残疾人100%覆盖），各项残疾人服务的针对性、有效性得到提高。

**【专项调查】** 根据全国残疾人基本服务状况和需求信息数据动态更新工作安排，以"量服"为载体，进一步深化入户调研，持证残疾人基本服务状况和需求，村（社区）残疾人组织机构、残疾人服务设施等调查信息更新上报、汇总分析任务全面完成。

**【康复工作】** 整合资源推进各项康复工作，组织实施贫困家庭重度听力残疾儿童救助8人、脑瘫儿童救助40人、基本型辅助器具发放400人三项民生工程，共投入救助资金95万元；提供康复咨询服务2335人次；加强康复员队伍建设工作，组织开展社区康复协调员培训10人；认真开展"爱耳日""爱眼日"宣传活动；按1.2万元/人标准，救助智力残疾儿童康复训练10人。

**【劳动就业】** 执行《古蔺县残疾人就业保障金征收使用管理实施细则》，依法开展就业保障金征收工作，2016年共征收就业保障金450万元；投资18万元，开展农村残疾人实用技术培训2期280人；选派315名残疾人到泸州参加车工、盲人按摩技能培训；以县内盲人按摩集中安置就业为主，以残疾人自主分散就业为辅的方式推进残疾人就业工作，全年新增残疾人就业230人；鼓励残疾人自主创业（就业），开展残疾人创业（就业）扶持工作，全年扶持个体工商户、发展现代农业19人，发放扶持资金20万元。

**【文体工作】** 以古蔺特校集中教育和普通学校随班就读分散教育两种方式，保障残疾人受教育权益，全县残疾儿童入学率达91%；投入资金5万元，用于古蔺特校添置防寒物品，改善学生住宿条件；做好贫困残疾学生救助工作，全年救助义务教育阶段残疾学生90人，发放救助资金4.5万元；做好残疾考生高考录取及就学宣传、资助工作，实施残疾人"圆梦助学工程"，全年救助59名残疾人子女、17名残疾人大学新生，发放助学资金35万元；义务教育阶段残疾学生全部享受"两免一补"政策；邀请四川省残疾人艺术团到古蔺举办"励志自强、脱贫奔康"主题演出1场，大力宣传残疾人"三有四自"精神。

**【扶贫解困】** 进一步改善残疾人人居环境，按照相对集中的原则实施，在石宝镇组织实施残疾人家庭无障碍改造20户，投入补助资金4.2万元；扎实开展"精准扶贫"帮扶工作，组织干部职工深入联系帮扶村——石宝镇石口村开展入户调查、生产扶持等结对帮扶工作；帮助农村贫困残疾人发展生产1310人；城乡残疾人居家灵活就业4950人，其中居家灵活就业直补540人27万元；积极动员社会力量，在重大节日期间走访慰问贫困残疾人1500人。

**【社会保障】** 按150元/人的标准，对持证残疾人参加2017年城乡居民医疗保险实施100%救助；一、二级持证残疾人纳入城乡社会养老保险资助范围，由政府按最低缴费档次100元/人·年标准为其代缴城乡社会养老保险；全面落实重度残疾人护理费用补贴、残疾人扶贫对象生活费补贴政策，发放重度残疾人护理补贴4991人334.3万元，为2963名持证非低保的建档立卡残疾人发放残疾人扶贫对象生活费补贴410万元。

**【设施建设】** 县委、县政府将原检察院大楼（火星山公园路）划拨给县残联，改建为县残疾人综合服务中心。通过公开招标，确定由四川民智达建筑工程有限公司承接服务中心装饰工程，中标金额175万元，于11月正式启动服务中心改建工作。

**【信访维权】** 依法维护残疾人合法权益，有效开展法律援助工作，在有关部门的大力支持下，2016年共办理法律维权案件5件；加大《中华人民共和国残疾人保障法》等残疾人法律法规及政策的宣传力度，残疾人法律维权意识得到提高；认真做好群众来信来访处理工作，全年受理来信来访181件，办结181件。

**【宣传工作】** 认真组织开展全国助残日、法制宣传日、爱耳日、爱眼日等宣传教育活动，大力宣传残疾人法规、政策及残疾预防知识，2016年放发宣传资料6000余份；加强事业发展成果和工作动态宣传，积极倡导社会各界关心和扶持残疾人，努力营造全社会共同关注和参与的事业发展氛围；切实做好党务、政务公开工作，全年报送、发布各类信息95条。

**【组织建设】** 加强残联干部队伍建设，开展“两学一做”学习教育活动，开展效能建设、党风廉政建设、城乡环境综合治理等工作，努力打造一支“人道、廉洁、服务、奉献”残疾人工作队伍；加大培训力度，以会议代训，选派人员参加到省、市、县集中培训等方式，2016年培训残疾人工作者、村（社区）干部3次500余人次，残疾人工作队伍整体素质得到提高。

（刘代杰）

# 乡 镇

## 古蔺镇

【概　况】古蔺镇位于县境中部偏西的古蔺河上游，东邻永乐镇和护家乡，南邻双沙镇，西邻德耀镇，北邻黄荆乡，镇域面积284平方公里。四川省古蔺县城所在地，是全县政治、经济、文化、商贸和交通中心。古蔺镇是典型的城乡结合型大镇，地形以山地、丘陵为主，海拔537.7—1843米。常年平均气温18.2℃，年平均降雨量783.6毫米，日照充足，无霜期长，雨量偏少。农业主产水稻、玉米、小麦、薯类和蔬菜，是泸州市第一农业大镇。铜矿、铁矿、石灰石、白煤等矿产资源丰富。

2016年，全镇辖26个村、198个社、7个社区、85个居民小组，年末总人口122067人（其中城镇人口116395人，农村人口5672人），以汉族为主，有苗、回、彝、侗、白、壮、仡佬7个少数民族共934人，占全镇总人口的0.7%。年末耕地面积7468公顷，园地649.5公顷，林地13999.7公顷，草地2263.3公顷。全镇26个村和198个社全部通电、通电话、通公路、通电视、通宽带。

古蔺镇是县委、县人大、县政府、县政协领导机关所在地。2016年，辖区内有县级机关、企事业单位102个。镇党委、政府机关驻地胜利街63号，镇机关内设党政办公室、群众工作办公室、社会事务办公室、农村经济发展办公室、城镇经济发展办公室、村镇建设服务中心、社会事务服务中心、计划生育服务中心、财政所、民政办、安全监督办公室、交通管理站、食品药品监督管理所、劳动保障所14个内设机构，在职人员103人，其中公务员64人（含领导干部9人），事业人员19人，大学生村官1人，志愿者1人，临聘人员5人。镇党委下属社区大党委4个，党总支2个、党支部82个，有党员2867人。

【特色资源】辖区内有生态旅游特色资源国家级森林公园红龙湖风景区、省级森林公园火星山森林公园；有“飞”上中央电视台《舌尖上的中国2》和《农广天地》的古蔺特色美食古蔺麻辣鸡、古蔺手工面；有生态农业特色资源古蔺赶黄草、脆红李、古蔺镇香山村千亩级无公害蔬菜示范园；有红色旅游特色资源古蔺县红军四渡赤水战役遗址——蒿枝湾战场遗址；有乡村旅游资源古蔺镇漆山村打造的苗寨花海农业创业园区；有近郊旅游特色资源花果园、宝灵、河流溶洞；有特色文化资源古蔺花灯、古蔺山歌、奢香广场。

【主要经济指标】2016年，全镇实现地区生产总值248649万元，同比增长9.9%；全社会固定资产投资完成76021万元；社会消费品零售总额145528万元；一般公共预算收入实现9467万元；农村居民人均可支配收入达11617元；镇域经济实力显著增强。

**【基础设施】** 2016年，基础设施建设攻坚“两个百万三个千万”工程全面完成，投入资金330万元，实施枣林、三道水2个“乌蒙新村”聚居点建设，示范带动全镇“美丽新村”建设。投入215万元，完成农村危房改造149户，切实解决农民住房难问题。投入2700万元，完成高速公路损毁工程整治42处，恢复渠道29处15公里，整治小（2）型水库2个，完成安全饮水工程8处，安装入户892户，解决3327人安全饮水。投入资金2190万元，完成飞龙岩桑湾—羊儿坡、三道水村委会—岩桑沟、成龙马洞沟—大山水等14条36.5公里公路硬化，镇域交通网络不断完善。投入3400万元，完成7个村农网改造工程，解决4355户近2万人用电难问题。

**【农　业】** 2016年，古蔺镇完成粮食生产播面5430公顷，产量21903吨；种植蔬菜1133公顷，实现产值5600余万元；种植烤烟267公顷，实现产值900余万元；种植赶黄草、黄檗、木瓜等中药材333公顷，实现产值450万元。建成以香山为核心的万亩无公害优质蔬菜基地、以三道水为核心的脆红李优质水果基地，“蓝天之味”优质水果已初具市场知名度，包装注册工作有序推进。年末，牲畜存栏4.35万头，出栏5.67万头；禽类存栏12万只，出栏12.4万只。

古蔺县古蔺面行业协会采取“公司+专业合作社+作坊”的发展模式，成立了3家公司和5个专业合作社，吸收了50余个作坊。麻辣鸡产业依托古蔺三深农产品有限公司的带动作用，按照“公司建基地，合作社联农户”的模式进行发展，公司在成都高端卖场设古蔺麻辣鸡专柜，年销售量在10万只左右。

**【工　业】** 2016年完成招商引资1.35亿元，乡村旅游、商贸物流、住宿餐饮、批发零售、信息咨询、文化娱乐、社区服务产业等繁荣发展，有力促进了镇域经济转型升级。

**【新兴产业】** 紧扣“生态田园、红色古蔺”主题，进一步完善五彩花果园、漆山魅域桃源、三道水脆红李基地等近郊旅游目的地基础设施，香山沧水岩养生养老旅游项目通过评审。2016年接待游客共计90万人次，近郊旅游格局初显。

**【旅游产业】** 利用高速公路通车有利契机，打造火星森林公园—红龙湖—香山绿色蔬菜基地—彰德手工面园区—五彩花果园—三道水宝灵脆红李基地—漆山苗寨花海—小水元宝枫基地的乡村生态旅游示范带，带动各村充分利用生态资源发展乡村旅游，2016年接待游50多万人次。

**【民生工程】** 教育惠民。新建农村校舍面积3600平方米，一小、金兰小学、进修校附属学校扩建稳步推进，东区九年一贯制学校加快规划，教育扶贫不让一名适龄儿童失学，全镇学校清理退费给扶贫对象户30多万元，发放教育资助金140多万元，全镇素质教育成绩名列全县前列，教学质量稳步提升。文化惠民。组建古蔺镇基层文联组织，全面完成宽带网络、广播电视“村村通”和农家书屋“一卡通”建设，发展数字电视“户户通”785户，数字电视覆盖率96%以上；完成全镇村级党员干部远程教育平台整改维护，村级农家书屋免费开放，举办春节文化活动、“七一”晚会、全民才艺秀等群众性文化活动，人民群众充分享受到了公共文化资源。医疗卫生惠民。古蔺镇卫生院完成改扩建工程，芭蕉村卫生室建成投运，全面落实医疗扶贫政策和公共卫生服务，医疗远程会诊系统信息化建设有序推进；开展公共卫生服务项目，完成全民预防保健5.56万人，居民健康档案建档率达100%，完成孕前优生健康检查858人，落实计生家庭奖励扶助1355人。社会保障惠民。开展贫困户劳动力、失地农民、城镇就业困难人员等重点群体创业就业培训300余人次，新增城镇就业1600人，就业扶贫解决农村公益性岗位47人，落实120名大学生创业及小额担保贷款1200万元，重点支持古蔺籍在外成功人士回乡创业；开展城乡低保精准识别、残疾人

"量服"工作，为2177人提供最低生活保障，为各类优抚对象413人提供困难补助，为残疾人提供450个就业岗位，为870人发放补贴59.88万元，为农村五保230人提供生活保障，为201人提供困难救助，发放救助金30余万元，为贫困户发放棉被、棉衣等物资5750套，城乡居民养老保险覆盖率达96%以上，医保参保率达99%以上。

**【项目建设】** 叙古高速公路2016年10月实现通车，叙大铁路古蔺段到11月基本完成轨道铺设，全面完成三个中心一期、县城二通道一期、兰西大道一期、西区110千伏变电站、西区客运站等项目建设征地，棚户区改造完成房屋拆迁59栋，金融商贸综合体全年实现投资5000万元，东城创业园区完成投资8000万元，东区客运站、国家粮食储备库、西区枢纽园等项目建设稳步推进。

**【文化体育】** 全镇有综合文化活动室一处，村文化活动室20间，实施不可移动文物保护112个，军腰鼓队、健身队、秧歌队、舞蹈队、连枪队等文艺团体52支，篮球队10个，组建基层文联组织2个。2016年共投入资金190余万元，规范化建成芭蕉、广惠、金山3个村级文化活动阵地并投入使用。举办2016年春节"群众春晚"、"春节游园"、"小水片区春节文艺表演暨篮球运动会"、"自治小区成果展示"、"开心过三八"、"欢欢喜喜过端午"、"庆祝建党95周年、红军长征胜利81周年暨'两学一做'教育文艺晚会"、"全民才艺秀"、"三道水宝灵脆红李采摘节"和喜闻乐见的广场舞、军腰鼓、知识竞赛等文化体育活动，极大丰富广大群众的文化生活，不断提升广大居民的综合素质。全面完成宽带网络、广播电视"村村通"和农家书屋"一卡通"建设，发展数字电视"户户通"785户，数字电视覆盖率96%以上，完成全镇村级党员干部远程教育平台整改维护，村级农家书屋免费开放。

**【计划生育】** 全面推进免费孕前优生健康检查，2016年参加孕前优生健康检查429对。全年发放各种计生政策奖扶金98万元。积极开展生育秩序整治行动，低生育水平持续稳定，人口自然增长率为5.44‰。投入资金10万元，开展生育关怀活动。

**【安全维稳】** 抓住信访、矛盾调处、防控体系、平安创建4个重点工作，健全大调处、大防控、大接访3个工作机制，开展"六五"普法、依法治镇等工作，2016年共受理矛盾纠纷285余件，调解成功245件，化解历史积案10件，社会矛盾和不稳定因素有效缓解，镇司法所被评为2016年全国模范司法所。全面实施网格化管理，投入资金489万元，打造规范小区74个，城市管理水平明显提升。层层落实安全监管责任，扎实开展重点场所、重点行业领域安全执法检查，全年未发生较大安全事故，安全生产形势总体平稳，社会环境和谐稳定。开展"平安古蔺"建设，深入开展打黑除恶专项斗争暨社会治安专项整治，建立完善各类应急机制，组建了一支强有力的民兵应急队伍，全镇呈现出政治安定、社会稳定的良好局面。

**【脱贫攻坚】** 围绕"十大扶贫攻坚行动"，紧扣"整村推进、产业扶贫"两项重点，全力实施"基础扶贫、产业扶贫、生态扶贫、科技扶贫、社会扶贫"五项工程。2016年投入300万元，建成芭蕉至永华、干岩子至桃坝小学共8公里通村水泥路；投入29万元，实施5个村贫困户的安全饮水一户一策工程，解决了近200户贫困户用水难的问题；投入160余万元，修建芭蕉村党群服务中心、卫生室和文化室；投入850万元，实施芭蕉村易地扶贫搬迁工程，完成贫困户安置30户117人。实施产业扶贫到户项目370个，办理产业扶贫小额贷款1371.5万元，发放产业周转金19.8万元，覆盖贫困人口467户1355人，完成11个村386户1273人的精准减贫任务。

（黄其昭）

**名词解释**

**“十大扶贫攻坚行动”**：村级道路畅通、饮水安全、农村电力保障、危房改造、特色产业增收、乡村旅游扶贫、教育、卫生和计划生育、文化建设、贫困村信息化十大攻坚行动。

**农家书屋“一卡通”**：以市图书馆为中心，区、县图书馆为支点，镇街、村社图书室为终端，在全市区域内图书馆、室之间建立起计算机网络服务系统，采取“以城市辐射农村”的方式，整合全市公共文献信息资源，实现网上信息资源共享和图书通借通还的一项现代化服务方式。

## 太平镇

**【概　况】** 太平镇位于县境北部，临赤水河，与贵州省习水县隔河相望。镇政府所在地太平渡位于古蔺河与赤水河交汇处，距县城33公里。镇域面积101平方公里，耕地面积2850.6公顷，园地100.3公顷，林地4702.1公顷。辖9个行政村、1个社区居委会、105个村（居）民小组。总人口37797人，其中，苗、彝、藏、满4个少数民族共1300余人。人口自然增长率2.7‰。

境内海拔300—1000米，气候温和，年平均气温18.6℃，年平均降雨量800毫米，年光照时数1300小时。粮食主产水稻、玉米、小麦、大豆，经济作物有油菜、蚕桑、花生、茶叶。太平镇地处古叙煤田东段主矿区，蕴藏着丰富的低硫低灰高热量优质煤。

太平渡是四渡赤水中二渡、四渡重要渡口，建在镇内的四渡赤水陈列馆和纪念碑，系省级重点文物保护单位、全国爱国主义教育基地。太平镇为中国历史文化名镇和省级小城镇建设试点镇，并被列为全国100条红色旅游经典线路途经地之一和全国国防教育示范基地，太平古镇被评为国家AAAA级旅游景区。

**【主要经济指标】** 2016年，全镇地区生产总值完成129845万元，同比增长9.8%；全社会固定资产投资99920万元；社会消费品零售总额210227万元；一般公共预算收入1013万元；农村居民人均可支配收入10947元。

**【项目建设】** 2016年12月完成潭酒小镇一期工程主体建设，建房47户。投入资金1800万元，建设通村水泥路，硬化42公里通村路；完成石亮河至木子坳3.2公里、5.5米宽公路建设；投入资金265万元，完成木子坳至凉水井5.3公里、4.5米宽通村水泥路；新建硬化城伍村3.5公里、3.5米宽机耕道。打造城伍村党群活动中心，是集卫生室、文化室、活动室为一体的多功能活动中心。

**【农业发展】** 全镇新增辣椒种植33公顷。投资1200万元，在走马、城伍、高笠、九龙4个村实施小农水项目，建成灌溉蓄水池60余个，引水沟渠90余公里，维修山坪塘8座，硬化生产便道3.5公里。2016年发放扶贫贷款956.6万元，产业周转金70万元，共计1026.6万元，覆盖贫困户363户，贫困人口1379人。改扩建标准化规模养殖场2个，培育专业合作社2家。年末，出栏生猪2.36万头，出栏禽类4万余只，全镇肉类总产量1910吨，蛋类199吨。2016年减少贫困村1个、贫困人口2589人。

**【民生工程】** 完成九龙小学改扩建工程，新建关寨、九龙小学食堂并投入使用，2016年新改建村卫生室3个。落实创业就业优惠政策，转移农村劳动力12000人次。广播、电视、通信三网实现全覆盖，建成综合文化服务中心、文化院坝示范点2个。举办全市古镇旅游景区消防演练和全县安全生产基层基础建设现场会。全镇无刑事案件，治安案件发案率大幅下降，人民群众安居乐业。

**【旅游发展】** 与成都武侯祠锦里旅游文化有限公司合作，改造老街风貌，完善景区基础设施，古镇景区夜景灯光一期工程全面完工，完成博物馆改造升级。景区渡口酒店完成主体工程建设，正在进行内外装修。2016年，太平古镇景区共接待游客84万余人次，旅游综合收入5.34亿元。

（赵　敏）

## 二郎镇

**【概　况】** 二郎镇地处古蔺县境东北部，川黔两省三县（古蔺、习水、仁怀）交会处，东接土城镇，西临太平镇、东新乡，南接大村镇，北靠赤水河，与贵州省习水县一桥相通，与国酒茅台故里仁怀市隔河相望，镇政府驻地二郎滩距县城46公里。2016年，镇机关内设党政办、财政所、食药监所、经发办（扶贫开发中心）、安办、社事办、群工办、计生办、计生服务中心、社事服务中心、村镇建设服务中心。镇域面积90平方公里，辖15个村民委员会、105个村民小组、2个社区居民委员会、8个居民小组，年末总人口48149人。

**【主要经济指标】** 2016年，全镇地区生产总值完成555744万元，同比增长10.1%；全社会固定资产投资完成185851万元；社会消费品零售总额94916万元；一般公共预算收入完成2505万元；农村居民人均可支配收入达11477元。

**【农　业】** 2016年，全镇培育壮大农业经济实体23家，建成甜橙、脆红李、核桃等七大特色产业园区。协调郎酒集团为群众提供酒糟，支持群众走生态养殖道路，初步形成了以万头肉牛养殖为主，生猪、山羊、土鸡养殖为辅的现代畜牧养殖发展格局。

**【工　业】** 依托赤水河谷不可复制的地理气候资源，围绕打造“中国酱香酒谷”的规划目标，全程跟班服务郎酒，保障郎酒发展，帮助其他酒类企业调整产品结构，提升酒品酒质，强化产销衔接，积极开拓市场。2016年，酒类企业销售收入达75亿元，实现酒以镇兴、镇以酒名。

**【第三产业】** 整合镇村干部力量，加快青龙洞旅游开发，完成土地流转48户8.32公顷。投入资金500余万元，实施场镇“三化”建设，提升了场镇综合形象。2016年，全镇第三产业增加值达4500万元。

**【脱贫攻坚】** 2016年，华年村、石榴村已基本达到“摘帽”标准。在全县“六个加快”综合督导评估中，二郎镇扶贫工作排名第一，市委派出调研组专题进行调研，省委第三方综合评估排名第一，先后荣获古蔺县2016年度脱贫攻坚工作先进乡镇、古蔺县2016年度易地扶贫搬迁工作先进乡镇称号。

**【名酒名镇建设】** 累计投入资金6亿元，完成红花苑二期和吴家沟安置房、镇区道路改善等基础设施建设，先后启动实施天宝峰露天陶坛酒库、景观陶坛、郎酒宾馆、生态制曲园区等9个建设项目，其中天宝峰库区至5万吨酒库输酒管线工程、天宝峰20万吨库区A9、A10酒罐建成并通过验收，黄金坝陶坛景观工程完成工程总量的75%，黄金坝生态制曲园区、郎酒厂宾馆及配套附属设施、天宝峰包装中心露天陶坛展示区建设等项目稳步推进。

**【基础设施建设】** 筹集资金6600万元，完成镇区道路C线、E线建设，启动红花苑—天宝洞—天宝峰道路改造。水利设施方面，争取安全饮水项目投资3490余万元，完成新龙滩提水工程、盐井河提水工程、东风供水工程、吴家沟抗旱应急工程、安全饮水扶贫到户工程等一系列安全饮水项目。电力改造方面，积极向上争取，文明村、雷家沟村等4个村农网改造全面启动。

**【社会事业】** 2016年，全镇共开展创业就业培训6000人次，新增创业、就业、再就业2800人，发放各类创业贷款280余万元；完善城乡低保兜底885户1194人，发放城乡居民最低生活保障金339.1万元；完成残疾人居家灵活就业350人；城乡居民养老保险参续保6037人，发放城乡居民养老保险退休金342万余元；2016年，城乡居民医保参保人数44205人。继续深入推进中小学课堂教学结构改革，整合教育资源，改善办学条件，着力推进教育均衡发展。加强村文化阵地建设，在文明村、雷家沟村建成标准村文化室。打造服务型卫生和计划生育工作平台，全年办理生育服务证431个，免费孕前优生健康检查175对。创新工作方式，全民预防保健体检变集中体检为进村入户体检，全民预防保健体检完成21620人。

**【安全稳定】** 落实“党政同责、一岗多责”“五级五覆盖”责任制，做好烂弯子煤矿关闭工作，2016年，处理征地搬迁、关闭煤矿、地灾赔付、林权纠纷、用电用水纠纷等各类矛盾纠纷230余起。实施“红色·法治·名酒”为主题的依法治理工程，创新网格化管理为重点的社会管理，继续重拳打击各类违法犯罪活动，形成高压态势，确保社会和谐稳定。

**【党的建设】** 狠抓思想政治教育，“两学一做”主题教育广泛开展，各级干部理想信念、群众观念、宗旨意识、创新意识不断增强。鲜明用人导向，坚持重实绩、重基层、重公认的原则，成功召开镇第九次党代会和第九届人民代表大会第一次会议，配齐配强村“两委”和镇中层干部。机关、学校、农村、社区、“两新”组织党的建设全面加强，基层党组织战斗堡垒作用和党员先锋模范作用充分发挥。完成复陶社区、水泉村活动室改扩建工程，完善文明村、清水村、雷家沟村活动阵地，基层党组织战斗堡垒作用得到充分发挥。

**【党风廉政】** 开展党风廉政和反腐败工作，党风廉政建设“两个责任”全面落实，行政效能建设不断深化，首问负责、限时办结、责任追究等制度不断完善，服务质量明显提高，发展环境不断优化。作风建设长效机制逐步建立，“庸懒散浮拖软”“不作为、慢作为、乱作为”等专项治理活动扎实开展，干部精气神显著提升，执行力和战斗力明显增强。惩治和预防腐败体系不断完善，2016年核查案件线索12起，对6名干部进行立案查处，对5名干部进行“双停”并进行组织调查。“三早三卡”、干部“负面清单”功能有效发挥，“三严三实”“两落实，三加强”“大操大办整治”等活动扎实开展，干部从政行为更加规范。

（萧　涌　尹　斌）

## 德耀镇

**【概　况】** 德耀镇位于县境西部，镇政府机关驻德耀街社区曙光路，距县城12公里，省道309线、古（蔺）赤（贵州赤水）路、叙古高速公路、叙（永）大（村）铁路穿境而过，形成“两横两纵”交通网络。德耀镇属川滇黔渝“金三角”旅游环线的主要交通枢纽。集镇建成区面积约1平方公里。2016年，全镇辖区面积99平方公里，辖8个村民委员会和1个社区居委会，共64个村（居）民小组，年末总人口20489人，其中非农业人口1440人。年末耕地面积2793.8公顷，园地43.8公顷，林地5226.1公顷。全镇粮食作物以水稻、玉米为主，尤以“天台寺清朝贡米”最为珍贵。经济作物以烤烟、高粱、牡丹为主，盛产天麻、杜仲、黄檗等名贵中药材和茶叶。双凤村醇香园绿茶获农业部“无公害农产品”称号。森林覆盖率达71%。已探明优质无烟煤储量2289万吨、硫铁矿储量2079万吨。镇域经济以第一产业为主，第二产业比重偏小，第三产业发展势头良好。

**【主要经济指标】** 2016年，全镇实现地区生产总值17996万元，同比增长9.1%；一般公共预算收入376万元；全社会固定资产投资49740万元；社会消费品零售总额8027万元；工业增加值2397万元；农村居民人均支配收入10024元。

**【产业发展】** 把培育壮大特色产业与大力发展现

代农业紧密结合，不断优化产业结构。完成粮食播种面积2412公顷，实现粮食产量9075吨。全镇种植烤烟167公顷，产量25万公斤，实现产值644万元。种植甜柿37公顷，投产10公顷，产量150吨，实现产值120万元。种植油用牡丹80公顷，实现产值200万元，带动农民增收60万元。新建牛皮茶生产基地26.7公顷，生产加工企业1家，牛皮茶年产量达6000公斤，产值460万元。推进福来机砖厂2100万元技改项目，支持鑫利建材等一批建材企业技改扩能。

**【脱贫攻坚】** 2016年，全力开展脱贫攻坚工作，实施产业扶贫到户项目117个，发放扶贫小额贷款158.43万元、住房建设贷款555.25万元、产业扶持周转金60万元。全面完成燕岩村贫困村退出和燕岩村、柏坪村、永华村、福来村、红光村、集美村等112户374名贫困人口减贫任务。扎实开展"五个一"驻村帮扶工作，燕岩村顺利通过第三方评估。整镇推进易地扶贫搬迁工作，全镇实施易地扶贫搬迁346户1148人，完成大风口、黄泥庆、罗家湾、天堂岭4个聚居点房屋主体工程，分散安置户全部完成建设，部分群众已迁入新居。全镇硬化道路18.6公里，其中燕岩村实施硬化公路10.8公里，凤凰村硬化道路4公里，红光村硬化道路3.8公里。燕岩村党群服务中心建成并投入使用，文化室、卫生室均已达标并投入使用。

**【重大项目建设】** 全力开展叙古高速公路、叙大铁路建设的协调保障工作，确保叙古高速公路2016年10月顺利通车，叙大铁路铺轨到火车站（德耀镇福来村）。完成石梁子水库征地拆迁工作，确保石梁子水库工程建设顺利推进。叙蔺路德耀场镇段"白加黑"改造工程开工建设。成功签约古蔺农禾源生态旅游公司绿色生态观光园项目、古蔺晟茂生态旅游公司"云游小镇"项目，以农兴旅、以旅促农，着力打造精品示范农业园和旅游休闲度假胜地。

**【城乡统筹】** 全面完成古赤路升级改造工程，309省道德耀场镇段启动"白加黑"工程。完成凤凰村关口河至村活动室水泥路硬化4公里，启动实施凤凰鹅岭水泥路硬化2公里；完成燕岩村3条水泥路共10.8公里，实施柏坪村以工代赈项目水泥路1公里、红光村大风口水泥路3.8公里、永华村至古蔺镇芭蕉村水泥路0.8公里；积极对接争取，抓紧启动实施集美、凤凰等通村公路建设。完成通村、通组泥结碎石路建设7.8公里，生产便道、入户便道14公里，着力改善全镇交通条件。硬化水泥沟堰13.5公里。凤凰村、集美村完成农村电网升级改造，场镇农网改造工作力争年底完成。燕岩村党群服务中心建成投用，福来、柏坪党群服务中心建设抓紧筹备，职工周转房等项目扎实推进。

**【民生工程】** 完成农村低保精准识别工作。新增城镇就业105人，城乡居民社会养老保险参保率达96%，城乡居民基本医疗保险参保率达98%。为800名残疾人提供"一人一策"的"量体裁衣"式服务，市级"妇女儿童之家"成功创建。红光文化院坝建成使用，超额完成全民健康体检工作任务。全镇免除义务教育阶段学生作业本费1732人，德耀镇小学教学楼建成并投入使用，完成农村实用技术培训5600人次；实施农村危房改造36户，地质灾害防治搬迁安置5户，解决农村饮水安全650人；敬老院建设主体工程完工，正在实施附属工程；实施退耕还林3701亩。全镇各项民生工程顺利完成。

**【党的建设】** 深入开展"两学一做"专题教育。紧紧围绕"法治扶贫、精准惠民"主题，围绕"依法执政、依法行政、司法公正、社会治理和学法用法"五项重点，不断推进依法治理，切实将政府各项工作纳入法治化轨道。不断强化制度建设，修订完善机关事务管理、财务管理、村财镇管办法等。认真贯彻落实中央八项规定和省、市、县委相关规定，厉行勤俭节约，"三公"经费支出较 2015 年下降 41%。

**【社会综合治理】** 排查化解社会矛盾纠纷 116 件，规范信访秩序，依法及时就地解决群众合理诉求。依法治镇工作全面实施，深入开展“法律八进”，红光市级民主法治示范村顺利创建。严格落实“党政同责、一岗双责、齐抓共管”要求，持续开展安全生产专项整治，积极开展安全隐患排查整治，有效预防各类安全生产事故发生。高度重视食品药品安全，切实保障群众身体健康和生命安全。加强突发事件应急管理，提高预警和处置能力。

（罗　军）

## 双沙镇

**【概　况】** 双沙镇位于县境西南部，镇政府驻地白沙街距县城 46 公里，全镇辖区面积 198 平方公里，辖 15 个村民委员会、1 个社区、136 个村（居）民小组。2016 年年末总人口 50261 人，其中非农业人口 3321 人，有汉、苗 2 个民族。耕地面积 6281.6 公顷，园地 1424 公顷，林地 9791.4 公顷，草地 1470.9 公顷。境内属亚热带湿润气候区，平均海拔 940 米，年平均气温 16.5℃，雨量适中。

镇党委、政府机关驻地行政街 998 号，镇机关内设党政办公室、群众工作办公室、农村经济发展办公室、城镇经济发展办公室、村镇建设服务中心、社会事务服务中心、计划生育服务中心、财政所、民政办、文旅宣办、纪检监察办公室、安全监督办公室、交通管理站、食品药品监督管理所、劳动保障所、扶贫开发服务中心 16 个机构，在职人员 73 人，其中公务员 35 人（含领队干部 8 人），事业人员 17 人，大学生村官 2 人，临聘人员 19 人。镇党委下属社区大党委 1 个、党总支 1 个、党支部 27 个，有党员 1032 人。

境内交通便捷。场镇至叙永县麻城纳黔高速出入口 26 公里，321 国道—大纳路横贯全境，县道民双路、古双路，乡道古白路、古寨路形成“一高一快四横”的交通干线。生态环境优越。白沙上、中、下河坝面积 234 公顷，拥有“九弯十八拐”的秀美画卷；双沙素有乌蒙深处的“世外桃源”、川南黔北的“画里乡村”、大纳路上的“璀璨明珠”之称。

**【特色资源】** 红色文化厚重。1935 年，在鱼塘湾发表《共产党中央委员会与中央革命军事委员会告全体红色指战员书》，拟定“二渡赤水”作战计划。旅游资源丰富。“双沙菜花旅游文化开放月”持续举办，拥有溶洞、峡谷、情花等旅游资源。风情小镇、景观大门、景区配套设施逐步完善，打造琼粼湖景区、白马新村、双沙老街传统老街，旅游发展成效明显，被评为“四川省乡村旅游示范镇”。

**【主要经济指标】** 2016 年，全镇地区生产总值完成 36139 万元，同比增长 9.3%；全社会固定资产投资 52599 万元；社会消费品零售总额 14475 万元；一般公共预算收入完成 1074 万元；农村居民人均可支配收入达 11188 元。

**【基础设施】** 城镇开发加快推进，建成商品房 8600 平方米，建成污水处理站 1 座。新建公路 68 公里，硬化公路 89 公里，建成安保工程 15.6 公里。整治山坪塘 15 口，实施安全饮水工程 43 处，白沙河河堤（洞梁子至锁城 3.8 公里），星光、红光、德安、陈坪等水保工程建设，治理水土流失面积 23.5 平方公里，实施坡改梯 60 公顷，水土保持 276 公顷，经济果林 364 公顷，封禁治理 1099.46 公顷，保土耕作 550.54 公顷，小型水利蓄水池 32 口，整治塘堰 7 座、沟渠 12.68 公里、沉沙凼 58 个，作业道路 7.63 公里。全面完成农电体制改革。35 千伏输变电站建成投运。加快推进农村电网改造，8 个贫困村电网改造全部纳入省电网改造规划，改造农村电网 258 公里。实施农村危旧房改造716户，加快推进易地扶贫搬迁聚居点和分散安置房建设。加快实施光网工程，光纤宽带覆盖16个行政村，通信传输网络基本建成。

**【脱贫攻坚】**“五个一”帮扶合力推进，如期完成县下达的脱贫攻坚任务。实现2个贫困村摘帽、1561名贫困人口稳定脱贫。完善市、县、镇、村帮扶体系，“1+1+N”责任体系刚性落实，贫困村“五个一”、贫困户“六个一”帮扶高效运行，脱贫攻坚合力全面形成。政策措施精准落地。脱贫攻坚27项政策全面落地，上争资金169.1万元，统筹实施“六个一批”帮扶行动，严格执行“十免四补助”医疗扶贫政策，实现贫困户全民预防保健100%、基本医疗参保率95%以上、县内住院零支付100%。脱贫任务精准完成。聚焦贫困村“一低五有”、贫困户“一超六有”脱贫标准，17个易地扶贫搬迁聚居点安置286户1120人，分散安置313户2300人。新建贫困村通水泥路118公里，东山村、红光村实现卫生室、文化室、宽带网络、农网改造全覆盖；实施产业扶贫到户项目2个，发放扶贫小额贷款374.2万元、产业周转金174.7万元、建房贷款2153.1万元，覆盖贫困人口1206人。开发公益性岗位107个，实现就业脱贫107户。文明新风逐步形成。以“养成好习惯、形成好风气”为目标，开展“文明家庭”“致富带头人”等评选活动，编印《双沙镇养成好习惯、形成好风气读本》《双沙镇脱贫攻坚政策读本》，引导和教育贫困户形成良好文明风尚。

**【农　业】**围绕县委、县政府提出的发展“生态畜牧、优质果蔬茶、道地中药材、山地烤烟”四大特色农业产业部署，紧抓古蔺县“五个百亿”产业发展机遇，将现代农业与脱贫产业紧密结合，将观光农业与生态旅游紧密结合，努力向规模化、品牌化发展。引进温氏集团投资寨坪生猪养殖基地，规划实施肉牛养殖基地7个。2016年培育专业合作社12个、种养大户21户，出栏生猪42864头、肉牛2006头、家禽70922只；新发展果蔬茶1667公顷、中药材867公顷、山地烤烟627公顷，实现农业总产值2.65亿元，占国民生产总值65.4%。

**【旅游产业】**2016年，完成双沙镇田园花镇画里乡村旅游基础设施建设规划。“风情小镇”、古双路、大纳路景观大门等项目启动建设。游客接待中心、环山步游道完成规划设计，启动征地拆迁。加快推进双沙河道景观、古街改造、杆管线下地等项目。完成白马村到古蔺镇宝灵村硬化公路和道路景观等旅游基础项目，完成白马村花街、民居改造、河道景观、停车场等旅游景观项目，完成白马村活动室、文化广场等公共服务项目，“山水花香、幸福白马”打造基本完成。东山桃源仙境产业旅游区、琼粼湖生态旅游区建设加快推进，环湖旅游公路、光亮工程、活动室、文化广场全面完成。完成场镇污水处理建设项目，加快排污管网建设。东山旅游景区大门启动建设。严厉打击并有效控制违法建设，深入开展城乡环境综合整治，违法搭建、车辆乱停、城乡“三乱”等得到有效治理，人居环境逐步优化。双沙菜花节、白马追鱼节等旅游节庆活动有序实施，“画里乡村”旅游文化品牌不断拓展。双沙镇画里乡村投资开发有限公司组建全面完成，双沙菜油、双沙胡海椒、双沙岩蜂蜜等特色旅游产品开发基本完成，正在加快实施商标注册、线上线下融合、品牌推广等工作。双沙旅游酒店、白马洞、景家洞等招商工作有序推进。投资2.8亿元的双沙红色小镇完成规划科研编制，待国家批准。

**【民生事业】**2016年，教育卫生持续改善。寨坪小学、陈坪小学建成投用，白沙小学、中心幼儿园建设加快。全民预防保健全面实施，完成体检20852人，建立健康档案20852人（份）。社保事业不断加强。开展创业就业培训167人次，发放创业就业贷款100万元，帮助3036人实现稳定就业。城镇职工实现“五险统征”，城乡低保“清零”再识别，精准覆盖1765人，城乡居民养老保险覆盖率达6.64%以上，医保参保率达100%以上。生态保障扎实实施。完成天然林保护、退耕还林2676亩。建成污水处理厂，启动场镇排污管网建设，开展城乡环境综合治理，场镇、村容村貌明显改善。全年出动宣传车120余次持续宣传，未发生违规操办酒席。

**【安全维稳】**“五级五覆盖”安全体系全面落实，2016年未发生重大安全事故。开展“打侵财、治毒品、压发案”等专项行动，全年办理刑事案件11件、行政处罚108件，实施处罚138人。打击吸毒贩毒，刑事处罚6人，强制戒毒11人。化解矛盾纠纷146起，办理群众信访83件。市级依法治镇示范乡镇通过验收，全民守法、用法、护法意识逐步提升。推进食品药品监管执法，全年处罚案件28件32人，移送司法机关制造假酒案1件。

**【党风廉政建设】** 2016年，实施体制改革、公车改革，“三公”经费持续下降。“营改增”全面施行，不动产统一登记全面推进，确权颁证12080份。行政效能稳步提升。推进简政放权，承接省、市、县下放审批，全年受理行政审批和公共服务事项282件。全面落实从严治政各项规定，干部作风整顿和警示教育。强化财政预算、重大项目建设、扶贫资金等审计监督，乡镇审计站试点工作有序实施，严肃查处各类违法违纪行为，反腐败和廉政建设工作取得新成效。

（王　波）

## 永乐镇

**【概　况】** 永乐镇地处古蔺县东部，距县城18公里，西与古蔺镇接壤，东与太平镇为邻，东南连石屏乡，南接龙山镇，北与贵州省习水县隔河相望。镇域面积136平方公里，辖1个社区、13个行政村、132个村（居）民小组。总人口48301人，其中农业人口41374人。

交通便捷，蔺郎公路、叙古高速公路穿境而过。永乐文化独具魅力，是传统古蔺花灯、龙灯的发源地，每年正月十五，乐用街龙灯飞舞，花灯妖娆，礼花四溅，鼓乐齐鸣，热闹非凡。永乐物产富饶，素有“鱼米之乡”和“古蔺粮仓”美誉，其“永乐大米”和永乐大棚蔬菜享誉古蔺；泸州名小吃“永乐羊肉”味道鲜美，香味独特，闻名县内外。

**【主要经济指标】** 2016年，实现地区生产总值30832万元，同比增长9%；全社会固定资产98846万元；社会消费品零售13406万元；一般公共预算收入531万元；农村居民人均可支配收入10498元。

**【特色农业】** 依靠“两路两河谷”，打造甜橙、椪柑、核桃、柚子等有机特色品牌，培育种养大户，创新“金融+”产业发展模式，依托农村电商的兴起，积极倡导“大众创业、万众创新”，鼓励和支持“龙头企业、专业合作社、种养大户”抱团发展，逐步实现农民向产业工人的转变，着力打造民营经济走廊。

**【新村建设】** 麻柳滩村党群服务中心建设完工并投入使用，麻柳滩村实施易地搬迁贫困户45户185人。大力实施扶贫开发整村推进项目，改造环山公路10公里，生产便道5公里。种植甜橙2000亩、探春桃1000亩、翠红李300亩、魔芋260亩。

**【基础设施建设】** 实施危房改造97户，易地扶贫搬迁45户，城乡居民的生活环境大为改善。加快城乡供水体系和“五小”水利工程建设，着力解决农田灌溉和农村人口安全饮水问题；大力实施农村电网改造，着力改善电能质量，实现城乡同网同价。叙古高速公路永乐段竣工通车，城乡一体化建设步伐加快。实施永丰水库、倒流水水库治理工程，确保群众用水安全。完善麻柳滩村、和平村、社区电力提升改造工程，完成永兴村农网改造工作，提升群众用电质量。

【文教卫生】 教育教学质量综合评估始终保持在全县前列，计划整体搬迁永乐小学和扩建永乐中学。新建综合文化站1个、农家书屋2个。投资105万元，容纳50个床位的规范化乡镇卫生院将于年底建成。全域开展预防保健工作，完成26000余人的体检工作并建立健康档案。教育事业不断壮大。永乐中学食堂扩建投用，农村义务教育学生营养改造计划3600余人。社会保障水平明显增强。实现“低保线”和“贫困线”双线合一；医保报销、民政救济、就业创业等有序实施，共发放各种补贴资金2271万元。

【旅游资源】 完成水落温泉的招商开发，打造古村落度假小镇和水上乐园，并积极争创国家AAAA级旅游景区；利用红军渡口等红色资源，水落罗氏古墓群等非物质文化遗产，打造精品旅游路线，逐步形成“文旅融合、产镇互动、山水一体”的全域旅游新格局。

（王　敏）

## 龙山镇

【概　况】 龙山镇，又称镇龙山，位于古蔺县腹心地带，距县城29公里，省道309线、叙大铁路横穿过境，与鱼化、观文、护家、永乐、石屏、皇华等乡镇毗邻。镇域面积90平方公里，辖9个村、1个社区，共83个村（居）民小组，总人口32918人。镇党委下辖党支部14个，共605名党员。龙山镇是当年红军曾经走过的地方，是古蔺地下党发源地之一，享有古蔺“小陕北”美称。镇境属低山槽谷地貌，平均海拔950米，年平均气温20℃，年平均降雨量950.4毫米。耕地总面积3238.3公顷，园地7.2公顷，林地3181.4公顷，草地572.9公顷。境内农产品种类丰富，粮食作物以水稻、玉米、小麦、马铃薯（又称土豆）为主，经济作物以烤烟、桐籽、梨、板栗、金银花、小尖椒、茶叶为主。矿产以无烟煤为主，是古叙煤田主矿区之一。

镇党委、政府机关驻地龙山镇府前街，镇机关内设党政办公室、群众工作办公室、社会事务办公室、农村经济发展办公室、村镇建设服务中心、社会事务服务中心、计划生育服务中心、财政所、民政办、安全监督办公室、交通管理站、食品药品监督管理所、劳动保障所13个内设机构，在职人员44人，其中公务员28人（含领导干部8人），事业人员14人，临聘人员2人。

【主要经济指标】 2016年，完成地区生产总值21301万元，同比增长9.2%；一般公共预算收入327万元；全社会固定资产投资43960万元；社会消费零售总额8857万元；农村居民人均可支配收入10313元。

【产业发展】 草坝砂石厂年产量达30万吨，较技改前增加18万吨；完成向田大理石矿权确定。农业产业化初步形成，种植核桃667公顷、烤烟133公顷、脆红李267公顷、龙牙百合13公顷，稻田生态养鱼10公顷。采取“龙头企业＋合作社＋基地＋农户”“专业合作社＋家庭果园”的新模式，通过直接流转农户土地和支持农户发展“家庭果园”两种方式，实施连片整体开发。投资350余万元，在双河村建成蔺山红水果基地93公顷。

【城镇建设】 投入2540余万元，改造龙观路6公里，硬化通村公路双河村9.5公里、阳坪村5.5公里、天堂村5.35公里、胡家沟4.14公里、龙华村3.6公里、狮龙村1.5公里、向田村1.2公里；整合“一事一议”、现代林下项目、以工代赈等项目资金140余万元，新建泥结碎石路20.5公里；投入78.75万元，实施双河村机耕道3.5公里；投入80万元，实施天堂村生产便道8公里。投入308万元，新建水厂3座、蓄水池30余口，铺设水管5万多米，安全饮水基本保障。投资1600余万元，完成社区、龙华村、阳坪村、顺和村等农网改造工程。投资2500余万元，新建天堂、双河2个易地扶贫搬迁聚居点。建立健全城乡环境综合治理常态机制，扎实开展“四好村”创建活动，完善《村规民约》并编印《三字经》，张贴到所有贫困户、交通要道、人口密集地，开展“孝贤之星、勤劳之星、整洁之星、仁爱之星”评选活动，设立光荣榜和曝光台，发动全体村民大力开展村容村貌环境卫生专项整治行动，场镇卫生干净整洁，镇容村貌发生巨大变化，天堂村作为省级“四好村”上报省上。

**【民生民计】** 脱贫攻坚。落实“五个一批”要求，精准识别贫困户1225户4498人，累计投入专项扶贫资金247.6万元，实现325户1356人减贫，天堂、双河2个贫困村“摘帽”。教育事业。改建吉星小学校舍，全面落实义务教育阶段营养午餐、“两免一补”等政策，中小学教育教学质量名列全县前茅，通过义务教育均衡发展市级验收。文旅产业。市级文物保护单位东皇庙修葺并对外开放，集乡村观光旅游、休闲于一体的顺家山核桃产业园区建成并投入使用，镇龙山舞狮队在水口杨梅节、箭竹苗家风情节中获得佳绩，社区组队参加古蔺县老年健身操大赛并获得优胜奖，欣悦活力健身广场舞队在纪念红军长征胜利80周年广场舞大赛中获三等奖。卫生事业。全镇新型农村合作医疗参合率达100%，全民预防健康体检15485人。社会保障。全镇283人享受城镇居民低保政策，1755人享受农村低保政策；124人享受农村五保政策，新建成龙山镇幸福院，养老床位100张；445人享受城镇居民基本养老保险政策，3496人享受农村居民新型养老保险政策；落实公益性岗位269个，培训农民工370余人次，城镇新增就业2800余人；完成易地扶贫搬迁97户，完成农村危房改造64户，解决廉租房12户，改造棚户区20户；落实残疾人建房3户、少数民族建房1户；完成残疾人“量体裁衣”个性化服务登记1378人；完成地面数字电视“村村通”325户；人口和计划生育、科技、“三农”保险以及各项支农惠农政策全面落实。环境保护。叙大铁路土地复垦、退耕还林、现代林下产业、污水处理等生态保护项目有序实施。推行依法治镇，强化行政、司法和人民调解机制联动。抓好安全生产，推进“一标三识”工作和农村产权制度改革工作，健全完善镇、村、社三级调解体系，开展矛盾纠纷排查化解，确保社会长治久安。

**【队伍建设】** 开展“两学一做”学习教育，切实整顿干部作风，强化干部管理考核，着力解决“五不”问题；完善领导接访、干部定期下访制度；成立龙山镇群众呼叫中心，公开干部电话号码，坚持24小时值班值守，实现效能监督、政策咨询、信访投诉“一体化”。通过深入调研、拟订方案、清产核资、推荐考察、民主选举等程序，完成村级党组织、村（居）民委员会换届选举工作。新建向田、双河、天堂3个村级组织活动阵地，改扩建顺和村级活动阵地，向田村党群服务中心通过市级示范点验收检查。严格村务社务公开，落实村级经费保障和增长机制，推行村（社区）便民服务代办和轮班坐班制。

（隆正鹏）

## 大村镇

**【概　况】** 大村镇位于县境东部，镇政府驻地大村坝距县城66公里，东邻土城镇，南接石宝镇、皇华镇，西连东新镇，北靠二郎镇。全镇辖区面积92平方公里，下辖10个村民委员会和1个社区，共92个村（居民）小组，2016年年末总人口32582人，有苗、彝2个少数民族，共1326人，占全镇总人口的4.2%。年末耕地面积3278公顷，园地27.1公顷，林地3632.4公顷，草地715.3公顷。

大村镇地形以山地为主，海拔650—1380米，常年平均气温17.8℃，年平均降雨量780毫米，日照充足，无霜期长，雨量偏少。主产水稻、玉米、小麦、高粱、大豆、烤烟、油菜等。地下蕴藏着丰富的矿产资源，辖区内已探明煤层气储量147亿立方米，煤炭储量6亿吨（可开采4亿吨）。全镇有7家非公企业（2家煤矿企业，2家非煤矿山企业，3个水电站）。

**【主要经济指标】** 2016年，大村镇实现地区生产总值30175万元，同比增长9.1%；全社会固定资产投资49252万元；社会消费品零售总额9787万元；工业增加值7705万元；一般公共预算收入345万元；农村居民人均可支配收入9936元。

**【工　业】** 加速推进四通煤矿、盛隆煤矿技改升级，做好复工复产的前期准备；楠木砂石厂、猫猫窝采石厂和回丰砂石厂完成重组整合，成为全县第一个重组整合的砂石厂。关闭新场机砖厂、建权砖厂和三间砖厂，保留大村镇三和永鸿矸砖厂。2016年，大村镇完成工业总产值2100万元，完成目标任务的100%；完成工业增加值5491万元，完成任务的65%，同比下降27%。扶贫攻坚工作方面，改造贫困村基础设施和农田水利等建设，推动了全镇的固定资产投资项目。

**【农　业】** 在成都举办的大村镇现代农业产业招商引资座谈会上招引的泸州宝山现代农业公司，在丰水村建立了20公顷油用牡丹育苗基地，并在其余9个村进行了油用牡丹试种。引进种植大户在高山村建设千亩百果园，已经建成面积46.7公顷。种植烤烟120公顷，实现产量18万公斤，实现产值400万元。完成粮食播种3121公顷，实现粮食产量12452吨。全年出栏生猪21240头、羊5465只、牛1135头、家禽43555只，实现畜牧产值4500万元。特色产业巩固提升，打造完成名优水果基地167公顷，其中新建脆红李28公顷。

**【项目建设】** 公路建设。2016年，全镇共完成通村水泥路建设59.5公里，即玉峰村台沙坝路、桑木村桑康路、高山村回宋路等9条通村公路，镇政府筹资20余万元，加宽了回丰坳至屠宰场段，路面宽达5.5米。完成路面硬化9.4公里，即玉峰村纸槽沟公路、丹田公路、苏坝村水石公路。财政补助资金53万元，完成新场村竹林湾—桃子湾公路、丰水村大沟塘—王家坪公路、庆沟—张家沟公路建设，玉峰村大田—回龙坪公路完成50%。水利设施建设。投资591万元，推进桑木岩口供水工程、中乐供水工程、逅坝供水工程等18个农村安全饮水项目建设，解决了7个村9456人的人畜饮水困难问题；投资13万元，对场镇饮水设备进行质量改良。电力设施建设。投入649万元，实施高山村、丰水村农网改造工程，改造高低压线路85公里。重点项目建设。叙大铁路B标段大村火车站建设全面启动，正在进行软基填筑工程；建成全县硬件一流的新希望小学，并于2016年9月投入使用，全体师生安全迁入新校区。

**【场镇建设】** 2016年出动宣传车百余次，场镇广播全年播放《关于打击小产权房违法建设通知》1000余次，发放宣传资料1万余份，推进城乡环境综合治理，基本解决了大村镇长期以来占道经营、乱摆乱放、阻碍交通的状况。2016年，出动保洁、清扫、清运等1500余人次、600车次，有效保证大村场镇的清洁环境。城镇面貌逐步改善，人居环境日益舒适。

**【民政救助】** 严格规范城乡低保救助程序，坚持依法办事，坚决实行公平、公开、公正的原则，实行“群众票决、民主选贫”的办法。50余名镇干部共走访低保申请户1000余户1500余人，最后审核通过748户1044人，较2015年下降9%；审核通过城镇低保119户196人，较2015年下降9%。实现了低保动态化管理，遵循“该进则进、该出则出”的原则，最大限度地保障了弱势群体的利益，有效杜绝了“人情保”“关系保”的现象，整肃低保成效得以巩固。9月，在全镇范围内开展低保“回头看”工作，低保评定是否按照程序要求，入户率是否达到100%，是否有错保漏保，是否做到应保尽保。使低保政策与扶贫工作衔接，加强低保兜底脱贫，保障无产业扶持的贫困户顺利脱贫。于10月最终锁定农村低保944户1185人，城镇低保111户219人。全年医疗救助城乡居民275人次，发放资金83.2万元，为4名已满60周岁农村退伍士兵办理生活补贴。五保与孤儿供养实施动态管理，为13名符合五保供养条件对象办理了农村特困人员生活补贴，发放散居五保供养资金37.3万元，为36名孤儿发放了补助资金35.6万元，发放社会定救资金5.34万元。

对享受重残补贴人员进行清理，新申报符合条件的重度残疾人57人。对建档立卡户中未享受低保的残疾人按残联要求，发放贫困补贴，共计申报116人。申报精神智力类残疾人居家托养对象7人。申报居家灵活就业直接补贴32人。对享受低保的258名残疾人发放每月60元的困难生活补助。

**【扶贫攻坚】** 新增提灌站1处、蓄水池2口，安装管道11公里，生产便道7公里，新增硬化通村水泥路2公里。高山村建成530公顷的“优农百果园”“高山精品葡萄园”，实现产业的转型升级。高山村、玉峰村、桑木村和坳上村66户246人实现易地扶贫搬迁，改善了贫困户住房家居条件。全镇减贫184户843人。

**【社会事务】** 2016年共接待群众来访30批126人次，化解矛盾纠纷29件，化解率达96%；组建治安、安全巡逻队、治保会等队伍，增强了群众的安全感。开展网格化管理，社区禁毒、防邪、依法治理等工作。将特殊群体人员录入网格，保持网格工作运行正常；加强维稳信息的录入管理；加强“12345”市长热线的回复；建立健全各项工作的考核机制；健全安全生产责任制和严格落实“一岗双责”；建立村级安全协管员队伍，加大对煤炭、非煤矿山、道路交通、危化品、食品药品、消防、建筑施工、学校等重点行业、重点领域的安全隐患排查和整治力度。

**【安全生产】** 2016年，全镇排查出煤矿企业安全隐患68条，已落实整改67条，整改率达99%；非煤矿山安全隐患62条，已整改落实61条，整改率达98%；危化品和烟花爆竹安全隐患108条，已整改落实107条，整改率达99%；其他行业（领域）排查出安全隐患99条，已整改落实98条，整改率达99%。同时，成立了重点行业（领域）安全专项整治领导组，下达限期整改通知书90余份，并督促落实整改到位，确保了大村镇安全良好的社会环境。全镇安全形势总体稳定，安全生产工作考核名列全县一等奖。

**【依法行政】** 开展“两学一做”专题教育活动，构建集学习政府、改革政府、服务政府、廉洁政府、责任政府、法治政府为一体的政府运行模式，自觉接受镇人大的工作监督，按时办结镇人大代表建议，办结率100%。整治“四风”突出问题，2016年，大村镇“三公”经费同比2015年下降5%。

（甘　文）

## 石宝镇

**【概　况】** 石宝镇位于县境东南部、赤水河北岸，与贵州省仁怀市毗邻，与水口镇、皇华镇、丹桂镇、白泥乡接壤，距古蔺县城78公里，距贵州省茅台镇40公里。镇域面积177平方公里，辖16个行政村、151个村民小组、1个居委会、3个居民小组。2016年年末总人口53070人，其中有少数民族1079户4393人。全镇有耕地5137.5公顷，林地24.9公顷，林地8447.3公顷，草地2049.2公顷，交通用地165.9公顷。

镇境地势东北高、西南低，属高山沟谷地

形，喀斯特熔岩地貌，高山立体型气候，最低海拔420米（赤水河鄢家渡口），最高海拔1472米（黄泥大山）。全年平均气温12.8℃，年平均降水量1068毫米，雨量适中，四季分明，适宜各种农作物生长。

镇内矿藏资源丰富，蕴藏着优质煤炭资源，是古叙煤田主要矿段之一，另有硫铁矿、高岭土、碳酸钙、大理石、磷矿等，且矿脉集中，易于开采，是能源化工、建材、国防工业不可缺少的原材料。

镇党委、政府机关驻地石宝镇学府街，镇机关内设党政办、群众工作办公室、社会事务办公室、经济发展办公室、社会事务服务中心、计划生育服务中心、财政所、民政办、安全监督办公室、交通管理站、食品药监监督管理所、劳动保障所等14个机构，在职人员56人，其中公务员33人（含领导干部8人），事业人员16人，大学生村官1人，临聘人员6人。镇党委下属党支部23个，有党员710人。

**【主要经济指标】** 2016年，全镇实现地区生产总值32237万元，同比增长9.1%；全社会固定资产投资51396万元；社会消费品零售总额11790万元；一般公共预算收入353万元；农村居民人均可支配收入9955元。

**【农　业】** 2016年完成493公顷烤烟种植栽培，烤烟收购1.6万担，实现产值2800万元。争取和投入资金1.6亿元，全面完成普乐、石宝农网改造工程，改造低压台区28个，改造电网36.4公里，提升了用电质量；建成抗旱水源2处，石漠化工程1处，安全供水工程15处，“一户一策”安全饮水工程224户，解决了饮水安全问题；焉家渡大桥纳入川黔两省规划并完成勘探测绘，古叙农村扶贫公路（赤水河环线）实现开工建设，建成石宝—长坪—兴龙公路，开工建设挖红—万盛、合马—五星—高家、长坪—龙洞桥等干线公路，建成通村水泥路63.45公里，在建41.5公里，通村水泥路网体系加速形成；光纤、通信、广电网络向农村快速延伸，城乡设施全面改善。

**【工　业】** 四川能源投资集团煤层气开采项目已完成投资近1亿元，钻探井开钻25个；矿山行业兼并重组，隆石煤矿成功升级为21万吨生产矿井。

**【扶贫攻坚】** 扶贫项目。总投资1800万元的乌蒙山连片扶贫开发、石漠化治理两大扶贫项目落户石宝，改善兴龙、长坪、双丰、合马、石宝5个村的通行、饮水、灌溉条件。完成双丰村、兴龙村通村水泥路14.8公里，生产便道14公里，机耕道9公里。2016年，全镇270户1227人脱贫。投资500万元的石口、白马外资扶贫项目正在稳步推进。

**【社会事业】** 社会保障。对低保户、五保户实行档案化、动态化管理，做到应保尽保。认真落实并及时发放低保、五保户供养资金、医疗救助金、社会定救、孤儿救助金，每年资金发放近1000万元。

教育事业。新建中心幼儿园1所、寄宿制学校1所。全镇义务教育阶段入学率达100%，实施学前教育保教费减免189人、义务教育“三免一补”375人，关爱留守儿童400人。

计划生育。落实人口计生政策，落实计划生育家庭的系列优惠政策，人口出生率和自然增长率分别控制在11‰和5‰以内。

医疗卫生。镇级医院一级诊疗科目覆盖率80%以上；增加乡村医生23人，实现每千人口0.9名乡村医生；培养全科医生5人，全镇全科医师人数达每万人1.2人；新建贫困村标准卫生室3个。

劳动保障。组织畜牧防控防疫特色创业培训150人，组织就业创业培训101人；上报符合小额担保贷款人员13人，申请贷款金额130万元；新增农村劳动力转移实名制登记录入26310人；简化就医报账程序和手续，城乡居民参合率达 100%。

【安全稳定】 安全生产。实施全域网格化管理，建立安全生产“党政同责、一岗双责”责任体系，建立健全安全工作制度，修改完善安全工作预案，开展安全隐患排查，抓好森林防火、交通旅游、食品卫生等方面的安全。2016 年共开展安全大检查和各类执法监察 163 次。

信访工作。创建“3+N”工作模式（“3”即情感交流、普法教育、加强基层组织建设，“N”即多形式调处矛盾纠纷）化解民间矛盾纠纷。上访案件量明显下降，提升了政府公信力，干部作风转变由被动接访到主动接访再到主动下访，社会和谐、村风文明、民风淳朴。镇、村两级调委会排查、受理各类矛盾纠纷 61 起，调处 61 起，调成 58 起；共接办信访案件 21 件，结案 15 件。

社会治安。健全和完善村级综治工作网络，完善镇、村（社区）、企事业单位三级应急防控体系，增强对突发事件的预警和处置能力。2016 年共受理报警 43 起，破获各类刑事案件 8 起，其中现行案件 5 起；办理行政案件 10 起；调处各类纠纷 21 起；抓获违法犯罪嫌疑人 21 人，其中移送起诉 5 人，刑事拘留 6 人，治安拘留 15 人。

（黄艳平）

## 观文镇

【概　况】 观文镇位于古蔺县中南部，距 321 国道（大纳路）15 公里，镇政府驻地距县城 40 公里。镇域面积 126 平方公里，辖 13 个村、1 个社区、83 个村民小组、4 居民小组，镇内居住有汉、苗、彝等 13 个民族。2016 年年末总人口 35005 人，其中农业人口 33330 人。年末耕地面积 4878.2 公顷，园地 54.4 公顷，林地 5840.8 公顷，草地 924.3 公顷。镇内有观文场、回龙场两个集镇，交通方便，购销两旺，为古蔺南部商贸交易和交通枢纽中心镇。全镇平均海拔 1100 米，属于高山立体型气候。

2016 年，镇机关内设党政办公室、群众工作办公室、社会事务办公室、农村经济发展办公室、村镇建设服务中心、社会事务服务中心、计划生育服务中心、财政所、民政办、安全监督办公室、交通管理站、食品药品监督管理所、劳动保障所 13 个机构，在职人员 50 人，其中公务员 32 人（含领导干部 8 人），事业人员 17 人，工勤人员 1 人。另有“三支一扶”2 人。镇党委下属党支部 21 个，有党员 644 人。

【特色资源】 盛产烤烟、玉米、黑豆、水稻、小麦等粮经作物，产有百合、杜仲、木瓜、黄檗、天冬、天麻等十多种名贵中药材，生产猕猴桃、脆梨等优质水果。森林资源十分丰富，森林覆盖率达 38%，全镇有 3466.67 公顷天然林和 800 公顷人工林，主要木材为松、杉、柏。在深山茂密的天然林中，生长着野猪、山羊、狐狸、獐子、豹子等 10 余种稀有动物。境内还有山桐子、李子、核桃、板栗、枣、苹果、梨等经果林 300 余公顷。有可供开发的草坡非耕地 3666.67 公顷。地下拥有煤、铁、磷、大理石、石英砂、石灰石等可供开采的矿产资源，且储量大、种类多，尤其是无烟煤，经地质勘探查明，观文镇是古叙煤田的重点矿区，年产量达 120 万吨的古叙煤田观文煤矿已经投产。

【主要经济指标】 2016 年，全镇实现地区生产总值 22466 万元，同比增长 9.3%；完成全社会固定资产投资 60723 万元；社会消费品零售总额 8103 万元；一般公共预算收入 554 万元；农村居民人均可支配收入 9641 元。

【基础设施】 全镇新（改）建 4.5 米宽通村泥结碎石路 13.5 公里，硬化通社公路 9.7 公里，龙观公路建设于 2016 年年底竣工。电网建设成果丰硕。投资 400 余万元，率先对观文场镇、回龙场镇电网改造工程，增设变压器 32 台，架设线路 17600 米。农村安全饮水措施到位。投资 70 万元建文化提水站，基本覆盖解决了文化村2000余人饮水困难问题；投入资金100余万元，实施建档立卡户安全饮水改建工程，2016年，全镇172户预贫困户均喝上了安全自来水。新农村集聚点10个易地扶贫搬迁聚居点，惠及农户176户、716人，分散安置自建农户306户、1324人。

**【农　业】** 2016年完成粮食生产播面3124公顷，产量12243吨；种植蔬菜1135.7公顷，产量21413吨；种植烤烟470.5公顷；牲畜存栏在33020头，出栏79882头，禽类出栏63591只。

**【旅游产业】** 五桂柚子土贞节牌坊属省级文物保护单位，气势恢宏，底蕴深厚，传承和发扬着中国家庭的家风；云庄四渡赤水战斗遗址已成为革命传统教育基地，被列入《古蔺县红军四渡赤水战役遗址保护规划》；石马岩的绝壁飞猿景观独特；纳元、尖山苗寨的苗族风情别具一格。

**【项目建设】** 观文水库完成投资2.6亿元，永久性征地近1700亩，临时征地400多亩，移民搬迁166户（淹没区127户、环湖路13户、枢纽工程10户、地灾12户、影响区4户）712人。完成大坝左右肩上坝公路修建，大坝基础建设基本完成。环湖公路基础开挖已基本完成。

观文煤矿项目已相继完成档案、救护、矿井质量标准化、矿井职业病防护、水保、环保、安全专篇等单项工程竣工验收工作，2016年6月7日正式取得安全生产许可证，同时全面完成矿井整体竣工验收。

**【民生工程】** 龙观公路观文段建成通车；农村安全饮水工程全面完成；实施农村电网升级改造19公里；完成农村危旧房改造150户、地灾避险搬迁82户，建成保障性住房69套；中学运动场建设加快推进，镇寄宿制学校、教师周转房、乡镇卫生院职工周转房等建设目标全面实现；新增场镇公共停车位180个；实现扶持创业50人，免费培训农民工800人，城镇新增就业200人。

**【脱贫攻坚】** 制定《观文镇2016年脱贫规划》，实现6个贫困村驻村帮扶全覆盖，建成通村水泥路11.5公里、通村泥结碎石路7.5公里。解决2016年预脱贫户饮水困难问题；6个贫困村农网改造全部列入规划，增设变压器13台，架设线路3200米；镇文化村实现整村脱贫，脱贫人口498人，全镇脱贫172户、691人。

**【教育教学】** 2016年，镇内有初级中学2所、完小2所、村小5所、幼儿园7所（含村幼儿园）。在职教师225人，学生5506人，其中初中生1563人，小学生2980人，幼儿园学生963人，学龄儿童入学率100%。

**【安全维稳】** 处理历史遗留问题、疑难问题、群体上访问题；通过建立家庭诚信档案管理，严厉打击阻工、阻路、非访闹访等行为；开展“四好村”创建、平安创建等活动，移风易俗，促社会风气转变。

严格落实安全生产“党政同责、一岗双责”制度，对全镇21家烟花爆竹零售点开展整改工作。在安全隐患排查行动中，召开专题会议12次，增强了相关企业业主和群众的安全意识。

（曾明希　游钦敏）

## 水口镇

**【概　况】** 水口镇位于古蔺县东部，赤水河北岸，东邻贵州省仁怀市茅台镇，南邻贵州省仁怀市茅坝镇，西邻古蔺县石宝镇，北邻古蔺县丹桂镇。镇域面积185平方公里。辖15个村、125个社、1个社区、4个居民小组，2016年年末总人口42164人（其中城镇人口5793人，农村人口36371人），民族以汉、苗为主。资源丰富，耕地面积4657.2公顷，园地24.7公顷，林地10035公顷，草地1878.7公顷。农作物主要以水稻、烤烟为主。山地地形，海拔500—1100米。常年平均气温22℃—25℃，年平均降雨量8000毫米左右。

镇党委、政府机关驻地水口街社区蔺茅路329号，镇机关内设党政办公室、群众工作办公室、社会事务办公室、村镇建设服务中心、社会事务服务中心、扶贫开发服务中心、财政所、民政办、安全管理办公室、交通管理站、食品药品监督管理所、劳动保障所、医保中心、司法所14个机构，在职人员51人，其中公务员32人（含领导干部8人），机关工勤2人，事业人员16人，占编临聘人员1人。镇党委下属党支部20个，有党员596人。

**【特色资源】** 镇内主产水稻、玉米、高粱、烤烟、土豆、小麦、油菜、红薯等粮经作物，盛产杨梅、柑橘、西瓜、苹果、梨、李子、板栗等优质水果，其中柏腊杨梅堪称一绝，出产天麻、黄花、杜仲等100多种名贵中药材。地下蕴藏着丰富的煤、铁、硫、磷、钾等10多种矿产资源，石灰石、高岭土储量较为丰富。

**【主要经济指标】** 2016年，全镇实现地区生产总值31123万元，同比增长9.2%；完成全社会固定资产投资56487万元；社会消费品零售总额8655万元；一般财政公共预算收入665万元；农村居民人均可支配收入10027元。

**【基础设施】** 投入资金1.5亿元，新建通村公路103公里，新铺设沥青路面17.5公里，改善村组道路138公里，惠及群众1.8万人；累计投入资金1036.41万元，实施场镇饮用水管网改造工程、应急水源改造工程、落水洞至天富饮水工程、碧云烟水工程25公里（修复水毁工程5处），整治渠道5公里，修建人畜饮水工程40处，切实解决了群众生产生活用水问题。总投资7100万元的龙洞沟水库建设已完成前期工作。对小私有、集体、水口水电公司电力资产进行了全面清理核实，全面完成与小私有业主、水口水电公司补偿和移交工作。总投入1843万元，建成使用便民服务中心1个，新建镇村垃圾收集坑50个，完成水口场镇绿化亮化升级改造。标准化食药监所、标准化卫生院、水口邮政所、卫生计生服务中心、1240平方米办公住宿房的烟站已建成，日处理400吨的污水处理厂建成。

**【农　业】** 2016年，全镇完成粮食生产播种面积3150公顷，产量12662吨；种植蔬菜393公顷，产量7275吨；种植烤烟520公顷，实现产值3000余万元；猪存栏16622头，出栏25582头；牛存栏8372头，出栏2395头；羊存栏5113只，出栏5565只；禽类出栏55886只。

**【工　业】** 2016年，全镇完成建兴煤矿扩能升级和非煤矿山关停整合，五龙煤矿扩能技改正在进行，年产量30万吨的庙山砂石厂已启动技改。年产量5万吨的武汉路德高肽蛋白饲料厂和总投资500万元的古蔺蓝月芯纸业有限公司成功入驻。天富酱酒文化主题公园立项完毕。调整酒类企业过剩产能，酒业建设稳中求进。2016年，实现工业产值3.7亿元，同比增长12.1%。

**【旅游产业】** 柏腊杨梅林海、青云湖、碧云寺、两江沟等旅游景点已成形。举办水口第二届“生态杨梅旅游文化节”，吸纳川黔两省游客累计20万人次，旅游区群众人均增收1800元。预计总投资70.3亿元的“世界酒城宫旅游度假区”项目成功签约。

**【民生工程】** 2016年，全镇城镇新增就业308人；下岗失业人员和失地无业农民再就业82人，城镇失业率控制在1.9%以内；促进高校毕业生创业18人，累计发放创业小额担保贷款398万元；提供法律援助68人次；解决城镇低保676户1131人，解决农村低保4589户7674人；五保集中供养率达95%；新型农村养老覆盖4万余人；新农合参合率实现100%；“十二五”规划落实中央和市级配套资金881.72万元，实施农村危房改造758户，解决了3032人的住房难问题；完成两个村农网改造工程，受益群众6328人；农村安全饮水工程稳步推进。完成构建现代公共文化服务体系，统筹服务设施网络化建设，促进基本公共文化服务标准化、均等化，鼓励和支持文化产业多元化发展。大力实施双向网络改造、广播“村村响”和地面数字电视“户户通”工程。

【教育教学】 完成新建、改建水口中小学、幼儿园校点教学楼、食堂17个。水口、庙林幼儿园和庙林小学综合楼建设进入招标程序，庙林、九岭、马跃和回龙4所学校教师周转房共55套已完成前期工作。2016年，水口中学、小学教学质量综合评估位居全县前列。

【医疗卫生】 2016年建成规范化中心卫生院1个，累计建成村卫生室16个，医疗卫生信息化建设有序推进。全面实施国家免费孕前优生健康检查项目。严格落实建档立卡贫困户住院免费政策，已享受免费住院贫困人口300人。全面实施全民健康体检项目，已组织17400人参加免费健康体检。水口镇被评为省级卫生集镇和泸州市唯一的市级文明集镇。

【计划生育】 2016年，全镇出生人口447人，其中一孩出生266人（男孩130人、女孩136人），政策内出生266人；二孩出生174人（男孩94人、女孩80人），政策内出生173人；多孩出生7人（男孩4人，女孩3人），政策内出生1人；往年出生未报人数4人。计划生育率98.6%，计划外多孩率1.3%，调查申报奖励扶助对象6人，孕优检查完成139对。

【安全维稳】 2016年，全镇共接待来访群众104批次，接收上级转办信访件19件，其中来信6件（省局3件，市局1件，县局2件），访件6件（市局4件，县局2件），网上投诉3件（国家局2件，市局1件），领导信箱1件（省长信箱1件），泸州市书记市长信箱3件，已全面办结，未发生越级访、进京到省访行为。排查出矛盾纠纷183件，调处183件，调处成功171件，12件进入司法程序，全年未发生重大涉稳事件。

结合岁末年初、新生开学入学、“6·26”国际禁毒日等时间节点，组织开展禁毒宣传活动，发放禁毒宣传资料4000余份，深入开展禁种铲毒工作，发现并没收销毁罂粟等禁毒原材料3000余株，敦促社区戒毒社区康复人员报道并建立档案8人，加大对外流贩毒的查缉和打击力度。

开展防邪反宣工作，共计开展防邪反宣工作6次，发放宣传资料3000余份。

（王 鹏）

## 丹桂镇

【概 况】 丹桂镇位于古蔺县境东部，东邻贵州省仁怀市茅台镇，南邻水口镇，西邻石宝镇，北邻大村镇，镇域面积115平方公里。山地地形，平均海拔800米。常年平均气温23℃，年平均降雨量78毫米。

2016年，全镇辖14个村、113个社、1个社区、5个居民小组，年末总人口42208人（其中城镇人口1824人，农村人口40384人），以汉族为主，有少量苗族人口。年末耕地面积4376公顷，园地5.3公顷，林地4253.5公顷，草地1143.4公顷，森林覆盖率达65%。

丹桂镇党委、政府机关驻地丹桂镇府前街13号，镇机关内设党政办公室、社会事务办公室、经济发展办公室和财政所4个机构，同时辖村镇建设服务中心、社会事务服务中心和扶贫开发中心3个事业单位，共有在职人员45人，其中公务员27人（含领导干部8人），事业人员13人，大学生村官1人，“三支一扶”2人，临聘人员2人。镇党委下属党支部18个，有党员647人。

【主要经济指标】 2016年，全镇实现地区生产总值20928万元，同比增长9.1%；完成全社会固定资产投资59394万元；社会消费品零售总额7359万元；一般公共预算收入298万元；农村居民人均可支配收入9568元。

【基础设施】 道路建设。完成通村水泥路建设3公里，机耕道6.25公里。完成易地移民搬迁、整村扶贫配套工程中通村、通组路维修约50公里；完成生产便道建设19公里，解决群众出行难问题。水利建设。实施普安、金龙、现龙、桂阳、岩湾、仙寺6个村的安全饮水工程51处，解决1.6万人饮水难问题；投入资金1600万元，治理丹桂盐井河道。农网改造。岩湾村、仙寺村实施农网改造工程，解决村民用电难问题。易地扶贫搬迁。53户245人全部搬迁入住；投资约2800万元建成的普安茶场易地扶贫搬迁聚居点，集中安置41户184人；补助资金131.375万元，分散安置12户61人。危房改造。补助资金65万元，实施危房改造34户185人。

**【农　业】** 2016年，完成粮食生产播面3110公顷，产量11798吨；种植蔬菜383公顷，产量332吨；种植烤烟137公顷，实现产值800余万元；牲畜存栏29838头，出栏33743头，禽类出栏55285只，产值达24924万元。

**【工　业】** 2016年，辖区内有规模以下工业企业4家，新引进一家技改企业树丰机砖厂，总投资约2000万元。

**【新兴产业】** 2016年，与成都东懋公司合作，投资发展辣椒133公顷，实现年产值500万元；建成辣椒基地1个；在重点贫困村金华村、普安村发展木瓜种植113公顷，木本油料山桐子66.7公顷。

**【项目建设】** 2016年，斥资扶贫专项资料125万元，在普安村硬化宽3.5米的机耕道两条，共计实施里程6.25公里；利用省级财政补贴资金45万元，在普安村改建4.5米宽泥结碎石路3公里；新建普安村党群活动中心300平方米，其中省级财政补贴资金17万元。

**【民生民计】** 低保。2016年6月，完成全镇低保精准识别工作，农村低保535户760人，城镇低保102户114人，全年发放农村低保金2374140元、城镇低保金678020元；低保兜底补差人员284人131776元；特殊生活补贴378人59980元。农村五保、城镇“三无”、孤儿管理。全镇现有分散五保136人，城镇“三无”人员74人，孤儿10人，新申请办理农村五保10人。敬老院入住五保户29人，落实专人管理。上述三类人员的医疗救助一站式申请，做好医疗保障，每人发放300元门诊补助费用，全年共审批救助211人次。临时困难救济和优抚工作。完成农村“三留守”人员的清理摸排：留守儿童713人，留守老人912人，留守妇女644人；完成2015年冬令资金发放，共计28万元；春节期间，慰问少数民族户63户，全年申请办理临时困难人员8人，补助13500元；春节期间，慰问了100位残疾人；新申请农村籍退役士兵补助15人，做好优抚人员的医疗救助工作。新农保。转移劳动力目标任务数10872人；城镇新增就业112人，城镇失业人员再就业15人，就业困难人员再就业15人，全年累计就业1768人；促进成功创业51人，带动吸纳就业工作135人，完成小额担保贷款60万元。

**【文化体育】** 投入600多万元，完成教学基础设施改善，接受社会捐赠200余万元，改造部分村小的办学条件，完成学校教师周转房建设24套，在建25套，规划建设77套。

**【医疗卫生】** 2016年完成260人次的农村医疗救助申报工作，县级共计下发农村医疗救助资金816624元。完成57人次的城镇医疗救助申报工作，县级共计下发城镇医疗救助资金39815元。完成2016年度医保筹资，共征收32063人，金额386640元，“五类”人员2871人，精准扶贫户达到百分之百参保、百分之百报销。组织开展全民健康体检2万余人次。

**【计划生育】** 开展计生知识宣传，2016年共向已婚育龄妇女印发各种宣传资料9000余份，刊办计生之窗专题墙报11期，主办计划生育有关培训班、研讨会6场次，参培285人次；开展计划生育优质服务，全年查治妇科病830人次，查出妇科肿瘤病人15人，治愈妇科疑难杂症12人。并及时提供产后、术后、治疗后的随访；开展孕前优生健康检查，完成婚检 147 对；按照国家及省有关计划生育法律法规和政策性规定，实行计划生育的农村独生子女和双女户夫妻开展计划生育奖励扶助。

**【安全维稳】** 2016 年，全镇共排查出各类矛盾纠纷 200 余起，其中重疑难纠纷 15 件，调解完成 12 件。处理“12345”市长热线 125 件，办结率 100%。政府行文处理信访案件 28 件，成功劝返进京非访 5 人次。处理其他渠道信访问题 8 件。针对快递点、娱乐场所、旅馆、宗教场所等特殊场所开展排查 5 次，在排查中发现各类安全隐患 10 处，均当场要求营业业主进行整改。全年共开展罂粟开花期排查 2 次，出动人员 10 余人次，共铲除罂粟 100 余株，批评教育 20 余人；开展吸毒人员排查 3 次，共排查出吸毒人员 70 余人，其中社区戒毒人员 22 人，发放社区戒毒报道通知书 30 人次；开展精神病人排查 1 次，共排查出易肇事肇祸精神病人 5 人，均按要求完善相关手续；各村（社区）开展“红袖标”治安巡逻 300 余次，网格化巡查 500 余次，将精神病特殊人群纳入网格化管理，开展特殊人群排查 3 次。

（陈宗凯）

## 石屏镇

**【概　况】** 石屏镇位于古蔺县境中东部，东邻东新镇，南邻鱼化镇，西邻永乐镇，北邻太平镇，距县城 47 公里，是省道 309 线和蔺郎路的连接点，镇域面积 82 平方公里。辖 10 个村、88 个村民小组、1 个社区、5 个居民小组，2016 年年末总人口 9531 户 37466 人。

矿产资源丰富，地下矿藏以煤、硫、铁矿为主，大理石资源开发利用前景可观。耕地面积 3217 公顷，园地 25.6 公顷，林地 2695.6 公顷，草地 678.3 公顷。

石屏镇人民政府坐落在石屏街村，镇机关内设党政办公室、社会事务办公室、经济发展办公室和村镇建设中心、扶贫开发中心、农业服务中心、财政所、综治办、交通管理站、食品药品监督管理所、医保中心、安全监督办公室 12 个机构。在职公务员 26 人，事业人员 14 人，派驻人员 11 人。镇党委下属党总支 1 个、党支部 12 个，有党员 584 人。

**【主要经济指标】** 2016 年，全镇实现地区生产总值 72512 万元，同比增长 9.5%；完成全社会固定资产投资 79022 万元；社会消费品零售总额 8570 万元；一般公共预算收入 440 万元；农村居民人均可支配收入 13687 元。

**【基础设施】** 2016 年，总投资 454 万元、占地面积 3599 平方米的石屏镇中心幼儿园主体工程和总投资 484.56 万元的石屏镇保障性住房项目（即职工周转房、便民服务中心）主体工程已完工。

**【农　业】** 2016 年完成粮食生产播种面积 264 公顷，产量 9924 吨；种植蔬菜 320 公顷，产量 4500 吨；种植烤烟 54 公顷，实现产值 18 万元；牲畜存栏 24805 头，出栏 29445 头；禽类出栏 58366 只。

**【工　业】** 全镇以煤矿企业为主，主要有石屏一矿、古叙煤矿（东、西）段公司及非煤矿山企业，如仙河采石厂等企业，工业产值达 4.4 亿元

**【项目建设】** 2016 年硬化红龙公路、石东路、石自路、茅坝公路，共 23 公里。投资 4000 多万元的刘家水库扩容工程项目正顺利推进，将解决 1.8 万人口饮水安全问题。投资 5000 余万元的土地修复项目已在扎山村启动，届时将修复土地 7000 余亩。新建向顶、三桂等煤矿地灾安置点 2 处，共安置 62 户受灾农民。

**【民生工程】** 2016 年累计举办现场招聘会 1 次，全镇累计输出劳动力 11000 余人次，失业率控制在 4% 以下，劳动收入 1.5 余亿元，外出务工收入占家庭收入的 80%。全镇医疗保险实现了应保

尽保，社会保障水平再上新台阶，低保、五保、残疾、孤儿等特殊群体补助和救济额度进一步提高。

**【文化体育】** 2016年共组织彝族年庆祝活动1次，参与人数共300余人，丰富了少数民族业余文化生活。文物保护方面，全镇有新石器时代古遗址1处（野猫洞大熊猫—剑齿象动物群骨化石遗址），清代杉木岩皇木古遗址1处，清代古墓葬29座。以上文物保护良好，研究价值较高。

**【教育教学】** 2016年完成了4个学校教师周转房、5个学校运动场、1个学校教学楼、5个学校运动场的建设；通过市义务教育均衡发展验收；开展成人礼、"每月一事"德育主题活动，加强学生心理健康教育工作；从职称改革、师德师风建设、轮岗交流、教育科研等方面提升教师教育教学水平。

**【医疗卫生】** 2016年完成镇卫生院"一站一馆三区"集中服务区的打造，按时完成全民预防保健健康体检工作；完成刘家、向顶、五龙、青凤、长龙村卫生室建设选址，其中刘家卫生室已完成前期工作建设，争取和配合完成青凤村红十字会项目建设。完成全镇20个甲级村卫生室规范化评审工作。落实各项妇幼基本和重大公共卫生项目。孕产妇、5岁以下儿童、婴儿死亡率控制在省标准内；落实农村育龄妇女免费增补叶酸、农村孕产妇住院分娩补助、孕产妇"三病"筛查和新生儿疾病筛查等项目工作。

（蔺　磊）

## 皇华镇

**【概　况】** 皇华镇位于古蔺县东南部，距县城62公里，东接石宝，南抵白泥，西邻龙山、观文，北壤鱼化、东新、大村。全镇总面积129平方公里，属喀斯特地貌，高山立体型气候。境内地势北低南高，西陡东缓。有皇华、铁厂、石鹅3个场镇，辖15个村、1个社区，124个村（居）民小组。2016年年末总人口41948人，人口以汉族为主，少数民族以苗族、彝族为主，约占总人口的1.84%。

**【特色资源】** 皇华镇是一个农业大乡，是全县重要的烤烟生产基地，烤烟是支柱产业，特色产业有核桃、土烟、蚕桑、小米辣等。苗族聚居地至今保留完整的特色民间艺术，如芦笙舞等。镇域特色旅游资源有佛教、道教共存的石笋山，神奇壮观的红岩洞、和尚洞等溶洞群以及秀美的自然风光。境内自然资源丰富，地下主要有煤炭、铁、重质碳酸钙、高岭土、大理石等可开采矿产资源。

**【主要经济指标】** 2016年，全镇实现地区生产总值25438万元，同比增长9.0%；完成全社会固定资产投资44486万元；社会消费品零售总额7286万元；一般公共预算收入390万元；农村居民人均可支配收入9200元。

**【农　业】** 2016年，全年粮食生产播面3979公顷，产量14998吨；种植蔬菜1139公顷，产量38608吨；种植烤烟8365公顷，实现产值2064余万元；牲畜存栏20641头，出栏24863头，产值达3960万元；禽类出栏58859只。

**【工　业】** 2016年促成黑竹村两个大理石采矿点的矿权设置，完善相关手续并实现出让，正在推动量产前的基础建设。

**【基础设施建设】** 省道309线穿境而过，是全镇的交通主干路。2016年，皇华镇建成通村水泥路32.82公里，利用省道309线、金白路等上级公路项目，实现全镇10个"村村通"水泥路，新修通村、通组公路90.7公里。

**【水利电力】** 总投资1.83亿元的朝门水库枢纽工程枢纽（施工一标段）主体工程已基本完成，建成大坝高37.5米，渠系工程完成90%。完成小型农村饮水工程15处，启动皇华场镇水源保障工程建设；加大电力建设，建成皇华35千伏变电站，完成金星、铁厂等6个村的农网改造，推进农村电力体制改革。

**【医疗卫生】** 卫生院900多平方米的医技楼、2180平方米的新住院大楼主体已完工并投入使用；新型农村合作医疗参合率达98%以上；完成全民预防保健体检。

**【教育教学】** 发展教育事业，推进义务教育均衡发展，巩固“两全”普九成果，做好“两免一补”。皇华中学女生宿舍楼已完工并投入使用。

**【民生工程】** 2016年，全镇发放农村低保380万元、城镇低保78万元、孤儿生活补助6.2万元；危房改造补助277万元，解决83户住房安全问题。

**【计划生育】** 2016年共出生355人，死亡150人，出生率7.0‰，死亡率3.8‰，自然增长率3.2‰。

（李　娟）

## 土城镇

**【概　况】** 土城镇位于古蔺县境东部，坐落在川黔交界的赤水河北岸，东面与贵州省仁怀市合马镇、美酒河镇西连接，县内与丹桂、大村、二郎镇相邻。全镇海拔400—1200米，镇域面积67平方公里，镇政府驻地土城坝距县城83公里。辖7个村民委员会、1个社区居委会、71个村（居）民小组。2016年年末总人口29395人。境内矿产资源丰富，优质无烟煤和煤层气储量较大。主产玉米、高粱、土豆等粮经作物，盛产优质香桃、核桃、脆红李等水果。土城镇地处中国酱香酒谷的核心地带，适宜酿造酱香型优质白酒。

**【主要经济指标】** 2016年，全镇地区生产总值16853万元，同比增长8.9%；全社会固定资产投资完成49252万元；社会消费品零售总额7695万元；一般公共预算收入249万元；农村居民人均可支配收入9411元。

**【脱贫攻坚】** 脱贫村严格对照“一低五有”和“四个好”退出标准，脱贫户严格按照“两不愁、三保障”和“一超六有”退出标准开展工作，精准识别，落实责任，强力推进，加快到村、到户项目建设，实现土城村整村脱贫。建成赞台村易地扶贫搬迁集中安置点。加强村文化室、卫生室建设，全镇149户、682人贫困人口脱贫。

**【基础设施建设】** 道路建设方面：建成土城村、裕华村通村水泥路17公里；完成扶贫公路28.6公里的占地、拆迁等基础工作；新建硬化生产便道7公里，改造村道8公里。农村电网改造方面：完成土城村、风光村2个村2056户农村电网改造。安全饮水方面：在土城、赞台、风光、大山、堰塘等村实施安全饮水185户，实施土城村自来水管网延伸工程，新建管道10千米。完成88户贫困户易地扶贫搬迁（其中赞台聚居点43户），42户危房改造。同时，建成职工周转房48套，抓好3个村村活动室改扩建工程（其中裕华、大山为新建），完成土城村、赞台村2个标准化卫生室建设。

**【农　业】** 巩固培育“土城踯红香桃”品牌，400公顷的香桃种植规模投产200公顷，产值350万元以上；种植脆红李100公顷、核桃100公顷、烤烟667公顷，收购烤烟26万余斤；实现畜牧产值3000万元。

**【场镇建设及环境整治】** 投入10万余元，新建农村垃圾库3座、垃圾填埋场1处，配备保洁人员30人。在两个场镇修建了农村垃圾处理设施，实现了垃圾集中转运集中处理，投入20多万元，用于两个场镇环境卫生治理。

**【教　育】** 全镇有幼儿园5所，在园幼儿690人，专任教师19人；有小学8所，在校学生3559人，专任教师125人；有初级中学校1所，在校学生834人，专任教师54人；义务教育阶段免除学杂费和免费提供教科书3559人，实施营养午餐3559人。投入60余万元，为境内各中小学、幼儿园增加教学设备，进行绿化打造，新建、改建教学楼。分别建立留守儿童和“五失”青少年两本台账，完善协调推进、包保责任和定期走访三项制度，做好关工委“一对一”帮扶工作，已成功帮扶留守儿童和“五失”青少年120余人。

**【医疗卫生】** 全镇有卫生院1所、门诊部1个、住院部1个，床位63张，有执业医生3人、执业助理医生3人、注册护士12人，有村级卫生室25所。全镇共计25996人参加新农合，参合率达98%以上，覆盖全镇8个村（社区）、71个村（居）民小组，补偿报销3168人、110.6万元。投入100余万元，完成土城村、赞台村村卫生室建设并投入使用，引进专业医疗设备，提升贫困村综合医疗水平。

**【民生工作】** 2016年城乡低保1903户2386人，全年累计发放养老保险金、优抚金、低保、重度残疾人生活补助及各类救灾资金1300万元，城乡低保、五保、孤儿、残疾人等弱势群体实现了应保尽保。投入资金12万余元，为敬老院增添设施设备，做好房屋维修，改善伙食等。城乡居民参保覆盖11526人，其中领取待遇3105人，特殊群体缴费138人，正常缴费6155人；企业职工个体养老保险覆盖591人，领取待遇330人，个体在职缴费261人；实施农村劳动力技能培训160人次，创业培训60人次，其他培训2650人，实现农村劳动力转移就业8950人次，城镇新增就业30人，发放创业担保贷款70万余元。

**【文　化】** 全镇有综合文化站1个、公共图书馆8个，新增藏书1万余册。藏书主要涵盖人文历史、党史、党的建设、思想教育、科普、农业等类别。投资10余万元，对全镇的村活动室进行维修改造；组建腰鼓、广场舞等队伍，踊跃参加各类比赛；积极组织非物质文化遗产——土城花灯展演，不断丰富农村精神文化生活。组织送文化下乡5次，加大对贫困村、敬老院、学校的文化传播，开展丰富多彩的“我们的节日”系列活动。将赞台村改路沟红军驻地旧址设立为土城镇红色文化教育基地，定期组织学生进行红色文化传承教育，加强学生及家长文物保护意识。

（廖　赟）

## 护家镇

**【概　况】** 护家镇位于古蔺县城县境中部，与龙山、古蔺、永乐、观文、双沙5个镇接壤，镇政府驻地锅厂坝，距离古蔺县城16公里。镇域面积90平方公里，辖9个村民委员会、72个村民小组、1个社区、2个居民小组。2016年年末耕地面积3303.5公顷，年末总人口24115人，其中农业人口22775人。镇政府机关内设党政办公室、经济发展办公室、社会事务办公室、村镇建设服务中心、社会事务服务中心、计划生育服务中心6个办事机构。镇政府机关有财政供养在职人员35人，其中公务员23人、机关工勤1人、事业人员11人。

护家镇地势高低起伏，处于半高山地区，海拔627—1289米。冬季少雨，夏天多有暴雨和伏旱，年平均气温为16.7℃。玉龙水库、天兴水库及地下水是全镇饮用和灌溉的水源。镇域经济以农业为主，粮食作物以水稻、玉米、小麦为主，经济作物以烤烟、油菜为主，水果产业以脆红李、核桃为主。坐落在镇内护家街的付华锋墓属市级文物保护单位。

**【主要经济指标】** 2016年，全镇实现地区生产总值18139万元，同比增长9.0%；全社会固定资产投资55425万元；社会消费零售总额5998万元；一般公共预算收入251万元；农村居民人均可支配收入达9908元。

**【农　业】** 粮食生产。全镇粮食作物播种面积2504公顷，产量9322吨，其中水稻949吨、小麦1077吨、油菜580吨、玉米5380吨、洋芋658吨。新店子村4、5、6、7、8社高标准打造小麦预留行套高粱高产示范片72公顷，产值190万元。全面落实惠农政策，向粮农兑付粮食综合直补254万元。

烤烟生产。全镇突出科技兴烟、规模种植，种植烤烟植210公顷，产量35万公斤，产值800万元。

畜牧业。全镇有肉牛养殖专业合作社2个、养羊专业合作社3个、生猪专业合作社3个，全镇畜禽规模养殖户32户。其中生猪存栏50头以上的9户，家禽存栏1000只以上的2户，牛存栏10头以上的12户，羊存栏100只以上的9户。全镇生猪存栏9410头，肉牛养殖存栏4432头，羊存栏897只，马羊种群约400头，禽类出栏40055只。农场村启动扩展牧场建设，提升了马头羊育种保种水平；引进外商投资500万元，新建成河阳肉牛养殖场；总投资3亿元的肉牛生态养殖科技示范园区落户护家镇农场村。

**【工　业】** 全镇实现企业产值8319万元，新建一家石材加工厂，各企业生产能力进一步提高，节能减排、环境治理迈出了坚实步伐，企业管理水平逐步提高，规模效益不断增大。

**【基础设施建设】** 公路建设。投入680万元，完成响梁路鱼洞河度假村—闵家坳—红子坳13.6公里的通村公路硬化；投入46.9万元，完成天堂村原建—老村吉安村天吉路天堂小学—田坝头2.2公里硬化；投入325万元，建设省道309线大拗口—中坝小学—龙山界炸药库，完成河谷—中坝小学—黄河沟龙山边界6.5公里公路硬化。

水利设施。全镇投入1500万元，修复新店子村、兴阳村等9个村47条沟渠，全长8.7公里。新建集雨节灌池73口，整治山坪塘6口，新增有效灌溉面积0.6万亩、节水灌溉面积0.8万亩。投入40万元，建成了农场村龙洞提灌站，有效解决农场村1、2、3、4、6社的农田灌溉。

电力设施。全面完成电力资产清理工作，基本完成电力资产移交；对农场村4、5、6、7、8社，天堂村4、5、6、7、8社实施农网改造；消除边远农村无电户9户。

**【社会事业】** 2016年出生人口293人，符合政策内生育率79.18%，出生率4.3‰，人口自然增长率1.8‰，完成“护家小学亲情驿站”留守儿童之家建设；成立护家小学“欢乐腰鼓”，加入“彩虹工程”；开展爱心助学行动及爱心捐赠“圆梦一日捐”活动，对口帮扶护家小学30余名困难儿童；新建敬老院，已全部搬迁入住。农村劳动力转移8058人，新增城镇就业31人，实现劳务收入9011万元；开展多形式劳务培训，累计培训300人；发放小额担保贷款80万元，促进成功创业15人，带动就业30人；城镇居民养老保险3980人，保险覆盖率达100%；全面完成城镇低保救助工作，共发放低保保障金121.824万元，医疗救助金38.61万元，社会定救10.2万元，孤儿52.9万元，五保54.9万元；全镇扶贫建档立卡贫困户1108户，人口3457人，异地搬迁30户，优抚建房7户。

**【城建综治】** 投资5万元，新建垃圾池16个，对损坏的垃圾库进行维修，加强对保洁队伍管理，进一步提高镇村环境长效管理水平。投入30万元，完成农村危房改造对象15户。城镇化率比2015年提高2.5个百分点。开展社会矛盾纠纷集中排查3次，常规排查10次，排查出社会矛盾纠纷67件，调解成功64件。接到上级转办案件10件，处理拨打市长热线15起，接待群众来访33起，共计160余人次。全年未发生突发群体性事件。

**【安全生产】** 每月进行一次覆盖全镇所有涉安行业领域的安全生产大检查，共查处隐患160条，下发整改通知书21份。龙洞煤矿停产期间，每月进行两次巡查，保证煤矿安全形势的总体稳定。强化学校营养午餐和食品经营户的日常监管，开展“七打七治”校园周边安全整治专项活动。开展“亮剑行动”，对食品药品领域安全进行专项整治。

（陈永波）

## 鱼化镇

【概　况】鱼化镇位于县境中部，镇政府驻地鱼化街998号，距离县城37公里。东与东新镇，南与皇华镇，西与龙山镇，北与石屏镇相连。2016年12月，根据《四川省人民政府关于同意古蔺县调整部分乡镇行政区划的批复》文件，鱼化乡撤乡设镇，更名为鱼化镇。镇域面积84平方公里，辖9个村民委员会、76个村民小组，年末总人口30178人，其中非农业人口899人。年末耕地3414.3公顷，园地9.7公顷，林地2958.2公顷，草地765.5公顷。主要种植水稻、玉米、高粱、烤烟、脆红李等农作物。

【主要经济指标】2016年，全镇实现地区生产总值14890万元，同比增长8.9%；全社会固定资产投资30688万元；社会消费品零售额4743万元；工业增加值4750万元；一般公共预算收入200万元；农村居民人均可支配收入8843元。

【工程项目建设】省道309线石碑坳至古蔺公路改造全面完成并投入使用。朝门水库涉及永久性征地578亩，临时性占地135亩，拆迁21户，现已完成征地578亩，拆迁房屋21户，拦水大坝基础完工。鱼化河河道治理工程完成场镇段建设，园区段开始实施建设。

民生工程项目建设。完成贷款贴息40户，农村D级危房改造47户。

产业项目建设。2016年完成交售烤烟24万公斤。巩固脆红李基地建设，提升产业品质。巩固苗家土鸡养殖基地建设，在三合村新增养殖专业合作社1个，强化鸡、猪、牛、羊养殖扶持力度，全面助民增收。

【社会事业】人口与计划生育。2016年出生人数351人，自然增长率5.0‰，死亡率6.4‰。征收社会抚养费90万元，完成再生育审批52件，流动人口办证1187人。

文化教育。落实“两免一补”政策，补助贫困寄宿生生活费410人，补助中小学生营养午餐3185人，完成中等职业招生60人。

医疗卫生。全镇共有医疗卫生机构1个，床位35个，职工24人。设有内科、儿科、妇科、外科、康复理疗科、护理部、公共卫生科、医学影像科、医学检验科、中医科等科室，配有200毫安X光机、全自动生化分析仪、全血细胞分析仪、多功能心电监护仪、B超、心电图机、中医康复诊疗等设备。年门诊量近1.5万人次，住院病人近1000人次。全镇有村卫生室24个，有镇村医生28人。

全镇为患者报销医药费877513.13万元，建档立卡贫困户就医全面实施“零支付”政策。提升医疗服务质量，解决群众“看病难”问题。

社会保障工作。完成新增就业105人，在岗培训250人，劳动技能培训45人，新型农民培训230人。全面完成城乡养老保险参保缴费任务、城镇居民基本医疗覆盖人数、农村和城镇低保应保尽保、居家扶养智力精神重度残疾人任务。

【扶贫攻坚】易地扶贫搬迁。2016年实施易地扶贫搬迁39户130人，建成安置住房3225平方米，补助资金250万元。

产业配套。积极配套产业，通过农户自筹和政府补助、社会帮扶的方式筹集资金100万元，在三合村二组建设土鸡规模化养殖基地，成立专业合作社1个，发展土鸡养殖户60户，年末出栏土鸡43863只。投资100万元，在三合村二、三、四、五、六组重点发展黄檗种植100户、86.7公顷，每年可创经济效益2000元以上。

基础设施。建设蓄水池18口，安装人畜饮水管道26000米，架设农电线路4.5公里，建成4.5米宽的水泥路11公里及生产便道、机耕道4公里，实现所有搬迁贫困户喝自来水、用高压电、走水泥路、住安全房的目标。

公共服务。建成文化室、活动室300平方米及文化广场1200平方米，卫生室50平方米。文化、教育、卫生等社会公共服务体系基本健全，解决了群众就医难、上学难等问题。

2016年，完成贫困户安装入户广播电视信号134户。

（张文礼）

## 东新镇

**【概　况】** 东新镇地处古蔺县境东北部，距县城55公里，与二郎、大村、太平等乡镇接壤。2016年12月，根据《四川省人民政府关于同意古蔺县调整部分乡镇行政区划的批复》文件，东新乡撤乡设镇，更名为东新镇。镇域面积60平方公里。海拔480—1300米。常年平均气温24℃。主要种植水稻、玉米、高粱等农作物，农业产业主要发展猕猴桃、脆红李、蜂糖李等。

2016年，全镇辖9个村、70个村民小组，年末总人口27055人，年末耕地面积2742.3公顷，园地17.8公顷，林地1661.6公顷，草地4752公顷。

镇党委、政府机关驻地东新街村35号，镇机关内设党政办公室、扶贫开发服务中心、社会事务服务中心、安全监督办公室、村镇建设服务中心、财政所、经发办、卫计办、综治办、民政办、交管办、食品药品监督管理所12个机构，在职人员37人，其中公务员22人（含领导干部8人），事业人员10人，大学生村官1人，“三支一扶”2人，临聘人员1人。镇党委下属12个党支部，有党员454人。

**【主要经济指标】** 2016年完成地区生产总值11165万元，同比增长9.2%；全社会固定资产投资38180万元；社会消费品零售总额4821万元；一般公共预算收入369万元；农村居民人均可支配收入达9245元。

**【农　业】** 2016年完成水稻种植443公顷，玉米种植701公顷，出栏生猪17498头、肉牛956头、家禽35662只，实现农业产值2.8亿元。同时，在呐喊、民主两村种植猕猴桃133公顷，渔洞村种植葡萄20公顷，民主村种植青脆李80公顷。

**【旅游产业】** 青龙洞旅游开发已完成1亿元投资，洞内灯光安装调试已全部完成，观光道路已完成80%，洞外步游道已完成80%，景区观光公路已完成70%，启动景区游客中心建设，停车场已硬化3000平方米，景区万亩花海已完成土地整理。

**【项目建设】** 投资160万元，在姚家村建设蓄水池4个；投资400万元，建成高效节水灌溉工程2处，覆盖猕猴桃产业发展基地73.33公顷；实施呐喊、民主两村的农网改造项目；硬化3.5米生产便道18公里，截至2016年，已完成10公里。整合资金50余万元，加宽林场至老马4.5米宽公路7.8公里。新建民主至呐喊6.5米产业大道6.3公里；投资600万元，新建民主、呐喊、姚家3个村的党群服务中心及文化广场。

（李明典）

## 马蹄镇

**【概　况】** 马蹄镇是古蔺县沿321国道出川入黔南大门，距县城58公里，沿赤水河呈带状分布，北与双沙镇毗邻，南与贵州省毕节市七星关区以赤水河相望，东与椒园乡、马嘶苗族乡接壤，西临叙永县赤水镇，镇域面积134平方公里。2016年12月，根据《四川省人民政府关于同意古蔺县调整部分乡镇行政区划的批复》文件，马蹄乡撤乡设镇，更名为马蹄镇。辖9个行政村、72个村民小组，年末总人口25203人（其中农村人口24101人，城镇人口1102人）。平均海拔756米，属干热河谷气候，常年平均气温21℃，年平均降雨量1000毫米。年末耕地面积3444.2公顷，园地218.6公顷，林地7386.2公顷，草地1146.5公顷。

马蹄镇党政机关驻地马蹄街1号，镇机关内设党政办公室、社会事务办公室、经济发展办公室、财政所、食品药品监督管理所、扶贫开发服务中心、村镇建设服务中心7个机构，在职人员43人，其中公务员27人（含领导干部8人），事业人员7人，“三支一扶”2人，县上下派5人，临聘人员2人。乡党委下属党支部13个，共有党员539人。

**【特色资源】** 实现甜橙种植面积达1400公顷，投产867公顷，产值达8000万元。2000余户农户实现增收致富，其中贫困户达325户1016人，人均增收3500元以上。

**【主要经济指标】** 2016年，全镇地区生产总值完成9407万元，同比增长8.8%；全社会固定资产投资32967万元；社会消费品零售总额6791万元；一般公共预算收入204万元；农村居民人均可支配收入达9334元。

**【基础设施】** 路网格局。以古叙农村扶贫公路（马蹄段）建设为核心，以通村公路建设为支线，以到组入户道路为补充，实现村村通硬化公路、重点村通组和入户硬化路，完成路基整治107公里，硬化43公里，打造村到场镇30分钟交通圈，解决群众出行难、运输难问题。水网格局。继续推进农村“五小”水利工程建设，整治塘、库、堰8口，新建太阳能提灌站1处，安全饮水工程35处，解决了2876人的安全饮水问题，实现全民饮水全覆盖，新增灌溉面积1400亩。电网格局。启动兰花村农网改造工程，完成墙院村、纳盘村、街村共1800余户7300余人的改造计划，全乡电能质量稳固提升。宽带进乡村。“云视泸州”开通投用，村村响、户户通实现全覆盖。安居工程。实施易地扶贫搬迁45户、危房改造34户，提升了群众住房安全覆盖率。

**【农　业】** 2016年，粮食播种面积2216公顷，粮食产量达8565吨。扶助50头以上规模养猪大户13户，100只以上规模养羊大户22户，100只以上规模养鸡大户31户，发动贫困户发展散养猪、鸡、羊养殖业，总产值超过4000万元。重点在马岭村发展万亩甜橙产业，打造出口示范基地；墙院村发展千亩生态松子产业；在兰花村发展林下米共生产业；在环路村发展“锅背茶”和高原橙蜜产业；在土关村发展高山蔬菜产业；在石田村发展中药材产业；在纳盘村发展千亩青脆李和千亩核桃产业。马蹄“一村一品”“一村一业”初具雏形。

**【工　业】** 大河口建材有限公司技能改扩建为规上企业，年产值达2000万元。

**【旅游产业】** 2016年12月，举办“甜橙采摘文化月”活动，成功创建“四川省乡村旅游示范乡”。

**【项目建设】** 投入资金2.89亿元，完成以工代赈大凼公路建设，大檬公路建设，康田、石田、纳盘、墙院、兰花等村“一事一议”项目建设。推进马蹄河小流域治理、纳盘“金土地”、兰花以工代赈、墙院村灾毁公路等工程建设。启动古叙农村扶贫公路（马蹄段共40.8公里），墙院、环路渡改桥等项目建设。完成政府职工周转房主体框架建设。

**【民生工程】** 脱贫攻坚：完成136户565人脱贫达标工作，社会保障任务基本完成。养老方面：完成城乡居民养老保险认证4018人，参保3754人，完成率达95%。发放城乡居民养老保险金361万余元；启用社保卡1370余张。新农合方面：完成参保人数22100余人，筹资金额264.7万元，全面完成城乡居民医疗保险筹资任务。共完成各类报销7500余人次，报销金额204万元。民政工作：马蹄社区成立；积极推进低保“再回头看”，全乡低保人数达2125人，比2015年增加82人，基本做到应保尽保；残疾人量服核实录入950人；严格做好救灾救济、春荒款、冬令款资金的管理和使用，没有出现任何违规、滞留资金情况。

**【文化体育】** 2016年建成镇综合文化站1个、村文化室9个，农家书屋藏书达3万余册。

**【教育教学】** 2016年投入资金363万元，完成纳盘小学、马蹄中学、马蹄小学共62套2000余平方米教师周转房建设；投入资金50余万元，打造多媒体教室48间，实现远程教育资源的无缝覆盖；教师外出培训和上挂锻炼达150余人次，提高了教师教学水平。

**【医疗卫生】** 投入资金200余万元，完成马蹄卫生院职工周转房建设，卫生综合楼扩建项目工程基本完工；加强乡村医疗队伍行风建设和业务培训，纠正医药购销不正之风，推进医药价格、医疗报销手续等公开制度落实，和谐医患关系；加强艾滋病等传染病的监测预警和防治工作，强化计划免疫、疾病控制等工作落实；全民预防保健全面启动，医保覆盖率达98%，全年共报销医疗费500余万元，发放大病救助金85万元，群众就医负担逐步减轻，因病返贫现象得到有效缓解。

**【计划生育】** 加强计生政策宣讲，发放宣传单3500余张，入户宣讲120余人次；全面完成国家孕前优生免费检查指标任务140人；严格执行国家计生奖励扶助和特别扶助政策，奖励扶助150人，特别扶助8人。计生卫生工作正常开展，完成社会抚养费征收16万元，全民预防健康体检11037人。

**【安全维稳】** 落实“党政同责，一岗双责”责任制，确保渡口、地灾、防洪、山坪塘、非煤矿山、食品药品安全等领域“零”事故。落实领导接访制度，共排查出矛盾纠纷75件，调解73件，化解率达97%。全年无到省进京上访事件。

（杜　勇）

## 椒园镇

**【概　况】** 椒园镇位于古蔺县境南部，地处川黔交界处，北与观文、白泥毗邻，西部与马嘶苗族乡接壤，南与贵州清池、龙井隔赤水河相望，有“鸡鸣两省三县”之称。2016年12月，根据《四川省人民政府关于同意古蔺县调整部分乡镇行政区划的批复》文件，椒园乡撤乡设镇，更名为椒园镇。镇政府驻椒园街村283号，距县城62公里。2016年，镇域面积98平方公里，辖8个行政村、55个村民小组，年末总人口22872人。年末耕地3108.5公顷，园地11.6公顷，林地3811.8公顷，草地985.9公顷，平均海拔约800米，森林覆盖率48%，多以松、柏为主，野生动物有山羊、猴子及野禽，中药材以杜仲、银花为主。土壤偏酸性，适宜种植玉米、高粱、大豆、水稻等多种农作物。

椒园镇机关内设党政办公室、群众工作办公室、社会事务办公室、经济发展办公室、村镇建设服务中心、计划生育服务中心、财政所、民政办、安全监督办公室、交通管理站、食品药品监督管理所、劳动保障所等14个机构，在职人员44人。

**【主要经济指标】** 2016年，全镇实现地区生产总值7696万元，同比增长8.5%；社会固定资产投资35425万元；社会消费品零售总额4784万元；一般公共预算收入135万元；农村居民人均可支配收入9010元。

**【基础设施】** 农田水利建设。维修整治境内水利设施，治理水土流失面积28.3平方公里，新建蓄水池64个，沟渠11.75公里，解决人畜饮水问题。

基础设施建设。建成贫困村通村通社公路28.8公里，完成玉河村、椒园村农网改造工程，实现有线电视、远程教育入户，完成玉河村标准化文化体育广场建设。

**【农　业】** 2016年种植甜橙300公顷、核桃200公顷，养殖高山土鸡1万只，实现粮食产量8257吨，出栏生猪13808头、肉牛1436头。全年农林牧总产值突破11027万元，同比增长4%。

【工　业】椒园乡煤、铁矿石、石灰石等自然资源丰富，辖区内水库、河流众多。投资600万元的敬春源加油站已建成投入运营，投资6000万元的关门石电站已试运行发电。

【交　通】投资120万元，硬化水田村通村公路2公里；投资600万元，硬化龙凤村通村公路10公里；投资520万元，硬化玉河村通村公路10公里，建设公路安保工程17公里；古叙农村扶贫公路22公里路段已开工建设；争取"一事一议"财政资金90万元，维修犀牛、玉河、苏门、水田等通村公路；柏杨坪大桥建设工程现已动工。

【项目建设】投资3000多万元，建成玉河村易地搬迁代家沟、马扶村上、白杨林3个新村聚居点；完成56户贫困户搬迁，惠及294人；龙凤、玉河、犀牛申请世界银行第六期贷款项目，已完成合作社组建及办公用房建设。

【社会事业】启动便民服务中心修建，全面落实"两免一补"等教育惠民政策，椒园中学已完成整体搬迁并正常教学，2016年中小学综合评比中均居全县前列。打造椒园镇标准化卫生院，合理利用网上办公平台，简化办事流程，提高办事效率，年参合率在95%以上。社会保障体系进一步完善，基本实现了动态管理下的应保尽保。

（李　蔺）

## 桂花乡

【概　况】桂花乡位于古蔺县境西北部，北与叙永县水尾镇相邻。乡政府驻地距县城38公里。乡域面积126平方公里，辖6个行政村、36个村民小组，3316户，年末总人口12494人，其中苗族1000多人。耕地面积2033.9公顷，园地0.4公顷，林地9153.5公顷，草地471.1公顷，森林覆盖率78%。境内地势四周高，中部低，群山环抱，沟多林茂，最高海拔1835米，最低640米。境内年平均气温12℃，年平均降水量956.4毫米，适应多种动植物生长，是一个纯农业乡。粮食主产水稻、玉米。林木品种繁多，珍稀林木有桫椤、金花茶、红豆杉、红椿、珙桐等。中药材是乡内的一大经济支柱，被四川省列为万亩中药材基地，已种植1100公顷，以金银花、油朴、杜仲、黄檗、赶黄草、木瓜为主。

乡党委、政府机关驻地桂花乡桂花街，乡机关内设党政办公室、综合治理办公室、卫生与计划生育办公室、民政办公室、安全监督办公室、交通管理站、经济发展办公室、扶贫办、村镇建设服务中心、财政所、食品药品监督管理所、劳动保障所、合作医疗管理站13个机构，在职人员37人，其中公务员21人（含领导干部9人），事业人员12人，"三支一扶"2人，临聘人员2人。

【主要经济指标】2016年，全乡完成地区生产总值6898万元，同比增长8.6%；全社会固定资产投资29274万元；社会消费品零售总额5064万元；一般公共预算收入285万元；农村居民人均可支配收入9103元。

【经济发展】建成赶黄草等中药材种植基地2个，发展各类中药材200公顷，其中赶黄草GAP基地133公顷；规模以上犊朗乌鸡养殖户200余户，其中专业大户2户，全年家禽出栏10005只；生猪养殖大户7户，全年出栏6932头；肉牛养殖大户5户，年出栏338只。招商引资6000万元，打造生态循环特色农业园区1个；扶持发展古蔺县桂花乡现代林木种植专业合作社等10余家，年均创收2500多万元。引导全乡经济产业从纯农业向现代特色农业、观光农业和旅游产业发展。鼓励纯农业劳动人口向乡村农家乐、住宿餐饮、休闲娱乐等服务行业转变。

【"两学一做"学习教育】结合党员摸排的信息，对全体党员统一要求，通过党支部集中学习或指导自学，完成学习教育任务；印发《中国共产党章程》《中国共产党纪律处分条例》《中国共产党廉洁自律准则》150余份，发放习近平总书记系列重要讲话读本230余本，发放《共产党员》《求是》《党建》等学习教材500余份。乡、村两级召开学习教育会20余次，联村领导到村讲党课7次，邀请县检察院检察长朱亚梅到乡讲党课1次，党委书记讲党课2次。

**【党风廉政】** 修订完善《桂花乡村级目标绩效考核办法》《桂花乡部门目标绩效考核办法》《桂花乡机关干部管理办法》3套个性化考核办法，对乡、村两级党风廉政目标完成情况量化考核，推动乡、村两级自我加压、主动作为。

开展批评与自我批评2次并进行问题查摆。专题研究部署党风廉政建设工作7次，亲自督查基层组织履职、干部职工遵守工作纪律、群众纪律情况10余次，开展廉政谈话12人次，督办重点事项3件次。

签订各类承诺书92份，开展廉政提醒50余人次，纠错预警谈话5人次，发放各类提醒卡56份，让党员干部未触电先反省，远离纪律底线。

**【安全生产】** 落实“三防一抗”责任制、乡领导班子成员“一岗双责”制度。完善桂花乡重点水库、山坪塘、低洼场镇、沿河居住区防洪防汛预案7个。完善《森林防火工作预案》《抢险工作制度》《应急队伍管理办法》《桂花乡24小时应急值班制度》等制度8个。严格执行24小时主要领导带班、值班领导在岗值班、2名值班人员同时在岗值班制度，确保上情下达、下情上达。

**【项目建设】** 场镇街道建设。桂花乡通过村民“一事一议”，全面完成桂花乡场镇街道建设。田坝村生态循环特色农业园区新建园区水泥公路1.8公里，打造生产便道5公里，实施风貌塑造23户，种植生态稻谷33.33公顷，完成办公用房和办公设备采购以及园区管理队伍。新建园区观光栈道2公里，完善园区各项宣传标志标牌的制作和安装。

**【精准扶贫】** 易地扶贫搬迁。2016年，桂花乡8个新村聚居点房屋主体全面完工，各聚居点完成交房仪式。扶智行动。组织开展渎朗乌鸡养殖、农家乐开发、餐饮服务等创业技能培训3次150余人。积极鼓励满16周岁的古蔺籍城乡未继续升学的应届初、高中毕业生和2015年初中毕业生参加劳动预备制培训。规范低保工作，实现应保尽保，应退尽退。精准脱贫。落实资金到户扶持。贫困村基础设施建设。在田坝村、香楠村，完成3.8公里通村水泥路、7公里生产便道、2公里园区观光栈道、23户农户的风貌塑造，香楠村温氏养猪场选址、规划和占地协调等工作。制定和完善《第一书记职责》《帮扶干部职责》等制度措施，定期召开桂花乡扶贫工作例会，帮扶部门、帮扶干部、“第一书记”和驻村工作组履职到位。

**【依法治理】** 出台《制止大操大办村规民约》，制止大操大办18余起，纪委立案调查4人，现场教育群众3000余人。

**【教育卫生】** 乡内有初级中学1所、完小2所、村小4所、幼儿园1所，在职公办教师79人，民办教师3人，学生997人，其中初中生294人，小学生703人，学龄儿童入学率99.8%。投入资金172万元，新建教师周转房40套1200平方米；投入资金36.4万元，改建中学操场和校门。

全乡有卫生院1个，村卫生室13个，医务人员33人（含村医生），农村初级卫生保健网络已初步形成。2016年，投入9万元，其中5万元用于新建高峰村卫生室，4万元用于改建维修香楠村卫生室2个、田坝村卫生室1个。2016年，门诊7431人次，总费用304503元；住院875人次，总费用1081342.53元。

制定《桂花乡全民预防保健实施方案》，桂花乡全民预防保健工作完成6500余人，完成在乡人口90%以上。

**【风景名胜】** 史前恐龙足迹化石群是东亚最长的肉食恐龙足迹化石群、全国最大的恐龙足迹化石，规模大，数量多；史前岩画正在进一步探索之中；古驿道、古村落、石达开祭台、蓝靛作坊遗址、百年老茶树、雕刻精美的石室墓、明朝石窟寺等历史文化遗产逐渐揭开神秘面纱；动植物资源保护完好。千年红豆杉、野生红白鼯鼠、睡莲叶杜鹃、红山茶花等多种珍稀动植物得到相关部门有力保护。万亩竹药毅然伫立，享有“天然药库”的美誉。

（邓加旭）

## 马嘶苗族乡

**【概　况】** 马嘶苗族乡位于古蔺县境南部，赤水河北岸，东南邻椒园镇和白泥乡，东北邻观文镇，西北邻双沙镇，西南邻马蹄镇，乡域面积78平方公里。地势北高南低，境内海拔680—1560米，立体气候显著，属暖温带和亚热带季风气候，年平均气温17.8℃—13.1℃，无霜期232—363天，年平均降雨量748.4—1112.7毫米，冬春少雨，盛夏亢扬。粮食作物以玉米、水稻、薯类、小麦为主，经济作物有茶叶、烤烟、核桃、板栗等，有茶叶生产深加工企业2家，即古蔺县建兰生态农业发展有限公司和奢府茗茶有限公司，有茶叶专业合作社4个，核桃种植专业合作社4个。

全乡辖5个行政村、38个村民小组，2016年年末总人口13472人，境内生活的民族主要为汉族和苗族，其中以苗族为主的少数民族2800余人。有耕地面积2049公顷，园地36.6公顷，林地4275.1公顷，草地746.7公顷。森林覆盖率超过40%。

乡党委、政府驻地在马嘶苗族乡同心村二组，机关内设党政办公室、农村经济发展办公室、财政所、安全维稳办公室、社会事务办公室、群团工作中心、扶贫开发中心、村镇建设服务中心、便民服务中心、农机服务中心、食品药品监督管理所、司法所12个机构。在职人员41人，其中公务员21人，事业人员8人，派驻部门5人，大学生村官1人，“三支一扶”2人，临聘人员4人。有党支部8个，党员386人。

**【特色资源】** 茶叶产业。截至2016年年底，全乡茶叶种植面积达46.7公顷，覆盖2个村、18个村民小组。成立茶叶生产专业合作社4个，茶叶生产销售企业2家，注册了“建新春露”“奢府茗茶”“建新兰蕊”等茗茶品牌，设置专门的营销网点8个。核桃产业。全乡苗家土核桃种植面积667公顷，成立核桃种植专业合作社4个，注册了“苗家仙果”“马嘶土核桃”等核桃品牌。

苗家风情文化。马嘶苗族民族文化源远流长，早在宋朝时期，苗族同胞就在此居住。“偷亲”的婚俗、芦笙舞、斗牛舞、苗家反排鼓舞等原生态文化保存完好。苗族手工蜡染、刺绣，工艺古朴，纹式独特。红色革命文化。马嘶作为红军长征四渡赤水的转战区域，拥有丰富的红色文化资源，至今保存着红军树、红军洞、红军诗、红军路等红色遗迹，马嘶群众当年收留、掩护遗失红军的故事至今广为流传。茶马古道文化。马嘶种茶历史最早可追溯到唐代，唐大历十年（775年）茶圣陆羽撰《茶经》，书中介绍了泸州南部少数民族采茶、制茶工艺。明朝奢香夫人任贵州宣慰使时，用建新的茶叶作为贡品进献给明太祖朱元璋，此后年年岁贡，久负盛名。据清嘉庆年间（1796—1820）立于古盐道旁的“贡茶碑”上关于“建新青茶，渡船经古蔺出川，畅销各地”的记载，可以印证当时古茶道的兴盛。

**【主要经济指标】** 2016年，全乡地区生产总值4043万元，同比增长8.5%；一般公共预算收入148万元；全社会固定资产投资34370万元；社会消费品零售总额4741万元；农村居民人均可支配收入9290元。

**【基础设施】** 投入3700多万元，完成通乡通村水泥路建设近30公里，维修新建通村泥结碎石路80多公里，修建生产便道110多公里，基本形成以三映路为中心、南北环线为补充的交通格局，切实解决了群众出行难、运输难问题。

投入1000多万元，实施农村饮水工程8处，建成马嘶场镇供水站一座，水土保持治理800多亩，切实解决了群众用水难问题。

全面完成农电体制改革，先后投入3600多万元，增设和改建变压器31台，架设10千伏高压线路21公里，架设低电压线路100多公里，全面完成同心、红星、柳沟、茶园农网改造。

**【农 业】** 2016年，全乡烤烟生产面积233公顷，实现产值1000万余元；出栏生猪6818头，家禽15899只，商品牛641头，羊1053只，实现产值4000余万元。温氏养猪场落户茶园村，并已验收投入使用。

**【旅游产业】** 举办“2016苗乡茶文化节”，开通“印象马嘶”微信公众号，争取市、县媒体宣传报道马嘶文化旅游，加强马嘶对外形象展示。作为全市唯一以政府集体形象展示单位，亮相第四届西南商博会。

**【项目建设】** 公路建设方面。投入资金380多万元，启动鑫和村6.4公里通村水泥路硬化工程建设；投入少数民族发展资金30万元，启动长沟苗寨泥结碎石路改造工程。积极争取通过“一事一议”资金100多万元，新建生产便道10多公里，方便群众生产生活。

水利建设方面。整合水保建设资金100多万元，对马嘶河道进行改道治理；投入资金110多万元，对全乡150多户贫困户的安全饮水进行了改造。

电力建设方面。投入1000多万元，全面完成了红星村、茶园村、同心村农网改造工程；实施鑫和村2个台区的低电压网改工程。

村镇建设方面。完成民族特色小镇建设的规划选址，并争取进入省级和国家级项目建设库；投入新村建设资金100多万元，实施红星新村建设，已完成公路硬化1.8公里，新建生产便道2公里，安全饮水水池200立方米。政府职工周转房建设顺利推进，主体工程已完工；政府食堂、便民服务中心工程建设稳步推进；党群服务中心鑫和村新建项目和同心村扩建项目完成选址、规划和设计。

**【民生工程】** 2016年累计发放养老保险金140多万元，发放各类民政及救灾救济资金230万余元，发放残疾人救助资金10万余元，实现应保尽保。投入5万元，维护敬老院基础设施，更新床位、生活用品等，提升了服务水平。

脱贫攻坚。全乡易地扶贫搬迁66户，危房改建42户。整合扶贫资金30多万元，实施105户建卡贫困户到户产业项目，解决了贫困户收入问题。全乡89户379人如期实现脱贫。

**【教育教学】** 2016年投入5万元，进行教育质量综合评估；投入146万元，启动教师周转房建设。营养午餐、“两免一补”、农村学校教师生活补助等教育惠民工程稳步实施。2016年，初三对口高中升考出口率创马嘶教育历届最高的优异成绩，建新学校“相守计划”留守儿童关爱项目获得县级优秀奖。

**【医疗卫生】** 全面完成2016年全民健康体检目标，使“防未病”理念深入人心。开通建档立卡贫困户“零门诊费”就诊医疗绿色通道，实现建档立卡贫困户免费就医。

**【计划生育】** 2016年发放奖励扶助、独生子女、慰问计生困难户等资金约12万元。贯彻落实全面二孩政策，强化孕前优生健康体检服务，有效控制了新生儿畸形发生率。2016年新增二孩145人，人口出生率稳步提升。

**【安全维稳】** 落实安全生产“党政同责、一岗双责”“五级五覆盖，五落实五到位”责任体系，开展打非治违、道路交通、食品药品、烟花爆竹、项目建设、公共聚集场所消防等重点行业和领域的安全生产隐患排查治理专项行动，实现了2016年零安全生产事故的目标。

实行“领导包保、台账管理、奖惩分明”的工作机制，及时排查并成功调处各类矛盾纠纷

300余起，全年发生1起刑事案件。

（杨齐国）

## 黄荆乡

**【概　况】** 黄荆乡位于古蔺县西北部，属云贵高原向四川盆地过渡带的赤水河流域，东与贵州省习水县土城镇、赤水市两河口乡交界，北同叙永县水尾镇相接，西连桂花乡，南靠古蔺镇。乡域面积270平方公里，距县城53公里。境内平均海拔1300多米，年平均气温17℃，年平均降雨量1400毫米。

2016年，全乡辖4村26组，年末总户数1400户，人口5123人，其中苗族16人。黄荆乡森林覆盖率高达98%，生态环境优良，动植物资源丰富，是典型的白垩系红色砂岩中山峡谷丹霞地貌区，也是世界同纬度唯一保存完好的亚热带原始常绿阔叶林区，被喻为“地球北纬28°线最后的处女地”。

黄荆乡先后荣获国家AAAA级旅游景区、国家级生态乡镇、省级旅游度假区、四川省安全社区、四川省环境优美示范城镇、四川省卫生乡镇、四川省推进依法行政先进乡、四川省旅游扶贫示范村、四川省乡村旅游特色乡镇等称号。

**【主要经济指标】** 2016年，全乡地区生产总值达4603万元，同比增长9.4%；完成固定资产投资37628万元；社会消费品零售总额6046万元；一般公共预算收入298万元；农村居民人均可支配收入达9574元；上争外引资金共计2349万元。

**【基础设施】** 2016年投入资金1500余万元，新建通村硬化水泥路20余公里，提升改造村级公路长滩路、青原路、联谊路、桃官路、绕坝路80余公里；投入资金40余万元，新建通信基站1个；投入资金480万元，完成枫溪河河道整治2.5公里，新建场镇河堤1公里；投入资金143万元，建成日处理污水400吨污水处理厂1个。

**【农　业】** 2016年种植重楼、白芨等名贵中药材6.67公顷；牲畜存栏2981头，出栏3864头；禽类出栏6635只；岩峰养殖2580群，收货蜂蜜1.3万公斤，产值达208万元。新增农家乐20余家。

**【旅游产业】** 2016年投入资金300余万元，新建景区星级旅游公厕3个、游客休息亭1个、导视系统1个、大型停车场8000平方米及其他休憩场所、避雨设施等。投入资金100余万元，启动黄荆老林次级景点长滩、环岩，截至年底，长滩亲水步游道、环岩观景平台等已完成初步建设。2016年，景区新推出的雪花啤酒节、“夜遇黄荆”、半程马拉松等系列品牌活动吸引了游客的广泛参与，“运动、健康、快乐”的旅游新概念得到市场认可，吸引了来自全国各地的大批游客。2016年，旅游综合收入达4000万元。

**【项目建设】** 2016年引入资金5000万元，高标准打造“旅居一体化”的金鱼溪度假小镇，其一期工程金鱼溪易地扶贫搬迁聚居点可解决99户贫困户居住问题；投资130万元，建成占地面积0.6公顷、存栏量1000头、年出栏2000头的莲花山生态循环养殖场；修建原林平和沟公路1公里，完成原林二排至通天桥5公里公路硬化项目。正在实施黄荆动植物标本馆、职工周转房建设和龙爪村石羊坪至龙爪坝道路硬化项目。

**【民生工程】** 2016年完成全乡4个村宽带网络接入工作，各村活动室实现了无线网络信号覆盖。实施农村危房改造26户，发放补助资金23.25万元；实施金融扶贫政策，帮助贫困户成功申请各类金融扶贫贷款198.5万元；实施生态扶贫政策，发放天然林补偿等资金327万元。实施社会保障政策，全年发放低保、五保金共计28.3万元；实施医疗保障政策，完成医保兜底81人次，全年兑现医保补助金25万元。

**【文化体育】** 2016年，对乡文化站、4个村级行政村文化室进行了提升改造，成功打造原林村综合文化服务中心示范点，努力创建黄荆村幸福美丽新村示范点。健全完善文化队伍，配备专兼职工作人员6人，组建文化志愿服务队1支，开展各类志愿服务活动10余次。实施文化惠民工程，实现4个行政村宽带村村通、喇叭村村响、电视户户通。组织开展道德讲堂、公益电影放映、全民阅读、科普活动、乡村学校少年宫、志愿服务活动等共计40余次，积极配合县、乡两级举办的各类文体活动。

**【教育教学】** 2016年投入42.8万元，完善九年一贯制寄宿学校各项软硬件设施。实施“中小学生营养改善计划”，惠及学生343人。实施教育扶贫，惠及学生79人，发放教育补助金1.6万元。黄荆郎酒学校成为古蔺县首批通过均衡验收学校之一，并先后获“泸州市第二届教职工安全知识技能大赛一等奖”“古蔺县2016年初中教育质量综合评估一等奖”“古蔺县第二届乡村学校少年宫成果展示一等奖”等殊荣，学校特色项目“相守计划”代表古蔺到北京交流并多次获奖。“相守计划”已经开展达三年之久，惠及全校300多个学生和40余老师。

**【医疗卫生】** 2016年投入资金355万元，建成黄荆景区急救中心。累计建立居民健康档案4367份。开展老年人健康管理服务项目，共登记管理65岁及以上老年人328人。

**【计划生育】** 严格实施计划生育基本国策，开展规范生育秩序的治理，及时兑现生育政策、计生奖励、技术服务等政策；完善网络建设，建立健全各类账、表、卡、册，切实解决群众困难。2016年，全乡出生人口90人，人口出生率为6.9‰，死亡人口67人，人口自然增长率为3.4‰。征收社会抚养费2.1万元。

**【安全维稳】** 开展普法教育进机关、进学校、进景区、进农户活动，各类矛盾纠纷化解在当地、化解在萌芽状态。全乡没有发生民转刑案件和群体性事件，是平安乡镇，无毒、无邪教乡镇。

（莫萨莎）

## 大寨苗族乡

**【概　况】** 大寨苗族乡位于古蔺县境西北部，距县城47公里，东北面抵桂花乡，西面与叙永县合乐乡毗邻，南面与箭竹乡接壤，面积49平方公里。大寨苗族乡地处云贵高原乌蒙山系，是一个半高山平坝，平均海拔1000米。年平均气温15.9℃，全年温差在25℃左右，积温2400℃—5000℃，年平均日照数1293小时，无霜期260天以上，全年降雨量800—1200毫米，多集中在5—8月。

2016年，大寨苗族乡辖3个行政村、21个村民小组、1845户7563人，其中少数民族428户1950人。年末耕地面积1038.9公顷，园地11.1公顷，林地2780公顷，草地182.8公顷，森林覆盖率达76.5%。

乡党委、政府机关驻地古蔺县大寨苗族乡大寨村1社号，乡机关内设党政办公室、经济发展办公室、社事服务中心、社事办、扶贫服务中心、村镇建设中心、安全监督办公室、财政所、民政办、交通管理站、计划服务中心、食品药品监督管理所、劳动保障所13个机构，在职36人，其中公务员20人（含领导干部7人），事业人员10人，临聘2人。乡党委党支部4个。有党员222人。

**【主要经济指标】** 2016年，全乡实现地区生产总值4382万元，同比增长8.7%；完成社会固定资产投资31568万元；社会消费品零售总额5075万元；一般公共预算收入215万元；农村居民人均可支配收入9670元。

**【基础设施】** 2016年，在水、电、路、网络通信等重点项目建设上实现全覆盖。公路建设共投资3000万元，实施大桂路扩宽工程25公里，改建村组泥结碎石路40公里，建设田间生产便道20公里，新建硬化通社水泥路30公里，新建桥梁9座，完成富民村通村水泥路、踩山路、雪马路、上岬路、高肖路、窝氹等公路的路基平整或硬化工作，实现了“社社通水泥路”的目标。安全饮水工程投资约1100万元，新建60立方米蓄水池20余口，新建200立方米人畜饮水池2口，新建提灌站1处，新建户窖工程40个，铺设入户管网50余公里，新建河堤3公里，完成了富民村明镜坝新村引水工程、向阳村火炭山供水工程、上岬木瓜基地蓄水池建设项目、向阳提灌站饮水工程等，基本实现安全饮水工程全覆盖。农网改造共投资800万元，全面实施农网改造工程，并进一步升级和优化线路。通信网络工程在3个村全部开通互联网，富民村建立了农村电子商务平台，标志着“互联网+农业”在贫困村的实行，并投资约500万元，建设信号发射塔1处，更换线路15公里，在全乡实施电视信号移动信号社社通工程，达到乡域信号全覆盖。

**【农　业】** 2016年完成粮食生产播种面积72.8公顷，产量2977吨；种植高山蔬菜66.7公顷，产量3100吨；发展烤烟466.7公顷，实现产值900余万元；集中发展脆红李146.6公顷、皱皮药用木瓜69公顷、甜柿80公顷、油用牡丹33.3公顷、中药材菊花66.7公顷。牲畜年末存栏5445头，出栏6899头；禽类出栏9785只，产值1000余万元。

**【工　业】** 2016年，大寨苗族乡境内大寨砂石厂产量10万吨，产值100万元。

**【旅游产业】** 大寨苗族乡地处古蔺旅游环线，是一个纯农业乡镇，没有任何工业污染，生态环境好，森林覆盖率76.5%，是“天然氧吧”。2016年，大寨苗族乡“苗族踩山节”申遗成功，举办了以“蝶飞宝佤，踩山迎福”为主题的“苗族踩山节”，并将富民村成功打造为四川省旅游示范村。同时，全乡界内有三眼洞溶洞景观、天然湖泊海棠湖、千亩中药菊花观赏基地、大田坝生态园林及具有观赏价值的现代农业，如富硒土鸡产业、高山黑猪养殖、高山木耳基地、高山大鹏蔬菜、魔芋培育基地等。

**【项目建设】** 2016年完善富民、大寨、向阳3个村易地扶贫搬迁新村聚居点建设，集中安置147户630人，分散安置28户107人。完成富民村800万元的土地整理项目，200万元的以工代赈水泥路硬化，500万元的扶贫创业园，600万元的富民生态河堤项目，200万元的富民村卫生室、文化室和日间照料中心。完成大寨村海棠湖旅游观光工程，旅游厕所和窝凼公路硬化。完成向阳村天生桥—三眼洞—乌鸦岩—锅圈岩—宝佤山旅游小环线建设，硬化向阳敬老院公路，新建三眼洞新村至锅圈岩公路。完成政府政务中心及职工周转房、卫生院住宿楼、中心小学幼儿园和教师周转房建设。

**【教育教学】** 2016年，大寨苗族乡境内有4所学校，分别是大寨中学、大寨小学、向阳小学、富民小学，有教职工60余人，学生900余人，其中初中生210余人，小学生520余人，学前教育学生170余人。投入资金899万元，建成4所中小学食堂、中学塑胶跑道及教学综合楼、中心校幼儿园及教师周转房；投入资金330万元，提升改善学生营养午餐，发放住校生生活补助，幼儿园学费减免等，全年无学生辍学。

**【医疗卫生】** 全乡建卡立档户全部减免30元农村医疗保险，为200名建卡户实现住院治疗免费，共减免医疗费300余万元，受益群众2万人次；投入180万元，完成全民免费医疗健康体检和门诊楼扩建，全乡免费医疗体检实现全覆盖。

**【计划生育】** 2016年，大寨苗族乡党委、政府响应国家计划生育二胎政策，积极在全乡范围内开展二胎政策宣讲。其间，召开专题动员会4场，制作标语30余幅，印发传单1800余张，鼓励了120户生育二胎。

**【安全维稳】** 2016年，大寨苗族乡界内发生“6·18”大洪灾，无人员伤亡。全年共排查矛盾纠纷82起，成功调处82起，调解成功率达

100%，实现10年“零”上访目标。

（陶 荣）

## 白泥乡

**【概 况】** 白泥乡位于古蔺县南部，赤水河北侧，东邻石宝镇，南邻椒园镇，西邻观文镇，北邻皇华镇，乡域面积63平方公里。地形以山地为主，地势西高东低，北高南低，境内最高点位于沙坝村任家寨，海拔1100米，最低点位于菜板村断江河，海拔350米，平均海拔780米。属暖温带大陆性季风气候，其特点是四季分明，雨热同季，光照充足，无霜期长。春季干旱多风；夏季雨量偏少，自然灾害频繁；秋季温和凉爽；冬季干冷少雪。

2016年，全乡辖4个村、45个小组，年末总人口15632人（其中城镇人口435人，农村人口15197人），有苗族、彝族、仡佬族等5个少数民族。全乡耕地面积2191.2公顷，林地2676.5公顷，森林覆盖率达40.29%。乡党委、政府机关驻地白泥乡白泥村十四组，乡机关内设党政办公室、社会事务办公室、农村经济发展办公室、村镇建设服务中心、社会事务服务中心、扶贫开发中心、财政所7个机构，在职人员26人，其中公务员18人（含领导干部8人），事业人员8人。乡党委下属党支部6个，有党员232人。

**【特色资源】** 白泥乡境内有岩羊、山羊、野猪、刺猬、果子狸、鸷鸟、锦鸡等野生动物202种，有野生种子植物336种。李子、核桃和三台土鸡最负盛名。鲜李的年产量达300多吨；核桃供不应求；蔺州三台土鸡和鸡蛋畅销省内外，蔺州三台土鸡专业合作社被评为“省级示范农民专业合作经济组织”，蔺州三台土鸡生态养殖开发有限公司被评为“泸州市农业产业化经营重点龙头企业”，白泥乡是“全国科普惠农兴村计划先进单位”“四川省农村科普示范基地”。境内矿产资源丰富，主要有煤、铁、磷、石灰石和石膏石等，煤的储量初步探明为1600多万吨。

**【主要经济指标】** 2016年，全乡实现地区生产总值7185万元，同比增长8.4%；完成全社会固定资产投资35425万元；社会消费品零售总额4823万元；一般公共预算收入183万元；农村居民人均可支配收入8883元。

**【基础设施】** 有县、乡级公路1条，总长28公里。通村社公路119公里，其中泥结碎石路80公里，水泥路39公里。赤水河段江河渡口日均客渡量20人次。有邮政代办点1个，投递路线单程总长度35公里；投递点1个，乡村通邮率100%；电信服务网点6个；光缆线路总长达25公里，主干电缆达10公里；发电企业2家；自来水厂1座。

**【农 业】** 2016年完成粮食生产播种面积1882公顷，产量6889吨；种植蔬菜963.6公顷，产量3306吨；种植烤烟37.6公顷，实现产值96余万元；牲畜存栏10588头，出栏11526头；禽类出栏40993只。

**【工 业】** 2016年，白泥乡工业产值526万元，工业增加值169万元。

**【民生工程】** 劳动保障就业。城镇新增就业16人，城镇失业人员再就业7人，扶持创业10人。

民政事业。投入资金280万元，改建白泥敬老院，现主体工程已基本完工；发放自然灾害救助资金16万元；新申报农村60周岁退役士兵4人；发放临时医疗救助金11.05万元。新增城镇低保1户，发放五保供养金46.8万元、低保金157.8万元。开展残疾人“量体裁衣”个性化服务530人。

扶贫攻坚。投入54.6万元，帮扶贫困户182户828人发展种养殖业，并如期脱贫。

**【文化体育】** 2016年建有综合文化站1个，建筑面积300平方米；村活动室4个，建筑面积600平方米；农家书屋4个，建筑面积60平方米，藏书6000册。

**【教育教学】** 2016年有小学6所，在校生1364

人，专任教师69人，小学适龄儿童入学率99%；初中2所，在校生435人，专任教师25人，初中适龄人口入学率96%，小升初升学率100%，九年义务教育覆盖率100%。

【医疗卫生】 2016年有中心卫生院1所，病床30张，专业卫生人员23人，其中执业医师4人，执业助理医师2人，注册护士7人。卫生室10所，有执业助理医师2人。

【计划生育】 2016年，全乡出生人口152人，其中政策内149人，政策外3人；流动人口办证36件，验证36件；组织孕前优生检查112人；发放各种宣传资料1600余份；举办计生宣传专栏4期。

【安全维稳】 安全生产。投入资金50多万元，整治安全隐患，添置设施设备。开展各类安全执法检查60余次，出动人员183人次，发出整改指令书39份，查处安全事故隐患39处。2016年未发生一起安全责任事故。

维稳工作。完善共25人参与的巡防队伍，开展常态化巡逻和重要地段夜间巡逻工作，在场镇赶场天巡逻达45次，在其他村每周开展治安巡逻2次。网格化管理工作共有兼职网格员5人，每周开展2次网格员巡查工作，上报事件3件以上。按照“三三制”的调处原则，全乡共排查出大小矛盾纠纷189件，化解187件。开展反邪教警示教育活动，共发放各种宣传资料600余份，未发生邪教组织案件。开展禁毒活动，共进行4次禁毒宣传活动，向群众发放禁毒宣传资料1000余份。

（黄　勇）

## 箭竹苗族乡

【概　况】 箭竹苗族乡位于古蔺县境西部，距离古蔺城区26公里，东临德耀，西连叙永震东，南接大寨，北邻麻城，是省、市西到古蔺的第一乡，素有“古蔺西大门”之称。乡域面积163平方公里，海拔1100—1300米，具有云贵高原气候特点，春暖夏凉，春、夏、秋三季气温保持在20℃左右。全年无霜期达200天。辖8个行政村、54个村民小组，年末总人口15654人，其中非农业人口584人。年末耕地面积2060.9公顷，园地25.7公顷，林地7658.8公顷，草地182.8公顷。

2016年，乡党委、政府机关驻地箭竹乡街村，内设党政办公室、群众工作办公室、社会事务办公室、农村经济发展办公室、村镇建设服务中心、社会事务服务中心、计划生育服务中心、财政所、民政办、旅游办、项目办、协调办、安全监督办公室、交通管理站、食品药品监督管理所、劳动保障所16个机构，在职人员54人，其中公务员33人（含领导干部8人），事业人员12人，大学生村官1人，临聘人员8人。乡党委下属党支部11个，有党员457人。

【特色资源】 乡内盛产烤烟、水稻、玉米等农作物，出产杜仲、木瓜、柴胡等十多种名贵中药材。森林覆盖率达70%。煤炭资源已探明储量1.1亿吨。以刺绣、蜡染、歌舞为主的苗族文化底蕴深厚，更有历史悠久的大黑洞剿匪文化，独特的喀斯特溶洞景观及怡人的自然风光。岩溶丘陵、峰丛、峰林、漏斗、盆地、槽谷、落水洞、穴泉分布广泛。春暖夏凉，冬有白雪，夏天适宜避暑，春、秋、冬以休闲度假为宜。

【主要经济指标】 2016年，全乡实现地区生产总值20488万元，全社会固定资产投资49518万元，社会消费品零售总额5402万元，一般公共预算收入346万元，农村居民人均可支配收入10850元。工业总产值14570万元，工业增加值4371万元，完成税收346万元，招商引资10500万元。

【农　业】 全乡粮食播面1924公顷，粮食总产量7022吨。推行“公司+基地+专业合作社+农户”的产业发展模式，推动特色农业产业基地化、规模化发展。引进江津花椒公司入驻箭竹，投资1000余万元，在富强村兴建66.7公顷花椒基地与66.7公顷辣椒基地，基地种植牡丹153公顷。2016年共发展烤烟200公顷、高粱186.7公顷，养蜂823桶，出栏禽类13382只、生猪8203头、肉牛823头、羊1665只，实现农业综合收入9800万元。

**【旅游产业】** 招商引进古蔺蔺川农业开发有限公司，投资5700万元，对大黑洞景区进行整体开发并投入运营，举办第七届“中国·古蔺苗家风情节”。2016年共接待游客45万人次，门票收入达500万元。酒店、农家乐、餐馆等实现餐饮、停车、住宿、娱乐项目等收入1800万元。提供民工就业岗位500个，各类农特产品和特色小商品销售收入约300万元，带动周边农户人均增收1200元，同时带动相关产业发展，实现旅游综合收入1.65亿元。

**【工　业】** 支持地奥、榆新2个大矿建设和富强砂石厂等企业的生产和发展。招商引进川电森海电杆厂，累计建设投资达4800万元。

**【重大项目】** 完成叙古高速公路“三改工程”和临时用地复垦工作。排查和调处叙大铁路施工的遗留问题，确保叙大铁路箭竹段贯通。

**【民生建设】** 易地扶贫搬迁8个村、13个聚居点，安置农户409户1452人。2016年共争取项目6个，向上争取资金1020万元，新改建公路2.9公里，硬化公路17.2公里，新建入户便道11公里，新建安全饮水池15口。

全乡完成625户贫困户2349人的帮扶任务，对全乡3个省定重点贫困村制定精准扶贫工作方案。全年共争取到“一事一议”项目6个，建设（维修）公路30余公里，投资135万元。

**【社会事业】** 教育。实施“两免一补”和“营养午餐”教育惠民工程。卫生计生。全乡2016年共出生人口148人；落实各类节育手术62例，累计完成孕前优生健康免费检查114人，开展全民预防健康检查6831人。全年共支付城乡居民医疗保险和大病医疗救助金113.365万元。劳动保障。完成新农保续保3256人，新参保18人；农村劳动力转移输出3586人，实现劳务综合收入7889.2万元。底线救助。全年共发放城乡低保140.495万元，孤儿、五保定救金27.304万元，除重点优抚对象以外的其他各类特殊人员医疗救助金（包括孤儿五保门诊）27.222万元，救助人员156人次，发放困难群众临时生活救助2.9万元，自然灾害生活救助金22万元。

**【依法治理】** 社会治安整治。2016年，派出所共受理警情235件，处警率100%，做到有警必出。其中受理行政案件23件，受理刑事案件15件，特别是针对开展古蔺县社会治安整治工作评议调查问卷群众反映的19个问题，逐一加以整改落实，得到了群众的认可和肯定；采取集中进村入户调解、部门联动化解等方式，严格落实矛盾纠纷大调解“六统一”“三三制”工作机制，及时排查调解各类矛盾纠纷；“红袖标”治安巡逻队伍建设，开展常态化治安巡逻，建立完善户籍人口、流动人口、特殊人群“三个信息档案台账”，组织开展网格员业务培训，及时收集、录入、上报和处理各类社情民意。全年共化解矛盾纠纷、解决民生诉求200余件。依法治理。全年集中学习教育9次，教育人数190余人次，全乡社区矫正、安置帮教人员无脱管、漏管及重新犯罪现象发生。安全生产。全乡安全生产形势总体平稳。

（郭　英）

# 附 录

## 古蔺县乡科级以上负责人名录

（截至2016年12月底，资料由县委组织部提供，其中未注明时间的为全年任职）

### 县级领导

#### 中共古蔺县委

李万忠 县委书记

陈廷俊 县委副书记、县政府党组书记、县长

唐 一 县委副书记（1—9月）

金 雪 县委副书记（6—12月，挂职）

曾永刚 县委常委、县委办公室主任、县总工会主席（1—8月）
县委副书记、县委办公室主任、县总工会主席（8—9月）
县委副书记（9—12月）

宋 庆 县委常委、常务副县长、县政府党组副书记，县行干校校长（兼任）

章 磊 县委常委、纪委书记

杨 帆 县委常委（1—12月，挂职）

刘松梅 县委常委、组织部部长，县直机关工委书记、县委党校校长（兼任）

贾如彬 县委常委、宣传部部长

郑传辉 县委常委、政法委书记，县社会管理综合治理委员会主任，县大调解中心主任（兼任）

刘泽军 县委常委、副县长（3—9月）
县委常委、县委统战部部长，县总工会主席（9—12月）

刘 刚 县委常委、县人武部部长（1—7月）

罗宗肆 县人武部政委（1—7月）
县委常委、县人武部政委（7—12月）

曾 焱 县委常委（8—9月）
县委常委、县委办公室主任（9—12月）

冯利琼 县委常委、副县长（1—6月，挂职）

李笑寒 县委常委（11—12月，挂职）

#### 古蔺县人大常委会

孙克刚 县人大常委会主任、党组书记

胡邦永 县人大常委会副主任、县教师进修校校长（兼任）

胡 雁 县人大常委会副主任

宋 杰 县人大常委会副主任

朱博宇 县人大常委会副主任

#### 古蔺县人民政府

陈廷俊 县委副书记、县长、县政府党组书记

宋 庆 县委常委、常务副县长、县政府党组副书记，县行干校校长（兼任）

游　进　县委常委、副县长（1—4月）
刘泽军　副县长（1—3月）
　　　　县委常委、副县长（3—9月）
冯利琼　县委常委、副县长（1—6月，挂职）
李笑寒　县委常委、副县长（12月，挂职）
罗庆华　副县长，县公安局党委局长、书记，县政法委副书记（兼任）
吴文湘　副县长（1—9月）
林　燕　副县长
贺　亮　副县长（1—11月，挂职）
赵秋颖　副县长（4—12月）
杨玉峰　副县长（9—12月）
王　明　副县长（9—12月）
骆国发　县政府党组成员
张宏金　县政府党组成员（3—9月）

### 政协古蔺县委员会

孙应举　县政协主席、党组书记
邓学玲　县政协副主席、党组副书记
杨运晖　县政协副主席
王　坤　县政协副主席（1—9月）
曹洪忠　县政协副主席人选（9—12月）
　　　　县政协副主席（12月）

### 古蔺县人民法院

吴　江　县法院院长、党组书记

### 古蔺县人民检察院

朱亚梅　县检察院检察长、党组书记（1—9月）
郭　庆　县检察院党组书记、代理检察长（9—12月）
　　　　县检察院检察长、党组书记（12月）

## 乡镇领导

### 古蔺镇

何　睦　古蔺镇党委书记（1—9月）
张宏金　古蔺镇党委书记（9—12月）
许学清　古蔺镇党委副书记、镇长（1—5月）
何毅勇　古蔺镇党委副书记、镇长人选（5—12月）
　　　　古蔺镇党委副书记、镇长（12月）
杨成芳　古蔺镇人大主席（1—5月）
高　洪　古蔺镇人大主席人选（5—12月）
　　　　古蔺镇人大主席（12月）
李　波　古蔺镇党委副书记、纪委书记
梅　猛　古蔺镇党委副书记、大调解中心副主任（保留主任科员待遇）（1—3月）
王　勇　古蔺镇党委副书记（挂职）
张　诚　古蔺镇武装部部长、副镇长（1—3月）
　　　　古蔺镇党委副书记、大调解中心副主任（3—12月）
何冠中　古蔺镇副镇长（1—5月）
孔　港　古蔺镇党委组织委员兼宣传委员（5—12月）
彭玉才　古蔺镇副镇长
聂开政　古蔺镇武装部长、副镇长人选（5—12月）
　　　　古蔺镇武装部部长、副镇长（12月）
徐永淑　古蔺镇副镇长人选（5—12月）
　　　　古蔺镇副镇长（12月）

### 永乐镇

邱中华　永乐镇党委书记
何继端　永乐镇党委副书记、镇长（1—5月）
徐　平　永乐镇党委副书记、镇长人选（5—12月）
　　　　永乐镇党委副书记、镇长（12月）
刘环英　永乐镇人大主席（1—5月）

陈昭镜　永乐镇党委副书记、纪委书记（1—5月）
　　永乐镇人大主席人选（5—12月）
　　永乐镇人大主席（12月）
蔡　铭　永乐镇党委副书记、大调解中心副主任（1—5月）
　　永乐镇党委副书记、纪委书记（5—12月）
周　宇　永乐镇副镇长（1—5月）
　　永乐镇党委组织委员兼宣传委员（5—12月）
刘　庆　永乐镇武装部部长、副镇长人选（5—12月）
　　永乐镇武装部部长、副镇长（12月）
刘智宇　永乐镇副镇长（1—11月）
肖世伟　永乐镇副镇长人选（5—12月）
　　永乐镇副镇长（12月）
王　敏　永乐镇副镇长（12月）

## 太平镇

潘应清　太平镇党委书记、人大主席（1—4月）
郭计宏　太平镇党委书记（4—12月）
胡　堤　太平镇党委副书记、镇长（1—5月）
游钦峰　太平镇副书记、镇长人选（5—11月）
　　太平镇副书记、镇长（11—12月）
王海峰　太平镇人大主席人选（5—11月）
　　太平镇人大主席（11—12月）
徐克书　太平镇人大副主席（明确正科级）（1—5月）
李光强　太平镇党委副书记、大调解中心副主任（1—5月）
罗　黎　太平镇党委副书记、纪委书记（1—3月）
冷剑锋　太平镇党委副书记、纪委书记（5—12月）
李宪梅　太平镇党委组织委员兼宣传委员（5—12月）
刘贞春　太平镇副镇长（1—5月）
陈宏宇　太平镇武装部部长、副镇长人选（5—11月）
　　太平镇武装部部长、副镇长（11—12月）
穆　昆　太平镇副镇长（5—12月）
康　林　太平镇副镇长

## 石屏镇

孙明泽　石屏镇党委书记、人大主席（1—5月）
　　石屏镇党委书记（5—12月）
胡　刚　石屏镇党委副书记、镇长人选（1—2月）
　　石屏镇党委副书记、镇长（2—12月）
罗利章　石屏镇人大副主席（明确正科级）（1—5月）
　　石屏镇人大主席人选（5—11月）
　　石屏镇人大主席（11—12月）
曾祥国　石屏镇党委副书记、纪委书记（1—4月）
黄　新　石屏镇党委副书记、大调解中心副主任（1—3月）
刘永建　石屏镇党委副书记（挂职）
殷孝林　石屏镇党委组织委员兼宣传委员（5—12月）
刘　波　石屏镇武装部部长、副镇长（1—3月）
李　周　石屏镇武装部部长、副镇长人选（5—11月）
　　石屏镇武装部部长、副镇长（11—12月）
张乾兴　石屏镇副镇长（1—5月）

石屏镇党委副书记、纪委书记（5—12 月）
毛玉英 石屏镇副镇长
明　星 石屏镇副镇长人选（5—11 月）
石屏镇副镇长（11—12 月）

二郎镇
兰　杰 二郎镇党委书记、人大主席（1—5 月）
二郎镇党委书记（5—12 月）
王　明 二郎镇党委副书记、镇长（1—3 月）
梅　猛 二郎镇党委副书记、镇长人选（3—7 月）
二郎镇党委副书记、镇长（7—12 月）
刘光举 二郎镇人大副主席（明确正科级）（1—5 月）
二郎镇人大主席人选（5—11 月）
二郎镇人大主席（11—12 月）
汪启飞 二郎镇党委副书记、纪委书记（1—5 月）
李佩良 二郎镇党委副书记、大调解中心副主任（1—5 月）
二郎镇党委副书记、纪委书记（5—12 月）
萧　涌 二郎镇党委组织委员兼宣传委员（5—12 月）
甘　桅 二郎镇武装部长、副镇长人选（1—7 月）
二郎镇武装部长、副镇长（7—12 月）
王　滔 二郎镇副镇长人选（1—7 月）
二郎镇副镇长（7—12 月）
杨　芳 二郎镇副镇长人选（5—11 月）
二郎镇副镇长（11—12 月）

大村镇
唐　松 大村镇党委书记、人大主席（1—5 月）
大村镇党委书记（5—12 月）
刘云刚 大村镇党委副书记、镇长（1—4 月）
李　旭 大村镇党委副书记、镇长人选（4—11 月）
大村镇党委副书记、镇长（11—12 月）
夏廷宇 大村镇人大主席人选（5—11 月）
大村镇人大主席（11—12 月）
王　玲 大村镇党委副书记、纪委书记（1—5 月）
王　玉 大村镇党委副书记、大调解中心副主任（1—5 月）
大村镇党委副书记、纪委书记（5—12 月）
祁联飞 大村镇党委组织委员兼宣传委员（5—12 月）
左朝杰 大村镇人大副主席（1—5 月）
王从伟 大村镇武装部部长、副镇长（1—5 月）
时　杰 大村镇副镇长（1—5 月）
大村镇武装部部长、副镇长（5—12 月）
李剑锋 大村镇副镇长（1—5 月）
李　波 大村镇副镇长人选（5—11 月）
大村镇副镇长（11—12）
罗永英 大村镇副镇长人选（5—11 月）
大村镇副镇长（11—12 月）

东新乡
梅　聪 东新乡党委书记、人大主席（1—3 月）
王　明 东新乡党委书记（3—9 月）
严　涛 东新乡党委副书记、乡长（1—12 月）
东新乡党委书记（12 月）
李　杰 东新乡党委副书记、纪委书记（1—4 月）

东新乡党委副书记、乡长（12月）
王　杰　东新乡人大副主席（明确正科级）（1—5月）
东新乡人大主席人选（5—12月）
东新乡人大主席（12月）
岳红安　东新乡党委副书记、纪委书记（5—12月）
赖雪苓　东新乡党委组织委员兼宣传委员（5—12月）
向　彬　东新乡武装部部长、副乡长人选（5—12月）
东新乡武装部长、副乡长（12月）
李先勇　东新乡副乡长人选（5—12月）
东新乡副乡长（12—12月）
刘　庆　东新乡党委副书记、大调解中心副主任（1—5月）
蔡　静　东新乡副乡长
雷　碧　东新乡武装部长、副乡长（1—5月）

## 土城镇

邓　飞　土城镇党委书记（1—3月）
杨　勇　土城镇党委书记（3—12月）
李家旺　土城镇党委副书记、镇长
聂飞强　土城镇人大主席
陈海量　土城镇党委副书记、纪委书记
钱信林　土城镇党委副书记、大调解中心副主任（1—5月）
土城镇武装部部长、副镇长人选（5—12月）
土城镇武装部部长、副镇长（12月）
付　玉　土城镇副镇长（1—5月）
土城镇党委组织委员兼宣传委员（5—12月）
左朝杰　土城镇副镇长人选（5—11月）
土城镇副镇长（11—12月）
王　涛　土城镇副镇长（1—4月）
赵产江　土城镇副镇长人选（5—11月）
土城镇副镇长（11—12月）
袁弟平　土城镇副镇长（1—3月）

## 丹桂镇

谢春方　丹桂镇党委书记、人大主席（1—5月）
丹桂镇党委书记（5—12月）
王　毅　丹桂镇党委副书记、镇长（1—5月）
丁瑞赞　丹桂镇党委副书记、镇长人选（5—11月）
丹桂镇党委副书记、镇长（11—12月）
陈　伟　丹桂镇人大副主席（1—5月）
丹桂镇人大主席人选（5—11月）
丹桂镇人大主席（11—12月）
何　磊　丹桂镇党委副书记、纪委书记
雷龙梅　丹桂镇党委组织委员兼宣传委员（5—12月）
陈　彪　丹桂镇党委副书记、大调解中心副主任（1—5月）
丹桂镇武装部部长、副镇长人选（5—12月）
丹桂镇武装部部长、副镇长（12月）
赵　俊　丹桂镇武装部长、副镇长（1—3月）
王　涛　丹桂镇副镇长（1—5月）
罗安静　丹桂镇副镇长
朱秋维　丹桂镇副镇长人选（5—11月）
丹桂镇副镇长（11—12月）

## 水口镇

赵秋颖　水口镇党委书记（1—4月）
许学清　水口镇党委书记（5—12月）
胡　江　水口镇党委副书记、镇长
王兴祥　水口镇人大主席（1—5月）
蒲斌鹏　水口镇党委副书记、纪委书记（1—5月）

水口镇人大主席人选（5—11月）
水口镇人大主席（11—12月）
陈明方 水口镇党委副书记、大调解中心副主任（1—5月）
水口镇党委副书记、纪委书记（5—12月）
魏 薇 水口镇副镇长（1—5月）
水口镇党委组织委员兼宣传委员（5—12月）
陈 猛 水口镇武装部部长、副镇长（1—11月）
丁 勇 水口镇副镇长（1—5月）
罗江宇 水口镇副镇长人选（5—11月）
水口镇副镇长（11—12月）
刘世凯 水口镇副镇长人选（5—11月）
水口镇副镇长（11—12月）

## 石宝镇

宋 平 石宝镇党委书记
文中信 石宝镇党委副书记、镇长（1—3月）
李 平 石宝镇党委副书记、大调解中心副主任（1—3月）
石宝镇党委副书记、镇长人选（3—11月）
石宝镇党委副书记、镇长（11—12月）
杨建康 石宝镇人大主席（1—5月）
雷先强 石宝镇党委副书记、纪委书记（1—5月）
石宝人大主席人选（5—11月）
石宝人大主席（11—12月）
肖厚应 石宝镇武装部部长、副镇长（1—5月）
石宝镇党委副书记、纪委书记（5—12月）
黄艳平 石宝镇副镇长（1—5月）
石宝镇党委组织委员兼宣传委员（5—12月）
王 涛 石宝镇武装部部长、副镇长人选（5—11月）
石宝镇武装部部长、副镇长（11—12月）
项录宇 石宝镇副镇长人选（5—11月）
石宝镇副镇长（11—12月）
徐 逸 石宝镇副镇长人选（5—11月）
石宝镇副镇长（11—12月）

## 皇华镇

张显召 皇华镇党委书记、人大主席（1—5月）
侯世錠 皇华镇党委副书记、镇长（1—5月）
皇华镇党委书记（5—12月）
刘 羽 皇华镇党委副书记、镇长人选（5—11月）
皇华镇党委副书记、镇长（11—12月）
王兴祥 皇华镇人大主席人选（5—11月）
皇华镇人大主席（11—12月）
陈 瑚 皇华镇党委副书记、纪委书记
邓月霞 皇华镇党委组织委员兼宣传委员（5—12月）
陈 波 皇华镇党委副书记、大调解中心副主任（1—5月）
罗庆学 皇华镇人大副主席（1—5月）
杨光茂 皇华镇武装部部长、副镇长（1—5月）
曾 锋 皇华镇武装部部长、副镇长人选（5—11月）
皇华镇武装部部长、副镇长（11—12月）
黄 荣 皇华镇副镇长

侯　锦　皇华镇副镇长人选（5—11 月）
皇华镇副镇长（11—12 月）

## 鱼化乡

陈永梅　鱼化乡党委书记、人大主席（1—5月）
许　锐　鱼化乡党委书记（5—12 月）
王鲁渝　鱼化乡党委副书记、乡长
邵　杰　鱼化乡党委副书记、纪委书记（1—5 月）
鱼化乡人大主席人选（5—12 月）
鱼化乡人大主席（12 月）
余宗航　鱼化乡副乡长（1—5 月）
鱼化乡党委副书记、纪委书记（5—12 月）
陈　铸　鱼化乡党委组织委员兼宣传委员（5—12 月）
陈　兴　鱼化乡武装部长、副乡长人选（5—12 月）
鱼化乡武装部长、副乡长（12 月）
田尚林　鱼化乡副乡长人选（5—12 月）
鱼化乡副乡长（12 月）
王　莉　鱼化乡副乡长人选（5—12 月）
鱼化乡副乡长（12 月）
刘　庆　鱼化乡党委副书记、大调解中心副主任（1—5 月）
李明凤　鱼化乡人大副主席（1—5 月）
高　猛　鱼化乡武装部长、副乡长（1—5 月）
王刚政　鱼化乡副乡长（1—3 月）

## 龙山镇

安美会　龙山镇党委书记、人大主席（1—3 月）
兰　锋　龙山镇党委副书记、镇长（1—3 月）
龙山镇党委书记（3—12 月）
安美杰　龙山镇党委副书记、大调解中心副主任（1—3 月）
龙山镇党委副书记、镇长人选（3—11 月）
龙山镇党委副书记、镇长（11—12 月）
万其龙　龙山镇副镇长（1—5 月）
龙山镇人大主席人选（5—11 月）
龙山镇人大主席（11—12 月）
王永兴　龙山镇人大副主席（明确正科级）（1—3 月）
陈珂屿　龙山镇党委副书记、纪委书记
杨怀春　龙山镇副镇长人选（3—5 月）
龙山镇党委组织委员兼宣传委员（5—12 月）
张朝飞　龙山镇副镇长（1—5 月）
龙山镇武装部部长、副镇长（5—12 月）
何　旭　龙山镇副镇长人选（5—11 月）
龙山镇副镇长（11—12 月）
马开兵　龙山镇副镇长人选（5—11 月）
龙山镇副镇长（11—12 月）

## 护家镇

刘　江　护家镇党委书记、人大主席（1—4 月）
护家镇党委书记（4—12 月）
刘明强　护家镇党委副书记、镇长
杨巨良　护家镇人大主席人选（5—12 月）
护家镇人大主席（12 月）
孙先俊　护家镇党委副书记、大调解中心副主任（1—4 月）
护家镇人大主席人选（4—5 月）
刘　敏　护家镇党委副书记、纪委书记
甘　露　护家镇党委组织委员兼宣传委员（4—12 月）
付　忠　护家镇人大副主席人选（1—4 月）
李　洪　护家镇武装部部长、副镇长（1—3月）

李　杰　护家镇武装部部长、副镇长人选（4—12 月）

曾　希　护家镇武装部部长、副镇长（12 月）

颜承沂　护家镇副镇长

任希河　护家镇副镇长人选（4—12 月）
护家镇副镇长（12 月）

魏正刚　护家镇纪委副书记（明确副科级）（1—5 月）

## 观文镇

刘嗣昌　观文镇党委书记、人大主席（1—5 月）

胡　堤　观文镇党委书记（5—12 月）

郭臣宏　观文镇党委副书记、镇长（1—3 月）

郑　海　观文镇党委副书记、镇长人选（3—12 月）
观文镇党委副书记、镇长（12 月）

王启杰　观文镇人大主席人选（5—12 月）
观文镇人大主席（12 月）

罗定华　观文镇人大副主席（明确正科级）（1—5 月）

王　仲　观文镇党委副书记、纪委书记（1—5 月）

陈　琳　观文镇副镇长（1—5 月）
观文镇党委副书记、纪委书记（5—12 月）

李　涛　观文镇党委组织委员兼宣传委员（5—12 月）

李　仕　观文镇党委副书记、大调解中心副主任（1—5 月）
观文镇武装部长、副镇长人选（5—12 月）
观文镇武装部长、副镇长（12 月）

楼　畅　观文镇武装部长、副镇长（1—3 月）

陈　勇　观文镇副镇长人选（5—12 月）
观文镇副镇长（12 月）

钟家泽　观文镇副镇长（1—11 月）

王先定　观文镇副镇长（12 月）

## 白泥乡

任　勇　白泥乡党委书记（1—4 月）

张家友　白泥乡党委副书记、乡长（1—4 月）
白泥乡党委书记（4—12 月）

曾祥国　白泥乡党委副书记、乡长人选（4—11 月）
白泥乡党委副书记、乡长（11—12 月）

谭国华　白泥乡人大主席（1—5 月）

曹　阳　白泥乡人大主席人选（5—11 月）
白泥乡人大主席（11—12 月）

陈　周　白泥乡党委副书记、纪委书记（1—5 月）

任　和　白泥乡武装部长、副乡长（1—5 月）
白泥乡党委副书记、纪委书记（5—12 月）

丁钰蔺　白泥乡党委组织委员兼宣传委员（5—12 月）

陈　波　白泥乡武装部部长、副乡长人选（5—11 月）
白泥乡武装部部长、副乡长（11—12 月）

黄　莉　白泥乡副乡长人选（5—11）
白泥乡副乡长（11—12 月）

赖　蔺　白泥乡副乡长人选（5—11 月）
白泥乡副乡长（11—12 月）

游钦敏　白泥乡副乡长（1—5 月）

## 椒园乡

李小波　椒园乡党委书记

许　锐　椒园乡党委副书记、乡长（1—5 月）

牟　刚　椒园乡党委副书记、乡长人选（5—11 月）
椒园乡党委副书记、乡长（11—12 月）

何攀源　椒园乡人大主席（1—5 月）
王　勇　椒园乡党委副书记、大调解中心副主任（1—5 月）
椒园乡人大主席人选（5—11 月）
椒园乡人大主席（11—12 月）
刘小瑜　椒园乡党委副书记、纪委书记（1—5 月）
孙　科　椒园乡党委副书记、纪委书记（5—12 月）
梅　杰　椒园乡副乡长（1—5 月）
椒园乡党委组织委员兼宣传委员（5—12 月）
马　飞　椒园乡武装部部长、副乡长
李明凤　椒园乡副乡长人选（5—11 月）
椒园乡副乡长（11—12 月）
罗　锋　椒园乡副乡长人选（5—11 月）
椒园乡副乡长（11—12 月）
岳红安　椒园乡副乡长（1—5 月）

马嘶苗族乡

郭计宏　马嘶苗族乡党委书记、人大主席（1—4 月）
陶　杰　马嘶苗族乡党委书记（4—12 月）
项福惠　马嘶苗族乡党委副书记、乡长
马跃勇　马嘶苗族乡人大主席人选（5—11 月）
马嘶苗族乡人大主席（11—12 月）
陈　浪　马嘶苗族乡党委副书记、纪委书记
曹　阳　马嘶苗族乡党委副书记、大调解中心副主任（1—5 月）
杨仲兰　马嘶苗族乡党委组织委员兼宣传委员（5—12 月）
彭国衷　马嘶苗族乡人大副主席（1—5 月）
马嘶苗族乡武装部部长、副乡长人选（5—12 月）
马嘶苗族乡武装部长、副乡长（11—12 月）
张　明　马嘶苗族乡副乡长人选（5—11 月）
马嘶苗族乡副乡长（11—12 月）
吉胡约布子　马嘶苗族乡副乡长人选（5—11 月）
马嘶苗族乡副乡长（11—12 月）
穆　昆　马嘶苗族乡副乡长（1—5 月）
蓝　松　马嘶苗族乡副乡长（挂职）

双沙镇

王　庆　双沙镇党委书记
李　畅　双沙镇党委副书记、镇长
王明举　双沙镇人大主席（1—5 月）
李文江　双沙镇人大主席人选（5—11 月）
双沙镇人大主席（11—12 月）
冯　星　双沙镇党委副书记、纪委书记
陈　兴　双沙镇党委副书记、大调解中心副主任（1—5 月）
高　猛　双沙镇党委组织委员兼宣传委员（5—12 月）
袁方红　双沙镇武装部部长、副镇长
陈　勇　双沙镇副镇长（1—5 月）
李　想　双沙镇副镇长
曾　训　双沙镇副镇长人选（5—11 月）
双沙镇副镇长（11—12 月）

马蹄乡

杨　震　马蹄乡党委书记（1—5 月）
何继端　马蹄乡党委书记（5—12 月）
杨　勇　马蹄乡党委副书记、乡长（1—3 月）
李文江　马蹄乡人大主席（1—5 月）
汤渊仲　马蹄乡党委副书记、纪委书记（1—3 月）
马蹄乡党委副书记、乡长人选（3—11 月）
马蹄乡党委副书记、乡长（11—12 月）

杨光茂 马蹄乡人大主席人选（5—11 月）
马蹄乡人大主席（11—12 月）
王 旭 马蹄乡党委副书记、纪委书记（5—12 月）
余思远 马蹄乡副乡长（1—5 月）
马蹄乡党委组织委员兼宣传委员（5—12 月）
闵弟刚 马蹄乡武装部长、副乡长
吴文良 马蹄乡党委副书记、大调解中心副主任（1—5 月）
马蹄乡副乡长人选（5—11 月）
马蹄乡副乡长（11—12 月）
郑远波 马蹄乡副乡长人选（5—11 月）
马蹄乡副乡长（11—12 月）

德耀镇
冯 健 德耀镇党委书记
张 兵 德耀镇党委副书记、镇长（1—4 月）
刘云刚 德耀镇党委副书记、镇长人选（4—12 月）
德耀镇党委副书记、镇长（12 月）
陈美琪 德耀镇人大主席（1—5 月）
罗永其 德耀镇武装部部长、副镇长（1—5 月）
德耀镇人大主席人选（5—12 月）
德耀镇人大主席（12 月）
冯雪飞 德耀镇党委副书记、纪委书记（1—3 月）
罗 明 德耀镇党委书记、纪委书记（5—12 月）
张仔飞 德耀镇党委组织委员兼宣传委员（5—12 月）
聂开政 德耀镇党委副书记、大调解中心副主任（1—5 月）
骆 阳 德耀镇副镇长（1—3 月）
邱 勇 德耀镇副镇长（3—5 月）
张 程 德耀镇副镇长（1—5 月）
德耀镇武装部部长、副镇长（5—12 月）
王 玲 德耀镇副镇长人选（5—12 月）
德耀镇副镇长（12 月）
袁 彬 德耀镇副镇长人选（5—12 月）
德耀镇副镇长（12 月）

箐竹苗族乡
李 剑 箐竹苗族乡党委书记
王从静 箐竹苗族乡乡长（1—12 月）
杨 梅 箐竹苗族乡党委副书记、乡长（12月）
蓝 毅 箐竹苗族乡党委副书记、大调解中心副主任（1—5 月）
箐竹苗族乡人大主席人选（5—12月）
箐竹苗族乡人大主席（12 月）
袁泽宇 箐竹苗族乡人大副主席（明确正科级）（1—5 月）
箐竹苗族乡副乡长人选（5—12 月）
箐竹苗族乡副乡长（明确正科级）（12 月）
刁思田 箐竹苗族乡党委副书记、纪委书记（1—3 月）
刘小瑜 箐竹苗族乡党委副书记、纪委书记（5—12 月）
刘 波 箐竹苗族乡武装部部长、副乡长（3—5 月）
箐竹苗族乡党委组织委员兼宣传委员（5—12 月）
陈 波 箐竹苗族乡武装部部长、副乡长人选（5—12 月）
箐竹苗族乡武装部部长、副乡长（12 月）
赵连容 箐竹苗族乡副乡长（1—5 月）
张仔飞 箐竹苗族乡副乡长（1—5 月）
喻成平 箐竹苗族乡副乡长人选（5—12 月）

箐竹苗族乡副乡长（12月）

## 大寨苗族乡

黄　芍　大寨苗族乡党委书记、人大主席（1—3月）
大寨苗族乡党委书记（3—12月）
王心元　大寨苗族乡党委副书记、乡长
郭臣宏　大寨苗族乡人大主席人选（3—12月）
大寨苗族乡人大主席（12月）
雷　倩　大寨苗族乡党委副书记、纪委书记
马跃勇　大寨苗族乡党委副书记、大调解中心副主任（1—5月）
罗永凡　大寨苗族乡党委组织委员兼宣传委员（5—12月）
王光伟　大寨苗族乡党委副书记（挂职）
郭成瑜　大寨苗族乡武装部部长、副乡长
王春晓　大寨苗族乡副乡长

## 桂花乡

胡　彬　桂花乡党委书记
徐克蔺　桂花乡党委副书记、乡长
田如江　桂花乡武装部部长、副乡长（1—5月）
桂花乡人大主席人选（5—11月）
桂花乡人大主席（11—12月）
杨巨良　桂花乡人大主席（1—5月）
童小珂　桂花乡党委副书记、纪委书记
陈军文　桂花乡党委副书记（4—12月，挂职）
周宇锋　桂花乡党委组织委员兼宣传委员（5—12月）
李先勇　桂花乡副乡长（1—5月）
牟　刚　桂花乡副乡长（1—5月）
王建峰　桂花乡武装部部长、副乡长人选（5—11月）
桂花乡武装部部长兼副乡长（11—12月）
张　茂　桂花乡副乡长人选（5—11月）
桂花乡副乡长（11—12月）
罗　令　桂花乡副乡长人选（5—11月）
桂花乡副乡长（11—12月）

## 黄荆乡

张　莉　黄荆乡党委书记
黄　霖　黄荆乡党委副书记、乡长
林延舒　黄荆乡人大主席
李宗蔺　黄荆乡党委副书记、纪委书记（5—12月）
宋进钱　黄荆乡党委副书记、大调解中心副主任（1—5月）
罗江波　黄荆乡武装部部长、副乡长
甘　露　黄荆乡副乡长（1—4月）
陈洪跃　黄荆乡副乡长（1—5月）
黄荆乡党委组织委员兼宣传委员（5—12月）
游　飞　黄荆乡副乡长人选（5—12月）
黄荆乡副乡长（12月）
黄昌杰　黄荆乡副乡长人选（5—12月）
黄荆乡副乡长（12月）

# 部门领导

## 中共古蔺县纪委（县监察局）

章　磊　县委常委、县纪委书记
牟　伟　县纪委副书记
许　勇　县纪委副书记、监察局局长兼预防腐败局局长
雷洪杰　县纪委常委、监察局副局长
甘　俊　县纪委常委、控告申诉室主任（1—5月）
县纪委常委、信访室主任（5—12月）（机构更名）
雷洪卫　县纪委常委（9—12月）

王文才　县纪委监察局案件审理室主任（1—9月）
　　　　县纪委常委、案件审理室主任（9—12月）
张　聪　县纪委常委、纪检监察一室主任（1—5月）
　　　　县纪委常委、第一纪检监察室主任（5—9月）（机构更名）
　　　　县纪委监察局第一纪检监察室主任（9—12月）
马仕碧　县监察局副局长
钟　皑　县纪委监察局办公室主任
李　伟　县纪委监察局党风政风监督室主任
张永朝　县纪委监察局招投标监察室主任（1—5月）
　　　　县纪委监察局第三纪检监察室主任（5—12月）（机构更名）
曹　刚　县纪委监察局纪检监察二室主任（1—5月）
　　　　县纪委监察局第二纪检监察室主任（5—12月）（机构更名）
夏春生　县纪委监察局预防腐败室主任
张星宏　县纪委监察局案件监督管理室主任

## 中共古蔺县委办公室

曾永刚　县委常委、县委办主任（1—8月）
　　　　县委副书记、县委办主任（8—9月）
曾　焱　县委常委、县委办主任（9—12月）
冯　健　县委办副主任（正科级，挂职）
何毅勇　县委办副主任（1—5月）
祝光辉　县委办副主任
谢　刚　县委督查室主任（1—3月）
　　　　县委办公室副主任、督查室主任（3—12月）
余　晔　县委办副科级纪检员

## 中共古蔺县委农村工作领导小组办公室

李文功　县委农工办主任
刘礼伦　县委农工办副主任（明确正科级）

## 中共古蔺县委政策研究室

徐　彬　县委政研室主任
蒲　卫　县委政研室副主任（1—11月）

## 中共古蔺县委机要局（县密码管理局）

罗江林　县委机要局副局长（县密码管理局副局长）

## 中共古蔺县委保密委员会办公室（县国家保密局）

李世洪　县委保密办副主任（县国家保密局副局长）（明确正科级）

## 古蔺县机关事务管理局

付小峰　县机关事务管理局副局长
缪乃强　县机关事务管理局副局长（5—12月）

## 古蔺县台湾工作办公室

熊珍健　县委台湾工作办公室主任（1—4月）
潘应清　县委台湾工作办公室主任（4—12月）

## 古蔺县人大常委会内设机构

罗　涛　县人大常委会党组成员、办公室主任、县人大城乡建设环境资源保护委员会主任委员（1—5月）
　　　　县人大城建环资保护委员会主任委员（5—12月）
罗其隆　县人大常委会办公室副主任（保留正科级）（1—5月）
　　　　县人大常委会党组成员、办公室主任（5—12月）

罗　明　县人大常委会办公室副主任（1—5月）
胡电波　县人大常委会人事代表委主任
徐富平　县人大常委会人事代表委副主任（保留正科级）（1—5月）
县人大民宗旅游委主任（5—12月）
赵　兵　县人大财经委员会主任委员、县人大常委会财经委主任（1—12月）
陶桂莉　县人大民宗旅游委主任（1—5月）
人大办公室副科级纪检员（保留正科级）（5—12月）
杨辉伦　县人大法制委员会主任委员、县人大常委会法工委主任（1—12月）
王建权　县人大常委会教科文卫委主任
王　炼　县人大常委会教科文卫委副主任（保留正科级）
何宣瑞　县人大常委会农工委主任
范启霞　县人大常委会农工委副主任（明确正科级）
宋弟全　县人大常委会民宗旅游委副主任
刘学朝　县人大财经工委副主任（保留正科级）（5—12月）
刘良云　县人大常委会财经工委副主任（1—5月）
县人大常委会办公室副主任（5—12月）
张清华　县人大常委会办公室副主任（5—12月）

## 古蔺县人民政府办公室

骆国发　县政府党组成员、县政府办主任、党组书记（1—3月）
县政府党组成员、县投资促进领导小组办公室主任（保留原职级）（3—12月）
梅　聪　县政府党组成员，县政府办主任、党组书记（3—12月）
黄　钺　县政府党组成员、县政府办副主任（4—12月）
古圣兰　县政府办副主任（保留正科级）（1—5月）
项元亮　县政府办副主任、民宗外侨局局长（5—12月）
唐　益　县政府办副主任（1—5月）
县应急办兼人防办主任（5—12月）
王晟旭　县政府办副主任（挂职）
李咏雪　县政府办纪检组长
黄　宪　县政府办机关党委书记、县法制办主任
赵　倩　县政府办公室副主任（5—12月）

## 古蔺县人民政府政务服务中心

许礼芳　县政务中心主任
明宗伦　县政务中心副主任

## 古蔺县人民政府台湾事务办公室

熊珍健　县政府台湾事务办公室主任（1—4月）
潘应清　县政府台湾事务办公室主任（4—12月）

## 古蔺县人民政府法制办公室

黄　宪　县政府办机关党委书记、县法制办主任
罗富海　县政府法制办副主任（明确正科级）

## 古蔺县政府政策研究室

赵　倩　县政府政策研究室主任（1—5月）

## 古蔺县信息中心

罗　亮　县信息中心主任（1—12月）

## 古蔺县公共资源交易中心

马建春　县交易中心主任

苟明友　县交易中心副主任

王刚政　县交易中心副科级纪检员（3—12月）

## 古蔺县人民政府应急管理办公室

唐　益　县应急办主任、县人防办主任（5—12月）

雷　雨　县应急办副主任

## 政协古蔺县委员会内设机构

李祥林　县政协党组成员、秘书长、办公室主任

张　琼　县政协副秘书长、办公室副主任（保留正科级）（1—12月）

高吉琼　县政协副秘书长（保留正科级）（1—12月）

王从静　县政协副秘书长、办公室副主任（保留正科级）（12月）

李轩能　县政协社会法制委主任

邹　卉　县政协社会法制委副主任（明确正科级）

王海清　县政协提案委主任

王雄杰　县政协提案委副主任（保留正科级）

朱春亮　县政协经济委主任

王明洪　县政协经济委副主任（明确正科级）

彭中才　县政协教科文卫委主任

林　波　县政协教科文卫委副主任

张　海　县政协办公室副科级纪检员（12月）

## 中共古蔺县委组织部

刘松梅　县委常委、组织部部长，县委党校校长、县直机关工委书记（兼）

梅　德　县委组织部副部长、党建办主任

周章伦　县委组织部副部长、县委编办主任

杨晓燕　县委组织部副部长、老干部局局长

罗　庆　县委组织部副部长、县人社局局长、党委书记

邹沁佚　县委组织部副科级纪检员

## 中共古蔺县委老干部局

杨晓燕　县委组织部副部长、老干部局局长

张儒明　县委老干部局副局长（明确正科级）

## 中共古蔺县委党建工作领导小组办公室

梅　德　县委组织部副部长、县委党建办主任

冷剑锋　县委党建办副主任（1—5月）

周　敏　县委党建办副主任（5—12月）

## 古蔺县人才办公室

黄启明　县人才办主任

阮　碧　县人才办副主任（1—12月）

## 中共古蔺县委党员干部现代远程教育中心

钱雪梅　县远教中心主任（1—3月）

## 中共古蔺县委党校（县行政管理干部学校）

宋　庆　县委常委、常务副县长、县行干校校长

刘松梅　县委常委、组织部部长、县委党校校长

罗　庆　县委组织部副部长、县人社局局长、县行干校副校长

徐　亮　县委党校常务副校长、县行干校副校长

马富燕　县委党校副校长

## 中共古蔺县委宣传部

贾如彬　县委常委、宣传部部长

葛丽霞　县委宣传部副部长、县社科联主席、县文联主席

罗富华　县委宣传部副部长、外宣办主任，县政府新闻办公室主任、县互联网信息办公室主任

李宗蔺　县委宣传部副科级纪检员（1—5月）

## 中共古蔺县委对外宣传办公室

罗富华　县委宣传部副部长、外宣办主任、县政府新闻办公室主任、县互联网信息办公室主任

李　卫　县委外宣办副主任（3—12月）

## 古蔺县精神文明建设办公室

罗　银　县文明办副主任、县新闻中心主任

## 古蔺县社会科学界联合会

葛丽霞　县社科联主席

刘贞春　县社科联副主席（5—12月）

## 古蔺县文学艺术界联合会

葛丽霞　县文联主席

费　易　县文联副主席

## 古蔺县新闻中心

罗　银　县文明办副主任、县新闻中心主任

苏海鹏　县新闻中心副主任

王成凯　县新闻中心副主任（3—12月）

## 中共古蔺县委统战部

刘泽军　县委常委、县委统战部部长（9—12月）

王　坤　县政协副主席、县委统战部部长（1—9月）

明祖强　县委统战部副部长、县工商联党组书记、副主席（县总商会副会长）（1—4月）

任　勇　县委统战部副部长、县工商联党组书记、副主席（县总商会副会长）（4—12月）

余纯惠　县委统战部副部长（明确正科级）

王　涛　县委统战部副科级纪检员（4—12月）

## 中共古蔺县委政法委员会

郑传辉　县委常委、政法委书记，县综治办主任，县矛盾纠纷大调解中心主任

罗庆华　副县长、县公安局党委书记、局长，县政法委副书记

张永发　县委政法委副书记、纪工委书记，县矛盾纠纷大调解中心副主任、国安办主任

付　旭　县委政法委副书记、维稳办主任

王朝洪　县委政法委副书记

王　俊　县委政法委政工科科长

李小力　县委防范办副主任（明确正科级）

罗永胜　县委政法委纪工委副书记（1—4月）

温　建　县委政法委纪工委副书记（12月）

## 古蔺县禁毒办公室

夏意凡　县禁毒办主任（3—12月）

中共古蔺县委维护社会稳定领导小组办公室

付　旭　县委政法委副书记、维稳办主任

彭　嵩　县委维稳办副主任

## 古蔺县社会管理综合治理委员会办公室

中共古蔺县直属机关工作委员会

刘松梅　县委常委、组织部部长、县直机关工委书记

冯　岭　县直机关工委常务副书记

宋　勇　县直机关工委副书记、纪工委书记

## 中共古蔺县委防范和处理邪教问题领导小组办公室

李小力　县委防范办副主任（明确正科级）

## 中共古蔺县委群众工作局（县人民政府信访局）

何毅勇　县委群工局局长、县政府信访局局长兼群众工作中心主任（1—5月）

杨熙谋　县委群工局副局长、县政府信访局副局长（1—12月）

县委群工局局长、县政府信访局局长兼群众工作中心主任（12月）

熊　伟　县委群工局副局长、县政府信访局副局长（1—12月）

罗　亮　县委群工局副局长、县政府信访局副局长（12月）

徐　静　县委群工局副科级纪检员

## 中共古蔺县委机构编制委员会办公室

周章伦　县委组织部副部长、县委编办主任

陈泽勇　县委编办副主任（保留正科级）

王朝权　县委编办纪检员（正科级）

## 古蔺县事业单位登记管理局

杨　灿　县事业单位登记管理局局长

## 古蔺县总工会

曾永刚　县总工会主席（1—9月）

刘泽军　县总工会主席（9—12月）

蔡　伟　县总工会常务副主席（1—5月）

黄　钺　县总工会常务副主席（12月）

彭文政　县总工会副主席

## 共青团古蔺县委

杨　梅　团县委书记（1—12月）

张仁聪　团县委副书记（1—5月）

熊　霞　团县委副书记（5—12月）

刘子熙　团县委副书记（1—12月，挂职）

## 古蔺县妇女联合会

赵蔺红　县妇联主席

贺从兰　县妇联副主席（明确正科级）

## 古蔺县科学技术协会

祝国书　县科协主席

杨　荣　县科协副主席（保留正科级）

## 古蔺县工商业联合会（县商会）

王　萍　县工商联主席（县总商会会长）

明祖强　县工商联党组书记、副主席（县总商会副会长）（1—4月）

任　勇　县工商联党组书记、副主席（县总商会副会长）（4—12月）

龙汝桥　县工商联副主席、县商会副会长（保留正科级）

## 古蔺县残疾人联合会

王永正　县残联副主席、理事长

王　宇　县残联副理事长（1—11月）

## 古蔺县归国华侨侨眷联合会

## 古蔺县台胞台属联谊会

蒋华勇　县台联会长（不驻会）

## 古蔺县人民法院

吴　江　县法院院长、党组书记

钟　芸　县法院副院长（明确正科级）

扶建华　县法院副院长（明确正科级）

宋学梅　县法院副院长

陈　刚　县法院副院长（1—4月，挂职）

王　勇　县法院纪检组长（明确正科级）

李　明　县法院政治处主任（1—11月）
阮　碧　县法院政治处主任（12月）
汪　鹏　县法院机关党委书记
罗　楠　县法院党组成员、监察室主任、执行局局长（明确正科级）（1—4月）
甘露强　县法院观文法庭庭长
孙湖江　县法院石宝法庭庭长
马　银　县法院太平法庭庭长
肖　敏　县法院黄荆法庭庭长（1—5月）
明　勇　县法院龙山法庭庭长
祝　梅　县法院德耀法庭庭长（5—12月）

## 古蔺县人民检察院

朱亚梅　县检察院党组书记、检察长（1—9月）
郭　庆　县检察院党组书记、代理检察长（9—12月）
　　　　县检察院党组书记、检察长（12月）
陈典春　县检察院党组副书记、副检察长（明确正科级）
陈正龙　县检察院副检察长（明确正科级）
王选华　县检察院政治处主任
黄　岭　县检察院检察委员会专职委员
周世培　县检察院纪检组长
朱　华　县检察院机关党委书记
周泽国　县检察院反渎职侵权局局长
钟兴麒　县检察院反贪污贿赂局局长

## 古蔺经济开发区

吴文湘　古蔺经开区党工委书记（3—9月）
陈元鑫　古蔺经开区管委会主任（3—12月）
杨　蔺　古蔺经开区管委会副主任
夏正国　古蔺经开区管委会副主任
王　杰　古蔺经开区办公室主任（1—12月）
　　　　古蔺经开区党工委副书记、纪工委书记（12—12月）
徐　静　古蔺经开区服务中心副主任（1—5月）
李　强　古蔺经开区服务中心副主任

## 古蔺二郎名酒名镇开发区

兰　杰　二郎名酒名镇开发区党工委书记（5—12月）
邹　健　二郎名酒名镇开发区管委会副主任（1—5月）
　　　　二郎名酒名镇开发区党工委副书记、管委会主任（5—12月）
陈　育　二郎名酒名镇开发区党工委副书记、纪工委书记
汪启飞　二郎名酒名镇开发区服务中心主任（1—5月）
罗兴春　二郎名酒名镇开发区服务中心副主任

## 古蔺县发展和改革局

王　琴　县发改局局长、党组书记
陈先凯　县发展和改革局副局长（保留正科级）（1—11月）
罗　建　县发展和改革局副局长
谭　欣　县发展和改革局副局长
王海峰　县发展和改革局纪检组长（1—5月）
李　洪　县发展和改革局机关党委书记（3—12月）
王桂权　县重大项目稽查办主任

## 古蔺县经济商务科技局

王剑霜　县经济商务科技局局长、党委书记
游钦峰　县经济商务科技局副局长（1—5月）
何冠中　县经济商务科技局副局长（5—12月）
卢旭华　县经济商务科技局副局长
黄克平　县经济商务科技局纪委书记（明确正科级）

肖　敏　县经济商务科级局机关党委书记（保留正科级）
张家梅　县经济商务科技局总经济师（12月）

## 古蔺县酒业发展局

王剑霜　县酒业发展局局长
张家梅　县酒业发展局副局长（1—12月）
李　雄　县酒业发展局副局长（12月）

## 古蔺县公共机构节能办公室

王剑霜　县节能办主任
安美强　县节能办副主任

## 古蔺县工业经济发展服务中心

## 古蔺县现代服务业服务中心

刘　熙　县现代服务业服务中心主任

## 古蔺县教育局

王　鑫　县教育局党委书记、局长
罗　林　县教育局党委副书记、副局长
刘春文　县教育局机关党委书记（保留正科级）
黄　忠　县教育局副局长（3—12月）
丁　勇　县教育局副局长（5—12月）
张清华　县教育局副局长（1—5月）
朱　蔺　县教育局纪委书记

## 古蔺县公安局

罗庆华　副县长、县公安局局长、党委书记、督察长，县政法委副书记
宋　涛　县公安局党委副书记、政委
袁勇坤　县公安局纪委书记（明确正科级）（1—5月）
易桂蕊　县公安局副局长（明确正科级）（1—6月）
胡金波　县公安局副局长（明确正科级）
石含琪　县公安局副局长
王天意　县公安局副局长（5—12月）
邓广宇　县公安局副局长（挂职）
邓　刚　县公安局出入境管理大队教导员（1—5月）
　　　　县公安局纪委书记（5—12月）
陈永浩　县公安局副局长（12月，挂职）
　　　　县公安局太平派出所所长（12月，挂职）
刘旭红　县公安局机关党委书记
陈　维　县公安局政工监督室主任
王　运　县公安局交警大队大队长（1—12月）
　　　　县公安局法制室主任（12月）
代守烈　县公安局指挥中心主任
胡　棋　县公安局刑侦大队大队长
孙应才　县公安局交管大队教导员（1—12月）
　　　　县公安局德耀派出所教导员（12月）
刘宗堂　县公安局经济犯罪侦查大队大队长（1—12月）
曾　平　县公安局经济犯罪侦查大队教导员
梁　杰　县公安局巡逻防控大队教导员
何玉斌　县公安局出入境管理大队大队长
汪　瑜　县公安局刑事侦查大队教导员
邵光辉　县公安局禁毒缉毒大队大队长
王华刚　县公安局治安大队教导员
雷旋飞　县公安局治安管理大队大队长
骆润琴　县看守所教导员、县拘留所所长
高　平　县公安局禁毒缉毒大队教导员（1—12月）
徐其林　县公安局永乐派出所教导员（1—4月）
兰新波　县公安局国保大队大队长
朱　江　县公安局东城派出所教导员（1—5月）
　　　　县公安局东城派出所所长（5—12月）

成　阳　县公安局太平派出所所长（1—12月）
县公安局鱼化派出所所长（12月）
官德军　县公安局护家派出所所长（1—4月）
彭　震　县公安局双沙派出所教导员（1—12月）
县公安局交通管理大队教导员（12月）
李　钢　县公安局双沙派出所所长（1—5月）
县公安局国保大队教导员（5—12月）
聂　闯　县公安局水口派出所所长
罗　杰　县公安局箭竹派出所教导员（1—11月）
祝　波　县公安局大村派出所所长
张纪华　县公安局二郎滩派出所所长
周　江　县公安局大寨派出所所长（1—4月）
郭　钊　县公安局马嘶派出所所长（1—12月）
县公安局交通管理大队大队长（12月）
赖　骞　县公安局石屏派出所所长
赵发友　县公安局法制室主任（1—12月）
唐　林　县公安情报信息中心主任
徐永仲　县公安局看守所所长（1—12月）
胡中学　县公安局网监大队大队长（1—11月）
姜　冰　县公安局二郎派出所所长（1—12月）
县公安局禁毒缉毒大队教导员（12月）
李学伦　县公安局德耀派出所教导员（1—12月）
县公安局东城派出所教导员（12月）
周　强　县公安局土城派出所教导员（1—12月）
县公安局网监大队队长（12月）
王书勇　县公安局太平派出所教导员

## 古蔺县民政和扶贫移民局（已于3月撤销）

黄　钺　县民政和扶贫移民局党组书记、局长、县老龄办主任、县新社会组织党委书记（1—3月）
胡　毅　县民政和扶贫移民局副局长（明确正科级）（1—3月）
杨辉烈　县民政和扶贫移民局副局长（明确正科级）（1—3月）
王文莲　县民政和扶贫移民局副局长（明确正科级）（1—3月）
徐发刚　县民政和扶贫移民局机关党委书记（保留正科级）（1—3月）

## 古蔺县民政局（3月机构改革新设立）

刘　谦　县民政局党组书记、局长（3—12月）
胡　毅　县民政局副局长（保留正科级）（3—12月）
杨辉烈　县民政局副局长（明确正科级）（3—12月）
王文莲　县民政局纪检组长（明确正科级）（3—5月）
徐发刚　县民政局机关党委书记（保留正科级）（3—12月）
赵连容　县民政局纪检组长（5—12月）

## 古蔺县新社会组织党委

刘　谦　县新社会组织党委书记（3—12月）
李　政　县新社会组织党委专职副书记

## 古蔺县殡葬改革执法监察大队

何元发　县殡改执法大队大队长

## 古蔺县老龄工作委员会办公室

刘　谦　县老龄办主任（3—12月）

## 古蔺县扶贫和移民工作局（3月机构改革新设立）

黄　钺　县扶贫移民局党组书记、局长（3—12月）
县扶贫移民局党组书记（12月）

黄　新　县扶贫移民局副局长（3—12 月）
楼　畅　县扶贫移民局副局长（3—12 月）
袁弟平　县扶贫移民局纪检组长（3—12 月）

## 古蔺县扶贫移民服务中心

陈华忠　县扶贫移民服务中心主任（5—12 月）

## 古蔺县司法局

朱明辉　县司法局局长、党组书记
高　逊　县司法局机关党委书记（保留正科级）
文　俊　县司法局副局长
王天意　县司法局副局长（1—5 月）
熊　伟　县司法局副局长（12 月）
骆琴玉　县司法局纪检组长
李　波　县司法局古蔺镇司法所所长
陈晓会　县司法局太平司法所所长
杨　永　县司法局观文司法所所长

## 古蔺县财政局

张宏全　县财政局局长、党组书记（1—3 月）
张　磊　县财政局副局长、党组副书记（1—3 月，挂职）
　　　　县财政局局长、党组书记（3—12 月，挂职）
熊　亮　县财政局副局长（保留正科级）
周易平　县财政局副局长（3—12 月）
骆邦琼　县财政局副局长（1—3 月）
任　敏　县财政局纪检组长
罗安学　县财政局总会计师

## 古蔺县财政国库支付中心

李朝洪　县财政国库支付中心主任

## 古蔺县农业综合开发办公室

李　忠　县农业综合开发办主任

## 古蔺县国有资产管理办公室

## 古蔺县财政投资评审中心

李菊梅　县财政投资评审中心主任

## 古蔺县国有资产经营有限责任公司

周易平　县国资公司总经理
李　涛　县国资公司副总经理

## 古蔺县金融服务中心副主任

陈德辉　县金融服务中心副主任（12 月）

## 古蔺县人力资源和社会保障局

罗　庆　县委组织部副部长、县人社局局长、党委书记
黄　勇　县人社局副局长（明确正科级）
熊文龙　县人社局纪委书记（明确正科级）
李劲松　县人社局副局长
康安刚　县人社局机关党委书记（保留正科级）（1—5 月）
蔡　伟　县人社局机关党委书记（保留正科级）（5—12 月）

## 古蔺县劳动保障监察大队

冯桂刚　县劳动保障监察大队大队长

## 古蔺县军队转业干部安置工作办公室

刘　莉　县军转安置办主任

## 古蔺县社会保险事业管理局

曹洪忠　县社保局局长
王先定　县社保局副局长（1—12 月）
胡　跃　县社保局副局长

## 古蔺县城乡养老保险服务中心
任　平　县城乡养老保险服务中心主任

## 古蔺县劳动就业服务管理局
何　杰　县就业局局长
宋建文　县就业局副局长

## 古蔺县医疗保险管理局
张　莉　县医保局局长
毛建军　县医保局副局长

## 古蔺县住房和城乡规划建设局
吴　进　县住建局局长、党组书记
时　桥　县住建局副局长
刘　强　县住建局副局长（3—12 月）
罗莹欣　县住建局纪检组长
高　洪　县住建局机关党委书记（1—5 月）
杨成芳　县住建局机关党委书记（5—12 月）（保留正科级）

## 古蔺县城市建设管理监察大队
刘　强　县城市建设管理监察大队大队长（1—3 月）

## 古蔺县国土资源管理局
刘朝华　县国土资源局党组书记、局长
李　斌　县国土资源局副局长
徐　平　县国土资源局副局长（1—5 月）
王　仲　县国土资源局副局长（5—12 月）
李绪奎　县国土资源局副局长
张　峻　县国土资源局纪检组长
王增林　县国土资源局机关党委书记

## 古蔺县不动产登记中心
杨宣国　县不动产登记中心主任

## 二郎土地管理办公室
成　文　二郎土地管理办公室主任

## 古蔺县土地整治中心
李　刚　县土地整治中心主任

## 古蔺县国土资源执法监察大队
陈　涛　县国土资源执法监察大队大队长

## 古蔺县交通运输局
陈元鑫　县交通运输局局长、党委书记（1—3 月）
安美会　县交通运输局局长、党委书记（3—12 月）
黄　忠　县交通运输局纪委书记（1—3 月）
廖化福　县交通运输局副局长（1—4 月）
李　恒　县交通运输局副局长
骆　阳　县交通运输纪委书记（3—12 月）
张永忠　县交通运输局机关党委书记（保留正科级）（1—5 月）
陈　周　县交通运输局机关党委书记（5—12 月）
王将旭　县交通运输局副总工程师

## 古蔺县公路养护一段
吴　敏　县公路养护一段段长、党支部书记
胡文勇　县公路养护一段副段长（1—12 月）
刘　毅　县公路养护一段副段长
黄国鑫　县公路养护一段副段长
黄生贵　县公路养护一段总工程师

## 古蔺县公路运输管理所
贺金龙　县公路运输管理所所长
古蔺县路政管理大队
龙厚君　县路政管理大队大队长（明确正科级）（1—5 月）

张永忠　县路政管理大队大队长（保留正科级）（5—12月）

## 古蔺县道路桥梁质量管理服务中心

崔　勇　县道路桥梁质量管理服务中心主任

## 古蔺县水务局

姜先强　县水务局局长、党组书记
陈卓钦　县水务局副局长（保留正科级）（1—5月）
汪启飞　县水务局副局长（保留正科级）（5—12月）
蒲　良　县水务局副局长
梁　钊　县水务局副局长（挂职一年）
周厚云　县水务局纪检组长（保留正科级）
谢开虎　县水务局机关党委书记
曾　毅　县水务局总工程师

## 古蔺县农业局

上德洪　县农业局党委书记、局长
邓　飞　县农业局副局长（保留正科级）（3—12月）
杨　勇　县农业局副局长（保留正科级）（5—12月）
刘定厚　县农业局副局长
罗　杰　县农业局纪委书记
周怀平　县农业局机关党委书记
王明华　县农业局总经济师（明确正科级）（5—12月）
王崇东　县农业局总农艺师

## 古蔺县农业综合行政执法大队

黄蔺秋　县农业执法大队大队长（1—5月）
付世恩　县农业执法大队大队长（5—12月）

## 古蔺县畜牧局（机改已并入农业局）

杨　勇　县畜牧局局长（1—5月）
王启杰　县畜牧局副局长（1—5月）

## 古蔺县农机事业局（机改已并入农业局）

项元亮　县农机局局长（1—5月）
付世恩　县农机局副局长（1—5月）
王明华　县农机局副局长（明确正科级）（1—5月）

## 古蔺县农业经济管理指导中心主任

黄蔺秋　县农业经济管理指导中心主任（5—12月）

## 古蔺县林业局

董维服　县林业局局长、党委书记
王洪道　县林业局纪委书记（明确正科级）
张　兵　县林业局副局长（保留正科级）（4—12月）
李江蔺　县林业局副局长（明确正科级）
李　旭　县林业局副局长（1—4月）
周　杰　县林业局机关党委书记
吴华英　县林业局副总工程师

## 古蔺县森林公安局

易　勇　县森林公安局局长
王为跃　县森林公安局教导员
王　飞　县森林公安局箭竹森林派出所所长
易思云　县森林公安局箭竹森林派出所指导员
胡　刚　县森林公安局石宝森林派出所所长
罗　平　县森林公安局石宝森林派出所指导员

## 古蔺县文化体育广电旅游局

李加强　县文化体育广电旅游局局长、党委书记

王剑勇　县文化体育广电旅游局副局长（保留正科级）
罗　琳　县文化体育广电旅游局副局长（保留正科级）
邹国民　县文化体育广电旅游局纪委书记（明确正科级）
蒋维克　县文化体育广电旅游局机关党委书记

## 古蔺县广播电视台

李　健　县广播电视台台长
崔海燕　县广播电视台副台长
古蔺县创意文化产业发展服务中心
古蔺县体育运动产业发展服务中心
胡　伦　县体育运动产业发展服务中心主任（1—11月）

## 古蔺县文物保护管理局

邱光前　县文物保护管理局局长

## 古蔺县文化市场综合执法大队

陶　毅　县文化执法大队大队长

## 古蔺县旅游执法队

## 古蔺县卫生和计划生育局

何永忠　县卫生和计划生育局局长、党委书记
陈玉华　县卫生和计划生育局副局长（保留正科级）
李　明　县卫生和计划生育局副局长（保留正科级）（1—6月）
徐怀凯　县卫生和计划生育局机关党委书记（保留正科级）
张宏银　县卫生和计划生育局副局长
雷洪卫　县卫生和计划生育局纪委书记（1—12月）
罗付全　县卫生和计划生育局纪委书记（12月）

## 古蔺县红十字会

黄苏渝　县红十字会常务副会长兼秘书长

## 古蔺县计划生育宣传服务指导中心

胡登芬　县计生宣传服务指导中心主任

## 古蔺县审计局

蒋华勇　县审计局局长、党组书记
张　建　县审计局副局长
李　健　县审计局纪检组长
胡　勋　县审计局经济责任审计分局局长

## 古蔺县环境保护局

王洪友　县环保局局长、党组书记
彭柯瑾　县环保局副局长（明确正科级）
杨启玉　县环保局纪检组长
杜宏伟　县环保局副局长（挂职）

## 古蔺县统计局

张　黎　县统计局局长、党组书记（1—12月）
罗国勇　县统计局副局长（1—12月）
　　　　县统计局局长、党组书记（12月）
孙静波　县统计局纪检组长（明确正科级）
刘　庆　县统计局总统计师（5—12月）

## 古蔺县普查中心

林　松　县普查中心主任

## 古蔺县安全生产监督管理局

杨绪超　县安监局局长、党组书记，县煤炭管理局局长
李伟雄　县安监局副局长（保留正科级）
何继乐　县安监局机关党委书记（保留正科级）

周洪亮　县安监局纪检组长
郑　海　县安监局副局长、县煤炭管理局副局长（1—3 月）
冯雪飞　县安监局副局长（3—12 月）
熊　勇　县煤炭管理局副局长

## 古蔺县安全生产执法大队

夏意凡　县安全生产执法大队大队长（1—3 月）

## 古蔺县食品药品监督管理局

郑京来　县食药监局局长、党组书记
陈卓钦　县食药监局纪检组长（保留正科级）（5—12 月）
许　畏　县食药监局副局长
王　新　县食药监局副局长
任　大　县食药监局机关党委书记
夏廷宇　县食药监局纪检组长（1—5 月）

## 古蔺县食品药品监督稽查大队

王　旭　县食品药品监督稽查大队大队长（1—5 月）

## 古蔺县工商行政管理局（3 月机构改革已撤销）

成　春　县工商行政管理局局长（1—3 月）
马　遥　县工商行政管理局副局长（1—3 月）
罗　惠　县工商行政管理局纪检组长（1—3 月）
何　莉　县工商行政管理局机关党委书记（保留正科级）（1—3 月）

## 古蔺县质量技术监督局（3 月机构改革已撤销）

刘　谦　县质量技术监督局党组书记、局长（1—3 月）
周　刚　县质量技术监督局副局长（1—3 月）
邱　勇　县质量技术监督局纪检组长（1—3 月）

## 古蔺县工商质监局（3 月新组建）

成　春　县工商质监局局长、党组书记（3—12 月）
马　遥　县工商质监局副局长（3—12 月）
周　刚　县工商质监副局长（3—12 月）
何永平　县工商质监副局长（12 月）
罗　惠　县工商质监局纪检组长（3—12 月）
罗　黎　县工商质监局机关党委书记（3—12 月）

## 县新经济组织

成　春　县新经济组织书记
余　强　县新经济组织副书记

## 古蔺县投资服务局

赵　军　县投资服务局局长
周　平　县投资服务局副局长（1—3 月）
徐　静　县投资服务局副局长（5—12 月）

## 古蔺县粮食局

周　智　县粮食局局长、党委书记
左瑞毅　县粮食局副局长
何永平　县粮食局副局长（1—12 月）
张　聪　县粮食局副局长（12 月）
何发贤　县粮食局纪委书记（明确正科级）

## 古蔺县档案局（县档案馆、县志办）

刘义勇　县档案局局长、县档案馆馆长、县志办主任
刘　东　县档案局副局长、县档案馆副馆长、县志办副主任

## 古蔺县供销合作社联合社

何光明　县供销联社党委书记、主任
黄　洁　县供销联社副主任（保留正科级）（1—4 月）
胡光常　县供销联社副主任（明确正科级）
李国勇　县供销联社纪委书记

## 古蔺县中学校

刘　宏　古蔺中学校长、党总支书记
冷　钧　古蔺中学副校长
聂昌友　古蔺中学副校长（1—3 月）
邱　红　古蔺中学副校长
向　伟　古蔺中学副校长
许　云　古蔺中学党总支副书记（3—12 月）

## 古蔺县蔺阳中学校

龙　骏　蔺阳中学校校长、党总支书记
杨建平　蔺阳中学副校长（1—3 月）
　　　　蔺阳中学党总支副书记（3—12 月）
肖继雄　蔺阳中学副校长（3—12 月）
罗于义　蔺阳中学副校长
徐克聪　蔺阳中学副校长

## 古蔺县职业高级中学校

明祖宽　古蔺职高校长、党支部书记
王晓曦　党支部副书记
王　勇　古蔺职高副校长
徐其兵　古蔺职高副校长
扶　军　古蔺职高副校长（1—3 月）
袁　勇　古蔺职高副校长（3—12 月）

## 古蔺县教师进修学校

胡邦永　县教师进修校校长
甘宗林　县教师进修校党支部书记
云世强　县教师进修校副校长
牛华国　县教师进修校副校长

## 古蔺县实验学校

扶　军　古蔺实验学校校长、党支部书记（3—12 月）

## 古蔺县中城初级中学校

廖相鹏　中城中学校长、党支部书记
古蔺县二郎初级中学校
雷碧文　二郎中学校长

## 古蔺县白沙初级中学校

张宏达　白沙中学校长、党支部书记（1—3 月）
张　俊　白沙中学校长、党支部书记（3—12 月）

## 古蔺县皇华初级中学校

隆正川　皇华中学校长、党支部书记

## 古蔺县大村职业中学校

王世凯　大村职中校长、党支部书记

## 古蔺县人民医院

潘伟庆　县人民医院院长、党总支书记（1—3 月）
张宏银　县人民医院党总支书记（3—12 月）
周小华　县人民医院副院长（1—3 月）
　　　　县人民医院党副院长、总支副书记（3—12 月）
　　　　县人民医院院长、党总支书记（12 月）
金莉君　县人民医院副院长（1—3 月）
杨于亮　县人民医院副院长
陈　锐　县人民医院党总支副书记（1—3 月）
　　　　县人民医院副院长（3—12 月）
杨　泉　县人民医院党总支副书记（12 月）

### 古蔺县中医医院

罗志强　县中医院院长、党总支书记

苏　燕　县中医院副院长

王怀伟　县中医院副院长

周占苹　县中医院党总支副书记

赵发伦　县中医医院副院长（12 月）

### 古蔺县疾病预防控制中心

贺　兵　县疾控中心主任、党支部书记（1—11 月）

陈　锐　县疾控中心主任、党支部书记（12 月）

### 古蔺县妇幼保健院

欧　春　县妇幼保健院院长、党支部书记

## 垂直管理部门及企事业单位领导名录

（截至 2016 年 12 月底，资料由各单位提供）

### 古蔺县国家税务局

局长：李　涛（1—7 月）

　　　刘　湖（8—12 月）

副局长：王绪道

副局长、纪检组长：王雪松

副局长：向　愈

副局长：张原野

副局长：徐开亮（5—12 月）

### 古蔺县气象局

局长：王小涛

副局长：代　涛

### 古蔺县烟草专卖局

局长、经理：管安伟

党委书记：郭　律

副经理：蒲进平

副局长：闫永哲

副经理：任仲伟

副经理：王　飞

### 中国人民银行古蔺县支行

行长：屈　波

副行长：肖　皓

副行长：邓　斌

### 中国邮政集团公司四川省古蔺县分公司

总经理：马　力

副总经理：罗昌华

副总经理：王　乐

### 国家统计局古蔺调查队

队　长：王以杰

副队长：范若愚

### 国网四川省电力公司古蔺县供电分公司

总经理、党委副书记：江　均

党委书记、副总经理：袁　强

副总经理：付　勇

纪委书记、工会主席：李　斌

副总经理：苏　蔺

副总经理：艾昶恩

### 古蔺县地方税务局

党组书记、局长：吴　宏

党组成员、副局长：肖　野

党组成员、副局长：冯　毅（1—2 月）
党组成员、副局长：张　彪（3—12 月）
党组成员、总会计师：张　彪（1—2 月）
党组成员、总会计师：王　宇（3—12 月）
党组成员、机关党委书记：沈其林
党组成员、纪检组长：青　松

## 四川古蔺农村商业银行股份有限公司

董事长：胥　进
行长：汪　荣
监事长：刘　彬
副行长：罗　勇
副行长：刘　祥

## 古蔺县盐业公司

经理：王　健
党支部书记：张德容

## 中国工商银行股份有限公司古蔺分公司

行长：钟　勇
副行长：刘　波
副行长：何　进

## 中国农业银行股份有限公司古蔺分行

党委书记、行长：黄列铭
党委委员、纪委书记、副行长：肖　俊
党委委员、副行长：罗　毅

## 中国建设银行股份有限公司古蔺支行

行长：王昭银
副行长：李　燕
纪检监察特派员：丁　敏

## 中国农业发展银行古蔺县支行

副行长：万留超（主持工作）
副行长：罗　艳

## 中国人寿保险股份有限公司古蔺县支公司

经理：王　充

## 中国人民财产保险股份有限公司古蔺支公司

经理：王崇卫
副经理：李艳后
副经理：李腾刚

## 中国移动通信集团四川有限公司古蔺分公司

总经理：唐　磊
副总经理：邹泽胜
副总经理：龙　飞

## 中国电信股份有限公司古蔺分公司

支委书记、总经理：祝仁强
支委委员、副总经理：罗　勇
支委委员、副总经理：张亚莉
支委委员、公司督办：文　琴

## 中国联合通信股份有限公司古蔺县分公司

总经理：罗　剑
副总经理：李　烨
副总经理：王　磊

# 2016年古蔺县国民经济和社会发展统计公报

2016年，面对经济下行压力持续加大的不利形势，古蔺县委、县政府认真贯彻落实中央和省、市各项决策部署，坚定“决胜脱贫攻坚、实现撤县设市”的奋斗目标，持续深入推进“着力六个加快、推动六个转变”战略任务，全县经济运行呈现总体平稳、稳中有进的发展态势，民生保障加快推进，实现了“十三五”良好开局。

## 一、综合

**经济运行总体平稳。**经市统计局审定，2016年，全县实现地区生产总值（GDP）140.1亿元，按可比价格计算（下同），同比增长9.3%，增速比全国、全省分别高出2.6、1.6个百分点，比全市低0.2个百分点。分产业看，第一产业增加值21.6亿元，增长4%；第二产业增加值81.6亿元，增长10.3%；第三产业增加值36.9亿元，增长10.3%。第一、二、三产业对GDP增长的贡献率分别为10.6%、53.2%、36.2%，分别拉动GDP增长0.9、5.0、3.4个百分点。三次产业结构由2015年的15.9∶58.7∶25.4调整为2016年的15.4∶58.3∶26.3，第一产业比重下降0.5个百分点，第二产业比重下降0.4个百分点，第三产业比重提高0.9个百分点。人均GDP达到19965元，同比增长9.8%。

**民营经济稳定增长。**2016年，全县实现民营经济增加值76.2亿元，同比（下同）增长9.4%，其中个体私营经济实现75.7亿元，增长9.4%。分产业看，第一产业实现增加值6.5亿元，增长2.2%；第二产业实现增加值48.5亿元，增长10.4%；第三产业实现增加值21.2亿元，增长9.3%。个体工商户24279户，增长13%；私营企业3659家，增长46.7%；农民专业合作社1287户，增长17.2%。

**物价保持基本稳定。**据物价调查监测资料显示，2016年，全县居民消费价格指数（CPI）累计同比上涨2.6%，服务项目价格指数累计上涨3.7%；商品零售价格指数累计上涨1.5%；农业生产资料价格指数累计上涨1.7%。其中食品烟酒类累计上涨3.8%，衣着类累计上涨1.0%，居住类累计上涨5.8%，生活用品及服务类累计上涨0.7%，交通和通信类下降0.7%，教育文化和娱乐累计上涨1.2%，医疗保健类累计上涨0.5%，其他用品和服务类累计下降0.2%。

## 二、农业和农村经济

**农业经济稳步增长。**2016年，全县实现农林牧渔业总产值（现价）36.8亿元，增长3.7%。其中农业、林业、牧业、渔业、农林牧渔业服务业分别实现产值19.0、2.0、15.1、0.2、0.5亿元，同比分别增长4.1%、7.0%、2.5%、4.7%、9.6%。实现农林牧渔业增加值22亿元，增长4.0%。其中农业、林业、牧业、渔业、农林牧渔业服务业分别实现增加值12.9、1.4、7.2、0.1、0.4亿元，同比分别增长4.6%、6.9%、2.2%、4.4%、6.4%。

**粮经作物增产增收。**2016年，全县粮食总产量26.48万吨，同比增长3.6%。小春粮食产量5.69万吨，下降0.9%，其中小麦产量2.93万吨，下降7%。大春粮食产量20.79万吨，增长4.9%，其中水稻产量6.69万吨，增长2.5%；玉米产量11.26万吨，增长6.5%。高粱产量1.11万吨，增长0.9%；豆类产量0.61万吨，增长10.9%；薯类产量3.78万吨，增长6.5%；全年预计油料产量16548吨，增长5.3%；糖料产量1520吨，增长3.1%；烟叶产量5974吨，增长11.4%；蔬菜及食用菌产量39.01万吨，增长8.2%；茶叶产量1295吨，增长9.6%；水果产量1.35万吨，增长11.5%。

**畜牧生产有升有降。**2016年，全县生猪存栏36.2万头，增长2.8%；能繁殖母猪存栏4.3万头，增长3.0%；生猪出栏55.7万头，增长2.9%。牛出栏3.4万头，增长2.2%；牛存栏11.8万头，与上年持平。羊出栏7.7万头，增长4.5%；羊存栏7.1万头，下降0.2%。家禽出栏116.3万只，增长2.8%；家禽存栏160.3万只，下降0.8%。全年实现肉类总产量4.67万吨，增长2.8%，其中猪肉产量3.98万吨，增长2.9%；牛肉产量0.37万吨，增长2.1%；羊肉产量0.14万吨，增长4.8%；禽肉产量0.18万吨，增长2.7%。

**生产条件持续改善。**2016年，全县有效灌溉面积达24550公顷，水土流失治理面积6090公顷，水土保持及生态项目本年完成投资1757万元，机电井155眼，农业机械总动力达22万千瓦，同比增长2.3%。

## 三、工业和建筑业

**工业经济增长回升。**2016年，全县实现全部工业增加值79.5亿元，增长9.8%，增速比上年同期提高0.7个百分点，其中规模以上工业增加值增长11.6%，比上年同期提高2.5个百分点。分行业看，酒类制造业增长12.3%，煤炭开采和洗选业下降7.5%，医药制造业增长14.5%。规模以上工业总产值216.1亿元，增长13.1%，比上年同期提高12.5个百分点。

**主要产品方面。**规模以上工业企业实现原煤产量111万吨，下降2.4%；饮料酒产量13.6万千升，增长11.8%；水泥产量56万吨，增长110.1%；发电量5507万千瓦时，下降6.3%。

**工业经济效益方面。**规模以上工业企业产销率85.1%；实现主营业务收入131.4亿元，增长15%；实现利润总额7.6亿元，下降5%；实现税金12.6亿元，增长23.7%；产品存货209.3亿元，增长8.7%。

**建筑业逆势回升。**2016年，全县实现建筑业增加值2.3亿元，增长31.1%，比上年同期提高59.5个百分点；总承包和专业承包建筑业企业实现总产值10亿元，增长152.6%，其中省内实现产值5.9亿元，增长316.3%。

## 四、固定资产投资和房地产业

**投资保持较快增长。**2016年，全县完成全社会固定资产投资201.4亿元，增长18%。其中基本建设投资160.4亿元，增长25.8%；建筑安装工程投资177.6亿元，增长20.8%；技改投资26亿元，下降19.6%；民间投资76.6亿元，增长4.7%。从产业分布看，第一产业投资8.3亿元，增长102.7%；第二产业投资30.7亿元，下降14.2%，其中工业投资30.5亿元，下降14.3%；第三产业投资162.4亿元，增长24.2%。

**房地产业全面回升。**2016年，全县房地产开发投资10.5亿元，增长65.4%；商品房施工面积73.3万平方米，增长44.1%；商品房竣工面积10.4万平方米，增长181.7%；商品房销售面积30.3万平方米，增长63%；商品房销售额11.4亿元，增长68.4%。

## 五、贸易和旅游

**消费市场持续活跃。**2016年，全县实现社会消费品零售总额62.3亿元，增长13.7%，增速比上年同期提高0.1个百分点。

按企业规模来分，其中限额以上企业（单位）实现消费品零售额39.1亿元，增长22.2%；限额以下企业（单位）实现消费品零售额23.2亿元，增长1.8%。

按单位所在地分，城镇市场实现零售额30.6亿元，增长13.6%；乡村市场实现零售额31.7亿元，增长13.8%。

按行业来分，批发业实现零售额37.2亿元，增长22.2%；零售业实现零售额20.4亿元，增长2.9%；住宿业实现零售额0.3亿元，增长8.5%；餐饮业实现零售额4.4亿元，增长3.8%。

**文旅产业日益繁荣。**《古蔺县“十三五”旅游发展专项规划》编制完成，百亿黄荆旅游扶贫示范项目启动建设，箭竹大黑洞景区建成投运，东新青龙洞加快开发，双沙菜花节、大寨踩山节、水口杨梅节等节事影响力持续扩大，实现旅游综合收入51.7亿元，同比增长27.1%，接待国内旅游人数605.4万人次.同比增长18.2%。

## 六、交通运输和邮电通信

**交通运输加快推进**。2016年，全县实现公路货物周转量55869万吨公里，增长7.8%；实现旅客周转量51925万人公里，下降23.8%。水上运输总周转量18145万吨公里，增长20%。截至2016年年底，境内公路总里程2690公里，其中等级公路（含高级、一、二、三和四级公路）1785公里，增长6.2%；高速公路里程45公里。全县农村客运车辆拥有量338辆，城市客运出租车75辆，城市公交线路7条，城市公交运营车辆70辆。

**邮电通信稳步增长**。2016年，全县实现邮电主营业务收入4.2亿元，增长7.7%，其中电信实现主营业务收入3.8亿元，增长8.6%。年末，拥有移动电话用户48.4万户，固定电话用户3.3万户。

## 七、财政和金融

**财政收支平稳增长**。2016年，全县实现地方一般公共预算收入16.2亿元，增长4.1%，其中税收收入7.8亿元，增长14.3%。实现地方一般公共预算支出45.9亿元，增长10.6%，其中一般公共服务支出4.6亿元，增长24.6%；公共安全支出1.5亿元，增长19.4%；教育支出11.8亿元，增长23.7%；科学技术支出0.4亿元，增长2%；文化体育和传媒支出0.3亿元，增长122.1%；社会保障和就业支出6.4亿元，增长38%；医疗卫生和计划生育支出6.6亿元，增长17.8%；农林水事务支出8.9亿元，下降9.4%；交通运输支出0.7亿元，下降47.7%；住房保障支出0.9亿元，下降22.8%。

**金融保障充分有力**。2016年，全县金融机构各项存款余额139.9亿元，增长37.5%，其中住户存款余额76.4亿元，增长21.7%。金融机构各项贷款余额106亿元，增长27.3%，其中住户贷款余额34.6亿元，增长16.1%。

## 八、人口、人民生活和社会保障

人口保持基本稳定。2016年年末，全县公安户籍登记总户数21.6万户，总人口87.3万人，比上年增加1.2万人。其中城镇人口17.9万人，乡村人口69.4万人。年末，全县常住人口70.06万人（在本县居住时间半年以上），其中城镇常住人口19.95万人，乡村常住人口50.11万人，城镇化率28.47%，比上年提高1.41个百分点。全年出生人口7306人，死亡人口3130人，人口出生率8.3‰，死亡率3.6‰，自然增长率为4.75‰。

**城乡居民持续增收**。2016年，全县城镇常住居民人均可支配收入24034元，增长8.4%。其中工资性收入13279元，增长6.1%；经营净收入4276元，增长10.3%；财产净收入1727元，增长16.1%；转移净收入4753元，增长10.4%。城镇常住居民人均消费性支出17500元，增长7.6%，其中食品烟酒支出7217元，增长6.8%。城镇居民恩格尔系数41.2%。

2016年，全县农村常住居民人均可支配收入10516元，增长9.5%。其中工资性收入4927元，增长6.7%；经营净收入3452元，增长12.7%；财产净收入159元，增长20.6%；转移净收入1978元，增长10.3%。农村常住居民人均消费性支出8630元，增长5.5%，其中食品烟酒支出3821元，增长3.9%。农村居民恩格尔系数44.3%。

**用电需求保障充分**。2016年，全县实现全社会用电量58340万千瓦时，增长15.1%。其中城乡居民生活用电量24179万千瓦时，增长36.7%；工业用电量24824万千瓦时，增长5.9%。

**社会保障不断完善**。2016年年末，全县参加企业职工养老保险7.6万人，参加城乡居民社会养老保险29.4万人，参加机关事业养老保险1.6万人；参加城镇职工医疗保险4.2万人，参加城乡居民医疗保险73.1万人；参加失业保险2.8万人。全县各种社会福利收养性单位29

个，床位数2970张，享受城镇居民最低生活保障待遇4376人，农村居民最低生活保障待遇33342人。

## 九、科教和卫生

**科教事业稳步发展**。2016年，全县农业科技与服务单位个数50个，申请专利132件。年末，全县拥有小学学校28所，教学点236个，普通中学41所，中等职业教育学校2所，特殊教育学校1所；小学在校学生71724人，普通中学在校学生43063人，中等职业教育学校在校学生6903人。全县小学专任教师3440人，普通中学专任教师2710人，中等职业教育学校专任教师227人。小学学龄儿童入学率99.84%，初中毕业生升学率为69.5%，高中毕业生升学率为82%。

**卫生事业持续推进**。2016年年末，全县拥有医院、卫生院38个，拥有医疗卫生机构数622个，医疗卫生机构床位数2400张，医院、卫生院拥有技术人员2136人，其中执业（助理）医师668人。

## 十、环境保护和社会安全

**生态环境不断改善**。2016年，全县水环境质量达标率100%，大气环境质量达标率85.8%，城市空气质量优良以上天数303天，城市污水集中处理率95%。全年森林覆盖率达到50.6%，比上年提高0.2个百分点。

**社会安全基本稳定**。2016年，全县共发生各类伤亡事故12起，死亡11人，其中道路交通事故4起，死亡3人；生产安全事故8起，死亡人数8人。辖区内未发生较大及以上安全事故。

**注：**

1. 本公报所列各项数据为2016年度初步统计数据，正式数据以《古蔺县统计年鉴（二〇一六年度）》为准。

2. 本公报中地区生产总值、各产业增加值及工业、农业等产值指标绝对数按当年价计算，增长速度按可比价格计算。

3. 本公报中总户数和总人口数为公安年报数，出生人口、死亡人口数、人口自然增长率为卫计部门年报数。

4. 本公报中小学学校数因开展全县均衡教育试点工作，对之前小学和教学点进行重新合并调整，调整之后教学点新增45个。

5. 规模以上工业企业是指年主营业务收入2000万元及以上法人企业。限额以上批发零售企业（单位）是指年主营业务收入2000万元及以上的批发企业（单位）和年主营业务收入500万元及以上零售企业（单位）。限额以上住宿和餐饮业是指年主营业务收入200万元及以上的住宿餐饮业企业（单位）。固定资产投资项目统计范围为计划总投资500万元及以上项目，全社会固定资产投资包含农户投资。

6. 人口、农机、交通运输、邮电、金融、旅游、财政、教育、科技、文化体育、卫生、社会保障、环境、安全等数据来源于县公安局、农业局、林业局、工商质监局、交通运输局、邮政局、电信（联通、移动）公司、人民银行古蔺支行、文体广电旅游局、财政局、教育局、经商科技局、卫计局、人力资源和社会保障局、民政局、住建局、国土局、环保局、安监局等相关部门。

# 古蔺县获市级以上表彰的先进集体一览表

表 3

| 获奖单位 | 获奖名称 | 颁奖单位 |
| --- | --- | --- |
| 古蔺镇司法所 | 全国模范司法所 | 司法部 |
| 古蔺镇 | 国家级生态乡镇 | 环境保护部 |
| 古蔺县箭竹森林派出所 | 全国一级公安派出所 | 公安部 |
| 古蔺县箭竹森林派出所 | 国家级执法示范单位 | 公安部 |
| 古蔺县马蹄甜橙专业合作社 | 国家农民专业合作社示范社 | 中华全国供销合作总社办公厅 |
| 古蔺深山农业开发有限公司 | 2016 年供销合作社农业产业化重点龙头企业 | 中华全国供销合作总社 |
| 古蔺蔺阳中学 | 清华大学 2016 年生源学校 | 清华大学 |
| 古蔺镇 | 四川省乡镇（街道）统计工作先进单位 | 省统计厅 |
| 古蔺县森林公安局 | 四川省森林公安机关执行示范单位 | 省森林公安局 |
| 古蔺县供销社 | 四川省供销社经济发展先进单位 | 省供销社 |
| 古蔺县供销社 | 基层组织建设先进单位 | 省供销社 |
| 古蔺县桂花乡现代林木种植专业合作社 | 四川省第八批农民合作社省级示范社 | 四川省农业厅、省发展和改革委员会、省供销合作社联合社 |
| 古蔺县光辉村桂园土鸡养殖专业合作社 | 四川省第八批农民合作社省级示范社 | 四川省农业厅、省发展和改革委员会、省供销合作社联合社 |
| 古蔺县石屏乡印合经果林种植专业合作社 | 四川省第八批农民合作社省级示范社 | 四川省农业厅、省发展和改革委员会、省供销合作社联合社 |
| 古蔺县检察院 | 微电影《打碎心灵的枷锁》获评为三等奖 | 省检察院 |
| 古蔺县工商局 | 企业、个体工商户、农民专业合作社年报公示工作通报表扬 | 省工商行政管理局 |
| 古蔺中学 | 四川省阳光体育示范学校 | 省教育厅 |
| 古蔺中学 | “文轩杯”四川省第五届中小学校安全知识网络竞赛学校组织奖 | 省教育厅 |
| 古蔺蔺阳中学校团委 | 四川省五四红旗团委 | 共青团四川省委 |
| 古蔺镇小水村 | 四川省卫生村 | 省爱卫办 |
| 古蔺镇青阳村 | 四川省卫生村 | 省爱卫办 |
| 古蔺镇王堂村 | 四川省卫生村 | 省爱卫办 |
| 古蔺县林业局 | 川黔渝三省（市）八县（市、区、局）护林联防协作先进集体 | — |
| 古蔺县林业局 | 四川省林业宣传工作先进集体 | 省林业厅 |
| 古蔺县群众和信访局 | 目标考核一等奖 | 市委、市政府 |
| 古蔺县检察院机关党委 | 全市先进基层党组织 | 市委 |
| 桂花乡党委 | 先进基层党组织 | 市委 |
| 检察院机关党委 | 先进基层党组织 | 市委 |
| 地税局机关党委 | 先进基层党组织 | 市委 |
| 审计局机关党委 | 先进基层党组织 | 市委 |
| 环保局机关党委 | 先进基层党组织 | 市委 |
| 交运局公路养护二段党支部 | 先进基层党组织 | 市委 |

续表 3

| 获奖单位 | 获奖名称 | 颁奖单位 |
|---|---|---|
| 古蔺镇崇文社区党支部 | 先进基层党组织 | 市委 |
| 箭竹苗族乡富强村党支部 | 先进基层党组织 | 市委 |
| 大寨苗族乡富民村党支部 | 先进基层党组织 | 市委 |
| 护家镇农场村党支部 | 先进基层党组织 | 市委 |
| 东新乡呐喊村 | 先进基层党组织 | 市委 |
| 双沙镇白马村 | 先进基层党组织 | 市委 |
| 古蔺县 | 促进民营经济发展先进县 | 市政府（县工商质监局牵头） |
| 古蔺县检察院关工委 | 关心下一代工作先进集体 | 市委办、市政府办 |
| 古蔺县 | 质量强市优秀区县政府 | 市政府办（县工商质监局牵头） |
| 古蔺县 | 古蔺县被认定为无传销城市 | 泸州市打击传销工作联席会议办公室（县工商质监局牵头） |
| 古蔺县检察院退休支部 | 泸州市离退休干部先进党支部 | 泸州市委组织部、老干局 |
| 古蔺县政务服务中心工商质监局窗口 | 泸州市“两学一做”共产党员示范团队 | 中共泸州市委党建领导小组 |
| 古蔺县检察院公诉科 | 集体三等功 | 市检察院 |
| 古蔺中学 | 泸州市 2016 年普通高中教育质量综合评价（A 类学校）一等奖 | 泸州市教育局 |
| 古蔺蔺阳中学 | 泸州市 2016 年普通高中教育质量综合评价（B 类）一等奖 | 市教委 |
| 古蔺县蔺阳中学枣林风志愿队 | 泸州市青年文明号 | — |
| 古蔺县蔺阳中学枣林风志愿队 | 泸州市最美自愿服务组织 | 泸州市精神文明办 |
| 古蔺县森林公安局 | 泸州市森林公安局集体嘉奖 | 市森林公安局 |
| 古蔺县粮食局 | 泸州市老干部工作先进集体 | 市老干部局 |
| 古蔺县林业局 | 森林防火先进单位 | — |
| 农行古蔺县支行支部 | 先进基层党组织 | 农行市分行 |
| 古蔺县供销社 | 统计同工种竞赛一等奖 | 市供销社 |
| 古蔺县顺家山核桃种植专业合作社 | 市级示范社 | 市委农村工作领导小组 |
| 古蔺县大寨苗族乡苗岭土鸡养殖专业合作社 | 市级示范社 | 市委农村工作领导小组 |
| 古蔺县大力手工面专业合作社 | 市级示范社 | 市委农村工作领导小组 |

## 古蔺县获市级以上表彰的先进个人一览表

表4

| 获奖人姓名 | 获奖人单位 | 获奖名称 | 颁奖单位 |
| --- | --- | --- | --- |
| 陈 吉 | 县应急办 | 四川省人防系统先进个人 | 四川省人力资源和社会保障厅、四川省人民防空办公室 |
| 张宏金 | 古蔺镇 | 优秀党委书记 | 市委 |
| 李学征 | 永乐镇麻柳滩村 | 优秀驻村第一书记 | 市委 |
| 李松长 | 大寨苗族乡富民村 | 优秀驻村第一书记 | 市委 |
| 罗仁宽 | 二朗镇华年村 | 优秀驻村第一书记 | 市委 |
| 何继乐 | 县安监局 | 优秀共产党员 | 市委 |
| 马国伟 | 县电视台 | 优秀共产党员 | 市委 |
| 邓皖玉 | 郎酒厂 | 优秀共产党员 | 市委 |
| 张同海 | 县人民医院 | 优秀共产党员 | 市委 |
| 黄建华 | 古蔺中学 | 优秀共产党员 | 市委 |
| 彭 琴 | 县国税局 | 优秀共产党员 | 市委 |
| 孙 丽 | 古蔺镇 | 优秀共产党员 | 市委 |
| 曾太会 | 桂花乡田坝村 | 优秀共产党员 | 市委 |
| 王 参 | 德耀镇红光村 | 优秀共产党员 | 市委 |
| 肖雅月 | 县公安局 | 优秀共产党员 | 市委 |
| 徐林飞 | 县扶贫和移民工作局 | 优秀共产党员 | 市委 |
| 邱中华 | 永乐镇 | 优秀基层党组织书记 | 市委 |
| 黄 芍 | 大寨苗族乡 | 优秀基层党组织书记 | 市委 |
| 王剑霜 | 县经济商务科技局 | 优秀基层党组织书记 | 市委 |
| 罗富华 | 县委宣传部 | 优秀基层党组织书记 | 市委 |
| 汪明华 | 县农业局 | 优秀基层党组织书记 | 市委 |
| 杨 伟 | 县医保局 | 优秀基层党组织书记 | 市委 |
| 王启波 | 土城镇赞台村 | 优秀基层党组织书记 | 市委 |
| 许达成 | 黄荆乡龙爪村 | 优秀基层党组织书记 | 市委 |
| 明祖令 | 二朗镇文明村 | 优秀基层党组织书记 | 市委 |
| 袁玉林 | 东新乡德华村 | 优秀基层党组织书记 | 市委 |
| 李先华 | 马蹄乡马岭村 | 优秀基层党组织书记 | 市委 |
| 刘宗学 | 龙山镇向田村 | 优秀基层党组织书记 | 市委 |
| 唐 磊 | 移动古蔺分公司 | 优秀基层党组织书记 | 市委 |

## 中共古蔺县委 2016 年发文目录

**古委发〔2016〕1 号**

中共古蔺县委　古蔺县人民政府关于进一步加快旅游产业发展的意见

**古委发〔2016〕2 号**

中共古蔺县委　古蔺县人民政府 2016 年安全生产工作意见

**古委发〔2016〕3 号**

中共古蔺县委关于认真做好乡镇领导班子换届工作的通知

**古委发〔2016〕4 号**

中共古蔺县委　古蔺县人民政府关于 2016 年农业农村工作的意见

**古委发〔2016〕5 号**

中共古蔺县委　古蔺县人民政府关于 2016 年脱贫攻坚工作的意见

**古委发〔2016〕6 号**

中共古蔺县委　古蔺县人民政府关于做好新形势下民族工作的实施意见

**古委发〔2016〕7 号**

中共古蔺县委关于进一步加强人大工作和建设的实施意见

**古委发〔2016〕8 号**

中共古蔺县委关于新形势下进一步加强和改进人民政协工作的实施意见

**古委发〔2016〕9 号**

中共古蔺县委　古蔺县人民政府关于 2016 年党风廉政建设和反腐败工作意见

**古委发〔2016〕10 号**

中共古蔺县委　古蔺县人民政府关于加快推进新型城镇化建设的决定

**古委发〔2016〕11 号**

中共古蔺县委　古蔺县人民政府关于“八倡导、八革除”助力脱贫攻坚的通知

## 古蔺县人民政府 2016 年发文目录

**古府发〔2016〕1 号**

古蔺县人民政府关于推进电子商务进农村综合示范责任主体的承诺书

**古府发〔2016〕2 号**

古蔺县人民政府关于供排水安全隐患整改情况的报告

**古府发〔2016〕3 号**

古蔺县人民政府关于提请审议政府债务平滑基金份额纳入财政预算等有关事宜的议案

**古府发〔2016〕4 号**

古蔺县人民政府关于提请审议批准 2015 年地方政府债务限额的议案

**古府发〔2016〕5 号**

古蔺县人民政府关于 2015 年耕地保护暨国土资源管理目标执行情况的自查报告

**古府发〔2016〕6 号**

古蔺县人民政府关于做好第三次全国农业普查工作的通知

**古府发〔2016〕7 号**

古蔺县人民政府关于报送规范性文件备案目录的报告

**古府发〔2016〕8 号**

古蔺县人民政府关于古蔺县 2015 年财政预算调整方案的报告

古府发〔2016〕9号

古蔺县人民政府关于开展电子商务精准扶贫工作的报告

古府发〔2016〕10号

古蔺县人民政府关于申报四川省第三轮现代林业产业示范县的请示

古府发〔2016〕11号

古蔺县人民政府关于古蔺县公安交通管理“三个中心”建设项目融资贷款的报告

古府发〔2016〕12号

古蔺县人民政府关于报送《古蔺县2013年中央专项彩票公益金支持革命老区扶贫开发项目竣工验收评价报告》的报告

古府发〔2016〕13号

古蔺县人民政府关于李召文夫妇信访事项办理情况的报告

古府发〔2016〕14号

古蔺县人民政府关于观文水库截流阶段自查验收工作的报告

古府发〔2016〕15号

古府发〔2016〕16号

古蔺县人民政府关于验收观文水库工程截流阶段移民安置工作的请示

古府发〔2016〕17号

古蔺县人民政府关于验收全国基层中医药工作先进单位的请示

古府发〔2016〕18号

古蔺县人民政府关于马嘶苗族乡村民马战良等人反映村委财务及扶贫问题信访事项调查处理情况的报告

古府发〔2016〕19号

古蔺县人民政府关于提请审议东新乡、马蹄乡、椒园乡撤乡设镇的议案

古府发〔2016〕20号

古蔺县人民政府关于东新乡、马蹄乡、椒园乡撤乡设镇事宜的请示

古府发〔2016〕21号

古蔺县人民政府关于提请免去黄刚职务的报告

古府发〔2016〕22号

古蔺县人民政府关于任免梁钊等两名同志职务的通知

古府发23号

古蔺县人民政府关于设置观文水库枢纽工程料场临时矿权的请示

古府发24号

古蔺县人民政府关于古蔺县人大常委会社会整治工作评议意见的整改方案的报告

古府发〔2016〕25号

古府发〔2016〕26号

古蔺县人民政府关于对矿产资源审计中存在问题整改情况的报告

古府发〔2016〕27号

古蔺县人民政府关于观文水库项目建设用地补充说明的报告

古府发〔2016〕28号

古蔺县人民政府关于古蔺县观文水库建设项目有关情况的报告报告

古府发〔2016〕29号

古蔺县人民政府关于古蔺县污水处理厂二期工程及配套管网项目稽查整改情况的报告

古府发〔2016〕30号

古蔺县人民政府关于申请县级人民政府采购方式变更审批权限的请示

古府发〔2016〕31号

古蔺县人民政府关于调整我县耕地保有量和基本农田指标的报告

古府发〔2016〕32号

古蔺县人民政府关于加强政府系统廉政建设的意见

**古府发〔2016〕33 号**

古蔺县人民政府关于县国资公司股权划拨的请示

**古府发〔2016〕34 号**

古蔺县人民政府关于古蔺高速公路项目资本金借款的请示

**古府发〔2016〕35 号**

古蔺县人民政府关于任免陈元鑫等同志职务的通知

**古府发〔2016〕36 号**

古蔺县人民政府关于提请任免梅聪等职务的报告

**古府发〔2016〕37 号**

古蔺县人民政府关于古蔺县专项扶贫资金整改推进工作的报告

**古府发〔2016〕38 号**

古蔺县人民政府关于少数民族地区待遇县省级财政留成资金执行情况的报告

**古府发〔2016〕39 号**

古蔺县人民政府关于贯彻落实粮食安全责任制的意见

**古府发〔2016〕40 号**

古蔺县人民政府关于古蔺县丹桂镇、水口镇贫困村中央专项彩票公益金交通基础设施项目建议书的报告

**古府发〔2016〕41 号**

古蔺县人民政府关于申请乌蒙山片区古蔺县马蹄乡至二郎镇农村扶贫公路（赤水河环线公路）项目建设补助资金的报告

**古府发〔2016〕42 号**

古蔺县人民政府关于申请乌蒙山片区古蔺县马蹄乡至二郎镇农村扶贫公路工程资金的请示

**古府发〔2016〕43 号**

古蔺县人民政府关于审查《古蔺县 2016 年幸福美丽新村示范县建设专项资金项目实施方案》的请示

**古府发〔2016〕44 号**

古蔺县人民政府关于调整省道 S442 线位的请示

**古府发〔2016〕45 号**

古蔺县人民政府关于泸州市生态保护红线方案修改意见的报告

**古府发〔2016〕46 号**

古蔺县人民政府关于黄刚同志免职的通知

**古府发〔2016〕47 号**

古蔺县人民政府关于梅聪等九名同志职务任免的通知

**古府发〔2016〕48 号**

古蔺县人民政府关于任免周易平等同志职务的通知

**古府发〔2016〕49 号**

古蔺县人民政府关于提请任免赵秋颖等职务的报告

**古府发〔2016〕50 号**

古蔺县人民政府关于古蔺县职业高级中学校办学历史情况的报告

**古府发〔2016〕51 号**

古蔺县人民政府关于印发《刘家水库扩建工程建设征地和移民安置工作意见》的通知

**古府发〔2016〕52 号**

古蔺县人民政府关于将古蔺县纳入 2016 年中央专项彩票公益金支持革命老区扶贫开发项目的请示

**古府发〔2016〕53 号**

古蔺县人民政府关于上报新进贫困户备案的报告

**古府发〔2016〕54 号**

古蔺县人民政府关于上报清退贫困户备案的报告

**古府发〔2016〕55 号**

古蔺县人民政府关于古蔺高速公路项目资本

金借款展期有关事项的请示

古府发〔2016〕56 号

古蔺县人民政府关于审查《古蔺县经济林（果）权抵押贷款改革实施方案》的请示

古府发〔2016〕57 号

古蔺县人民政府关于鱼化乡撤乡设镇事宜的请示

古府发〔2016〕58 号

古蔺县人民政府关于提请审议鱼化乡撤乡设镇的议案

古府发〔2016〕59 号

古蔺县人民政府关于四川省免费师范生需求计划的报告

古府发〔2016〕60 号

古蔺县人民政府关于印发《古蔺县国有土地上房屋征收与补偿有关政策细则》的通知

古府发〔2016〕61 号

古蔺县人民政府关于解决桂花乡田坝村村级公路建设资金的请示

古府发〔2016〕62 号

古蔺县人民政府关于赵秋颖等人职务任免的通知

古府发〔2016〕63 号

古蔺县人民政府关于任命黄钺职务的通知

古府发〔2016〕64 号

古蔺县人民政府关于转发《四川省人民政府关于印发取消 139 项中央指定地方实施行政审批事项目录的通知》的通知

古府发〔2016〕65 号

古蔺县人民政府关于印发《古蔺县集体土地征收管理实施意见》的通知

古府发〔2016〕66 号

古蔺县人民政府关于古蔺经济开发区土地利用情况说明的报告

古府发〔2016〕67 号

古蔺县人民政府关于申请列入农业综合开发县的请示

古府发〔2016〕68 号

古蔺县人民政府关于申请列为统筹整合使用财政涉农资金试点县的请示

古府发〔2016〕69 号

古蔺县人民政府关于古蔺县城市棚户区改造项目融资贷款的报告

古府发〔2016〕70 号

古蔺县人民政府关于贯彻落实中央、省委民族工作会议精神的自查报告

古府发〔2016〕71 号

古蔺县人民政府关于五龙煤业有限公司复工情况的报告

古府发〔2016〕72 号

古蔺县人民政府关于确认 2013 年中央专项彩票公益金支持革命老区扶贫开发创新试点项目调整的请示

古府发〔2016〕73 号

古蔺县人民政府关于推进电子商务进农村综合示范责任主体的承诺书

古府发〔2016〕74 号

古蔺县人民政府关于申请创建 2016 年电子商务进农村综合示范县的报告

古府发〔2016〕75 号

古蔺县人民政府关于地质灾害隐患点专职监测工作存在问题整改工作推进情况的报告

古府发〔2016〕76 号

古蔺县人民政府关于报送规范性文件备案的报告

古府发〔2016〕77 号

古蔺县人民政府关于古蔺县土地利用总体规划（2006—2020 年）局部调整的请示

古府发〔2016〕78 号

古蔺县人民政府关于古蔺县土地利用总体规划（2006—2020 年）局部调整的请示

**古府发〔2016〕79 号**

古蔺县人民政府关于对古蔺县县城规划区、双沙镇、太平镇、二郎镇规划区集体土地上房屋拆迁片区综合指导价呈报备案的报告

**古府发〔2016〕80 号**

古蔺县人民政府关于五龙煤业有限公司建设项目安全专项治理存在问题的报告

**古府发〔2016〕81 号**

古蔺县人民政府关于将古蔺县列入市级投融资平台向国家开发银行贷款的请示

**古府发〔2016〕82 号**

古蔺县人民政府关于实行“先照后证”改革后加强市场主体后续监管的意见

**古府发〔2016〕83 号**

古蔺县人民政府关于报送规范性文件备案的报告

**古府发〔2016〕84 号**

古蔺县人民政府关于地质灾害隐患点专职监测存在问题整改情况的报告

**古府发〔2016〕85 号**

古蔺县人民政府关于请求协调解决农网改造项目计划的请示

**古府发〔2016〕86 号**

古蔺县人民政府关于古蔺县规划建设通用机场相关情况的报告

**古府发〔2016〕87 号**

古蔺县人民政府关于解决乌蒙山农村扶贫公路资金补助的请示

**古府发〔2016〕88 号**

古蔺县人民政府关于解决桂花乡杨家嘴地灾整治缺口资金的请示

**古府发〔2016〕89 号**

古蔺县人民政府关于《乌蒙山水潦乡至太平镇农村扶贫公路项目 PPP 实施方案》的请示

**古府发〔2016〕90 号**

古蔺县人民政府关于申请认定古蔺县为国家林下经济及绿色特色产业示范基地的报告

**古府发〔2016〕91 号**

古蔺县人民政府关于古蔺县土地利用总体规划（2006—2020 年）局部调整的请示

**古府发〔2016〕92 号**

古蔺县人民政府关于解决丫杈猪和古蔺马羊保种经费的请示

**古府发〔2016〕93 号**

古蔺县人民政府关于深入推进廉洁政府建设的实施意见

**古府发〔2016〕94 号**

古蔺县人民政府关于古蔺县观文水库工程异地移民安置情况及安置前后人均耕（园）地情况的报告

**古府发〔2016〕95 号**

古蔺县人民政府关于古蔺县城市公共交通特许经营权自动终止事宜的通知

**古府发〔2016〕96 号**

古蔺县人民政府关于印发《古蔺县残疾人就业保障金征收使用管理实施细则》的通知

**古府发〔2016〕97 号**

古蔺县人民政府关于审定《乌蒙山叙永县水潦乡至古蔺县太平镇农村扶贫公路建设工程 PPP 项目资格预审文件》的请示

**古府发〔2016〕98 号**

古蔺县人民政府关于进一步加强效能政府建设的意见

**古府发〔2016〕99 号**

古蔺县人民政府关于请求核减观文水库项目耕地开垦费的报告

**古府发〔2016〕100 号**

古蔺县人民政府关于解决公路水毁恢复经费的请示

**古府发〔2016〕101 号**

古蔺县人民政府关于解决暴雨灾害救灾资金的请示

**古府发〔2016〕102 号**

古蔺县人民政府关于印发《古蔺县政府投资建设项目审计办法》的通知

**古府发〔2016〕103 号**

古蔺县人民政府关于环保违法违规建设项目临时环保备案审查情况的报告

**古府发〔2016〕104 号**

古蔺县人民政府关于报批《古蔺县公务用车制度改革实施方案》的请示

**古府发〔2016〕105 号**

古蔺县人民政府关于鱼化乡等 4 个乡撤乡设镇的请示

**古府发〔2016〕106 号**

古蔺县人民政府关于县国资公司发行城市停车场项目专项债券的议案

**古府发〔2016〕107 号**

古蔺县人民政府关于提请将农村路网建设项目政府购买服务资金纳入县财政预算的议案

**古府发〔2016〕108 号**

古蔺县人民政府关于提请将校安工程项目政府购买服务资金纳入县财政预算的议案

**古府发〔2016〕109 号**

古蔺县人民政府关于社会治安专项整治工作评议意见整改落实情况的报告

**古府发〔2016〕110 号**

古蔺县人民政府关于推进政府向社会力量购买服务工作的实施意见

**古府发〔2016〕111 号**

古蔺县人民政府关于印发《古蔺县涉农资金管理办法》的通知

**古府发〔2016〕112 号**

古蔺县人民政府关于进一步加强新时期爱国卫生工作的实施意见

**古府发〔2016〕113 号**

古蔺县人民政府关于 2015 年度古蔺县实行最严格水资源管理制度考核工作的自查报告

**古府发〔2016〕114 号**

古蔺县人民政府关于泸州市 2016 年中心城区棚改贷款补充事宜的报告

**古府发〔2016〕115 号**

古蔺县人民政府关于印发《古蔺县城市棚户区改造项目实施方案》的通知

**古府发〔2016〕116 号**

古蔺县人民政府关于“三公”经费超预算等问题整改落实情况的报告

**古府发〔2016〕117 号**

古蔺县人民政府关于开展道路交通安全综合整治长效机制建设年行动的通知

**古府发〔2016〕118 号**

古蔺县人民政府关于古蔺县兴城城市投资建设经营有限公司古蔺县城市棚户区改造项目有关事项的报告

**古府发〔2016〕119 号**

古蔺县人民政府关于解决对古蔺县国有资产经营有限责任公司应付往来款项议案的报告

**古府发〔2016〕120 号**

古蔺县人民政府关于对古蔺县国有资产经营有限责任公司应付往来款项说明的报告

**古府发〔2016〕121 号**

古蔺县人民政府关于任免项元亮等职务的通知

**古府发〔2016〕122 号**

古蔺县人民政府关于提请免去冯利琼职务的报告

**古府发〔2016〕123 号**

古蔺县人民政府关于印发《古蔺县担保审查委员会议事规则》的通知

**古府发〔2016〕124 号**

古蔺县人民政府关于明确乌蒙山叙永县水潦乡至古蔺县太平镇农村扶贫公路项目担保公司的请示

**古府发〔2016〕125 号**

古蔺县人民政府关于印发《古蔺县“十三五”易地扶贫搬迁实施方案》及《古蔺县易地扶贫搬迁 2016 年实施计划》的通知

**古府发〔2016〕126 号**

古蔺县人民政府关于古蔺县第一批城市停车场建设项目投入资本金和相关费用纳入财政预算的报告

**古府发〔2016〕127 号**

古蔺县人民政府关于印发《古蔺县住宅专项维修资金使用办法（试行）》的通知

**古府发〔2016〕128 号**

古蔺县人民政府关于印发《古蔺县中等职业教育学生生源地信用助学贷款管理办法（试行）》的通知

**古府发〔2016〕129 号**

古蔺县人民政府关于报送《古蔺县 2016 年脱贫攻坚涉农资金统筹整合使用方案》的报告

**古府发〔2016〕130 号**

古蔺县人民政府关于冯利琼免职的通知

**古府发〔2016〕131 号**

古蔺县人民政府关于社会治安整治工作情况的报告

**古府发〔2016〕132 号**

古蔺县人民政府关于印发《古蔺县公务用车制度改革审计监督管理办法（试行）》的通知

**古府发〔2016〕133 号**

古蔺县人民政府关于印发《古蔺县政府购买社会审计服务暂行管理办法》的通知

**古府发〔2016〕134 号**

古蔺县人民政府关于印发《古蔺县政府投资建设项目监督管理责任追究办法（试行）》的通知

**古府发〔2016〕135 号**

古蔺县人民政府关于加强内部审计工作的意见

**古府发〔2016〕136 号**

古蔺县人民政府关于加强政府投资建设项目审计工作的意见

**古府发〔2016〕137 号**

古蔺县人民政府关于贯彻落实《法治政府建设实施纲要（2015—2020 年）》的自查报告

**古府发〔2016〕138 号**

古蔺县人民政府关于报送规范性文件备案的报告

**古府发〔2016〕139 号**

古蔺县人民政府关于提请将乌蒙山叙永县水潦乡至古蔺县太平镇农村扶贫公路项目资金纳入县财政预算的议案

**古府发〔2016〕140 号**

古蔺县人民政府关于泸州市免费定向培养村级小学教师需求计划的请示

**古府发〔2016〕141 号**

古蔺县人民政府关于提请免去刘泽军职务的报告

**古府发〔2016〕142 号**

古蔺县人民政府关于提请免去吴文湘职务的报告

**古府发〔2016〕143 号**

古蔺县人民政府关于解决叙大铁路协调工作经费的请示

**古府发〔2016〕144 号**

古蔺县人民政府关于印发古蔺县“十三五”环境保护规划的通知

**古府发〔2016〕145 号**

古蔺县人民政府关于提请任命杨玉峰、王明二人职务的报告

**古府发〔2016〕146 号**

古蔺县人民政府关于化解煤炭行业过剩产能 27 万吨的报告

**古府发〔2016〕147 号**

古蔺县人民政府关于古赤路柏坪至黄荆乡公

路改建项目建设资金及相关费用纳入财政预算的报告

**古府发〔2016〕148 号**

古蔺县人民政府关于设立古蔺县婚姻登记机关的请示

**古府发〔2016〕149 号**

古蔺县人民政府关于食品药品安全监管工作审议意见落实情况的报告

**古府发〔2016〕150 号**

古蔺县人民政府关于申办四川赤水河职业技术学院的请示

**古府发〔2016〕151 号**

古蔺县人民政府关于印发《古蔺县质量管理奖评审管理办法（试行）》的通知

**古府发〔2016〕152 号**

古蔺县人民政府关于 2014—2015 年度地质灾害避险搬迁安置工作整改情况的报告

**古府发〔2016〕153 号**

古蔺县人民政府关于任免杨玉峰等职务的通知

**古府发〔2016〕154 号**

古蔺县人民政府关于 2015 年审计发现问题整改情况的报告

**古府发〔2016〕155 号**

古蔺县人民政府关于转报古蔺县农村开发投资建设有限公司申请易地扶贫搬迁项目收益债资金使用计划的请示

**古府发〔2016〕156 号**

古蔺县人民政府关于处理县人大常委会对《四川省农村扶贫开发条例》贯彻实施情况审议意见的报告

**古府发〔2016〕157 号**

古蔺县人民政府关于报批《古蔺县地质灾害避险搬迁安置工程补充规划（2016 年）》的请示

**古府发〔2016〕158 号**

古蔺县人民政府关于开展统筹整合使用财政涉农资金的实施意见

**古府发〔2016〕159 号**

古蔺县人民政府关于泸州浦发扶贫投资发展基金支持项目（第一批）相关事宜的请示

**古府发〔2016〕160 号**

古蔺县人民政府关于将古蔺县已采集农村村组道路纳入抵押补充贷款农村公路项目库的请示

**古府发〔2016〕161 号**

古蔺县人民政府关于加快推进社会信用体系建设的实施意见

**古府发〔2016〕162 号**

古蔺县人民政府关于报送观文水库项目稽查材料的报告

**古府发〔2016〕163 号**

古蔺县人民政府关于县国资公司发行非公开公司债券的议案

**古府发〔2016〕164 号**

古蔺县人民政府关于泸州浦发扶贫投资发展基金项目支持政府购买服务相关事宜的议案

**古府发〔2016〕165 号**

古蔺县人民政府关于古蔺县第一批城市停车场建设项目政府购买服务资金纳入财政预算的议案

**古府发〔2016〕166 号**

古蔺县人民政府关于提请审议古蔺县国有资产经营有限责任公司置换存量政府债务的议案

**古府发〔2016〕167 号**

古蔺县人民政府关于申请关闭煤矿市级核查的请示

**古府发〔2016〕168 号**

古蔺县人民政府关于上报贫困户备案的报告

**古府发〔2016〕169 号**

古蔺县人民政府关于解决优质肉牛全产业链百亿产业扶贫建设项目工作经费的请示

**古府发〔2016〕170 号**

古蔺县人民政府关于最低生活保障制度落实情况的报告

**古府发〔2016〕171 号**

古蔺县人民政府关于加强乡镇和农村污水处理设施建设的实施意见

**古府发〔2016〕172 号**

古蔺县人民政府关于按期支付泸州浦发扶贫投资发展基金支持项目政府购买服务资金承诺的报告

**古府发〔2016〕173 号**

古蔺县人民政府关于古蔺县城市停车场建设项目拆迁安置费用情况的报告

**古府发〔2016〕174 号**

古蔺县人民政府关于解决大寨乡富民村中药材（菊花）种植项目资金的请示

**古府发〔2016〕175 号**

古蔺县人民政府关于群众反映赤水河环线规划建设中存在问题相关情况的报告

**古府发〔2016〕176 号**

古蔺县人民政府关于 2016—2019 年实施交通扶贫攻坚大会战的意见

**古府发〔2016〕177 号**

古蔺县人民政府关于古蔺县 2016 年第 1 批城市建设用地的请示

**古府发〔2016〕178 号**

古蔺县人民政府关于古蔺县 2016 年第 1 批乡镇建设用地农用地转用的请示

**古府发〔2016〕179 号**

古蔺县人民政府关于环保违法违规建设项目临时环保备案审查情况的报告

**古府发〔2016〕180 号**

古蔺县人民政府关于郎酒集团改制及久盛投资公司股权转让相关事宜的请示

**古府发〔2016〕181 号**

古蔺县人民政府关于县城原垃圾处理场相关情况的报告

**古府发〔2016〕182 号**

古蔺县人民政府关于双沙镇万寿垃圾堆放场相关情况的报告

**古府发〔2016〕183 号**

古蔺县人民政府关于免去陈先凯等职务的通知

**古府发〔2016〕184 号**

古蔺县人民政府关于对《泸州市 2017 年重大项目征求意见的通知》修改意见的报告

**古府发〔2016〕185 号**

古蔺县人民政府关于出让古蔺县观文水库采石场石灰岩矿采矿权的请示

**古府发〔2016〕186 号**

古蔺县人民政府关于落实省环保督察组指出问题整改工作情况的报告

**古府发〔2016〕187 号**

古蔺县人民政府关于同意赤水经古蔺至金沙高速公路项目提前开展前期工作的请示

**古府发〔2016〕188 号**

古蔺县人民政府关于落实省环保督察组指出问题整改工作情况的报告

**古府发〔2016〕189 号**

古蔺县人民政府关于 2016 年上半年财政预算执行情况报告审议意见办理情况的报告

**古府发〔2016〕190 号**

古蔺县人民政府关于 2016 年上半年国民经济和社会发展计划执行情况报告审议意见办理情况的报告

**古府发〔2016〕191 号**

古蔺县人民政府关于 2016 年审计工作报告审议意见办理情况的报告

**古府发〔2016〕192 号**

古蔺县人民政府关于 2015 年政府投资建设项目审计工作报告审议意见办理情况的报告

**古府发〔2016〕193 号**

古蔺县人民政府关于解决丫杈猪保种经费的请示

**古府发〔2016〕194 号**

古蔺县人民政府关于解决古蔺马羊保种经费的请示

**古府发〔2016〕195 号**

古蔺县人民政府关于2016年贫困村退出通村硬化路的自查报告

**古府发〔2016〕196 号**

古蔺县人民政府关于古蔺县2016年第一批乡镇建设用地的请示

**古府发〔2016〕197 号**

古蔺县人民政府关于给予古蔺县公安消防大队记集体三等功的决定

**古府发〔2016〕198 号**

古蔺县人民政府关于下放非煤矿山建设项目环境影响评价报告书审批权限的请示

**古府发〔2016〕199 号**

古蔺县人民政府关于提请审议《古蔺县法治宣传教育第七个五年规划（2016—2020年）》（草案）的议案

**古府发〔2016〕200 号**

古蔺县人民政府关于提请任免李笑寒、贺亮职务的报告

**古府发〔2016〕201 号**

古蔺县人民政府关于农村交通基础设施情况的报告

**古府发〔2016〕202 号**

古蔺县人民政府关于古蔺县2016年第二批乡镇建设用地农用地转用的请示

**古府发〔2016〕203 号**

古蔺县人民政府关于承诺完成2017年新一轮退耕还林任务的报告

**古府发〔2016〕204 号**

古蔺县人民政府关于古蔺县2016年第二批乡镇建设用地的请示

**古府发〔2016〕205 号**

古蔺县人民政府关于古蔺县2016年第二批城市建设用地的请示

**古府发〔2016〕206 号**

古蔺县人民政府关于扶贫小额信贷考核工作的自查报告

**古府发〔2016〕207 号**

古蔺县人民政府关于古蔺县易地扶贫搬迁确定施工单位方式情况说明的报告

**古府发〔2016〕208 号**

古蔺县人民政府关于任免李笑寒、贺亮职务的通知

**古府发〔2016〕209 号**

古蔺县人民政府关于中心写字楼资源闲置问题处理的报告

**古府发〔2016〕210 号**

古蔺县人民政府关于古蔺县朝门水库工程存在问题整改方案的报告

**古府发〔2016〕211 号**

古蔺县人民政府关于财政专项扶贫资金使用管理创新情况的报告

**古府发〔2016〕212 号**

古蔺县人民政府关于提前下达易地扶贫搬迁长期低息贷款资金计划的请示

**古府发〔2016〕213 号**

古蔺县人民政府关于进一步加强散装汽油销售管理的通知

**古府发〔2016〕214 号**

古蔺县人民政府关于环保违法违规建设项目临时环保备案审查情况的报告

**古府发〔2016〕215 号**

古蔺县人民政府关于《四川省2016年第四季度贯彻落实国家重大政策措施情况跟踪审计报告（征求意见稿）》修改建议意见的报告

**古府发〔2016〕216 号**

古蔺县人民政府关于四川省2016年第四季度贯彻落实国家重大政策措施情况跟踪审计发现问题整改情况的报告

**古府发〔2016〕217 号**

古蔺县人民政府关于审计署古蔺扶贫资金审计发现问题整改情况报告

**古府发〔2016〕218 号**

古蔺县人民政府关于2016省市重点项目推进情况的报告

**古府发〔2016〕219 号**

古蔺县人民政府关于印发《古蔺县全民健身计划（2016—2020年）》的通知